Juan García

IA-MANAGER

Construyendo el futuro con Inteligencia Artificial

DEEP ATHENA

Toda la información, procedimientos y representaciones incluidos en este libro se han compilado y probado con el mayor conocimiento y cuidado posible. Sin embargo, no se puede descartar por completo la posibilidad de errores. Por esta razón, la información contenida en este libro no está asociada con ninguna obligación o garantía de ningún tipo. El autor no asume ninguna responsabilidad legal ni derivada del uso de esta información, ya sea en su totalidad o en parte.

Asimismo, el autor no garantiza que los procedimientos descritos estén libres de derechos de terceros. La mención de nombres comerciales, nombres de productos, etc., en este libro también no implica la aceptación de que estos nombres estén exentos de las leyes de propiedad intelectual y marca registrada y que puedan ser utilizados por cualquier persona.

Por razones de mejor legibilidad, se prescinde del uso simultáneo de las formas de lenguaje masculino, femenino y diverso (m/f/d) o hombre, mujer y diverso (h/m/d). Todas las denominaciones de personas se aplican igualmente a todos los géneros.

Publicado por DEEP ATHENA
(un sello editorial de SMART &PRO AI Juan García)
Edición revisada 2025

https://deepathena.com
https://smartandpro.de
Corrector versión ES: Juan García
Corrector versión DE: Juan García / Lisa García
Corrector versión EN: Juan García / Lisa García
Diseño de la cubierta: Juan García
Imágenes de la portada: © Juan García @Midjourney
Fotografía: Juan García, freepik
Gráficos: Juan García
Otras imágenes:
https://k3no.medium.com/the-chinese-room-experiment-2c0d6848f05
https://www.mdpi.com/2227-7390/11/14/3074
Notebooks: Juan García

ISBN impreso tapa dura: 9783912099034
ISBN impreso tapa blanda: 9783912099058

Puedes descargar todos los códigos de ejemplo contenidos en el libro en archivos ".py" y ".ipynb" en un único archivo .zip en el siguiente enlace:
https://deepathena.com/assets/downloads/8k0M6s.zip

Índice

Prólogo

En el umbral de una nueva era tecnológica, nos encontramos en un momento de transformación sin precedentes. La Inteligencia Artificial (IA) ha dejado de ser una mera fantasía de la ciencia ficción para convertirse en una realidad palpable que está redefiniendo el panorama empresarial, social y cultural. En una era donde la tecnología avanza a pasos agigantados y el mundo se encuentra en constante evolución, la Inteligencia Artificial ha emergido como una de las herramientas más revolucionarias y prometedoras para transformar la forma en que operan las empresas, los gobiernos y la sociedad en general. Sin embargo, para que esta transformación sea efectiva y beneficiosa, se requiere de profesionales capacitados que puedan liderar y gestionar estos cambios: los IA-Managers.
El oficio de IA-Manager no es simplemente una evolución de roles previos en la tecnología o la gestión. Es la respuesta a una necesidad emergente: la de guiar a las empresas en su travesía por el vasto y a veces desconcertante océano de posibilidades que la IA ofrece. La implementación de la Inteligencia Artificial no es una tarea sencilla. Requiere un entendimiento profundo no solo de la tecnología en sí, sino también de las implicaciones éticas, sociales y de negocio que conlleva.
Este libro es una brújula para aquellos que se aventuran en el fascinante mundo de la IA. Con este libro el lector descubrirá paso a paso lo que implica ser un IA-Manager. Desde comprender los fundamentos de la Inteligencia Artificial hasta conocer las estrategias más avanzadas para su aplicación en diferentes sectores empresariales, este manual ofrece un recorrido exhaustivo por todos los aspectos necesarios para dominar este oficio.
Juan García te ofrece con este libro mucho más que un mero manual técnico. Este libro es una reflexión sobre el impacto de la IA en nuestra sociedad y sobre cómo los IA-Managers pueden ser agentes de cambio positivo. En una época en la que la tecnología avanza a pasos agigantados, es esencial que tengamos líderes que no solo entiendan estas herramientas, sino que también comprendan su potencial y sus limitaciones, y que sean capaces de guiar a las organizaciones hacia un futuro en el que la IA se utilice de manera responsable y beneficiosa para todos.
Para aquellos que están considerando embarcarse en la profesión de IA-Manager, este libro es una inversión invaluable. Y para aquellos que simplemente desean comprender mejor el papel crucial que la Inteligencia Artificial desempeñará en nuestro futuro, Juan García te ofrece una visión clara y concisa de los desafíos y oportunidades que nos esperan.

El libro que tienes en tus manos no es simplemente una guía técnica, sino una hoja de ruta completa para aquellos pioneros que buscan comprender, implementar y dirigir proyectos relacionados con la Inteligencia Artificial en diversos sectores y ámbitos. "IA-Manager - El manual del IA-Manager" es más que un nombre; es una filosofía que engloba la visión estratégica, técnica y humana necesaria para llevar a cabo con éxito la integración de la IA en cualquier organización.

El libro comienza sumergiéndonos en el fascinante mundo de la IA y el Machine Learning, desentrañando sus definiciones, clasificaciones y aplicaciones en la vida real. No solo se exploran los tipos de aprendizaje y las categorías de algoritmos, sino que se ofrece una visión detallada de las herramientas, softwares y Librerías esenciales en el campo.

EL libro se adentra en los métodos y técnicas que permiten a las empresas aprovechar el potencial de la IA. Desde el Big Data hasta el Internet de las Cosas (IoT), pasando por el Procesamiento de Lenguaje Natural (NLP), este módulo es esencial para comprender cómo se recopilan, almacenan y procesan los datos para alimentar los sistemas de IA.

Este manual nos lleva a un viaje por diferentes sectores, mostrando casos prácticos y aplicaciones reales de la IA. Desde la gestión de recursos humanos hasta el marketing, pasando por la industria bancaria y automotriz, se presentan ejemplos y escenarios donde la IA ha demostrado ser una herramienta valiosa para la optimización y mejora de procesos.

El libro también se centra en uno de los aspectos más cruciales: la gestión de proyectos de IA. Implementar la Inteligencia Artificial en una organización no es una tarea sencilla, y se requiere de una gestión y dirección meticulosa para garantizar que los proyectos se lleven a cabo de manera eficiente y efectiva.

Este libro es el resultado de años de experiencia, investigación y práctica en el campo de la IA. Está diseñado para ser una herramienta invaluable tanto para aquellos que recién comienzan su viaje en el mundo de la Inteligencia Artificial como para los profesionales experimentados que buscan ampliar sus horizontes. A medida que avanzamos en la revolución inteligente, es esencial que tengamos guías confiables que nos ayuden a navegar por estas aguas inexploradas. Con este libro el autor nos ofrece precisamente eso: una hoja de ruta para entender, implementar y aprovechar al máximo el poder transformador de la Inteligencia Artificial.
La revolución de la Inteligencia Artificial está en marcha, y con "IA-Manager: El manual del IA-Manager" tienes una brújula para navegar por este emocionante y desafiante terreno. Te invito a sumergirte en sus páginas, a aprender, a cuestionar y, sobre todo, a soñar con las infinitas posibilidades que la IA ofrece para el futuro.

Bienvenido a la era de los IA-Managers. ¡Que comience el viaje!

Introducción

¿Qué es la Inteligencia Artificial? ¿Qué es "inteligencia"? y ¿cómo se comprende la definición de "inteligencia" en la práctica entre las personas, tanto dentro como fuera del mundo de la Inteligencia Artificial?

Estas son preguntas muy complejas, que, aunque forman parte de nuestro día a día y parecen ser asimiladas y comprendidas entre las personas, la verdad es que no están para nada claras aún, sobre todo en la mente de las personas que recién se inician en el mundo de la Inteligencia Artificial aprovechando el boom que estamos viviendo especialmente en el pasado año 2022 y actualmente en 2023, por lo que no dejan de ser preguntas complejas con respuestas complejas y por lo tanto subjetivas.

Cada día se publican nuevas noticias acerca de nuevas inteligencias artificiales, a cerca de nuevas mejoras para las existentes, de nuevas aplicaciones para la Inteligencia Artificial. El día a día en el mundo de la Inteligencia Artificial puede resultar tan estresante como emocionante. Meta presenta un acuerdo con Microsoft, Google presenta una IA en su nuevo Google Pixel 8, OpenAI anuncia que ChatGPT volverá a tener "libertad" gracias a Bing.

¡¿No será coincidencia que porque Microsoft tenga un acuerdo con OpenAI Bing reciba antes las actualizaciones que ChatGPT?! ¡La Inteligencia Artificial nos ofrece el futuro hoy!

El mundo de la Inteligencia Artificial es tremendamente activo, sin embargo, la mayoría de las personas no están al tanto de la cantidad de noticias que acontece cada día en el mundo de la Inteligencia Artificial, y la verdad es que no se les puede culpar, pues los medios de comunicación tradicionales no tratan estas noticias, y la gente por sí misma, tampoco se informa a través de los foros y magazines disponibles. El mundo de la inteligencia es muy activo y está siempre en constante evolución. La Inteligencia Artificial está abriendo puertas en campos tan importantes como la medicina, la seguridad vial, desarrollo de fármacos, la vigilancia, la enseñanza, la comunicación y un sinfín de campos, ya que la Inteligencia Artificial es aplicable prácticamente a cualquier campo y tarea que te puedas imaginar. Sin embargo, la gente confunde todo este mundo y los categoriza en grupos denominados "ChatGPT", "Midjourney" etc, algo que, aunque se pueda comprender, no deja de ser triste.

Aunque se puede hablar de muchos temas, en este libro no quiero hablaros de ChatGPT, Bard, Alexa, ChatBots etc; sino que quiero enseñaros y transmitiros todo lo relacionado con la gestión de proyectos de Inteligencia Artificial, desde dar respuesta a las preguntas con la que comencé a escribir el libro, pasando por los diferentes algoritmos que se necesitan para programar una Inteligencia Artificial, incluyendo que son los "datos" para aquellos que aún no lo tienen claro, que datos se necesitan y como se trabajan en el día a día como Manager de gestión de proyectos de Inteligencia Artificial (IA-Manager, así lo voy a denominar a partir de ahora). Veremos sus casos de uso en los departamentos más importantes de una empresa con algunos ejemplos, y terminaremos con la gestión de dichos proyectos. También veremos aspectos tan importantes como son las "Bias" y los legales en su relación con la IA.

Además, tendréis la posibilidad de adquirir veinte libros que suman un total de doscientos proyectos (diez proyectos por libro), los cuales hacen de complemento a este libro y os los recomiendo profesionalmente. Son una recopilación de proyectos e ideas propias que he reunido y desarrollado personalmente, para un total de veinte departamentos dentro de una empresa, un libro por departamento y en cada libro he incluido diez proyectos para dicho departamento, y que, tras leer y aprender el contenido de este libro, tú mismo podrás aplicar en tu empresa. Son proyectos totalmente esquematizados y detallados que te guían paso a paso para que puedas guiarte y desarrollarlos tú mismo una vez termines de leer este libro. Además, también encontraréis diversos Cheet-Sheets en mi página web que os ayudarán, si os estáis iniciando, en el campo de la programación y el análisis de datos.

Una larga y muy intensa vida y todo lo que me han aportado tanto mi experiencia como todas las formaciones que he recibido me han proporcionado mucho conocimiento, conocimiento que por supuesto quiero transmitiros a vosotros. Tanto mi más sincera y abierta forma de ver las cosas, de entender el significado del término "optimización", como de la mejor forma posible deseo transmitiros mis conocimientos en este campo de la Inteligencia Artificial y la gestión de proyectos para la implementación de esta en las empresas. Pero debéis tener muy claro que la teoría no lo es todo, no porque tengas un certificado quiere decir que eres mejor que otro. En la práctica y lo que cuenta, es como gestionas tus conocimientos, y esta habilidad solo te la otorga la experiencia. Piensa que porque obtengas el título de IA-Manager no quiere decir que seas realmente un buen IA-Manager, si verdaderamente no te interesas por este mundo y no estás informado de las últimas noticias, avances y acontecimientos de esta tecnología. No porque hayas visto el último vídeo de presentación de Marc Zuckerberg de las últimas gafas Ray-Ban Meta te cualifica como un IA-Manager.
Es muy importante que comprendas la importancia de estar bien formado, de tener una comprensión clara y amplia en lo que a la Inteligencia Artificial se refiere y las posibilidades que nos ofrece, así como las situaciones en que la puedes implementar. Estamos viviendo la época de transición, "de la edad de piedra al futuro", y el papel que el IA-Manager juega es de vital importancia, ya que de nosotros depende un cambio exitoso y bueno para todos. Ya que la IA es un campo que influye en toda la sociedad, y con esto me refiero al mundo entero. Lo único que importa al final no es cuanto sabes, sino tu comprensión de este mundo y de su importancia a la hora de aplicar esta tecnología. Ya que tú puedes presentarte en una entrevista de trabajo y estar bien preparado para la entrevista y superarla, pero una vez estes trabajando en un proyecto entre profesionales se verá notablemente cuáles son tus capacidades y por lo tanto al final del proyecto tus resultados serán decisivos para la empresa.

Un buen IA-Manager es aquél que conoce el campo de la Inteligencia Artificial, que domina los métodos de desarrollo y tiene una amplia comprensión y visión de esta tecnología. Si ni siquiera estas de acuerdo con la IA, ¿puedes acaso llamarte IA-Manager? Esto implica muchas más cosas, empezando por el interés y la visión de futuro.

Yo tengo más de 25 años de experiencia trabajando en el sector industrial y conozco todos los departamentos dentro de una empresa, ya sea pequeña o una multinacional. Además, he trabajado con empresas en once sectores diferentes y con clientes en diversos países. Tengo varias carreras en diferentes sectores y estoy certificado en España y Alemania como formador profesional, para finalmente aprovechar todos estos conocimientos y experiencia y mi pasión por la optimización y tecnologías y formarme como IA-Manager. Por estos y otros motivos me veo perfectamente capacitado, para de la forma más humilde, transmitiros todos estos conocimientos y además también compartir con este libro algunas de mis ideas, pensamientos y opiniones acerca de este mundo de la Inteligencia Artificial.

Quiero en este libro resumir de la mejor forma posible, pero sin saltarme ningún detalle, todos mis conocimientos e ideas tanto en gestión de proyectos como a lo que a Inteligencia Artificial se refiere. Lamentablemente me es inevitable tener que resumir lo máximo posible los temas. Por el camino he trabajado con y conocido a personas que realmente no tenían nada claro lo que Inteligencia Artificial es. Algo que personalmente opino, es muy triste. Ni siquiera estaban muy de acuerdo con su implementación. Por lo que muchas veces se presentan situaciones muy extrañas. Esto último incluso se dio en formaciones de IA-Manager. En alguna formación de Manager de gestión de proyectos de Inteligencia Artificial incluso había algunos que no sabían en absoluto lo que les esperaba en el curso, y por el contrario creían que el oficio de Manager de gestión de proyectos de Inteligencia Artificial era algo así como aprender a escribir Prompts para ChatGPT, Midjourney etc, y que ellos serían los encargados de esto dentro de las empresas. Creer que ser IA-Manager es ser el encargado del uso de ChatGPT y este tipo de IAs dentro de la empresa, es algo verdaderamente triste. Si eres de esos, y estas leyendo este libro, entonces siento haberte decepcionado. Aquí no se trata de Prompt-Engineering, ni de escribir textos con ChatGPT para los posts de Instagram de la cuenta de la empresa, aquí se trata de que aprendas el oficio de Manager de gestor de proyectos de Inteligencia Artificial. Se trata de que comprendes que es la Inteligencia Artificial y su importancia en nuestro día a día, así como de que visualices las posibilidades que nos ofrece. Aquí vas a aprender que es realmente la Inteligencia Artificial, como funciona, como se construye, como se mantiene viva, como mantenerla depurada y optimizada, y por supuesto, como asesorar a empresas y gestionar proyectos, tanto si trabajas en una empresa como si eres autónomo. Al principio del párrafo decía que mi intención es resumir de la mejor forma posible, pero sin dejarme ningún detalle importante, y es que la Inteligencia Artificial es un tema muy complejo, hay muchos algoritmos que se pueden usar, se presentan muchas preguntas dependiendo del proyecto y del objetivo que se quiere alcanzar, por ese motivo voy a centrarme en los que para mí son sin duda los mejores algoritmos para adquirir los conocimientos necesarios para tomar el control de este tipo de proyectos, gestionar y dirigir al equipo de profesionales y finalmente entregar los mejores resultados a la empresa.

En España se dice que "cada maestrillo escribe su librillo", esto no quiere decir ni más ni menos que al final es uno con la experiencia quién a la hora de realizar algo, siga su propia experiencia como si de un libro se tratara, y de esa misma forma, la transmita a los demás. La profesión de IA-Manager abarca muchos campos que individualmente pueden ser profundizados, como por ejemplo la programación de la Inteligencia Artificial, el análisis de datos etc., pero aquí voy a focalizar los puntos y temas más importantes para el IA-Manager. Al menos los que yo considero son los más importantes.

Voy a dividir el temario en nueve módulos: Clasificación, métodos, diagramas en Machine Learning, software, TinyML, casos de uso, Projectmanagement, Bias, ética y leyes, ya que es el orden que más me ha convencido y personalmente creo que es el mejor para la enseñanza de este temario. Finalmente pongo a tu disposición una serie de preguntas y respuestas para tu entrenamiento, así como un glosario con dos mil trescientos ochenta y ocho términos con sus respectivas definiciones, los cuales he reunido y elegido muy cuidadosamente. Recuerda que como complemento a este libro dispones también de otros veinte libros de proyectos (un libro por cada departamento dentro de una empresa), los cuáles puedes adquirir por separado y los que te ofrecen diez proyectos detallados por departamento, teniendo así un total de doscientos proyectos disponibles como ideas que implementar en tu empresa.

Antes de entrar en detalle, y para evitarte confusiones más adelante, debes tener claro donde te encuentras dentro del mundo de la Inteligencia Artificial. La Inteligencia Artificial no es únicamente una conversación emocional con ChatGPT. Detrás de toda Inteligencia Artificial hay una programación, con esta programación se generan algoritmos, algoritmos matemáticos y lógicos, a estos algoritmos se les alimenta con datos que contienen mucha información, y para conseguir una Inteligencia Artificial se realizan análisis de estos datos, análisis tras los cuáles los algoritmos te devuelven un resultado y basados en estos resultados se entrena a la Inteligencia Artificial, finalmente esta te ofrece una respuesta que tu percibes como inteligente. Es por esto que desde el principio tienes que tener estos conceptos muy claros, y sobre todo no asustarte por los términos "programación" y "algoritmos". Esto es parte de los conocimientos que un IA-Manager debe tener, sino no tendría sentido que él sea quien dirija el equipo de trabajo de estos proyectos. Entonces sería un experto en el campo, pero en este caso y ya que tu posees los conocimientos, eres tú el experto que gestiona y dirige el proyecto de Inteligencia Artificial. Por eso yo te recomiendo encarecidamente que aprendas tanto como puedas, que no te quedes atrás, un IA-Manager debe estar en continua actualización, si no lo haces, solo puedes reportar malos resultados y esto repercutirá de forma muy negativa a una empresa que confía en ti para que la posiciones en el mercado como la mejor y más dura competencia. Ten muy en cuenta que un proceso de implementación de Inteligencia Artificial se desarrolla para optimizar, mejorar y así también ahorrar.

Ten en cuenta que vamos a trabajar lo máximo posible con los términos en inglés, por ejemplo, Machine Learning, Data Science etc, esto te ayudará, si aún no lo estas, a familiarizarte con la terminología de la profesión de IA-Manager y la Inteligencia Artificial. Intentaré también, para no ser repetitivo, cambiar los términos para no agobiarte al leer. Además, ten en cuenta que en programación se usa el lenguaje inglés, por lo que a la hora de programar se usa el "." para marcar los decimales en las operaciones matemáticas y/o los resultados. Por ejemplo, en Europa se usa la "," para marcar los decimales. Así que, tanto a la hora de leer los datos como a la hora de programar, será mejor que uses el "." para los decimales. Saber esto de antemano te ayudará enormemente si estás comenzando y te ahorrará muchos quebraderos de cabeza. Créeme, no serías el primero al que le pasa.

Espero de todo corazón que este libro te ayude y consigas aprender el oficio de IA-Manager, que te ayude a conocer la IA de una forma más clara y profunda, y que disfrutes, sobre todo.

MÓDULO 1

Clasificación

Módulo 1 – Clasificación

1. Definición y clasificación de la Inteligencia Artificial

Dentro del campo de la Inteligencia Artificial hay varios campos, los cuáles aportan su potencial para obtener Inteligencia Artificial, y así mismo la Inteligencia Artificial se encuentra dentro de otro campo aún mayor, este es el Data Science. Veámoslo con un simple dibujo.

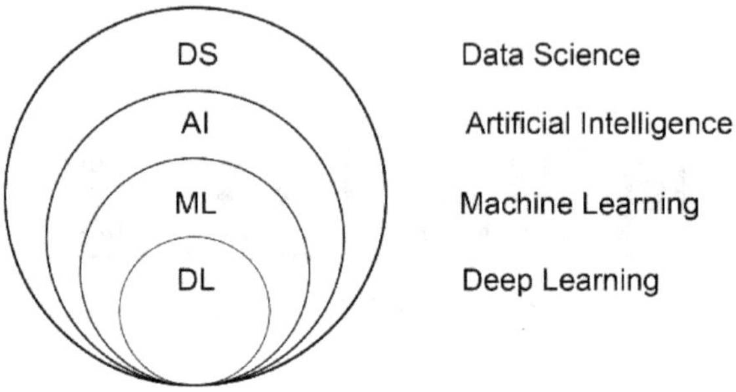

El dibujo te muestra que campos existen y como se integran uno dentro del otro. Así pues, puedes hacerte una idea visual de donde te encuentras como IA-Manager dentro del globo del Data Science. De cualquier manera, este dibujo está muy estandarizado y es la versión o "visión" que se suele enseñar. El campo de la inteligencia artifial esta en continuo avance y evolución, por lo que en la práctica y a medida que esto sucede, esta clasificación puede resultar subjetiva.
Tú, como IA-Manager, debes llegar a conocer y a comprender los campos del Deep Learning, Machine Learning y la Inteligencia Artificial, y para ello e inevitablemente deberás obligatoriamente desarrollar tu comprensión sobre diversos conceptos y aspectos de la Data Science, así como también sobre el análisis de datos.

Para adentrarnos en el concepto de Inteligencia Artificial voy a ofreceros mi visión más personal, arriesgándome a que los científicos y los profesionales del sector me acribillen a comentarios mientras se arrancan el cuero cabelludo y ponen el grito en el cielo por mis palabras. Hay dos tipos de sistemas de Inteligencia Artificial, la tradicional y la inteligente. Esto lo voy a aclarar enseguida. La tradicional es lo que todo conocemos como una calculadora o por ejemplo Excel; mientras que un sistema inteligente es lo que conocemos por ChatGPT. ¿Cuáles son las diferencias? El sistema tradicional está programado para realizar una tarea, tú le dices lo que quieres y el la realiza por ti, igual que lo podrías hacer tú mismo. El sistema inteligente, por otro lado, es programado para que aprenda a aprender a realizarla y a mejorar su resultado, igual que haces tú a lo largo de tu vida.

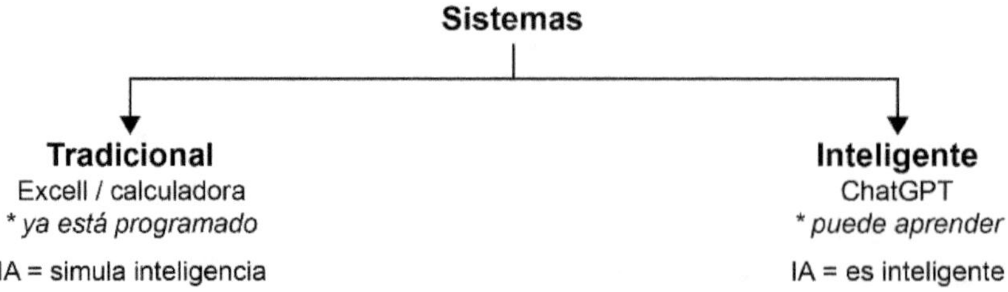

Esto se conoce como „Inteligencia Artificial débil" e "inteligencia artficial fuerte". La Inteligencia Artificial débil simula tener inteligencia o ser inteligente, mientras que la Inteligencia Artificial fuerte es inteligente porque aprende.

IA débil ← **IA** → *IA fuerte*

Estos conceptos de la Inteligencia Artificial no debes confundirlos para nada con lo que te voy a explicar a continuación, ya que vamos a profundizar más en el concepto de "inteligencia" y es aquí cuando, en relación a estos conceptos se dividen las opiniones. Debido a la confusión que genera entre los que desconocen las bases de la Inteligencia Artificial voy a intentar explicártelo de la forma más clara y sencilla posible, ya que además de que cualquier persona debería ya comprenderlo, tú concretamente y como IA-Manager deberás tener estas ideas absolutamente claras, ya que tú como IA-Manager eres el experto en Inteligencia Artificial dentro de una empresa, y debes, obligatoriamente, poder explicar estos conceptos a cada uno de tus compañeros y/o jefes.

Dentro del mundo de la ciencia de la Inteligencia Artificial se dividen las opiniones entre la comunidad científica. Ya desde los años treinta empezaron a desarrollarse conceptos y tesis acerca de que es y que se comprende como Inteligencia Artificial. Hoy en día hay dos tesis en la comunidad científica que explican y argumentan sus opiniones y ambas tienen razón y son muy convincentes, por lo que al final la pregunta ¿Qué es Inteligencia Artificial? queda de forma muy subjetiva y sin una respuesta clara y única. Sin embargo es su aceptación dentro de la comunidad científica lo que las diferencia. Estas tesis se denominan "Tesis-IA débil" y "Tesis-IA fuerte". No dejes que estos términos te confundan con "IA débil" e "IA-fuerte", ya que ahora estamos hablando de la tesis en sí, y los adjetivos calificativos "débil" y "fuerte" hacen únicamente referencia a lo extendidas/aceptadas que estas teorías están en la comunidad científica. A continuación te lo explico con detalle.

Los dos puntos dentro de este tema de la IA que usan los mismos términos, "IA-débil e IA-fuerte" y "tesis-IA-débil y tesis-IA-fuerte", pueden resultarte extremadamente confusos si no los conoces y los sabes diferenciar. Una cosa es la Inteligencia Artificial en sí, como hemos visto hay una Inteligencia Artificial débil (simula) y otra fuerte (aprende), y otra cosa totalmente diferente es la concepción de que es la Inteligencia Artificial dentro de la comunidad científica, "tesis-IA-débil y tesis-IA-fuerte". Esta concepción de la Inteligencia Artificial dentro de la comunidad científica se denomina "tesis", y esta tesis se divide en dos puntos de vista u opiniones dentro de la comunidad científica, las cuales se denominan "tesis débil" y "tesis fuerte". Si consigues comprender este punto, créeme, sin duda alguna lograrás, con solo un poco de esfuerzo, dominar la profesión de IA-Manager.

¿Por qué se denominan a estas dos opiniones dentro de la tesis "débil" y "fuerte"? ¿Tiene algo que ver con la Inteligencia Artificial débil y la fuerte? Pues en realidad no. Presta mucha atención a esto. Se denomina "tesis débil" y "tesis fuerte" únicamente porque cada una de estas dos opiniones tiene una "fuerza", un "peso", dentro de la comunidad científica, lo que significa que la "tesis débil" está menos aceptada por los argumentos que ofrece sobre que es la Inteligencia Artificial, es por eso menos reconocida o está menos extendida dentro de la comunidad científica que la "tesis fuerte", la cual (la tesis fuerte) es una tesis muy reconocida dentro de la comunidad científica por los argumentos que presenta, por lo que está más extendida y por lo tanto es más aceptada en general por los científicos que exploran y desarrollan este campo.

La "Tesis-IA débil" y la menos aceptada por la comunidad científica explica y expresa que en la Inteligencia Artificial la inteligencia se manifiesta en la interacción con el sistema. Esta tesis indica que la IA hace lo que hace sin entenderlo. Si lo pensamos, yo conozco a personas que se saben las tablas de multiplicar, pero que cuando les preguntas cuál es el sentido de las tablas de multiplicar te das cuenta de que no comprenden el concepto y por lo tanto no son capaces de reaccionar a tu pregunta para ofrecerte una aclaración de forma espontánea o rápida, sin embargo, sí que son capaces de resolver problemas matemáticos ya que tienen almacenadas en su memoria las tablas de multiplicar por lo cual "la inteligencia se manifiesta en la interacción con el sistema".

La "Tesis-IA fuerte" y la más aceptada por la comunidad científica explica y expresa que las personas son "iguales a las máquinas" en lo que a inteligencia se refiere. Esta tesis explica que la conciencia e inteligencia no es más que procesamiento de información y esto no es ni más ni menos que lo que nosotros hacemos todos los días en nuestro día a día, y ChatGPT puede, de hecho, hacer lo que yo hago, lo sienta, comprenda o no. La verdad es que si lo meditamos profundamente todos hemos aprendido durante toda nuestra vida, tú lo estás haciendo ahora mismo leyendo este libro, y con esa información que almacenamos en nuestra "base de datos", resolvemos los problemas que se nos presentan en nuestro día a día. Aprendemos, memorizamos, y solo cuando lo necesitamos requerimos a esa información, la procesamos y tomamos las medidas necesarias para solucionar nuestros problemas, superar barreras, mejorarnos a nosotros mismos, relacionarnos, elegir nuestra comida cada día, elegir nuestra vestimenta dependiendo del tiempo climático etc. Esto supone un aprendizaje a raíz de información adquirida con anterioridad, y en función de los resultados anteriores, tomamos una decisión u otra. No has escuchado nunca eso de "¡aprende de los errores!"?

¿Aún te resulta un poco confuso? Intentaré dejarlo más claro con la siguiente imagen.

Aceptación de la tésis de IA

Tésis de IA fuerte:
Personas = Máquinas

La conciencia y la inteligencia no son Más que procesamiento de información.

ChaGPT puede, de hecho, hacer lo que lo que yo hago.

He aprendido durante toda mi vida y resuelvo problemas con esta información almacenada en mi "base de datos" en función de mi experiencia.

Tésis de IA débil:
La inteligencia se manifiesta en la interacción con el sistema.

La IA lo hace sin comprenderlo.

Para darle sentido a toda la teoría que vas a aprender en este libro voy a tomarme unas líneas para profundizar el concepto de inteligencia y vamos a sumergirnos en nuestros pensamientos más profundos. Y aquí la pregunta ¿qué es la inteligencia?

La inteligencia es un concepto complejo y multifacético que ha sido objeto de estudio y debate a lo largo de la historia de la humanidad en diversas disciplinas, como la psicología, la neurociencia, la filosofía y desde hace unas décadas la Inteligencia Artificial. Aunque no existe una definición única y ampliamente aceptada hay algunas perspectivas sobre la inteligencia, y como podrás comprobar, todas expresan básicamente lo mismo.

Perspectiva Psicológica: En psicología, la inteligencia se ha definido tradicionalmente como la capacidad para aprender, razonar y resolver problemas. Los test de coeficiente intelectual (CI o IQ, por sus siglas en inglés) se han utilizado para medir esta capacidad en personas y animales desde que fuese inventado en 1905 por los franceses Alfred Binet y Théodore Simon.

Perspectiva Biológica: Desde un punto de vista biológico, la inteligencia puede ser vista como el resultado de procesos neuronales en el cerebro. La estructura y función del cerebro, así como la interacción entre genes y ambiente, juegan un papel crucial en la determinación de la inteligencia de un individuo.

Perspectiva Filosófica: Los filósofos han debatido sobre la naturaleza de la inteligencia durante siglos. Algunos ven la inteligencia como una cualidad puramente racional, mientras que otros la consideran una combinación de razón, emoción y voluntad. Aristóteles llama intelecto a la parte racional del alma humana. De manera que tiene la capacidad de obtener el conocimiento de los universales abstractos en oposición al conocimiento que se obtiene a través de la percepción.

Perspectiva de Inteligencia Artificial: En el campo de la Inteligencia Artificial la inteligencia se refiere a la capacidad de una máquina o sistema para realizar tareas que, cuando son realizadas por seres humanos, requieren inteligencia. Esto incluye tareas como el aprendizaje, el razonamiento y la adaptación a situaciones nuevas. Por ejemplo, una calculadora, Excel, ChatGPT, un programa para jugar ajedrez, un vehículo que conduce y decide completamente solo etc.

Inteligencias múltiples: Howard Gardner, un científico de la educación norteamericano, propuso la teoría de las inteligencias múltiples, sugiriendo que la inteligencia no es una capacidad única, sino que existen diferentes tipos de inteligencia, como la lógico-matemática, la lingüística, la musical, la espacial, entre otras.

Perspectiva social: Algunos teóricos sostienen que la inteligencia no solo es una capacidad individual, sino también social. Esto se refiere a la capacidad de una persona para interactuar y funcionar eficazmente en un contexto social. Esta perspectiva suele ser muy a menudo incluida e interpretada por muchos como una de las inteligencias múltiples.

Si cada uno tiene una perspectiva diferente de la inteligencia, entonces ¿cómo podemos esperar que la comunidad científica se ponga de acuerdo para crear una definición sobre la Inteligencia Artificial?

Ahora voy a darte mi opinión más sincera y abierta sobre este tema y con esto quiero dar cierre a este tema. El ser humano a evolucionado, se ha desarrollado y avanzado a lo largo de los siglos con el pensamiento e idea de que es el ser más inteligente que existe. Por este motivo se entiende

como inteligente, algo que todos conocemos como nuestra propia inteligencia, la capacidad de aprender, de solucionar problemas, realizar análisis y tomar decisiones, todo esto sumado a nuestra capacidad de sentir, teniendo muy en cuenta el factor "conciencia". Es por este último, sentir, que creo firmemente que estamos equivocados en lo que a la definición de Inteligencia Artificial se refiere. El ser humano se empeña ciegamente en comparar la Inteligencia Artificial con la inteligencia humana. No hemos aprendido, ni aceptamos, que la inteligencia no es únicamente lo que nosotros conocemos por inteligencia, sino que se pueden desarrollar otras inteligencias, como la Inteligencia Artificial, una inteligencia que al igual que nosotros, puede realizar las mismas tareas y tomar decisiones e incluso interactuar con nosotros sin el factor del alma, sin ese "factor" que nos hace humanos, "racionales" y "mejores" que otros seres y que afecta a la hora de la toma de decisiones. Nos empeñamos por ser únicos, y la inteligencia es lo que nos hace diferentes y "mejores" de los demás seres vivos, por eso no queremos aceptar que hay más inteligencias que la nuestra, porque no queremos perder nuestro trono como seres únicos e "inteligentes". A día de hoy, y esta es como digo mi opinión más personal, hay dos inteligencias claras, la humana, y la artificial. Por este motivo deberíamos dejar de pensar en la palabra "inteligencia" como una única inteligencia, y deberíamos comenzar a darle un sentido plural y polifacético a su definición, y aceptar de que nos enfrentamos a dos inteligencias, que, aunque realizan lo mismo, son diferentes. Una persona se guía por sus sentimientos y razón a la hora de tomar una decisión, la maquina analiza las probabilidades y toma una decisión, sin sentimientos de por medio, pero con una lógica, igual que la humana, pero previamente programada. Si las dos toman la decisión basándose en los mismos criterios, ¿no son las dos inteligentes? Por otro lado, si las dos se guían de forma diferente, aunque con las mismas bases ¿no son acaso las dos inteligentes? Pues entonces deberíamos dejar de asociar la inteligencia al ser humano como ser inteligente supremo y deberíamos aceptar que hay dos inteligencias, la del ser humano (o seres vivos, no tomemos ahora por tontos a los animales), y la artificial.
Solo cuando tienes el conocimiento sobre la definición de la palabra "inteligencia" estás realmente preparado para ser un verdadero IA-Manager, un profesional capaz de crear inteligencia para beneficio de la empresa y habrás dado el primer paso para convertirte de verdad en un gestor de proyectos de Inteligencia Artificial.

¿Qué es un comportamiento inteligente?

En 1950 el matemático y lógico británico Alan Turing desarrolló el llamado "Test de Turing", test que tiene el objetivo de evaluar la capacidad de una máquina para exhibir comportamiento inteligente comparable al humano. En el procedimiento original de la prueba, un interrogador humano interactúa con un humano y una máquina, sin saber cuál es cuál, a través de una interfaz de texto. El interrogador formula preguntas y recibe respuestas de ambos participantes, intentando determinar cuál de ellos es la máquina. Si el interrogador no puede distinguir entre las respuestas del humano y la máquina, se considera que la máquina ha pasado el test.

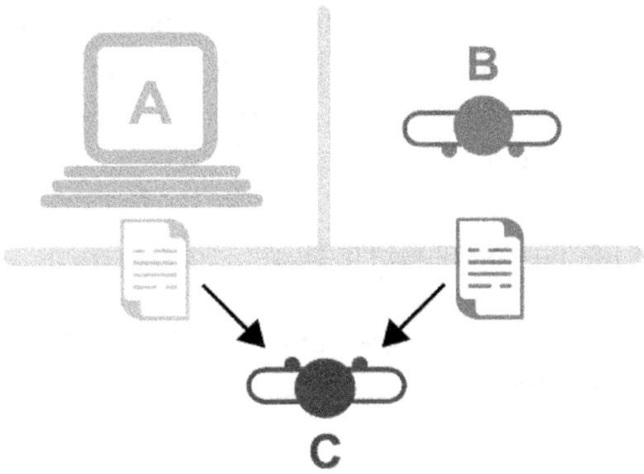

Turing predijo que para el año 2000, las máquinas serían capaces de responder preguntas tan convincentemente como un humano durante al menos cinco minutos en el 30% de las sesiones de interrogatorio. El Test de Turing ha sido una influencia significativa en el campo de la Inteligencia Artificial, generando mucho debate sobre la naturaleza de la inteligencia y la posibilidad de replicar la inteligencia humana en máquinas. También ha impulsado la investigación en IA, llevando a desarrollos importantes en el campo. Sin embargo, ha recibido críticas por no ser una medida adecuada de todas las formas de inteligencia, ya que se centra principalmente en la capacidad de engaño y la similitud superficial con el comportamiento humano. Además, se argumenta que el test no aborda aspectos fundamentales de la inteligencia humana como la comprensión o la conciencia. A pesar de estas críticas, el Test de Turing continúa siendo un concepto central en el debate sobre la Inteligencia Artificial, aunque existen otras métricas y pruebas que también se utilizan para evaluar la inteligencia de las máquinas.

2. Machine Learning (ML)

El Machine Learning (ML) emerge como un subconjunto intrigante de la Inteligencia Artificial, ofreciendo la promesa de máquinas que mejoran y aprenden a partir de la experiencia, en lugar de depender exclusivamente de código predefinido. Dicho de otra forma, el Machine Learning es una rama de la Inteligencia Artificial que se centra en desarrollar algoritmos y técnicas que permiten a las computadoras aprender y hacer predicciones o tomar decisiones basadas en datos, sin ser explícitamente programadas para hacerlo. En su núcleo, el ML se basa en modelos, que son representaciones matemáticas de un proceso o fenómeno específico. Estos modelos, a diferencia de los sistemas tradicionales, tienen la capacidad de adaptarse y evolucionar a partir de los datos con los que se alimentan.

El corazón del proceso de aprendizaje en ML es el algoritmo. Estos algoritmos, actuando como si fuesen recetas, guían y ajustan el modelo a través de un proceso llamado entrenamiento. Durante este entrenamiento, el modelo digiere datos, ajusta sus parámetros y busca mejorar sus predicciones o decisiones.

Existen diferentes enfoques o tipologías en el ML, cada uno con sus propios objetivos y técnicas. El aprendizaje supervisado, por ejemplo, se asemeja a un aula donde un maestro (los datos etiquetados) guía al estudiante (el modelo) hacia la respuesta correcta. Por otro lado, en el aprendizaje no supervisado, el modelo se enfrenta a un conjunto de datos sin etiquetas, buscando descubrir patrones o estructuras ocultas por sí mismo. Por último, el aprendizaje por refuerzo se asemeja a un juego: un agente interactúa con su entorno, aprendiendo de las recompensas y penalizaciones que recibe por sus acciones.

La máquina debe aprender patrones basados en datos.
Entrada: Datos
Según el algoritmo de ML se obtiene una representación diferente. Esta proporciona conocimientos sobre patrones o permite predicciones
Salida: Modelo

"Los modelos de Machine Learning son solo tan buenos como los datos con los que fueron creados."

El ML está detrás de muchas de las innovaciones que vemos hoy en día. Desde sistemas de recomendación en plataformas de streaming hasta diagnósticos médicos avanzados, su presencia es omnipresente. Sin embargo, este poder conlleva responsabilidades y desafíos. La calidad de los datos es crucial; un modelo solo es tan preciso como los datos con los que se entrena. Además, hay desafíos técnicos como el Overfitting (sobreajuste), donde un modelo se adapta demasiado a los datos de entrenamiento y pierde su capacidad para generalizar. La interpretabilidad y la necesidad de infraestructura robusta son otras consideraciones importantes.

El Machine Learning representa una de las herramientas más poderosas y transformadoras de nuestra era, abriendo innumerables posibilidades en diversos campos. Pero, como con todas las herramientas poderosas, su uso debe ser informado, ético y responsable.

2.1. Patrones

En el contexto del Machine Learning, los "patrones" se refieren a estructuras o relaciones identificables en los datos que pueden ser aprendidas y utilizadas por los modelos para hacer predicciones o tomar decisiones. Los patrones son esenciales para entender la información subyacente en los datos y cómo estas relaciones pueden ser aprovechadas para resolver problemas específicos. Veamos más en detalle los patrones mencionados y cómo se relacionan con el ML:

Regressions (Correlaciones)
Las correlaciones indican una relación lineal entre dos variables. En ML, identificar correlaciones puede ser fundamental para entender las relaciones entre características y el objetivo de predicción. Por ejemplo, en un modelo de regresión, se busca entender cómo varias características están correlacionadas con la variable objetivo.

Ejemplo: En una plataforma de e-commerce, se observa que a medida que aumentan las visitas al sitio, también aumentan las ventas. Este patrón de correlación puede ayudar a la empresa a entender la relación entre tráfico web y ventas, y planificar estrategias de marketing.

Classification (Clasificación)
La clasificación es un tipo de tarea en ML donde el objetivo es asignar etiquetas a nuevas instancias basadas en el aprendizaje de datos etiquetados previamente. Por ejemplo, un modelo de clasificación puede ser entrenado para identificar correos electrónicos spam basándose en ciertos patrones en los datos.
Ejemplo: Un banco puede clasificar a los solicitantes de crédito como de 'alto riesgo' o 'bajo riesgo' basándose en varios factores como historial crediticio, ingresos y nivel de endeudamiento. Este proceso de asignación ayuda al banco a decidir a quién otorgarle un crédito.

Clustering (Agrupamiento)
El agrupamiento es una técnica de ML no supervisada donde el objetivo es descubrir grupos inherentemente existentes en los datos. Por ejemplo, un algoritmo de clustering puede identificar segmentos de clientes en un conjunto de datos basado en sus comportamientos de compra.
Ejemplo: Una tienda de música en línea podría utilizar algoritmos de agrupamiento para clasificar canciones en diferentes géneros musicales basándose en atributos como tempo, tonalidad, instrumentación y letras. Esto permite a la plataforma ofrecer listas de reproducción por género a sus usuarios.

Association rules (Reglas de asociación)
Las reglas de asociación buscan identificar relaciones entre variables en un conjunto de datos. Por ejemplo, un algoritmo de reglas de asociación puede descubrir que los clientes que compran un producto en particular también tienden a comprar otro, lo que puede ser útil para la recomendación de productos.
Ejemplo: En un supermercado, se descubre mediante el análisis de datos que los clientes que compran pañales a menudo también compran cerveza. A partir de esta regla, el supermercado podría colocar estos productos cerca uno del otro para aumentar las ventas cruzadas. Aunque no parezca una estrategia muy lógica, los datos no engañan, por lo cual es una estrategia a muy a tener en cuenta si se busca aumentar las ventas.

Estos patrones y técnicas son fundamentales en el ML, ya que proporcionan el mecanismo para que los modelos aprendan de los datos y realicen tareas como la predicción, clasificación, y descubrimiento de conocimiento en bases de datos. Estos patrones identificados mediante técnicas de Machine Learning pueden ser extremadamente útiles para las empresas y organizaciones, permitiéndoles entender mejor las relaciones entre diferentes variables, clasificar datos de manera efectiva, identificar grupos naturales dentro de sus datos y descubrir reglas que pueden ayudar a mejorar las estrategias de venta y marketing, entre otras aplicaciones.

2.2. Características clave del Machine Learning

Aprendizaje a partir de datos: La plataforma recopila datos sobre las preferencias y comportamientos de visualización de los usuarios. A través del ML, el sistema aprende y adapta las recomendaciones basándose en estos datos. Por ejemplo, si un usuario A ve muchas comedias, el sistema aprenderá a recomendarle más contenido de este tipo al usuario A.
Algoritmos: Se utilizan algoritmos como el filtrado colaborativo para analizar los datos de los usuarios y encontrar patrones. Por ejemplo, si el usuario A y el usuario B han visto las mismas comedias, es probable que al usuario A también le gusten otros programas que el usuario B ha visto, y viceversa.
Predicción y toma de decisiones: Basándose en los patrones identificados, el sistema hace predicciones sobre qué otros contenidos podrían interesar a los usuarios y decide qué recomendarles a continuación.
Modelos: Se crean y se entrenan modelos matemáticos y lógicos utilizando los datos recopilados para hacer predicciones más precisas sobre las preferencias de los usuarios.

2.3. Usos del Machine Learning

Análisis predictivo: Predice tendencias de visualización para planificar la adquisición de nuevo contenido.
Reconocimiento de patrones: Identifica patrones en los hábitos de visualización de los usuarios para mejorar las recomendaciones.
Recomendaciones personalizadas: Proporciona sugerencias de contenido personalizadas para cada usuario basándose en su historial de visualización.
Optimización de procesos: Optimiza la cadena de suministro de contenido, identificando qué tipos de contenido son más populares y dónde se deben invertir recursos.
Desarrollo de productos y servicios inteligentes: Desarrolla nuevas características, como un asistente virtual que puede ayudar a los usuarios a encontrar contenido que les gustará.
Salud: Aunque no aplicable directamente en este ejemplo, el ML puede utilizarse en contextos de salud, como el diagnóstico médico asistido por computadora.
Investigación científica y desarrollo: También fuera de este ejemplo, el ML ayuda en la investigación, como el análisis de grandes conjuntos de datos para descubrir nuevos materiales.

La figura del IA-Manager en este escenario sería crucial para coordinar los esfuerzos entre los equipos de datos, ingeniería y negocio, asegurando que los objetivos del proyecto estén alineados, los recursos estén bien gestionados y las soluciones de ML implementadas ética, legal y eficazmente para mejorar la experiencia del usuario y alcanzar los objetivos de la empresa.

Veamos gráficamente dos ejemplos de su aplicación que nos pueden resultar familiares.

Detectar correos electrónicos no deseados:

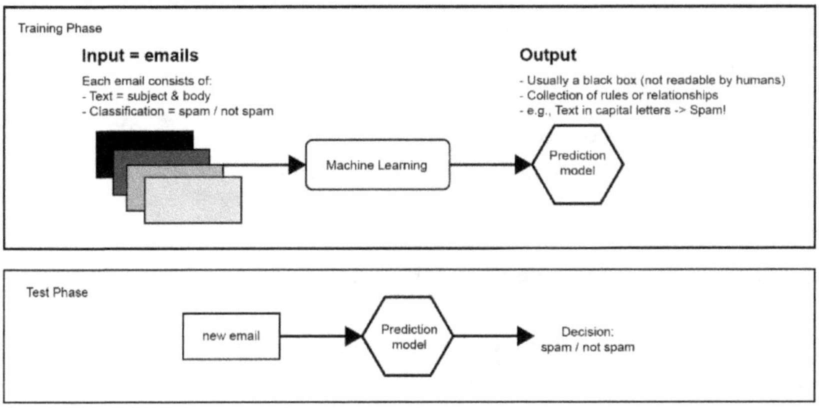

Segmentación de clientes:

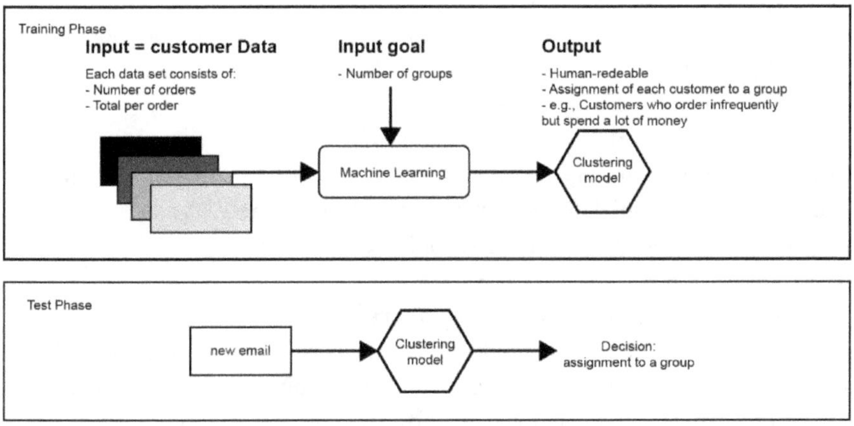

3. Categorías de algoritmos en ML

En el contexto de Machine Learning, "aprender" se refiere al proceso por el cual un modelo computacional mejora su rendimiento en una tarea específica con la experiencia adquirida al ser expuesto a más datos. En Machine Learning, "aprender" implica que un algoritmo mejore su capacidad para predecir, clasificar, o realizar alguna otra tarea al procesar datos, ajustando sus parámetros y estructuras internas para minimizar el error o la diferencia entre sus predicciones y los valores reales. A través de este proceso de aprendizaje, el algoritmo es capaz de generalizar su conocimiento adquirido a nuevos datos, permitiendo así hacer predicciones o tomar decisiones informadas en situaciones no vistas previamente.

En Machine Learning los algoritmos se pueden clasificar en diversas categorías según el tipo de aprendizaje que realizan y el tipo de tarea que abordan. A continuación, te presento las categorías principales de algoritmos en ML:

Supervised learning (Aprendizaje supervisado)

- **Regresión:** Estos algoritmos predicen valores continuos, como el precio de una casa. **Ejemplos:** Regresión lineal, regresión polinómica.

- **Clasificación:** Estos algoritmos predicen etiquetas categóricas.
Ejemplos: Regresión logística, máquinas de soporte vectorial (SVM), árboles de decisión, k-vecinos más cercanos (k-NN).

Unsupervised learning (Aprendizaje no supervisado)

- **Clustering (Agrupamiento):** Estos algoritmos agrupan datos similares en clusters o grupos. **Ejemplos:** k-Means, DBSCAN, jerárquico.

- **Reducción de dimensionalidad:** Estos algoritmos reducen la cantidad de variables en un conjunto de datos. **Ejemplos:** Análisis de componentes principales (PCA), t-SNE.
- **Asociación:** Estos algoritmos encuentran reglas que describen grandes porciones de datos. **Ejemplo:** algoritmo Apriori.

Reinforcement learning (Aprendizaje por refuerzo)
Estos algoritmos permiten a un agente aprender cómo comportarse en un entorno mediante la realización de acciones y recibiendo recompensas o penalizaciones.
Ejemplos: Q-learning, Deep Q Network (DQN), Policy Gradients.

Semi-supervised learning (Aprendizaje semisupervisado)
Estos algoritmos se ubican entre el aprendizaje supervisado y no supervisado, utilizando tanto datos etiquetados como no etiquetados para mejorar el rendimiento del aprendizaje. Son útiles cuando se tienen pocos datos etiquetados y muchos datos no etiquetados.

Multi-instance learning (Aprendizaje multi-instancia)
En este tipo de aprendizaje, se tiene una bolsa de instancias y una etiqueta para la bolsa en lugar de para cada instancia. La tarea es predecir una nueva bolsa en lugar de una única instancia.

Multi-Label learning (Aprendizaje multi-etiqueta)
En lugar de asignar una única etiqueta a cada instancia, estos algoritmos asignan un conjunto de etiquetas. Es útil en situaciones como la clasificación de texto donde un documento puede pertenecer a múltiples categorías.

Estas son las categorías principales, pero el campo del ML es amplio y sigue evolucionando, por lo que surgen constantemente nuevos tipos de algoritmos y enfoques. Además, con el auge del Deep Learning, hay una variedad de arquitecturas de redes neuronales diseñadas para tareas específicas, como las redes convolucionales para el procesamiento de imágenes o las redes recurrentes para secuencias temporales.
Cada categoría y algoritmo tiene sus propias fortalezas, debilidades y aplicaciones ideales, por lo que la elección del algoritmo adecuado depende en gran medida del problema específico que se

esté abordando y sobre todo, de tu capacidad para reconocer las necesidades del proyecto, así como para relacionarlas con los objetivos del proyecto.

Para aprender que es el aprendizaje en ML nos vamos a centrar principalmente en estos cinco tipos:

1. Supervised Learning (Aprendizaje supervisado)
2. Semi-supervised Learning (Aprendizaje semisupervisado)
3. Unsupervised Learning (Aprendizaje no supervisado)
4. Reinforcement Learning (Aprendizaje por reforzamiento)
5. Deep Learning (DL) (Aprendizaje profundo)

Estas categorías representan diferentes enfoques y técnicas dentro del campo del Machine Learning, cada una con sus particularidades y aplicaciones específicas dependiendo de la naturaleza de los datos y del problema a resolver.
Para cada categoría hay una estructura de datos diferente y hay diferentes modelos de algoritmos. Vamos a verlos por separado más detalladamente.

3.1. Supervised Learning (Aprendizaje supervisado)

En el aprendizaje supervisado, los algoritmos aprenden a partir de un conjunto de datos etiquetado, donde cada ejemplo de entrenamiento tiene una etiqueta o resultado asociado. El objetivo es aprender una función que mapee las entradas a las salidas de manera que pueda hacer predicciones precisas sobre datos no vistos previamente.
Hay diferentes tipos de aprendizaje supervisado:

Classification (Clasificación):
- Asignación a categorías (clases). Esto se hace mediante labels (etiquetas).
- El modelo de predicción es solo tan bueno como los datos de entrada
- Desafíos: Overfitting (Sobreajuste) / Underfitting (Subajuste)

Regression (Regresión):
- Aprendizaje de una función matemática f(x) = …
- Los valores atípicos pueden afectar el resultado
- Desafíos: Overfitting (Sobreajuste) / Underfitting (Subajuste)

El aprendizaje supervisado es un campo extenso con muchos modelos y algoritmos. Aquí te presento una lista de algunos de los modelos más conocidos y utilizados: (los más recomendados para iniciarse son el algoritmo k-N-N (Classification) y el algoritmo Linear Regression (Regression).

Linear Regression (Regresión lineal)
Utilizado para predecir un valor continuo basado en una o más variables independientes.

Logistic Regression (Regresión logística)
Utilizado para clasificación binaria, es decir, para predecir la probabilidad de que una instancia pertenezca a una de dos clases.

Decision Trees (Árboles de decisión)
Utilizado para clasificación y regresión, dividen el espacio de características en regiones disjuntas.

Random Forests (Bosques aleatorios)
Una extensión de los árboles de decisión que construye múltiples árboles y agrega sus predicciones.

Support Vector Machines (SVM) (Máquinas de vectores de soporte)
Utilizado para clasificación binaria y multiclase, busca encontrar el hiperplano que mejor separa las clases en el espacio de características.

k-Nearest Neighbors (k-NN)
Un algoritmo basado en instancias que clasifica nuevas instancias basándose en la mayoría de votos de sus k vecinos más cercanos. Donde "k" es un numero previamente dado, y mejor si es impar.

Artificial Neural Networks (ANN) (Redes neuronales artificiales)
Modelos de aprendizaje profundo que pueden ser utilizados para clasificación y regresión en conjuntos de datos complejos y de alta dimensionalidad.

Naive Bayes
Un conjunto de algoritmos basados en la aplicación del teorema de Bayes para la clasificación.

Boosting (e.g., AdaBoost, Gradient Boosting)
Técnicas que construyen una serie de modelos, generalmente árboles de decisión, donde cada uno intenta corregir los errores del anterior.

Ridge Regression (Regresión de Ridge)
Una variante de la regresión lineal que incluye una penalización L2 para evitar el sobreajuste.

Lasso Regression (Regresión de Lasso)
Similar a la regresión de Ridge pero con una penalización L1 que puede llevar a la selección de características.

Convolutional Neural Networks (CNN) (Redes neuronales convolucionales)
Especialmente diseñadas para el procesamiento de imágenes, pero también se utilizan en otros tipos de datos estructurados.

Recurrent Neural Networks (RNN) (Redes neuronales recurrentes)
Diseñadas para trabajar con datos secuenciales, como series temporales o secuencias de texto.

Estos modelos y algoritmos ofrecen una variedad de herramientas para abordar diferentes tipos de problemas de aprendizaje supervisado, desde simples hasta complejos, y cada uno tiene sus propias fortalezas y debilidades dependiendo del tipo de datos y del problema en cuestión.

3.1.1. k-Nearest-Neighbours-Algorithm (k-N-N)

Posiblemente el algoritmo más empleado sea "k-Nearest-Neighbours-Algorithm" (k-N-N), por su sencillez y eficacia, claro está que para cada situación hay diferentes algoritmos y por lo tanto cada caso exigirá o se recomendará un algoritmo diferente. De igual manera k-N-N es el algoritmo más recomendado para iniciarse en el aprendizaje supervisado.
Vamos a ver el algoritmo k-N-N más detalladamente para hacer una clasificación.
Algoritmo: k-N-N (k-Nearest-Neighbours) – (Classification)

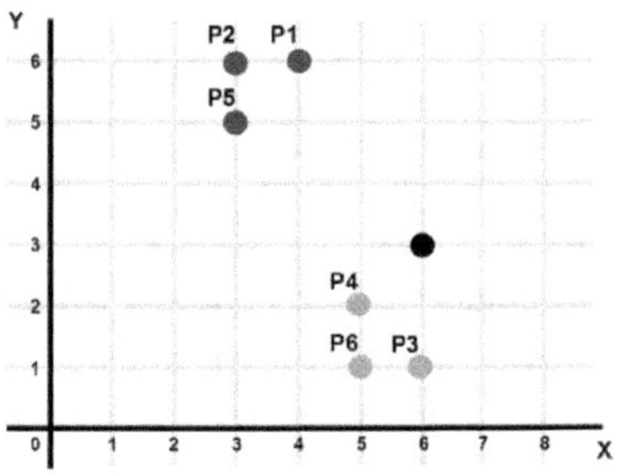

Point	X	Y	Class
P1	4	6	dark grey
P2	3	6	dark grey
P3	6	1	light grey
P4	5	2	light grey
P5	3	5	dark grey
P6	5	1	light grey

Idea: Dime quiénes son tus vecinos y te diré quién eres

Concepto: Lazy Learning (Aprendizaje perezoso)
No genera un modelo, sino que almacena los datos de entrenamiento en una base de datos (DB).

Procedimiento:
1. Ingresar los datos de entrenamiento (con etiquetas).
2. Ingresar los datos de prueba (sin etiquetas).
3. El algoritmo busca los k vecinos más cercanos (por ejemplo, utilizando la distancia euclidiana).
4. Salida: La etiqueta que está más representada entre los k vecinos.

Atención: Como mencioné anteriormente, el valor para "k" debería ser, recomendablemente, impar (para evitar un empate 50:50), para de esta forma poder clasificar los nuevos datos en una etiqueta exacta.

Básicamente el Supervised Learning es una categoría dentro del Machine Learning donde los algoritmos aprenden de un conjunto de datos previamente etiquetado. En este conjunto, cada ejemplo de entrenamiento está asociado con una etiqueta o un valor de salida específico. El objetivo principal del aprendizaje supervisado es desarrollar un modelo que pueda hacer predicciones precisas o decidir sobre nuevos datos no vistos basándose en el aprendizaje adquirido de los datos de entrenamiento.

1. Recopilación de datos: Se recopila un conjunto de datos etiquetados para entrenar el modelo.
2. Preparación de datos: Los datos se limpian y se preparan, dividiéndose generalmente en conjuntos de entrenamiento y de prueba.
3. Selección del modelo: Se elige un algoritmo de aprendizaje supervisado adecuado para el problema.
4. Entrenamiento del modelo: Se entrena el modelo utilizando el conjunto de entrenamiento, ajustando sus parámetros para minimizar el error entre las predicciones del modelo y las etiquetas reales.
5. Evaluación del modelo: Se evalúa el rendimiento del modelo utilizando el conjunto de prueba para asegurar que el modelo haya aprendido correctamente.
6. Ajuste del modelo: Si es necesario, se ajusta el modelo y se vuelve a entrenar hasta alcanzar un rendimiento aceptable.
7. Despliegue del modelo: Una vez entrenado y evaluado satisfactoriamente, el modelo se despliega para hacer predicciones en datos nuevos y no vistos.

Ejemplo:

Clasificación de correos electrónicos como "spam" o "no spam":
- **Recopilación de datos:** Se recopilan correos electrónicos etiquetados como spam o no spam.
- **Objetivo:** Clasificar nuevos correos electrónicos en las categorías de spam o no spam.
- **Modelo:** Se puede utilizar un modelo de clasificación como el Naive Bayes para aprender los patrones que distinguen el spam del correo legítimo.

En estos ejemplos, el aprendizaje supervisado permite desarrollar modelos que puedan generalizar bien a partir de los datos de entrenamiento y hacer predicciones precisas en nuevos datos, ayudando así a resolver problemas prácticos en diversos campos.

Ahora vamos a ver el algoritmo Linear Regression más detalladamente para hacer una predicción.

3.1.2. Linear Regression

La regresión lineal es una de las técnicas más básicas y ampliamente utilizadas en el aprendizaje supervisado. Se utiliza principalmente para problemas de regresión donde el objetivo es predecir un valor continuo.

Algoritmo: Linear Regression

Concepto: Relaciona variables independientes con una variable dependiente a través de una ecuación lineal.
Idea: Un aumento en X resulta en un aumento/decremento en Y.
Modelo: La regresión lineal asume una relación lineal entre las entradas y la salida. La relación se modela como:

$$y = \beta_0 + \beta_1 x_1 + \beta_2 x_2 + \ldots + \beta_n x_n + \epsilon$$

donde:
- y es la variable dependiente o la salida.
- $x_1, x_2, \ldots, x_n$ son las variables independientes o entradas.
- $\beta_0, \beta_1, \ldots, \beta_n$ son los coeficientes.
- ϵ es el error o residuo.

Procedimiento:
1. Recopilación de datos: Se necesita un conjunto de datos con variables independientes y una variable dependiente.
2. Preparación de datos: Los datos deben ser limpiados y, a menudo, normalizados o estandarizados.
3. Entrenamiento del modelo: Se utiliza un conjunto de datos de entrenamiento para estimar los coeficientes β que minimizan el error cuadrático medio (MSE).
4. Evaluación del modelo: Se evalúa el rendimiento del modelo en un conjunto de datos de prueba para asegurarse de que el modelo generalice bien.
5. Predicción: Se utiliza el modelo entrenado para hacer predicciones sobre nuevos datos.

Atención:
- La Linear Regression asume una relación lineal entre las entradas y la salida. Si la relación es no lineal, el modelo puede no ajustarse bien.
- Es susceptible a valores atípicos, lo que puede afectar la calidad del modelo.
- La multicolinealidad (alta correlación entre variables independientes) puede ser problemática y debe ser abordada.

Ejemplos:

Predicción del precio de viviendas:
- **Recopilación de datos:** Se recopilan datos de ventas pasadas de viviendas, incluyendo características como el tamaño, la ubicación y el número de habitaciones.
- **Objetivo:** Predecir el precio de venta de nuevas viviendas basado en sus características.
- **Modelo:** Se utiliza un modelo de regresión lineal para aprender la relación entre las características de las viviendas y su precio de venta.

Predicción del consumo de combustible de automóviles:
- **Contexto:** Las compañías automotrices están constantemente buscando formas de mejorar la eficiencia de combustible de sus vehículos debido a regulaciones medioambientales, la demanda del mercado y la competencia. Para ello, es esencial entender cómo diferentes características del vehículo afectan su consumo de combustible.
- **Recopilación de datos:** Se recopilan datos de varios modelos de automóviles producidos en los últimos años. Estos datos incluyen características como el peso del vehículo, la potencia del motor, el tipo de transmisión, la aerodinámica y el tipo de combustible utilizado.
- **Objetivo:** Predecir el consumo de combustible (por ejemplo, millas por galón o litros por cada 100 km) de un nuevo modelo de automóvil basado en sus características.

- **Modelo:** Se utiliza un modelo de regresión lineal para aprender la relación entre las características del automóvil (variables independientes) y su consumo de combustible (variable dependiente).

- **Procedimiento:**
1. Entrenamiento del modelo: Con los datos recopilados de modelos existentes, se entrena un modelo de regresión lineal para entender cómo las diferentes características impactan en el consumo de combustible.
2. Evaluación del modelo: Se utiliza un conjunto separado de datos (no usado en el entrenamiento) para evaluar qué tan bien el modelo predice el consumo de combustible.
3. Predicción: Con el modelo entrenado, se pueden hacer predicciones sobre el consumo de combustible de nuevos modelos o prototipos de automóviles basándose en sus características.

- **Resultados y usos:** Con este modelo, los ingenieros y diseñadores pueden hacer ajustes en las características del vehículo durante la fase de diseño para alcanzar objetivos específicos de eficiencia de combustible. Además, puede ayudar a la empresa a tomar decisiones informadas sobre qué tecnologías o innovaciones priorizar para mejorar la eficiencia de combustible en futuros modelos.

Este último ejemplo ilustra cómo la regresión lineal puede ser una herramienta valiosa en la industria automotriz para predecir y optimizar el consumo de combustible, lo que a su vez puede tener impactos significativos en términos de costos, cumplimiento de regulaciones y satisfacción del cliente.

La regresión lineal es una herramienta poderosa y versátil que se utiliza en una variedad de aplicaciones. Aunque es simple, es fundamental en estadísticas y Machine Learning y sirve como base para técnicas más avanzadas.

3.2. Unsupervised Learning (Aprendizaje no supervisado)

En el aprendizaje no supervisado, los algoritmos trabajan con conjuntos de datos sin etiquetar, buscando encontrar estructuras, patrones o relaciones inherentes en los datos sin ninguna supervisión previa. Las tareas comunes incluyen agrupamiento, reducción de dimensionalidad y reglas de asociación.

Características del aprendizaje no supervisado son:
- ¡No hay etiquetas!
- El objetivo es reconocer patrones en los datos.
- Esto debería llevar a agrupar los conjuntos de datos. (Hacer diferentes grupos con ellos).
- Puede ser utilizado para generar etiquetas.
- Atención: ¡Las etiquetas son solo asignaciones matemáticas!
- Puede estar completamente equivocado.
- Salida: Asignación a un grupo para cada conjunto de datos.
- Clusters o asociaciones.

El aprendizaje no supervisado engloba una variedad de técnicas y modelos. A continuación te nombro algunos de los modelos y algoritmos más conocidos dentro de esta categoría:

Algoritmos de Clustering (Agrupamiento)
- k-Means (k-Medias)
- Hierarchical Clustering (Agrupamiento jerárquico)
- DBSCAN (Density-Based Spatial Clustering of Applications with Noise)
- Agglomerative Clustering (Agrupamiento aglomerativo)
- Gaussian Mixture Model (Modelo de mezcla gaussiana)

Algoritmos de reducción de dimensionalidad
- Principal Component Analysis (PCA) (Análisis de Componentes Principales)
- Linear Discriminant Analysis (LDA) (Análisis Discriminante Lineal)
- t-SNE (t-Distributed Stochastic Neighbor Embedding)
- UMAP (Uniform Manifold Approximation and Projection)

Algoritmos de asociación
- Apriori
- Eclat
- FP-Growth (Frequent Pattern Growth)

Algoritmos de detección de anomalías
- Isolation Forest (Bosque de aislamiento)
- One-Class SVM (Support Vector Machine)
- Local Outlier Factor (LOF)
- Autoencoders (especialmente cuando se utilizan para detección de anomalías)

Modelos generativos
- Autoencoders (Auto-codificadores)
- Variational Autoencoders (Auto-codificadores variacionales)
- Generative Adversarial Networks (GANs) (Redes Generativas Antagónicas)

Redes neuronales de autoorganización
- Self-Organizing Maps (SOM) (Mapas autoorganizativos)

Matriz de factorización
- Non-negative Matrix Factorization (NMF) (Factorización de Matrices no Negativas)

Estos modelos y algoritmos abarcan una variedad de tareas dentro del aprendizaje no supervisado, incluyendo agrupamiento, reducción de dimensionalidad, reglas de asociación, detección de anomalías, y generación de nuevos datos. Cada uno tiene sus propias fortalezas, debilidades y aplicaciones en diferentes dominios y conjuntos de datos.
De entre todas estas formas de aprendizaje no supervisados nosotros nos centraremos en "clustering" (agrupamiento) y "dependency análisis" o "association rule" (análisis de dependencias), ya que son las más recomendadas para iniciarse en el aprendizaje no supervisado.

3.2.1. Clustering (Agrupamiento)

Los conjuntos de datos se dividen en grupos:
Grupos disjuntos: el grupo A tiene diferentes características que el grupo B.
Grupos jerárquicos: los grupos A, B, C describen diferentes manifestaciones de la misma característica.

Desafíos: ¿Cómo se define la similitud? ¿Cómo se manejan los valores atípicos?
Algoritmo: k-Means

Clustering:
- Clasificación de conjuntos de datos en grupos (disjuntos o jerárquicos)
- ¡Los grupos son desconocidos previamente! (aprendizaje no supervisado)

Cluster = Grupo de conjuntos de datos
Objetivo:
- Descubrir grupos
- Los conjuntos de datos del mismo cluster son lo más homogéneos posible
- Los clusters entre sí son lo más heterogéneos posible

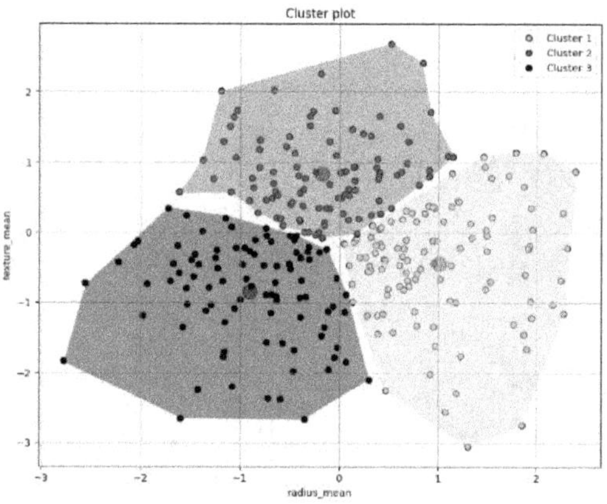

Idea: Los datos deben ser clasificados en k grupos.

Procedimiento:
1. Coloca k centroides aleatorios.
2. Asigna cada conjunto de datos al centroide más cercano.
3. Calcula la posición de los centroides de nuevo.
- Los centroides deben encontrarse luego en el centro de todos los puntos del respectivo grupo.
4. Se vuelve al paso 2 o se detiene aquí si el paso 2 no genera una nueva asignación.

Distancia entre 2 puntos: P (x_1, y_1) y Q (x_2, y_2)

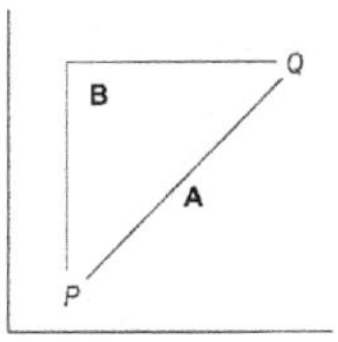

a) $d(P,Q) = \sqrt{(x_2 - x_1)^2 + (y_2 - y_1)^2}$
b) $d(P,Q) = |x_1 - x_2| + |y_1 - y_2|$

Ejemplo del algoritmo k-Means:
Las personas de una base de datos deben ser asignadas a diferentes grupos. En este caso, las personas ya han sido asignadas inicialmente a uno de los 3 centroides.

Person	Age	Weight	Initial assignment
P1	25	70	C1
P2	32	82	C1
P3	45	90	C3
P4	51	85	C2
P5	29	76	C1

El algoritmo k-Means es una técnica común de clustering que se utiliza para dividir un conjunto de datos en k grupos basándose en sus características. Suponiendo que tenemos una base de datos de productos y queremos agruparlos en dos categorías basándose en sus características (como precio, calidad, tipo, etc.), el proceso sería algo así:

1. Inicialización
Selecciona 2 centroides inicialmente, ya sea aleatoriamente o basándose en alguna lógica, y asigna cada producto a uno de los 2 centroides basándose en la similitud o distancia.

2. Asignación
Asigna cada producto al centroide más cercano basándose en una métrica de distancia (como la distancia euclidiana): P (x_1, y_1) y Q (x_2, y_2)

$$d(P,Q) = \sqrt{(x_2 - x_1)^2 + (y_2 - y_1)^2}$$

3. Actualización de centroides
Calcula los nuevos centroides encontrando el promedio de todas las características de los productos asignados a cada centroide.

4. Iteración
Repite los pasos 2 y 3 hasta que las asignaciones de los productos a los centroides ya no cambien o hasta que se alcance un número máximo de iteraciones.

5. Evaluación
Una vez que las asignaciones se estabilicen o se alcance el máximo número de iteraciones, tendrás los productos agrupados en 2 clusters, cada uno con un centroide.

Con este proceso, los productos similares se agruparán juntos, permitiendo una organización y análisis más efectivo de la base de datos de productos. Por ejemplo, esto podría ayudar a una empresa a entender mejor la variedad de productos que tiene y a tomar decisiones sobre estrategias de marketing o inventario.

Ejemplos:

Segmentación de clientes para estrategias de marketing:
- **Recopilación de datos:** Se recopilan datos sobre el comportamiento de compra, historial de transacciones, preferencias y feedback de clientes de una tienda en línea.
- **Objetivo:** Segmentar a los clientes en diferentes grupos con patrones de compra similares para personalizar las estrategias de marketing.
- **Modelo:** Se puede utilizar un algoritmo de clustering, como k-Means, para agrupar a los clientes en clusters basados en sus patrones de compra y comportamiento.

Análisis de genes en biología:
- **Recopilación de datos:** Se recopilan datos de expresión génica de diferentes muestras biológicas.
- **Objetivo:** Identificar grupos de genes que se expresan de manera similar y que podrían participar en funciones biológicas relacionadas.
- **Modelo:** Se puede utilizar un algoritmo de clustering jerárquico para agrupar genes basados en patrones similares de expresión.

3.2.2. Dependency Analysis o Association Rule (Análisis de dependencias o regla de asociación)

El principal objetivo del análisis de dependencias, o reglas de asociación, es descubrir relaciones interesantes o patrones ocultos entre diferentes ítems en grandes conjuntos de datos. Un ejemplo clásico de su aplicación es en el análisis de cestas de compra en supermercados: ¿cuáles productos tienden a ser comprados juntos?

Aprender una regla de asociación: "Si x, entonces y".

El Problema de asociación dado:
- **Conjunto J de ítems:** por ejemplo, productos de un surtido; ¡sin duplicados!
- **Lista D de transacciones t:** donde t es un subconjunto de J

Ejemplo:
J = `{"Carpeta", "Separadores", "Papel"}`
D = `[{"Papel"}, {"Carpeta", "Separadores"}, {"Papel", "Separadores"}]`
t es, por ejemplo, `{"Carpeta", "Separadores"}` (Nota: el orden no importa)

Regla de asociación: $X \rightarrow Y$
- Cuerpo de la regla X (conjunto de ítems)
- Cabeza de la regla Y (conjunto de ítems)
- Una transacción t satisface una $X \rightarrow Y$ si X e Y están en t

Para evaluar la relevancia y confiabilidad de estas reglas, se utilizan métricas como el soporte, la confianza y el lift.

Medidas:

Support (Soporte): Proporción de transacciones que contienen un ítem o conjunto de ítems específico.

= Frecuencia de ocurrencia (¿Con qué frecuencia ocurren "x" e "y" en total?)

Confidence (Confianza): Probabilidad de que, dado que se ha comprado el ítem A, también se compre el ítem B.

= Fortaleza de la regla (¿Qué tan a menudo se aplica la regla?)

Lift: Medida de cuánto más a menudo A y B ocurren juntos de lo que esperaríamos si fueran estadísticamente independientes.

El algoritmo más conocido para generar reglas de asociación es el Apriori, que reduce la complejidad de buscar combinaciones al eliminar conjuntos de ítems con soporte bajo.

Este tipo de análisis ha encontrado aplicaciones en múltiples áreas, desde marketing hasta la bioinformática, proporcionando insights valiosos y ayudando a tomar decisiones basadas en patrones subyacentes en los datos.

Ejemplo:

X = `{"Carpeta"}`

Y = `{"Separadores"};`

La transacción de D satisface X → Y

support

Proporción de transacciones de D que satisfacen la regla de asociación:

$$support(X \rightarrow Y) = \frac{|\{t \in D | (X \cup Y) \subseteq t\}|}{|D|}$$

Más sencillo: Cantidad de transacciones que contienen tanto X como Y, dividido por la cantidad total de transacciones

Ejemplo:

J = `{"Carpeta", "Separadores", "Papel"}`

D = `[{"Papel"}, {"Carpeta", "Papel"}, {"Separadores", "Carpeta"}, {"Carpeta", "Papel"}]`

support `("Carpeta" → "Separadores")` $= \frac{1}{4}$

support `("Carpeta" → "Papel")` $= \frac{2}{4} = \frac{1}{2}$

confidence (confianza)

Proporción de transacciones que satisfacen la regla de asociación, en relación con todas las transacciones que satisfacen el cuerpo de la regla (X):

$$confidence(X \rightarrow Y) = \frac{|\{t \in D | (X \cup Y) \subseteq t\}|}{|\{t \in D | (X \subseteq t\}|} = \frac{support(X \rightarrow Y)}{support(X)}$$

Ejemplo:
J = `{"Carpeta", "Separadores", "Papel"}`
D = `[{"Papel"}, {"Carpeta", "Papel"}, {"Separadores", "Carpeta"}, {"Carpeta", "Papel"}]`

confidence ("Carpeta" → "Separadores") $= \frac{\frac{1}{4}}{\frac{3}{4}} = \frac{1}{3}$

confidence ("Carpeta" → "Papel") $= \frac{\frac{2}{4}}{\frac{3}{4}} = \frac{\frac{1}{2}}{\frac{3}{4}} = \frac{2}{3}$

El aprendizaje no supervisado (Unsupervised Learning) es una categoría de algoritmos de Machine Learning donde los modelos se entrenan en datos sin etiquetar. A diferencia del aprendizaje supervisado, donde cada dato de entrenamiento viene con una etiqueta correspondiente, en el aprendizaje no supervisado, el modelo trabaja con datos sin etiquetas, buscando identificar estructuras y patrones inherentes en los datos por sí mismo.
Descubrimiento de estructuras: Los algoritmos buscan descubrir estructuras y relaciones en los datos sin la guía de etiquetas predefinidas.
Extracción de características: Ayuda en la extracción y selección de características relevantes de los datos.
Identificación de patrones: Identifica patrones y agrupa datos similares juntos.
Reducción de dimensionalidad: Reducen la dimensionalidad de los datos mientras mantienen la estructura esencial.
Sin supervisión previa: No requiere un conjunto de datos etiquetado, lo que puede ser una ventaja en situaciones donde etiquetar datos es costoso o impracticable.

Ejemplos:

Análisis de carrito de compra en supermercados:
- **Recopilación de datos:** Se recopilan datos de transacciones de clientes en un supermercado, registrando los productos que cada cliente compra en una visita.
- **Objetivo:** Descubrir combinaciones de productos que tienden a ser comprados juntos con frecuencia.
- **Modelo:** Se puede utilizar el algoritmo Apriori para encontrar reglas de asociación que indiquen combinaciones comunes de productos, como "Si un cliente compra pañales, también es probable que compre cerveza".

Recomendación de contenido en plataformas de streaming:
- **Recopilación de datos:** Se recopilan datos sobre las películas y series que los usuarios ven en una plataforma de streaming.
- **Objetivo:** Sugerir contenido nuevo a los usuarios basado en lo que otros usuarios con gustos similares han visto.
- **Modelo:** Se puede utilizar el algoritmo FP-Growth para descubrir reglas de asociación que sugieran, por ejemplo, "Los usuarios que vieron 'Stranger Things' y 'The Witcher' también tienden a ver 'Dark'".

Estos ejemplos ilustran cómo se pueden aplicar técnicas de Clustering y reglas de asociación en diferentes contextos para descubrir patrones y relaciones en conjuntos de datos no etiquetados.

Otros ejemplos de aplicaciones del aprendizaje no supervisado:

Clustering (Agrupamiento) en marketing
Supongamos que una empresa tiene una gran base de datos de clientes, pero no tiene información sobre las preferencias de compra de estos clientes. Un algoritmo de agrupamiento, como k-Means, puede ser utilizado para segmentar a los clientes en diferentes grupos basados en sus características demográficas y comportamientos de compra. Por ejemplo, puede descubrir un grupo de clientes jóvenes que compran productos tecnológicos y otro grupo de clientes mayores que compran productos de salud. Esto permite a la empresa dirigir campañas de marketing específicas a cada segmento, mejorando así la eficacia de sus estrategias de marketing.

Reducción de dimensionalidad en análisis de datos genómicos
En genómica, los investigadores a menudo trabajan con datos de alta dimensionalidad, donde tienen miles de genes y variantes genéticas a considerar. Un algoritmo de reducción de dimensionalidad, como el Análisis de Componentes Principales (PCA), puede ser utilizado para reducir la dimensionalidad de estos datos, manteniendo la estructura esencial y las relaciones entre los genes. Esto facilita la visualización y el análisis de los datos, permitiendo a los investigadores identificar relaciones genéticas y posibles marcadores de enfermedades con mayor facilidad.

Estos ejemplos ilustran cómo el aprendizaje no supervisado puede descubrir información valiosa en los datos sin la necesidad de etiquetas predefinidas, lo que lo hace especialmente útil en situaciones donde obtener etiquetas precisas es difícil o costoso.

3.3. Semi-supervised Learning (Aprendizaje semisupervisado)

El aprendizaje semisupervisado se sitúa entre el aprendizaje supervisado y no supervisado, donde los algoritmos utilizan un conjunto de datos parcialmente etiquetado para entrenamiento. Esto permite aprovechar la gran cantidad de datos no etiquetados disponibles, mejorando el rendimiento del modelo sin necesidad de etiquetado manual completo.

Básicamente el aprendizaje semisupervisado es una técnica de Machine Learning que se sitúa entre el aprendizaje supervisado y no supervisado. Se emplea cuando se dispone de un gran conjunto de datos, pero solo una pequeña parte de ellos está etiquetada. La idea principal detrás del aprendizaje semisupervisado es utilizar la información tanto de los datos etiquetados como de los no etiquetados para construir un modelo predictivo más robusto y preciso. Esta técnica es muy útil en escenarios en los que etiquetar datos es costoso o requiere mucho tiempo.

Ejemplos:

Clasificación de Textos
Supongamos que una Librería quiere clasificar una gran colección de documentos en diferentes categorías (por ejemplo, ficción, no ficción, ciencia, arte, etc.). Etiquetar cada documento manualmente sería una tarea extremadamente tediosa y costosa en tiempo. Sin embargo, si tienen una pequeña muestra de documentos ya etiquetados, pueden usar aprendizaje semisupervisado.

En este caso, un algoritmo de aprendizaje semisupervisado podría utilizar la pequeña cantidad de datos etiquetados para aprender características básicas sobre cada categoría. Luego, podría explorar los datos no etiquetados para descubrir estructuras y patrones adicionales que ayuden a mejorar la clasificación, como palabras clave o temas comunes en cada categoría, y así asignar etiquetas a los documentos no etiquetados.

Detección de Fraude

En un banco, la detección de transacciones fraudulentas es crucial para la seguridad financiera. Sin embargo, las transacciones fraudulentas son raras y, por lo tanto, los datos etiquetados (transacciones identificadas como legítimas o fraudulentas) pueden ser escasos. Sin embargo, el banco tiene un gran volumen de transacciones no etiquetadas.

En este escenario, un modelo de aprendizaje semisupervisado podría ser entrenado con el pequeño conjunto de datos etiquetados disponible, aprendiendo características de transacciones fraudulentas y legítimas. Luego, el modelo podría explorar las transacciones no etiquetadas, identificando aquellas que se asemejen a transacciones fraudulentas conocidas, y mejorando así la detección de fraudes al incorporar esta información adicional.

En ambos ejemplos, el aprendizaje semisupervisado permite aprovechar una combinación de datos etiquetados y no etiquetados para construir modelos más efectivos y precisos, a pesar de la escasez de etiquetas.

En el aprendizaje semisupervisado, existen varios modelos y técnicas utilizados, algunos de ellos incluyen:

Self-training (Aprendizaje Iterativo): Un modelo es entrenado inicialmente con datos etiquetados, luego se utiliza para etiquetar los datos no etiquetados. Este proceso se repite iterativamente.

Modelos generativos: Estos modelos intentan aprender la distribución de probabilidad conjunta de los datos y las etiquetas, ayudando en la clasificación.

Métodos basados en grafos: Representan los datos como nodos en un grafo, donde las aristas reflejan la similitud entre datos, propagando etiquetas a través del grafo.

Técnicas basadas en vectores: Transforman los datos en representaciones vectoriales y utilizan geometría para inferir etiquetas para datos no etiquetados.

Redes neuronales profundas (DNN): Para la extracción de características de datos utilizando un modelo de múltiples capas.

Utilizan múltiples capas de procesamiento para extraer características y aprender representaciones jerárquicas de los datos, beneficiando el aprendizaje semisupervisado mediante la extracción de características útiles.

Cada uno de estos modelos o técnicas tiene un enfoque único para aprovechar tanto los datos etiquetados como los no etiquetados para mejorar el rendimiento del modelo en tareas específicas.

3.4. Reinforcement Learning (Aprendizaje por reforzamiento)

En el aprendizaje por refuerzo, un agente aprende cómo interactuar con un entorno para maximizar una recompensa acumulativa a lo largo del tiempo. El agente toma decisiones, el entorno responde, y el agente recibe una recompensa o penalización, aprendiendo así una estrategia óptima de comportamiento.

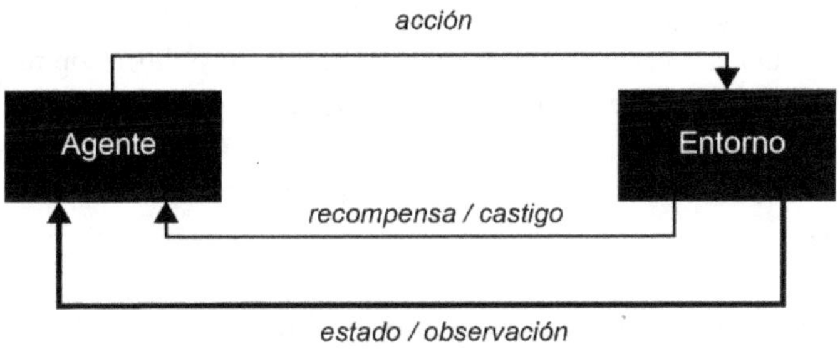

El Reinforcement Learning es una rama del Machine Learning donde un agente aprende cómo actuar en un entorno para maximizar una señal de recompensa acumulativa. A diferencia del aprendizaje supervisado, donde el modelo recibe un feedback directo sobre la corrección de sus predicciones, en RL, el agente solo recibe una señal de recompensa que indica qué tan bien está realizando su tarea, pero no recibe indicaciones explícitas sobre qué acciones son correctas o incorrectas.

La estructura básica del RL incluye los siguientes componentes:

Agente: Es el modelo que está aprendiendo a tomar decisiones. Es la entidad que toma decisiones. Puede imaginarse como un robot, un software, o cualquier sistema que pueda interactuar con un entorno.
Entorno: Es el contexto en el que el agente opera. Es todo aquello con lo que el agente interactúa. El entorno presenta ciertos estados y el agente realiza acciones que pueden modificar esos estados.
Acción: Es una decisión tomada por el agente que afecta el entorno.
Recompensa: Es una señal recibida por el agente después de realizar cada acción en un estado particular del entorno, indicando qué tan bien lo está haciendo. Esta señal puede ser positiva (beneficiosa) o negativa (perjudicial). La recompensa indica qué tan buena fue la acción tomada por el agente en ese estado específico.
Estado: Es una descripción del entorno que el agente utiliza para tomar decisiones.
Política: Es la estrategia que el agente utiliza para determinar qué acción tomar en cada estado.

Proceso de aprendizaje:
1. El agente observa el estado del entorno.
2. Basándose en esa observación, el agente decide y realiza una acción.
3. El entorno responde cambiando su estado.
4. El agente recibe una recompensa (o penalización) basada en la acción que tomó.
5. El agente utiliza esta recompensa para actualizar su conocimiento y mejorar sus decisiones futuras.

Objetivo: El objetivo del agente es maximizar la recompensa acumulativa a lo largo del tiempo. Esto no significa simplemente buscar recompensas inmediatas, sino que a menudo implica aprender a realizar acciones que puedan no tener una recompensa inmediata, pero que conducirán a mayores recompensas en el futuro.

Ejemplo ilustrativo

Imagina un robot en un laberinto. El objetivo del robot es encontrar la salida. Cada vez que el robot se mueve hacia una dirección, es una acción. Si se mueve y choca contra una pared, podría recibir una penalización (recompensa negativa). Si encuentra la salida, recibe una gran recompensa positiva. A través de múltiples intentos y errores, el robot aprenderá cuál es el camino óptimo para salir del laberinto, evitando chocar contra las paredes y buscando la salida para obtener la máxima recompensa.

A continuación, te muestro dos ejemplos para ilustrar cómo funciona el Aprendizaje por Reforzamiento:

Ejemplo 1: Juego de ajedrez

En un juego de ajedrez donde un sistema de IA es entrenado para jugar contra oponentes humanos o computarizados, el RL puede ser aplicado de la siguiente manera:

Agente: El sistema de IA.
Entorno: El tablero de ajedrez y las piezas.
Acción: Cada movimiento que el agente decide hacer.
Recompensa: Puede ser positiva si el agente captura una pieza del oponente o logra una posición estratégica, o negativa si pierde una pieza importante.
Estado: La disposición actual del tablero.
Política: La estrategia que el agente utiliza para decidir su próximo movimiento.

Ejemplo 2: Robot navegador

Considera un robot diseñado para navegar a través de un laberinto para encontrar una salida:

Agente: El robot.
Entorno: El laberinto.
Acción: Movimientos que el robot puede hacer (adelante, atrás, izquierda, derecha).
Recompensa: Puede ser positiva al acercarse a la salida, y negativa si se choca con una pared o se aleja de la salida.
Estado: La posición actual del robot y la estructura del laberinto.
Política: La estrategia que el robot utiliza para decidir qué movimiento hacer en cada posición para maximizar su probabilidad de encontrar la salida.

A través de un proceso iterativo de prueba y error, y recibiendo recompensas por sus acciones, los agentes en estos ejemplos pueden aprender políticas óptimas para jugar ajedrez o navegar a través de un laberinto, respectivamente. El Reinforcement Learning permite que los agentes aprendan y mejoren con el tiempo, adaptando sus políticas para maximizar la recompensa total acumulada.

En el ámbito del Reinforcement Learning existen varios modelos y algoritmos que ayudan a los agentes a aprender cómo interactuar con el entorno para maximizar una recompensa acumulativa. Aquí hay algunos modelos y algoritmos conocidos en el campo del Reinforcement Learning:

Q-Learning
Q-Learning es una técnica fundamental en el aprendizaje por refuerzo que ayuda a un agente a aprender una función de valor para cada par acción-estado en un entorno. La función de valor, representada como Q, indica la calidad de realizar una acción A en un estado S. Con el tiempo, el agente aprende a estimar estos valores de manera precisa y utiliza esta información para tomar decisiones que maximicen la recompensa acumulada.

Deep Q Networks (DQN)
DQN es una extensión del Q-Learning que utiliza redes neuronales para aproximar la función Q. Esto permite que el agente maneje entornos con un espacio de estado continuo o de alta dimensión, lo que sería intratable con métodos tabulares tradicionales.

Policy Gradients
Los métodos de Policy Gradients buscan optimizar directamente la política del agente (la estrategia que utiliza para elegir acciones) en lugar de aprender una función de valor. Esto se logra a través de gradientes que indican cómo debería cambiar la política para aumentar la recompensa acumulada.

Actor-Critic
Los métodos Actor-Critic combinan ideas de los métodos de valor y de política. El "actor" actualiza la política en una dirección que aumenta la recompensa, mientras que el "crítico" evalúa la política actual y proporciona feedback al actor.

Proximal Policy Optimization (PPO)
PPO es un método de optimización de políticas que busca hacer actualizaciones de políticas eficientes y estables, limitando el cambio en la política durante cada actualización para asegurar un aprendizaje estable.

SARSA (State-Action-Reward-State-Action)
SARSA es un algoritmo de aprendizaje por refuerzo que, al igual que Q-Learning, aprende la función de valor de la acción, pero se diferencia en cómo se actualiza la función Q, utilizando la acción real realizada en el siguiente estado en lugar de la acción que maximiza la recompensa.

Monte Carlo methods
Los métodos de Monte Carlo en Reinforcement Learning estiman el valor de un estado o par acción-estado mediante muestreo, calculando la recompensa acumulada promedio sobre múltiples episodios.

Temporal Difference Learning (TDL)
El aprendizaje de diferencias temporales es una clase de métodos que combinan ideas de los métodos de Monte Carlo y la programación dinámica para aprender la función de valor.

Double Q-Learning
El Double Q-Learning aborda el problema de la sobreestimación de la función Q en Q-Learning tradicional, utilizando dos funciones Q y seleccionando acciones y actualizando valores de manera alterna entre ellas.

Deep Deterministic Policy Gradients (DDPG)
DDPG es un algoritmo que combina ideas de DQN y métodos de gradiente de política para aprender políticas determinísticas en entornos continuos.

Estos modelos y algoritmos proporcionan una amplia variedad de herramientas que los practicantes de RL pueden utilizar para abordar diferentes tipos de problemas de aprendizaje por refuerzo.

3.5. Deep Learning (DL) (Aprendizaje profundo)

El aprendizaje profundo es una subcategoría del ML que se enfoca en algoritmos con múltiples capas de procesamiento (redes neuronales profundas) para extraer y transformar características de los datos de manera jerárquica y aprender representaciones complejas. Es especialmente útil para tareas como reconocimiento de imágenes y voz, donde se requiere procesar grandes cantidades de datos de alta dimensionalidad.

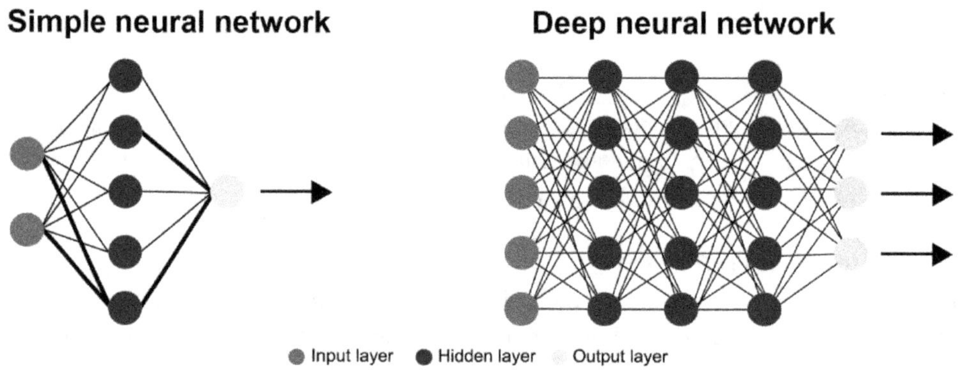

Básicamente el Aprendizaje profundo (Deep Learning) es una rama del Machine Learning que se basa en redes neuronales con muchas capas, también conocidas como redes neuronales profundas. Estas redes son capaces de aprender directamente de los datos, extrayendo características y representaciones útiles para tareas específicas. El aprendizaje profundo ha mostrado ser muy efectivo en una variedad de tareas complejas, especialmente aquellas involucradas con grandes cantidades de datos y alta dimensionalidad.

Características del aprendizaje profundo:

Extracción automática de características: A diferencia de otros métodos de ML, el aprendizaje profundo puede extraer automáticamente características relevantes de los datos sin necesidad de una ingeniería de características manual.

Jerarquía de representaciones: Las redes neuronales profundas aprenden una jerarquía de representaciones, donde las capas inferiores capturan características de bajo nivel (como bordes en imágenes) y las capas superiores capturan características de alto nivel (como objetos).
Capacidad de generalización: A través de la regularización y otras técnicas, los modelos de aprendizaje profundo pueden generalizar bien su aprendizaje a nuevos datos, lo que es crucial para el rendimiento en el mundo real.
Procesamiento de datos no estructurados: Son especialmente efectivos para el procesamiento de datos no estructurados como imágenes, sonido y texto, donde pueden capturar estructuras complejas y relaciones.

Ejemplos:

Reconocimiento de imágenes:
Una aplicación común del aprendizaje profundo es el reconocimiento de imágenes. Por ejemplo, redes neuronales convolucionales (CNNs) pueden ser entrenadas para identificar objetos en imágenes. En un caso práctico, una CNN puede ser utilizada en un sistema de vigilancia para identificar y alertar sobre actividades sospechosas detectadas en el video en tiempo real.

Traducción automática:
El aprendizaje profundo también se aplica en la traducción automática de texto. Redes neuronales recurrentes (RNNs) o redes de atención, como los modelos Transformer, pueden ser entrenadas en pares de textos en diferentes idiomas para aprender a traducir texto de un idioma a otro. Por ejemplo, un sistema como Google Translate utiliza aprendizaje profundo para proporcionar traducciones automáticas entre muchos idiomas diferentes.

Estos ejemplos demuestran cómo el aprendizaje profundo puede ser utilizado para resolver problemas complejos y prácticos en diversos campos, aprovechando su capacidad para aprender representaciones ricas y útiles directamente de los datos crudos.

4. Datos

4.1. ¿Qué son los datos?

Los datos son representaciones de información en un formato específico. Esencialmente, son hechos crudos o sin procesar que, cuando se interpretan y procesan, se convierten en información. Los datos pueden presentarse en diversas formas, como números, palabras, imágenes, sonidos, etc. En el contexto de la informática y, más específicamente, en ML e IA, los datos suelen referirse a la información que se puede procesar con una computadora.
Vamos a profundizar en estos aspectos.

Los datos intentan representar la realidad:
Efectivamente, los datos son una representación de hechos, observaciones o percepciones del mundo real. Capturan eventos, estados, características y otras propiedades del entorno. Sin embargo, es esencial entender que los datos en sí mismos no son la realidad, sino representaciones

de ella. Al igual que un mapa no es el territorio que representa, los datos capturan aspectos de la realidad, pero no la reproducen en su totalidad.

Los datos son unidades de información:
Los datos representan información en su forma más cruda. Cuando estos datos se procesan, analizan o interpretan, se convierten en información que puede ser útil para tomar decisiones, generar conocimiento o entender fenómenos. Es la transformación y análisis de estos datos lo que genera valor y conocimiento.

Tres enfoques diferentes según Ballsun Stanton:
1. Datos como hechos:
Estos datos son objetivos y, en teoría, independientes del observador. Representan propiedades cuantitativas o cualitativas que se pueden medir de manera consistente y reproducir en diferentes circunstancias o por diferentes observadores.

Por ejemplo:
- La población de una ciudad: se puede medir y verificar mediante censos.
- Las velocidades de diferentes coches en una carretera: Se pueden medir utilizando radares de velocidad.
- Análisis de peso de un grupo de personas: Estos datos son objetivos y medibles.
- La altura de una persona: se puede medir con una cinta métrica.
- Análisis de la temperatura ambiente durante una semana: se puede medir con un termómetro.

Supongamos que tienes un conjunto de datos que registra la temperatura ambiente de una ciudad específica durante siete días consecutivos. Estos datos son objetivos y medibles utilizando termómetros estandarizados.

Tarea: Determinar el día más cálido y el día más frío de la semana.

2. Datos como observaciones:
Estos datos son subjetivos y dependen del contexto y del observador. A menudo son el resultado de percepciones humanas y pueden variar según quién o cómo se recopilen.

Ejemplos:
- Las notas de una canción pueden ser interpretadas de manera diferente por diferentes personas, dependiendo de su experiencia musical o cultural.
- La percepción de sabores en una cata de vinos: Diferentes individuos pueden identificar distintos matices o sabores en el mismo vino, basándose en su paladar y experiencia previa.
- Análisis de sentimientos de reseñas: Supongamos que tienes un conjunto de reseñas de un producto y quieres determinar si son positivas o negativas. Las reseñas son subjetivas y basadas en percepciones individuales.
- Una grabación de audio puede capturar una conversación, pero la interpretación y el significado de esa conversación pueden variar según el oyente.
- Interpretación de obras de arte.

Imagina que tienes descripciones de varias pinturas de un museo. La interpretación de estas pinturas puede ser subjetiva y variar de un individuo a otro, dependiendo de su trasfondo cultural, educativo o personal.

Tarea: Clasificar las pinturas según emociones percibidas: felicidad, tristeza, enojo, etc.

3. Datos como mensajes:
Estos datos están diseñados para comunicar información. Se crean con el propósito de transmitir conocimiento o entendimiento a un receptor.

Ejemplos:
- Un diagrama que muestra las relaciones entre diferentes variables.
- Una tabla que compara los precios de diferentes productos.
- Una infografía que muestra la distribución demográfica de una población por edad, género y ocupación. Esta infografía tiene el propósito de comunicar de manera rápida y visual la composición de una población a un público general.
- Interpretación de una tabla de ventas: Supongamos que tienes una tabla que muestra las ventas mensuales de un producto durante un año. Esta tabla se crea para comunicar el rendimiento de ventas a lo largo del tiempo.
- Interpretación de un gráfico de barras de crecimiento anual de una empresa.

Imagina que tienes un gráfico que muestra el crecimiento anual en porcentaje de una empresa durante los últimos cinco años. Este gráfico está diseñado para comunicar la trayectoria de crecimiento de la empresa a los accionistas o interesados.

Tarea: Identificar el año con el mayor crecimiento y el año con el menor crecimiento.

Los datos son representaciones multifacéticas de la realidad, y su naturaleza y significado pueden variar según el contexto y el propósito para el cual se recopilan y utilizan. Es crucial tener en cuenta estos matices al trabajar con datos en cualquier capacidad, especialmente en campos como la IA y el ML, donde los datos son la base del aprendizaje y la toma de decisiones.

4.2. ¿Por qué son importantes los datos en ML e IA?

Alimentación de algoritmos: Los algoritmos de ML e IA se entrenan utilizando datos. Estos datos proporcionan ejemplos a partir de los cuales los algoritmos aprenden patrones, relaciones y estructuras. Sin datos, no hay aprendizaje.
Mejora de precisión: Cuantos más datos (de calidad) tengamos, más precisos y generalizables serán nuestros modelos. Al tener una gran cantidad de datos, es más probable que nuestro modelo capture la variabilidad y las características subyacentes de la información.
Validación y prueba: Los datos no solo se utilizan para entrenar modelos, sino también para validar y probar su rendimiento. Esto nos permite saber qué tan bien se desempeña un modelo en datos no vistos previamente.

Toma de decisiones: En aplicaciones de IA, los datos respaldan la toma de decisiones al proporcionar evidencia y patrones que pueden ser interpretados por los algoritmos.
Innovación: Los datos pueden revelar patrones o tendencias previamente desconocidos, llevando a nuevas ideas o soluciones en diversos campos.

Los datos son el combustible de los sistemas de ML e IA. Son la base sobre la cual se construyen y validan modelos, y determinan en gran medida la eficacia y aplicabilidad de una solución de IA. Imagina intentar aprender a reconocer objetos sin nunca haber visto ejemplos de ellos; sería imposible. De la misma manera, los algoritmos de ML e IA necesitan datos para aprender, adaptarse y mejorar.

Si te muestro los datos como en la siguiente imagen seguramente te sea más familiar:

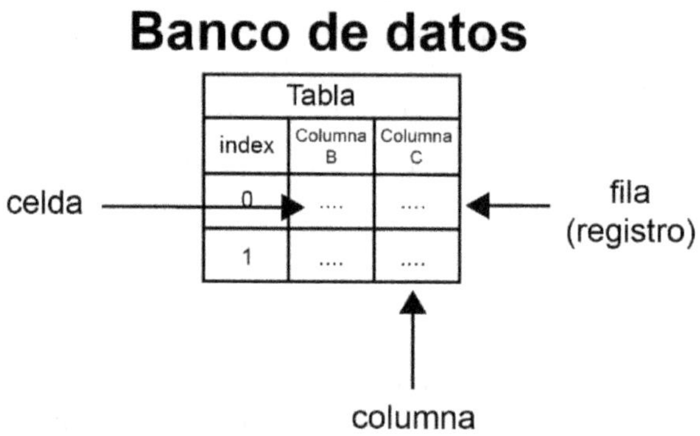

4.3. Estructuras de los datos

Las estructuras de datos son esenciales en el mundo de la informática y, en particular, en el campo de la Inteligencia Artificial y el Machine Learning. Estas estructuras determinan cómo se organizan, se relacionan y se almacenan los datos en la memoria de un sistema informático. Elegir la estructura de datos adecuada para una tarea particular puede influir significativamente en la eficiencia y eficacia de un algoritmo o proceso de análisis. Así, un entendimiento profundo de estas estructuras es fundamental para trabajar de manera óptima con grandes volúmenes de datos.

Tipos de estructura de datos:
- Datos estructurados:
Son aquellos que están organizados siguiendo un esquema predefinido o modelo, típicamente en forma tabular con columnas y filas.
Ejemplos: Bases de datos relacionales donde las tablas tienen campos específicos (como SQL), hojas de cálculo, y archivos CSV.

- Datos no estructurados:
Estos datos no siguen un modelo o esquema específico, lo que los hace más difíciles de analizar y procesar que los datos estructurados.
Ejemplos: Documentos de texto, correos electrónicos, imágenes, audios, videos y redes sociales.

- Datos semiestructurados:
Aunque no están organizados en estructuras rígidas como los datos estructurados, tienen ciertos elementos que facilitan su procesamiento y análisis, como etiquetas o jerarquías.
Ejemplos: Archivos JSON, que utilizan etiquetas para identificar campos, y archivos XML.

- Metadatos:
Se refieren a datos que describen otros datos, proporcionando información adicional o contextual sobre esos datos, como su origen, fecha de creación, autor, entre otros.

Estructuras de los datos en ML e IA
Las estructuras de datos no solo se refieren a cómo se clasifican los datos (estructurados, no estructurados, etc.), sino también a cómo se representan y almacenan en memoria para su procesamiento.

Vectores: Estas listas unidimensionales de números son esenciales para representar datos en muchos algoritmos de ML. Por ejemplo, un vector podría representar características individuales de una casa, como su número de habitaciones, metros cuadrados y año de construcción.
Matrices: Son tablas bidimensionales de números, y son fundamentales en operaciones como la multiplicación de matrices en algoritmos de ML.
Tensores: Son generalizaciones de matrices a más dimensiones y son esenciales en áreas como el aprendizaje profundo, donde datos como imágenes se representan como tensores tridimensionales (alto, ancho y canales de color).
Dataframes o tablas de datos: Estas estructuras tabulares, donde cada columna puede tener un tipo de dato diferente, son populares en análisis de datos y son fundamentales en Librerías como Pandas en Python.
Árboles y grafos: Estas estructuras jerárquicas y relacionales son vitales en algoritmos como los Decission Trees (árboles de decisión), grafos de conocimiento y redes bayesianas.

Comprender y elegir adecuadamente entre estas estructuras de datos es crucial para la eficiencia y efectividad en la gestión y análisis de datos en Inteligencia Artificial.

4.4. Tipos de datos

Antes de adentrarnos en la teoría de los tipos de datos que hay considero muy importante echarle un vistazo primero al siguiente diagrama. Este describe una clasificación de los tipos de datos, dividiéndolos en métricos y categóricos, y luego proporcionando subcategorías dentro de cada tipo principal.

Veámoslo de una forma más visual.

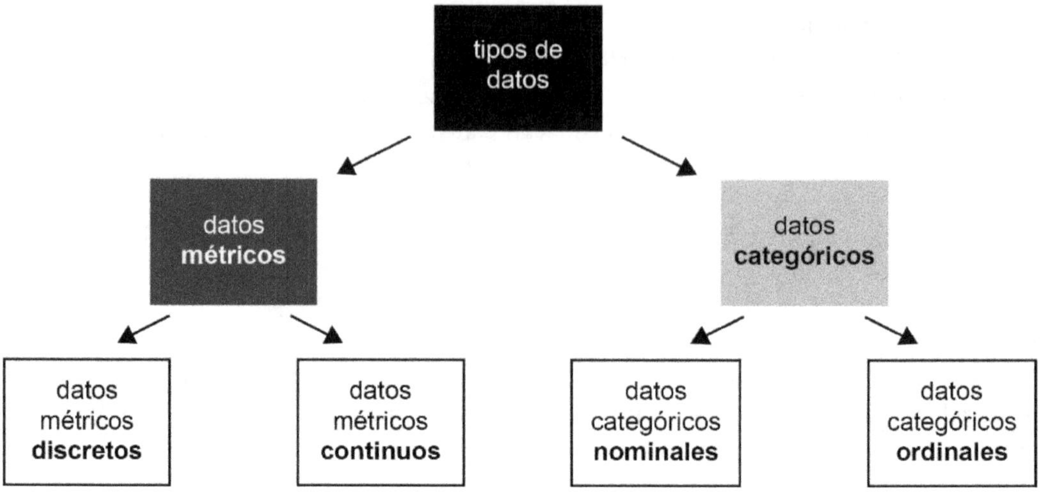

Datos métricos: Estos datos son cuantitativos y representan medidas. Son datos numéricos que pueden ser sometidos a operaciones matemáticas.

a. Datos métricos discretos: Estos datos son numéricos y representan un conjunto finito o contable de valores.
Ejemplo: el número de habitaciones en una casa o el número de estudiantes en una clase. No puedes tener, por ejemplo, 2.5 estudiantes o 3.7 habitaciones.

b. Datos métricos continuos: Estos datos pueden tomar cualquier valor dentro de un rango específico. Son infinitos dentro de ciertos límites.
Ejemplos: altura, peso, temperatura, o el tiempo que toma correr una distancia. Estos datos pueden tener valores como 20.5 grados, 75.32 kilogramos, etc. Son valores que se pueden dividir y subdividir y así sucesivamente.

Datos categóricos: Estos datos representan categorías o etiquetas y no tienen un orden o medida inherente.

a. Datos categóricos nominales: Son datos que se dividen en categorías mutuamente excluyentes que no tienen un orden o jerarquía específica.
Ejemplos: el color de un coche (rojo, azul, verde) o el tipo de animal (perro, gato, pájaro). No puedes decir que un color o un tipo de animal es "mayor" o "mejor" que otro basándote en los datos nominales.

b. Datos categóricos ordinales: Aunque estos datos también representan categorías, hay un orden o jerarquía clara entre las categorías.
Ejemplos: niveles de educación (primaria, secundaria, universidad) o rangos en el ejército (soldado, sargento, teniente). En estos casos, se puede decir que un nivel o rango es "mayor" o "anterior" que otro.

Esta clasificación es esencial en estadísticas y análisis de datos, ya que el tipo de dato determina qué tipo de análisis es apropiado y qué técnicas estadísticas se pueden aplicar. Por ejemplo, los datos métricos permiten cálculos como la media y la desviación estándar, mientras que los datos categóricos podrían ser analizados usando frecuencias o modas.

Veamos estos datos desde el contexto práctico con cuatro situaciones diferentes.

Situación 1:
Estás en el aeropuerto esperando tu vuelo que se retrasa. Estás muy aburrido y te pones a pensar cómo puedes pasar el tiempo hasta que puedas subir al avión. Hay muchas personas que caminan de un lado para otro por el aeropuerto. Se te ocurren algunas ideas para pasar el tiempo y finalmente decides ponerte a contar cuántas personas suben a un avión específico.

Contexto: Estás contando cuántas personas suben a un determinado avión.
Tipo de dato: Datos métricos discretos.
Explicación: Los datos que estás recolectando son números enteros que representan a las personas. Estos datos son "discretos" porque no puedes tener, por ejemplo, 1.5 personas. Los datos discretos son aquellos que toman valores finitos o un conjunto infinito contable, y no pueden subdividirse en unidades más pequeñas en su contexto.

Número de vuelo	Personas que han subido
DC 6487	183
NM 3154	149
TL 9142	62

Situación 2:
Estás en el aeropuerto esperando tu vuelo que se retrasa. Estás muy aburrido y te pones a pensar cómo puedes pasar el tiempo hasta que puedas subir al avión. Hay muchas personas que caminan de un lado para otro por el aeropuerto. Se te ocurren algunas ideas para pasar el tiempo y finalmente decides preguntarle a las personas por su edad.

Contexto: Preguntas a las personas sobre su edad.
Tipo de dato: Datos métricos continuos.
Explicación: La edad puede ser medida en años, pero también en meses, días, horas, minutos, segundos, etc. Por lo tanto, es un dato "continuo". Los datos continuos son aquellos que pueden tomar cualquier valor dentro de un rango específico y pueden subdividirse en unidades infinitamente más pequeñas.

Persona	Edad
Heiko Schmidt	24
Yuto Kawa	63
Martina Torres Barados	54

Situación 3:
Estás en el aeropuerto esperando tu vuelo que se retrasa. Estás muy aburrido y te pones a pensar cómo puedes pasar el tiempo hasta que puedas subir al avión. Hay muchas personas que caminan

de un lado para otro por el aeropuerto. Se te ocurren algunas ideas para pasar el tiempo y finalmente decides agrupar los vuelos por destino.

Contexto: Agrupas los vuelos según su destino.
Tipo de dato: Datos categóricos nominales
Explicación: Los destinos de los vuelos son categorías. Son "nominales" porque no hay un orden inherente en los destinos; es decir, no puedes decir objetivamente que un destino es "mayor" o "mejor" que otro. Los datos nominales se usan para etiquetar variables que no tienen un orden o jerarquía.

Vuelo	Destino
DC 6487	New York
NM 3154	Miami
TL 9142	New York

Situación 4:
Estás en el aeropuerto esperando tu vuelo que se retrasa. Estás muy aburrido y te pones a pensar cómo puedes pasar el tiempo hasta que puedas subir al avión. Hay muchas personas que caminan de un lado para otro por el aeropuerto. Se te ocurren algunas ideas para pasar el tiempo y finalmente decides evaluar la limpieza de diferentes puertas de embarque.

Contexto: Evalúas la limpieza de diferentes puertas de embarque.
Tipo de dato: Datos categóricos ordinales
Explicación: Estás clasificando las puertas de embarque en categorías basadas en su limpieza, pero estas categorías tienen un orden: "limpio" es mejor que "sucio". Los datos ordinales son categóricos, pero las categorías tienen un sentido de orden.

Puerta de embarque	Limpieza
B7	Limpia
C32	Sucia
G30	Limpia

Estos escenarios ilustran la importancia de entender el tipo y naturaleza de los datos con los que estás trabajando, ya que esto afectará a los métodos de análisis y las herramientas que tendrás que usar.

Mientras que la clasificación anterior se centra en aspectos más tradicionales y fundamentales de los datos (métricos vs. categóricos), la siguiente lista es una clasificación más detallada y diversa de tipos de datos, especialmente adaptada para el contexto moderno de análisis de datos y aprendizaje automático. Esta lista aborda tipos de datos específicos que son comunes en aplicaciones actuales de tecnología y análisis.

- **Datos numéricos:** Valores cuantitativos, como edades, salarios, temperaturas, etc.
- **Datos categóricos:** Valores no numéricos que caen en categorías predefinidas, como género, tipo de producto, color, etc.

- **Datos ordinales:** Son categóricos, pero con un orden específico, como niveles de educación (primaria, secundaria, universidad).
- **Datos temporales:** Representan fechas y tiempos.
- **Datos de texto:** Cadenas de caracteres, como tweets, reseñas, etc.
- **Datos de imagen:** Representaciones pixeladas de imágenes.
- **Datos de sonido:** Representaciones de señales de audio.
- **Datos secuenciales:** Series temporales o secuencias de eventos.

Veamos cada tipo con algo más de detalle:
- **Datos numéricos:** Esta es otra forma de referirse a los "datos métricos" mencionados anteriormente. Representan valores cuantitativos y pueden ser tanto discretos como continuos.
- **Datos categóricos:** Coinciden con la descripción anterior. Son valores no numéricos que caen en categorías específicas sin un orden inherente.
- **Datos ordinales:** Como se mencionó anteriormente, son categóricos, pero con un orden o jerarquía definida.
- **Datos temporales:** Estos datos están relacionados con el tiempo. Pueden ser fechas (por ejemplo, 10 de octubre de 2023) o marcas de tiempo específicas (por ejemplo, 10:30 am, 5 de mayo de 2022).
- **Datos de texto:** Son cadenas de caracteres y suelen requerir técnicas especiales de procesamiento, como el procesamiento de lenguaje natural, para ser analizados.
- **Datos de imagen:** Estos datos se refieren a información visual y suelen representarse como matrices de píxeles. Son fundamentales en áreas como el aprendizaje profundo y la visión por computadora.
- **Datos de sonido:** Representaciones digitales de señales de audio. Como las imágenes, los datos de sonido también pueden ser procesados con técnicas de aprendizaje profundo, como redes neuronales convolucionales.
- **Datos secuenciales:** Estos datos tienen un orden específico, como series temporales (datos registrados en intervalos regulares de tiempo) o secuencias de eventos (por ejemplo, secuencias de clics en un sitio web).

La variedad en esta lista refleja la diversidad de datos con los que los profesionales de datos trabajan en la actualidad. La correcta identificación del tipo de datos con el que se está trabajando es crucial, ya que determina las técnicas de análisis y procesamiento más adecuadas para cada caso.

4.5. Procesamiento de datos

El procesamiento de datos es una etapa esencial y preliminar en cualquier proyecto de Inteligencia Artificial que involucre Machine Learning. Antes de que un modelo pueda ser entrenado y validado, los datos que alimentarán dicho modelo deben ser cuidadosamente procesados y preparados para garantizar la precisión, eficiencia y eficacia del proceso de aprendizaje. En muchos casos, la calidad y meticulosidad del procesamiento de datos pueden determinar el éxito o fracaso de un proyecto de IA. Aquí es donde entra en juego el adagio "basura entra, basura sale": un modelo alimentado con datos mal procesados o mal preparados es probable que produzca resultados inexactos o inútiles.

Veamos en detalle los pasos necesarios para el procesamiento de los datos:
1. Limpieza: Los datos del mundo real suelen estar desordenados. Pueden contener errores, valores atípicos o faltantes. La limpieza implica identificar y corregir (o eliminar) estos problemas, asegurando que los datos sean coherentes y confiables.
2. Transformación: Dependiendo de la naturaleza de los datos y el tipo de modelo que se va a utilizar, es posible que se necesite cambiar la escala o el formato de los datos. Un ejemplo común es la normalización, donde los datos se escalan para que tengan un valor medio de 0 y una desviación estándar de 1. Esto puede ayudar a mejorar la convergencia y el rendimiento de muchos algoritmos de ML.
3. Reducción de dimensionalidad: Los conjuntos de datos con un gran número de características pueden ser difíciles de analizar y pueden llevar al overffiting (modelos sobreajustados). Al reducir la dimensionalidad, se pueden identificar y conservar las características más importantes, mientras se descartan las redundantes o menos significativas. Para esto se utilizan técnicas como el PCA (Principal Component Analysis).
4. Codificación: Los modelos de ML trabajan con números, por lo que es crucial convertir características categóricas (como "rojo", "verde", "azul") en una forma numérica, a menudo mediante técnicas como la codificación one-hot.
5. Segmentación: Para entrenar y evaluar un modelo de manera efectiva, se necesita dividir el conjunto de datos en subconjuntos específicos. Típicamente, los datos se dividen en un conjunto de entrenamiento (para entrenar el modelo), un conjunto de validación (para ajustar hiperparámetros y prevenir el sobreajuste) y un conjunto de prueba (para evaluar la performance del modelo en datos nunca antes vistos).

El procesamiento de datos es una fase crucial que prepara el terreno para el entrenamiento y la evaluación efectiva de modelos de ML en proyectos de IA. Una preparación meticulosa y considerada de los datos puede marcar la diferencia entre un modelo exitoso y uno que no lo es.

"Los modelos de Machine Learning son solo tan buenos como los datos con los que fueron creados."

4.6. Calidad de datos y criterios

La calidad de los datos es un pilar fundamental en cualquier proyecto de Inteligencia Artificial y Machine Learning. *Un modelo, independientemente de su sofisticación o diseño, es tan bueno como los datos con los que se alimenta.* Si los datos son de baja calidad, los resultados generados por el modelo serán inexactos o poco fiables. Es esencial, por lo tanto, asegurarse de que los datos que se utilizan cumplan con ciertos criterios de calidad. Estos criterios ayudan a identificar y corregir problemas en los datos, asegurando que el análisis o modelado posterior se base en una base sólida y confiable.

Para garantizar la calidad de los resultados en ML e IA deben respetarse los siguientes criterios:
Completeness (Completitud): ¿Faltan valores en los datos?

Coherence (Coherencia): ¿Hay contradicciones en los datos?
Quantity (Cantidad): ¿De qué cantidad de datos se dispone?
Currency (Actualidad): ¿Qué tan actuales son los datos?
Relevance (Relevancia): ¿Los datos son pertinentes para el problema?
Precision (Precisión): ¿Los datos son correctos y exactos?

Veamos los criterios con más detalle:
Completeness (Completitud): Este criterio se refiere a la integridad de un conjunto de datos. Si faltan valores o hay huecos en los datos, puede ser difícil realizar análisis significativos o entrenar modelos de manera efectiva. Es crucial identificar y, si es posible, imputar o manejar estos valores faltantes de manera adecuada.

Coherence (Coherencia): La coherencia se refiere a la lógica y consistencia en los datos. Si hay contradicciones, como un cliente con dos fechas de nacimiento diferentes registradas, esto puede indicar errores en la recopilación o almacenamiento de datos. Estos errores deben ser identificados y corregidos para asegurar la fiabilidad de los análisis.

Quantity (Cantidad): Si bien la calidad de los datos es esencial, la cantidad también importa, especialmente en el aprendizaje automático. Se necesitan suficientes datos para entrenar un modelo de manera efectiva y garantizar que pueda generalizar bien a datos no vistos.

Currency (Actualidad): En muchos contextos, especialmente en entornos empresariales o tecnológicos en rápida evolución, la frescura de los datos es esencial. Datos obsoletos pueden no reflejar la situación actual y, por lo tanto, llevar a conclusiones o decisiones erróneas.

Relevance (Relevancia): No todos los datos disponibles pueden ser relevantes para un problema específico. Es fundamental identificar qué datos son pertinentes y cuáles no. Utilizar datos irrelevantes puede introducir ruido en el análisis y hacer que los modelos sean menos precisos.

Precision (Precisión): Este criterio se refiere a la exactitud y corrección de los datos. Si los datos contienen errores, ya sea debido a problemas en la recopilación, transcripción u otras fuentes, los resultados del análisis o modelado serán inexactos. Es esencial validar la precisión de los datos contra fuentes confiables y corregir cualquier inexactitud identificada. La redundancia en los datos, como las entradas duplicadas, puede sesgar los resultados y hacer que el modelo dé más peso a ciertas observaciones simplemente porque aparecen varias veces.

Garantizar la calidad de los datos es un paso esencial en cualquier proyecto de IA. Al evaluar y asegurar la calidad basándose en estos criterios, se puede establecer una base sólida para análisis confiables y modelos de aprendizaje automático efectivos.

A tener en cuenta:
- Para el análisis de datos, los datos métricos son preferibles
Permiten diversas operaciones: promedio, máximo, mínimo, etc.
Sin embargo, los datos categóricos pueden convertirse en datos métricos.
Determinar la suma total de los valores para una categoría específica.

Ejemplo: 78 vuelos a Bogotá, 12 vuelos a Buenos Aires.

- Los datos ordinales están sujetos al error de subjetividad
Ejemplo: Calificar destinos de vuelo según la comida típica del lugar.
Persona 1 opina: Cuanto más picante, mejor.
Persona 2 opina: Cuanto menos picante, mejor.
¡No hay una verdad objetiva!

4.7. Determinar la calidad de los datos

Para poder explicar de una forma sencilla y clara como determinar la calidad de los datos antes de su uso te voy a poner un ejemplo.
Ejemplo: Los resultados de una encuesta sobre el tema del uso del teléfono celular quedaron registrados en una tabla.
La pregunta fue: "¿Con qué frecuencia usas tu celular todos los días?"

ID	Nombre	F. d. nacimiento	E-Mail	Respuesta
106	Alfred Zunder	29.03.1954	a.zun@gmail.com	„3 horas"
107	Gundel Thomsen	01.01.1900	gund.thomsen@live.de	„en ocasiones"
107	Beate Müller	01.01.1900		„Hmm...buena pregunta"
109		21.09.1975		„5 horas"
110	Christian Haubitz	01.01.1900	test@gmx.de	„3 horas"
107	Emil Johansson	18.06.1996	emil.the.k1ng@gmail.com	„7 horas"
112	Daria Klemens	01.12.1987	daria_klemens@gmx.de	„no lo sé"

¿Qué problemas ves en los conjuntos de datos?

Analicemos la respuesta:
Basándonos en la tabla de resultados de la encuesta sobre el uso del móvil, podemos identificar varios problemas relacionados con la calidad de los datos.

Inconsistencias en las respuestas: Las respuestas a la pregunta "¿Cuánto tiempo usas tu móvil cada día?" varían en formato. Algunos respondieron con una cantidad específica de tiempo (por ejemplo, "3 horas"), mientras que otros dieron respuestas vagas como "De vez en cuando" o "Hmm... buena pregunta". Esto hace que el análisis de las respuestas sea más complicado, ya que no todos los datos son cuantitativos.

Datos faltantes: Hay celdas vacías en la tabla, indicando que falta información. Por ejemplo, el ID 109 no tiene un nombre ni una dirección de correo electrónico asociados.

Datos duplicados: El ID 107 aparece tres veces en la tabla, lo que sugiere que hay entradas duplicadas. Además, dos de las entradas con ese ID tienen la misma fecha de nacimiento, pero nombres y direcciones de correo electrónico diferentes.

Datos sospechosos o inusuales: Varias entradas tienen la fecha de nacimiento como "01.01.1900". Es poco probable que varias personas encuestadas hayan nacido en esa fecha exacta, lo que sugiere que se usó un valor de relleno o por defecto.

Inconsistencia en el formato de correo electrónico: Mientras que la mayoría de las direcciones de correo electrónico parecen válidas, hay una (test@gmx.de) que, aunque podría ser válida, parece genérica y podría no ser una dirección real de un encuestado.

Estos problemas resaltan la importancia de tener un proceso de recopilación de datos bien definido y estructurado, y de realizar una revisión y limpieza de datos antes de cualquier análisis posterior. La presencia de estos problemas puede afectar la validez y confiabilidad de cualquier conclusión derivada de estos datos.

4.8. Criterios importantes de calidad de los datos

Como ya hemos visto y comprobado, la calidad de los datos es un pilar fundamental en cualquier proyecto de Inteligencia Artificial y Machine Learning y ha quedado demostrado que un modelo, independientemente de su complejidad, es tan eficaz como la calidad de los datos con los que se alimenta. Es esencial asegurarse de que los datos cumplan con ciertos criterios de calidad para obtener resultados precisos y confiables.
Finalmente, es importante no confundir los criterios de calidad de datos con los criterios de integridad de datos. Si bien ambos son esenciales para garantizar la confiabilidad y precisión de los sistemas, los criterios de integridad de datos se aplican principalmente en sistemas de bases de datos para asegurar la consistencia y corrección de los datos almacenados. En contraste, los criterios de calidad de datos se centran en asegurar que los datos sean adecuados y óptimos para análisis y modelado en Inteligencia Artificial.

Veamos estos criterios con más detalle usando el ejemplo de la tabla mostrada en el punto 5.7:

ID	Nombre	F. d. nacimiento	E-Mail	Respuesta
106	Alfred Zunder	29.03.1954	a.zun@gmail.com	„3 horas"
107	Gundel Thomsen	01.01.1900	gund.thomsen@live.de	„en ocasiones"
107	Beate Müller	01.01.1900		„Hmm... buena pregunta"
109		21.09.1975		„5 horas"
110	Christian Haubitz	01.01.1900	test@gmx.de	„3 horas"
107	Emil Johansson	18.06.1996	emil.the.k1ng@gmail.com	„7 horas"
112	Daria Klemens	01.12.1987	daria_klemens@gmx.de	„no lo sé"

Completeness (Completitud)

- **Definición:**

a) Un registro de datos debe contener valores para todos los atributos necesarios.

b) Siempre se deben proporcionar valores para un atributo.

- **Indicación en porcentaje:** del 0% al 100%
- **Cálculo:**

$$\frac{(\#registros - \#incompletos)}{\#registros} * 100$$

Ejemplo:
- **Para Def a:** Un registro completo consta de ID, Nombre, Respuesta.
- **Cálculo:** Se tienen 7 registros, 1 de ellos no está completo

$$\frac{(7-1)}{7} * 100 = 85.71\%$$

- **Para Def b:** La dirección de correo electrónico es un campo obligatorio.
- **Cálculo:** Se tienen 7 registros, 2 de ellos no están completos

$$\frac{(7-2)}{7} * 100 = 71.43\%$$

Coherence (Coherencia)
- **Definición:** Los datos deben ser realistas.
- **Indicación en porcentaje:** del 0% al 100%
- **Cálculo:**

$$\frac{(\#registros\ - \#no\ plausibles)}{\#registros} * 100$$

Ejemplo: El valor "01.01.1900" aparece a menudo como fecha de nacimiento.
Suposición: Es poco probable que muchas personas tengan 121 años.

- **Cálculo:**

$$\frac{(7-3)}{7} * 100 = 57.14\%$$

Quantity (Cantidad)
- **Definición:** Deben estar disponibles registros de datos suficientemente completos.
- **Indicación en porcentaje:** del 0% a ∞% incluyendo valoración subjetiva.
- **Cálculo:**

$$\frac{\#registros\ completos}{\#registros\ necesarios} * 100$$

Ejemplo: Un registro completo consta de ID, Nombre, Respuesta. Deben estar disponibles al menos 5 registros completos.
- **Cálculo:**

$$\frac{6}{5} * 100 = 120\%$$

Atención: ¡La valoración es subjetiva!

Precision (Precisión)
- **Definición:** No debe haber duplicados para un atributo.
- **Indicación en porcentaje:** del 0% al 100%
- **Cálculo:** (#Registros - #redundantes) / #Registros * 100)

$$\frac{(\#registros\ -\ \#redundantes)}{\#registros} * 100$$

Ejemplo: "Cada ID debe ser único".
- Cálculo:

$$\frac{(7-2)}{7} * 100\ =\ 71.43\%$$

4.9. Datos estructurados

Como ya hemos visto en el punto 4.3, en el mundo del análisis de datos y del Machine Learning, los datos se clasifican, en términos generales, como estructurados o no estructurados. Mientras que los datos no estructurados se refieren a datos que no tienen un formato predefinido o una estructura organizada, como textos, imágenes y vídeos, los datos estructurados tienen una disposición clara y organizada, generalmente en filas y columnas. Estos últimos son esenciales para muchas tareas en Machine Learning e Inteligencia Artificial debido a su naturaleza organizada y fácilmente interpretable.

A continuación vamos a profundizar en los datos estructurados.

Características de los datos estructurados:
Organización en filas y columnas: Al igual que una tabla en una base de datos o un archivo CSV, los datos estructurados suelen organizarse en filas, donde cada fila representa una entrada o instancia, y columnas, que representan atributos o características de esas entradas.
Homogeneidad: Por lo general, cada columna en un conjunto de datos estructurados tiene un tipo de dato específico. Por ejemplo, una columna que representa la edad de una persona tendría valores numéricos, mientras que una columna que representa el género podría tener valores categóricos como "masculino" o "femenino".
Facilidad de consulta: Gracias a su estructura organizada, los datos estructurados pueden ser fácilmente consultados y manipulados usando lenguajes de consulta estructurada, como SQL.

Importancia en Machine Learning e IA
Modelado directo: Dado que los datos estructurados ya están en un formato organizado, pueden alimentar directamente muchos algoritmos de aprendizaje automático sin la necesidad de un procesamiento previo extenso.
Facilidad de interpretación: Las características y relaciones en datos estructurados son más fáciles de entender y visualizar. Esto es esencial para tareas como el análisis exploratorio de datos, donde se busca comprender las tendencias y patrones en los datos antes del modelado.
Análisis estadístico: Los datos estructurados se prestan bien para análisis estadísticos, lo que permite identificar correlaciones, calcular medias, medianas, modas y otras métricas importantes antes de aplicar algoritmos de Machine Learning.

Desafíos y consideraciones
A pesar de sus ventajas, trabajar con datos estructurados también presenta desafíos. La presencia de datos faltantes, la necesidad de transformaciones (como la normalización o codificación de

variables categóricas) y el manejo de datos desequilibrados son aspectos que los profesionales deben considerar.
Los datos estructurados son una piedra angular en muchos proyectos de Machine Learning e Inteligencia Artificial. Su naturaleza organizada y predecible los hace ideales para muchas tareas analíticas. Sin embargo, es esencial comprender sus características y desafíos para aprovecharlos al máximo en cualquier proyecto de IA.

4.9.1. Archivos .csv

Los archivos .csv (Comma-Separated Values) representan uno de los formatos más populares y establecidos para almacenar e intercambiar datos estructurados. A menudo se utilizan para exportar datos desde un programa como por ejemplo es Excel y prepararlos para procesos de Inteligencia Artificial y Machine Learning.

Características principales de los archivos .csv
Formato establecido: Los archivos .csv son un estándar reconocido en la industria para guardar y compartir datos.
Uso común: Es típico utilizar estos archivos para exportar datos de un programa o sistema y posteriormente prepararlos para un proceso de Inteligencia Artificial.
Naturaleza del archivo: Aunque es un archivo en formato de texto, su estructura permite representar información tabular.

Reglas en archivos .csv
Estos archivos siguen reglas simples pero esenciales:
Primera línea: Usualmente contiene los nombres de las columnas, que representan los atributos o características.
Líneas subsecuentes: A partir de la segunda línea, se encuentran los datos o valores correspondientes a esos atributos.
Separación de información: Los distintos datos (ya sean nombres de columnas o valores) se separan mediante un delimitador.
Delimitador convencional: Aunque "CSV" sugiere el uso de comas, en realidad, se puede usar cualquier carácter como delimitador. Los más comunes incluyen la coma (,), el punto y coma (;), el tabulador (representado como \t o simplemente un espacio amplio) y el dos puntos (:).

Nota: Cuando el delimitador es el tabulador, se suele utilizar el formato .tsv (Tab-Separated Values) en lugar de .csv.

Estructura de un archivo .csv
La estructura tabular de un archivo .csv es fácilmente interpretable, lo que lo hace ideal para análisis y procesamiento. Cada fila representa una entrada o instancia, y cada columna un atributo o característica de esa entrada. Esta organización clara facilita la importación de datos a herramientas analíticas y sistemas de Machine Learning.

*Sin título: Bloc de notas
Archivo Edición Formato Ver Ayuda

```
kundennummer,vorname,adresse,umsatz
1001,Anna,Baumweg 4, Hamburg,2500.00
1002,Klaus,Seestraße 15, Berlin,1500.00
1003,Maria,Lindenstraße 12, München,3200.00
1004,Jürgen,Hauptstraße 3, Köln,1100.00
1005,Sophia,Schillerweg 9, Frankfurt,2800.00
```

Línea 1, columna 36 100% Windows (CRLF) UTF-8

id	nombre	apellido	edad
0	Sandra	Jimenez	37
1	Boris	Müller	40
2	Melanie	Lambert	28

Los archivos .csv son una herramienta esencial en el mundo de los datos estructurados, ofreciendo una forma sencilla y eficiente de almacenar y compartir información en un formato tabular y organizado.

Puedes visualizar archivos .csv usando Excel (Datos/importar/importar desde archivo/de texto/CSV).

Y también puedes crear y guardar archivos .csv desde Excel simplemente guardando como / .csv.

¡Cuidado!

- Los archivos .csv no gestionan bien los datos anidados.
- Los archivos .csv no reconocen tipos de datos (solo métrico y categórico).

Aclaración:

Datos anidados: Se refiere a estructuras de datos donde algunos campos contienen subcampos o listas de datos. Por ejemplo, en formatos como JSON, un campo puede contener una lista de valores o incluso otro objeto con sus propios campos. Los archivos CSV no están diseñados para representar este tipo de estructuras complejas.

Métrico y categórico: En el contexto de los datos, "métrico" generalmente se refiere a datos numéricos que pueden ser medidos y cuantificados, mientras que "categórico" se refiere a datos que describen categorías o etiquetas. En un archivo .csv, todo se guarda como texto, por lo que no hay una distinción inherente entre números y texto. Es tarea del usuario o del programa que lee el archivo CSV interpretar y gestionar estos datos adecuadamente.

Archivo .csv

test.csv - Editor
Datei Bearbeiten Format Ansicht Hilfe

```
person_id,name,kinder_ids
0,georg,1,2
1,petra,
2,paul,
```

Zeile 4, Spalte 8 100% Windows (CRLF) UTF-8

Excel

person_id	name	kinder_ids	Column1
0	georg	1	2
1	petra		
2	paul		

Pandas

	person_id	name	kinder_ids
0	georg	1.0	2.0
1	petra	NaN	NaN
2	paul	NaN	NaN

Nota: NaN --> "Is Not a Number" (No es un Número)
Sin valor (¡no significa "no es una cifra"!). Significa que la celda está básicamente vacía.
Más información: https://pandas.pydata.org/docs/user_guide/missing_data.html

4.10. Datos semiestructurados

En el contexto del análisis de datos, entre los extremos de los datos estructurados y no estructurados, encontramos una categoría intermedia conocida como datos semiestructurados. Estos datos no están organizados en una estructura tabular rígida, pero contienen etiquetas, anotaciones o elementos que facilitan su procesamiento y análisis. Ejemplos comunes son los archivos .json y .xml, que, aunque no se organizan en tablas tradicionales, tienen etiquetas y jerarquías que ayudan a identificar y acceder a distintos elementos del dato.

Características de los datos semiestructurados:
Elementos etiquetados: Los datos semiestructurados suelen tener etiquetas que ayudan a identificar diferentes segmentos del dato, facilitando su interpretación y análisis.
Formato flexible: Aunque tienen una estructura definida, esta estructura es mucho más flexible en comparación con los datos estructurados. Por ejemplo, en un archivo .json, no todos los registros necesitan tener los mismos campos.
Interoperabilidad: Estos datos son particularmente útiles para intercambios entre aplicaciones debido a su flexibilidad y a la capacidad de representar estructuras de datos complejas.

Importancia en Machine Learning e IA
Extracción de características: Los datos semiestructurados, al contar con etiquetas, facilitan la extracción de características relevantes para alimentar modelos de Machine Learning.
Integración de datos: Debido a su flexibilidad, los datos semiestructurados son ideales para integrar datos de múltiples fuentes, lo que es común en proyectos de Big Data.
Datos jerárquicos: Las estructuras como XML permiten representar relaciones jerárquicas y conexiones entre diferentes segmentos de datos, lo que puede ser crucial para ciertas aplicaciones analíticas.

Desafíos y consideraciones
Procesamiento: Aunque los datos semiestructurados son más fáciles de procesar que los datos no estructurados, todavía requieren herramientas y técnicas especializadas para su manipulación.
Consistencia: Dada su flexibilidad, es posible que haya inconsistencias en los datos, como registros faltantes o formatos variados para la misma información.
Conversión: En muchos casos, para alimentar modelos de Machine Learning, los datos semiestructurados deben convertirse en un formato más estructurado, como tablas.
Los datos semiestructurados ocupan un espacio intermedio en el mundo del análisis de datos, ofreciendo una combinación de flexibilidad y estructura. Aunque presentan desafíos propios, su capacidad para representar información compleja y relacionada los hace valiosos en muchos contextos de Inteligencia Artificial. Para aprovechar al máximo estos datos, es fundamental abordarlos con un entendimiento claro de sus características y las herramientas adecuadas.

4.10.1. Archivos .json

JSON, que significa "JavaScript Object Notation", es un formato ligero de intercambio de datos que es fácil de leer y escribir para humanos y fácil de analizar y generar para máquinas. Es ampliamente utilizado en la web y en diversas aplicaciones debido a su simplicidad y versatilidad. Este tipo de archivo, si ya has realizado algo de programación o tienes conocimientos te será muy fácil de comprender. A continuación, se presentan los tipos de datos que JSON ofrece para representar información:

1. String (Cadena de texto)
- **Tipo:** Categórico o texto general (por ejemplo, nombres).
- **Definición:** Secuencias de caracteres con al menos 0 caracteres.
- **Notación:** Se inicia y termina con comillas dobles (`"`).

Ejemplo: `"nombre": "Juan Pérez"`

```
{
"first_name": "John",
"middle_name": "",
"last_name": "Connor"
}
```

2. Number (Número)
- **Tipo:** Métrico
- **Clasificación:**
  - **Discreto:** Sin decimales (entero).
  - **Continuo:** Con decimales (usa un punto en lugar de una coma, por ejemplo, 3.14 en lugar de 3,14).

Nota: Puede ser positivo o negativo.
Ejemplo: `"edad": 30`

```
{
"x_value": 100,
"y_value": -300,
"factor": 2.98
}
```

3. Bool (Booleano)
- **Tipo:** Categórico con solo dos estados posibles.
- **Representa:** Verdadero/Falso, Sí/No.
- **Valores posibles:** `true` (verdadero) o `false` (falso).
- **Nota:** No se usa entre comillas.

Ejemplo: `"casado": false`

```
{
"passed_exam": true,
"finished_lecture": false
}
```

4. Null (Vacío)
Representa la ausencia de información.
No debe confundirse con el número 0.

Ejemplo: `"hijos": null`

```
{
"something": null
}
```

5. Object (Objeto)
Los objetos pueden contener otros objetos en sus valores.
La anidación aumenta la cantidad de información, pero también la complejidad.
Debe usarse con precaución para no complicar demasiado la estructura.

Ejemplo:

```
"direccion":{
        "calle": "Avenida Central",
        "numero": "123",
        "ciudad": "Madrid"
        }
```

Un objeto se inicia con {
contiene pares clave-valor
• clave = Nombre del atributo (¡entre comillas! Ejemplo: "calle")
• valor = Valor del atributo (Representación según el tipo de dato)
• Separar los pares con comas
• Las claves deben ser únicas
Se cierra con }
Agrupar varios objetos con [{...}, {...}, ...] (Array)

```
{
"first_name": "Michelle",
        "children":{
                "child_1": "Sara",
                "child_2": "Pedro"
                }
}
```

El siguiente ejemplo muestra un error. ¡Lo que no debes hacer!

```
{
"first_name": "Michelle",
        "children":{
                "child_1":{
                        "first_name": "Sara",
                        "children":{
                                "first_name": "Clara",
                                "children": {…}
```

```
                    },
            "child_2":{
                    "first_name": "Pedro",
                    "children": null
                    }
            }
}
```

6. Array (Arreglo)
Representa una colección de valores.
Notación: Se inicia con `[` y se termina con `]`.
Los valores se separan con comas.

Ejemplo: `"hobbies": ["leer", "correr", "cocinar"]`

```
{
"first_name": "Michelle",
        "children": ["Sara", "Enrique"]
}
{
"first_name": "Michelle",
        "children": [
                {"first_name": "Carlos"},
                {"first_name": "Lisa"}
                ]
}
```

Es esencial entender estos tipos de datos y cómo se representan en JSON, especialmente cuando trabajamos con datos semiestructurados en contextos de Machine Learning e Inteligencia Artificial. La correcta representación y estructuración de la información facilitará su posterior procesamiento y análisis. Así como la comprensión de la información contenida por parte de otros colegas o participantes en tus proyectos de Inteligencia Artificial.

Características y aplicaciones del formato .json en la gestión de datos:
- JSON = Notación de Objetos de JavaScript
- Formato establecido para el almacenamiento/intercambio de datos: .json
- Casos de uso habituales:
    - Datos semiestructurados (como en bancos)
    - Archivos de configuración
    - API (Interfaz de Programación de Aplicaciones)
- En esencia, es un archivo de texto
    - Sin embargo, con su estructura permite representar información de manera tabular
    - Ofrece anidamiento de datos
    - Soporta tipos de datos más precisos que csv

El último punto menciona que JSON "soporta tipos de datos más precisos que csv". Vamos a desglosar esto para entenderlo mejor:

CSV (Comma-Separated Values) es un formato de archivo simple que almacena datos tabulares como números y texto en texto sin formato, separados por comas. No distingue entre diferentes tipos de datos; todo se almacena como texto. Cuando lees un archivo CSV, debes inferir o tener un conocimiento previo de qué tipo de dato es cada valor (por ejemplo, texto, número, fecha).

Por otro lado, JSON (JavaScript Object Notation) es un formato de intercambio de datos ligero que está estructurado y tiene una sintaxis específica que permite identificar diferentes tipos de datos. Por ejemplo, en JSON:

- Las cadenas (strings) están entre comillas dobles: `"esto es una cadena"`.
- Los números se escriben sin comillas: `1234` o `12.34`.
- Los booleanos son `true` o `false`.
- Los objetos se delimitan con llaves `{ }` y pueden contener múltiples pares clave-valor.
- Las listas o arrays se delimitan con corchetes `[ ]`.

Debido a esta estructura definida, cuando trabajas con datos en formato JSON, puedes determinar de manera más precisa el tipo de dato de cada valor, a diferencia de CSV. Esto significa que, por ejemplo, no confundirías una cadena que parece un número ("1234") con un número real (1234) cuando estás trabajando con JSON, pero esto podría ser ambiguo en CSV.

Por lo tanto, la ventaja de JSON sobre CSV en cuanto a precisión de tipos de datos es que JSON permite una representación más clara y estructurada de diferentes tipos de datos, mientras que CSV no hace distinciones y trata todo como texto.

4.11. Datos desestructurados

En el ámbito del análisis de datos y del aprendizaje automático, además de los datos estructurados, y como ya hemos visto, existe una categoría igualmente crucial: los datos no estructurados. Estos datos no siguen un esquema o formato predefinido y, por lo general, no están organizados de manera tabular. Ejemplos comunes incluyen textos, imágenes, audios, vídeos y registros de redes sociales, entre otros. Su naturaleza diversa y compleja presenta tanto oportunidades como desafíos en el mundo de la Inteligencia Artificial y el Machine Learning.

Características de los datos no estructurados:
Diversidad de formatos: A diferencia de los datos estructurados, los datos no estructurados pueden venir en una amplia variedad de formatos, desde texto hasta imágenes y grabaciones de audio.
Gran volumen: Los datos no estructurados suelen ser más voluminosos. Por ejemplo, una colección de imágenes o vídeos puede ocupar un espacio significativo en términos de almacenamiento. Esto requiere una mayor capacidad de almacenamiento, así como una mayor y más costosa preparación para su almacenaje.
Complejidad: Pueden requerir herramientas y técnicas de procesamiento especializadas para extraer información útil de ellos.

Importancia en Machine Learning e IA
Análisis de sentimiento: Los datos no estructurados, como las reseñas de productos o los comentarios en redes sociales, pueden usarse para análisis de sentimiento, identificando cómo se sienten los clientes respecto a un producto o servicio.
Reconocimiento de imágenes: Las imágenes, otro tipo de datos no estructurados, son esenciales en aplicaciones de reconocimiento facial o de objetos.
Natural Language Processing (NL) (Procesamiento del Lenguaje Natural): El texto libre, como los artículos o las transcripciones, es crucial para tareas como la traducción automática o la generación de texto.

Desafíos y consideraciones
Preprocesamiento: Los datos no estructurados a menudo requieren pasos de preprocesamiento significativos para convertirlos en un formato utilizable para el aprendizaje automático.
Almacenamiento: Dada su naturaleza, estos datos suelen ser más grandes y pueden requerir soluciones de almacenamiento especializadas.
Extracción de características: Es crucial identificar y extraer características relevantes de los datos no estructurados para alimentar los modelos de Machine Learning.

Los datos no estructurados representan una vasta fuente de información que, cuando se maneja adecuadamente, puede proporcionar insights profundos y mejorar la precisión de los modelos de IA. Si bien presentan desafíos únicos en comparación con los datos estructurados, las oportunidades que ofrecen en términos de análisis y modelado son inmensas. Es esencial abordarlos con las herramientas y técnicas adecuadas para aprovechar todo su potencial en proyectos de Inteligencia Artificial.

Veamos los datos desestructurados con más detalle.

4.11.1. Comprendiendo el texto

Los datos no estructurados, en especial el texto libre, presentan un desafío particular debido a las peculiaridades y flexibilidades inherentes al lenguaje humano. A diferencia de los datos estructurados o semiestructurados, las lenguas naturales no siempre siguen un patrón fijo, aunque suelen tener estructuras gramaticales y sintácticas.

Consideremos el siguiente ejemplo:

"Marco tiene 39 años y vive en Madrid."

Nombre: Marco
Edad: 39
Lugar de residencia: Madrid

¿Hay alguna estructura?
<Nombre> tiene <edad> años y vive en <lugar de residencia>.

"Alicia tiene 47 años y vive en Barcelona."
"Ernesto vive en Valencia y tiene 21 años."

¿Estructura alternativa o estrategia de búsqueda?

El desafío radica en que, aunque hay una estructura subyacente, las frases pueden variar y no siempre seguirán el mismo orden o patrón.

¿Los lenguajes naturales tienen estructuras?

Definitivamente sí, las lenguas naturales tienen estructuras, pero estas no son rígidas y pueden variar:
Subjeto-Verbo-Objeto
Ejemplo: "El niño come la manzana."
Conjugación:
Primera persona del singular: Caminar --> "Yo camino.", Correr --> "Yo corro."

Sin embargo, las estructuras no siempre están presentes o pueden variar según el contexto, lo que hace que el procesamiento y análisis de datos no estructurados, en especial el texto, sea un reto en el campo del Machine Learning y la Inteligencia Artificial. Es fundamental entender estas variaciones y flexibilidades para desarrollar algoritmos efectivos que puedan interpretar y analizar correctamente el lenguaje humano. Es en este campo donde por ejemplo inteligencias artificiales como ChatGPT rompen con todo. Veamos un ejemplo en el que le preguntemos a ChatGPT sobre este tema.

¿Puede convertirse una frase a una forma estructurada de datos?
Definitivamente sí. Por ejemplo, la frase: “Marco tiene 18 años y vive en Miami”. Puede ser convertida en una forma estructurada de datos y una representación estructurada podría ser la siguiente:

```
{
"Nombre": "Marco",
"Edad": 18,
"Lugar de residencia": "Miami"
}
```

Esta estructura, en formato JSON, organiza la información de la frase en atributos y valores facilitando su procesamiento y análisis.

¿Cómo se puede comprender esto?
Entender la frase “Marco tiene 18 años y vive en Miami” y convertirla a una forma estructurada de datos es un proceso que involucra comprender el lenguaje natural y extraer información relevante de él.

Para hacerlo se siguen conceptualmente los siguientes pasos:

1. **Identificar entidades y atributos:**
   - "Marco" es una entidad que se puede asociar con un atributo "Nombre".
   - "18 años" indica una edad, así que "18" se puede asociar con un atributo "Edad".
   - "Miami" es una entidad que se puede asociar con un atributo "Lugar de residencia".
2. **Relacionar verbos y preposiciones con atributos:**
   - El verbo "tiene" nos da una pista de que la información que sigue pertenece a la entidad mencionada anteriormente. En este caso, "18 años" pertenece a "Marco".
   - La preposición "en" antes de "Miami" nos da una pista de que es un lugar de residencia.
3. **Construir una estructura:**
   - Con la información identificada, se construye una estructura que represente la información de manera organizada, como en el caso anterior, un objeto JSON.

Este ejemplo es el que vemos por ejemplo en IAs como ChatGPT, Google Bard, Jasper Chat, etc., en las que su capacidad para entender y estructurar la frase proviene del entrenamiento en grandes cantidades de texto y ejemplos en diversos contextos, lo que les permite procesar y comprender el lenguaje natural de manera efectiva. Sin embargo, es importante mencionar que esta es una tarea simplificada y en contextos más complejos, el procesamiento del lenguaje natural puede presentar más desafíos.

Este proceso también funciona a la inversa.
Nombre: Marco
Edad: 18
Lugar de residencia: Miami

Frase: "Marco tiene 18 años de edad y vive en Miami".

Ahora, si lo piensas, esta frase puede presentarse de diferentes formas hablando de forma coloquial. Una de ellas, por ejemplo, sería "el 18 añero que vive en Miami se llama Marco" o también "Marco, el que vive en Miami, tiene 18". Aquí es cuando se presentan los desafíos a la hora de entrenar una Inteligencia Artificial para estos objetivos.

El Natural Lenguage Processing (NLP) (Procesamiento de Lenguaje Natural) es una rama fascinante de la Inteligencia Artificial que busca entender y procesar el lenguaje humano, permitiendo que las máquinas puedan interactuar de forma más intuitiva con nosotros. Dentro del NLP, hay varias técnicas y métodos utilizados para analizar textos. A continuación vamos a profundizar en algunos de ellos, aunque el tema en sí lo veremos más adelante en el tema número 7. Algunos de los métodos principales para el análisis de textos son:

4.11.1.1. Pattern Recognition (Reconocimiento de patrones)

Esta técnica se centra en identificar y extraer patrones específicos dentro de grandes volúmenes de texto. Por ejemplo, podría ser tan simple como identificar cada segundo término de una oración o buscar ciertos fenómenos, como oraciones particularmente largas o cortas. Sin embargo, es crucial entender que el reconocimiento de patrones no implica una comprensión profunda del contenido del texto. En lugar de eso, opera en un nivel más superficial, detectando secuencias o estructuras específicas sin necesariamente entender su significado subyacente. Es como identificar el ritmo en una canción sin prestar atención a su letra.

Características:
- Se refiere a la identificación de patrones específicos dentro de textos, como por ejemplo, cada segundo término de una oración.
- Se utiliza para buscar ciertos fenómenos, como oraciones largas o cortas.
- Es importante señalar que este método no comprende el contenido semántico del texto, sino que simplemente busca patrones o secuencias específicas. En otras palabras, no entiende el mensaje subyacente del texto, sino que se centra en su estructura y forma.

4.11.1.2. Sentiment Analysis (Análisis de sentimiento)

Mucho más profundo que el simple reconocimiento de patrones, el sentiment analysis busca entender las emociones y opiniones subyacentes en un texto. Se utiliza ampliamente en áreas como el análisis de redes sociales o la evaluación de reseñas de productos, donde las empresas quieren entender las percepciones y sentimientos de sus clientes. Funciona identificando palabras y combinaciones de palabras que tienen una carga emocional positiva o negativa. Por ejemplo, palabras como "encantador" o "increíble" suelen tener connotaciones positivas, mientras que "decepcionante" o "terrible" indican sentimientos negativos. A través del análisis de sentimiento, podemos obtener una visión rápida de si un texto expresa felicidad, tristeza, ira, sorpresa u otras emociones.

Características:
- Este método se utiliza para determinar el tono o la emoción transmitida en un texto, identificando si es positivo, negativo o neutral.
- Se basa en la presencia y combinación de ciertas palabras que, cuando se encuentran juntas, pueden indicar un sentimiento específico.
- Por ejemplo, palabras como "maravilloso", "excelente" o "genial" suelen indicar una reacción positiva, mientras que palabras como "terrible", "horrible" o "desastroso" indican una reacción negativa.
- Es ampliamente utilizado en análisis de reseñas de productos, opiniones en redes sociales, y cualquier otro lugar donde las personas expresen sus opiniones y sentimientos.

Ambas técnicas, aunque diferentes en su enfoque y profundidad, son herramientas valiosas en el vasto campo del NLP. Permiten a las máquinas acercarse un poco más a entender la complejidad y riqueza del lenguaje humano, abriendo puertas a aplicaciones y soluciones que antes eran impensables. Estos métodos son solo dos de las muchas técnicas utilizadas en NLP para analizar y comprender mejor el lenguaje humano, permitiendo a las máquinas procesar y generar lenguaje de una manera que sea significativa para los usuarios humanos.

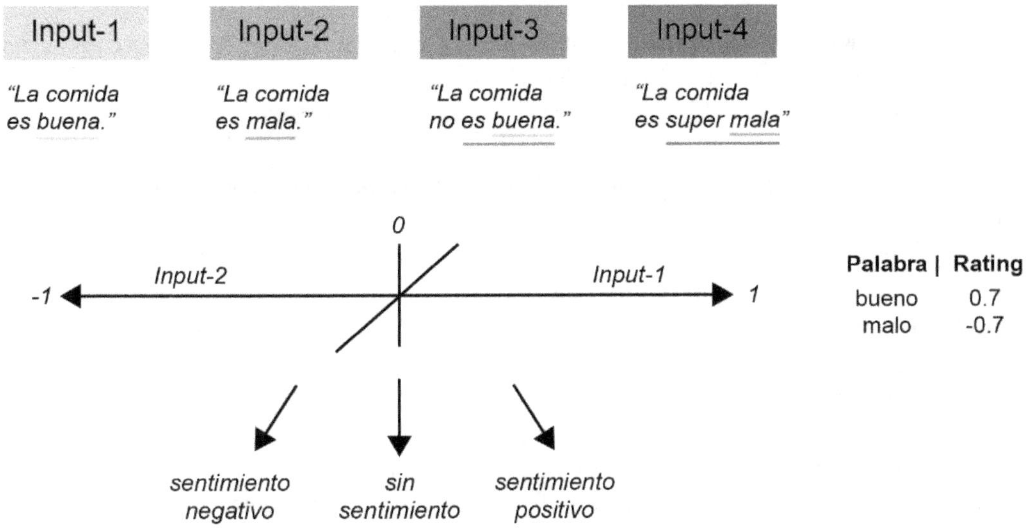

4.11.1.3. Text mining / Text analytics (Minería de texto / Análisis de texto)

La minería de texto, también conocida como Text Mining o Text Analytics (minado de texto o análisis de texto), se refiere al proceso de extraer información estructural y contenido de un texto. Esto puede involucrar identificar y categorizar temas, ideas principales o patrones recurrentes dentro de un documento o conjunto de documentos.

Trabajar con datos de texto presenta sus propios desafíos: es un proceso complicado y puede requerir mucho tiempo y esfuerzo. Los textos, al ser representaciones lingüísticas de ideas, contienen múltiples capas de significado, contextos y matices que deben ser entendidos y procesados correctamente. Sin embargo, a pesar de estas complejidades, los datos textuales son una mina de oro de información. Pueden ofrecer insights profundos sobre comportamientos, opiniones, tendencias y mucho más.

En conclusión, si se cuenta con las habilidades adecuadas y con datos textuales de calidad, es altamente beneficioso dedicarle tiempo, esfuerzo y presupuesto al NLP y al análisis de texto para nuestros proyectos de implementación de Inteligencia Artificial en empresas. Estas técnicas no solo proporcionan una comprensión más profunda de los datos, sino que también pueden desbloquear valiosos conocimientos que pueden ser esenciales para la toma de decisiones, la investigación y otras aplicaciones críticas.

Características:

Extracción de información: Identifica y extrae información estructural y de contenido de un texto, como entidades, relaciones y patrones.

Diversidad de datos: Puede manejar una amplia variedad de textos, desde documentos formales hasta publicaciones en redes sociales.
Complejidad: Tratar con textos es inherentemente complejo debido a las múltiples capas de significado, contextos y matices presentes en el lenguaje humano.
Profundidad analítica: Va más allá de simples conteos de palabras o términos, y busca entender el significado subyacente y las relaciones en el texto.
Identificación de temas: Detecta y categoriza temas o tópicos presentes en un conjunto de documentos.
Sentiment Analysis: Capaz de identificar y categorizar opiniones y emociones expresadas en el texto.
Valioso: A pesar de los desafíos, los datos textuales contienen información extremadamente valiosa que pueden ofrecer insights profundos.
Integración con NLP: A menudo se combina con técnicas de procesamiento de lenguaje natural para mejorar la precisión y eficacia del análisis.
Visualización: Proporciona herramientas y técnicas para visualizar patrones, relaciones y tendencias en grandes conjuntos de datos textuales.
Automatización: Con las herramientas adecuadas, la minería de texto puede automatizar la extracción y análisis de información, lo que resulta en ahorro de tiempo y recursos.
Adaptabilidad: Puede ser utilizado en una amplia gama de aplicaciones y sectores, desde análisis de redes sociales hasta investigación académica y análisis de negocios.

4.11.2. Imágenes

Para comenzar a estudiar la Inteligencia Artificial y el marchine learning y su relación con las imágenes echémosle primero un vistazo a la siguiente imagen fijamente.

No parece nada fuera de lo normal. La imagen muestra una simple representación en formato .png de un rostro feliz. Básicamente, dos puntos y una pequeña curva que representan el rostro sonriente.

Ahora veamos que sucede cuando inspeccionamos la imagen desde dentro.

En este caso vemos una representación en texto del mismo archivo, que es lo que veríamos si abriéramos el archivo PNG en un editor de texto en lugar de en un visor de imágenes. Pero ¿porque sucede esto?

La imagen muestra texto que representa datos binarios de una imagen PNG porque los archivos de imagen como PNG contienen datos binarios que no están destinados para ser leídos como texto, y por eso se ven como una serie de caracteres alfanuméricos y símbolos que no tienen sentido en un editor de texto. Esto se debe a que los editores de texto están diseñados para interpretar y mostrar archivos que contienen texto codificado en formatos como ASCII o Unicode, no datos binarios de imagen.

Ahora veamos lo que sucede si extraigo la información binaria del archivo usando Python.

```
def read_image_binary(file_path):
    # Reading the binary data of the file
    with open(file_path, 'rb') as file:
        binary_data = file.read()
    return binary_data[:64]  # returning the first 64 bytes for brevity

binary_data = read_image_binary('/mnt/data/smiley.png')
binary_data.hex()  # Convert to hexadecimal for compact representation
```

Este es el resultado:

```
89504e470d0a1a0a0000000d49484452000000af0000008908060000005a67685e0000000970485973000003
5d4000035d4015e65e5080000001974455874536f
```

Los datos desestructurados se refieren a información que no tiene un formato predefinido o no es fácil de manejar usando métodos convencionales. El contenido visual de la imagen (el rostro sonriente) es un ejemplo de datos desestructurados, ya que las imágenes no tienen una estructura tabular clara como las bases de datos o las hojas de cálculo. Sin embargo, la representación en texto del archivo PNG (datos binarios) es una estructura más "fija", pero sigue siendo difícil de interpretar y analizar sin las herramientas adecuadas, por lo tanto, tampoco es apto para el análisis de datos.

En el Machine Learning, a menudo trabajamos con datos desestructurados, como imágenes, texto y sonido. Para que una máquina pueda interpretar y aprender de una imagen, se necesita transformar esa imagen en una forma que la máquina pueda entender, generalmente en forma de vectores numéricos. Estos vectores numéricos se obtienen mediante técnicas de procesamiento de imágenes y, posteriormente, se pueden alimentar a algoritmos de aprendizaje automático para entrenar modelos, como clasificadores de imágenes.

La IA utiliza algoritmos de Machine Learning para interpretar, analizar y aprender de los datos. En el contexto de la imagen proporcionada, una aplicación de IA podría ser un modelo que reconoce y etiqueta emociones en rostros. Si entrenamos un modelo con suficientes imágenes de rostros mostrando diferentes emociones, ese modelo podría ser capaz de identificar que la imagen a la izquierda muestra un rostro "feliz" o "sonriente". Sin embargo, para llegar a ese punto, se necesita una gran cantidad de preprocesamiento y transformación de los datos, desde su representación original desestructurada hasta una forma estructurada que la máquina pueda entender. La imagen ilustra la diferencia entre la representación humana y la representación de máquina de la misma información. Mientras que los humanos vemos una cara sonriente, las máquinas ven una serie de bytes y códigos, y la transformación de esa información visual en algo que las máquinas puedan interpretar y aprender es fundamental en el campo de la IA y el Machine Learning.

Datos como observaciones: "Interpretación subjetiva → información diferente".

En el contexto de las imágenes y el campo de datos desestructurados en Machine Learning e Inteligencia Artificial, esta frase, "Datos como observaciones", refleja la idea de que los datos, en este caso imágenes, actúan como observaciones del mundo real que se capturan y almacenan en formato digital. Estas observaciones son esenciales para que los sistemas de ML e IA puedan aprender y generalizar a partir de ejemplos pasados.
La segunda parte, "Interpretación subjetiva → información diferente", sugiere que, aunque los datos actúan como observaciones objetivas, la interpretación de esos datos puede ser subjetiva. Es decir, diferentes personas (o incluso diferentes sistemas de IA) pueden interpretar la misma imagen de diferentes maneras.

En términos más concretos, imaginemos una imagen de un paisaje. Mientras que una persona podría verlo y pensar en la belleza de la naturaleza, otra podría centrarse en los aspectos técnicos de la fotografía, como la iluminación o la composición. Del mismo modo, un modelo de IA entrenado para reconocer plantas podría identificar las especies de árboles en la imagen, mientras que otro modelo entrenado para evaluar la calidad de las imágenes podría juzgar si la foto está bien encuadrada o si tiene buen contraste.

Este concepto es fundamental en ML e IA porque destaca la importancia de tener claro el objetivo al entrenar un modelo y al interpretar sus resultados. Los datos, por sí solos, no tienen significado inherente; su valor radica en cómo los interpretamos y utilizamos. En el mundo de los datos desestructurados, como las imágenes, esta interpretación se vuelve aún más crucial, ya que no hay una estructura predefinida que guíe nuestra comprensión. Por lo tanto, es esencial ser consciente de que diferentes interpretaciones pueden conducir a diferentes conclusiones, incluso cuando se trabaja con el mismo conjunto de datos o imágenes.

4.11.3. Image Recognition & Object Detection (Reconocimiento de imagen y detección de objetos)

El reconocimiento de imágenes y la detección de objetos, siendo subcampos del Machine Learning y la Inteligencia Artificial, se enfocan en el procesamiento y análisis de datos visuales como imágenes y vídeos. Estos datos se clasifican como desestructurados debido a que no se ajustan a un formato tabular o a una estructura definida, a diferencia de los datos estructurados. La complejidad de estos datos radica en su variabilidad y la riqueza de la información que contienen, lo que representa un reto significativo para los algoritmos de ML y IA.

Para abordar estos retos, se emplean técnicas como las redes neuronales convolucionales (CNN), que son especialmente eficaces para el análisis de imágenes. Estas redes aprenden patrones visuales a través de capas de procesamiento que imitan la forma en que el cerebro humano interpreta las imágenes. Esta capacidad les permite identificar y clasificar objetos dentro de una imagen, así como entender el contexto y las relaciones espaciales entre los elementos.

Otro aspecto importante es el entrenamiento de estos modelos, que requiere grandes cantidades de datos anotados. La anotación de datos implica etiquetar manualmente las imágenes con la información relevante, como la ubicación y el tipo de objetos presentes. Este proceso es crucial para el aprendizaje supervisado, donde el modelo aprende a partir de ejemplos etiquetados para luego poder hacer predicciones sobre nuevos datos.

1. Image recognition:
- **Definición:** Es la capacidad de un modelo de identificar y clasificar lo que está contenido en una imagen.
- **Aplicaciones:** Identificación facial, clasificación de imágenes (por ejemplo, distinguir si una imagen es un perro o un gato), diagnóstico médico a través de imágenes, entre otros.
- **Desafíos:** Las variaciones en iluminación, perspectiva, escala y oclusiones pueden hacer que el reconocimiento de imágenes sea complejo.

** Las "oclusiones" se refieren a situaciones en las que una parte de un objeto o entidad está cubierta o bloqueada por otro objeto, lo que impide que se vea completamente. En el contexto del reconocimiento de imágenes y detección de objetos, las oclusiones pueden presentar un desafío significativo, ya que partes del objeto de interés podrían estar ocultas, lo que dificulta su identificación o localización adecuada.*

Por ejemplo, en una imagen donde hay un grupo de personas, si una persona está parada detrás de otra, solo se podría ver una parte de la persona que está detrás. Esa persona parcialmente oculta es un ejemplo de oclusión en la imagen. Concretamente en la imagen observamos a un grupo de personas entre las cuales podemos observar que algunas están parcialmente ocultas tras otras, y tras estas personas se observan más también parcialmente ocultas.

2. Object detection:
- **Definición:** Va un paso más allá del simple reconocimiento de imágenes. No solo identifica lo que hay en una imagen, sino que también localiza estos objetos dentro de la imagen, generalmente proporcionando un "cuadro delimitador" (como podemos ver en la imagen) alrededor de cada objeto detectado.
- **Aplicaciones:** Sistemas de vigilancia, vehículos autónomos (para detectar peatones, otros vehículos, señales de tráfico), análisis de multitudes, entre otros.
- **Desafíos:** Detectar múltiples objetos en escenas congestionadas o superpuestas y diferenciar objetos similares son tareas desafiantes en detección de objetos. (Véase la imagen anterior).

Relación con datos desestructurados

Naturaleza desestructurada: Las imágenes y vídeos, al no seguir un esquema tabular o estructura claramente definida, se consideran datos desestructurados. Sin embargo, contienen ricos detalles visuales que, una vez procesados y entendidos, pueden proporcionar insights profundos y valiosos.

Preprocesamiento: A diferencia de los datos estructurados, que a menudo pueden alimentar directamente a un algoritmo de aprendizaje automático, los datos desestructurados como las imágenes generalmente requieren un preprocesamiento extenso. Esto puede incluir la normalización, el cambio de tamaño, la mejora de la imagen y la extracción de características.

Extracción de características: Las imágenes se convierten a menudo en un conjunto de características numéricas que capturan la esencia de la imagen (como bordes, texturas, colores) antes de ser alimentadas a un modelo de ML.

Modelos específicos: Las redes neuronales convolucionales (CNN) son un tipo de modelo que ha demostrado ser particularmente eficaz para tareas de reconocimiento de imágenes y detección de objetos debido a su capacidad para manejar y procesar datos visuales desestructurados.

El reconocimiento de imágenes y la detección de objetos son ejemplos claros de cómo la IA y el ML pueden trabajar con datos desestructurados para lograr tareas complejas y avanzadas. A medida que las tecnologías y algoritmos avanzan, la capacidad de las máquinas para "ver" y "entender" el mundo visual se vuelve cada vez más sofisticada y precisa.

4.11.4. Optical Character Recognition (OCR) (Reconocimiento óptico de caracteres)

El Reconocimiento Óptico de Caracteres, comúnmente conocido como OCR, es una tecnología que permite convertir diferentes tipos de documentos, como escaneados de papel, imágenes de texto o incluso fotografías, en datos editables y buscables. Esta capacidad es especialmente útil para digitalizar documentos impresos, convertir libros en formatos electrónicos, automatizar procesos de entrada de datos y muchas otras aplicaciones.

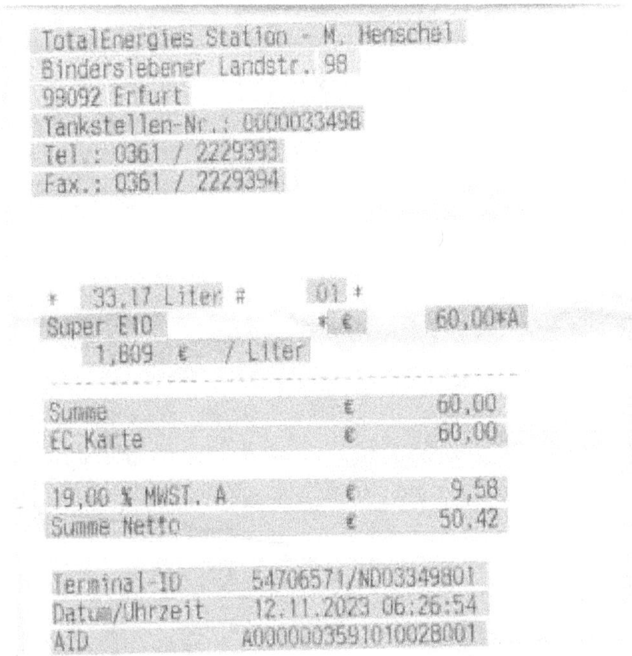
TotalEnergies Station - M. Henschel
Bindersleebener Landstr. 98
99092 Erfurt
Tankstellen-Nr.: 0000033498
Tel.: 0361 / 2229393
Fax.: 0361 / 2229394

* 33,17 Liter # 01 *
Super E10 * € 60,00*A
1,809 € / Liter

Summe € 60,00
EC Karte € 60,00

19,00 % MWST. A € 9,58
Summe Netto € 50,42

Terminal-ID 54706571/ND03349801
Datum/Uhrzeit 12.11.2023 06:26:54
AID A0000003591010028001

Históricamente, las primeras implementaciones de OCR se basaban en reglas y patrones fijos para reconocer caracteres. Sin embargo, con la evolución de la Inteligencia Artificial y el aprendizaje automático, el OCR ha experimentado una revolución en términos de precisión y aplicabilidad.

El Machine Learning, y más específicamente el Deep Learning, ha cambiado la forma en que los sistemas OCR funcionan. En lugar de depender estrictamente de reglas predefinidas, los modernos sistemas OCR utilizan redes neuronales, en particular las Convolutional Neuronal Network (CNN), para aprender y reconocer patrones en los datos visuales. Estos sistemas son entrenados con grandes conjuntos de datos que contienen ejemplos de caracteres en diferentes tipografías, tamaños y condiciones de iluminación, lo que les permite reconocer texto en una amplia variedad de contextos y entornos.

La relación entre OCR y la Inteligencia Artificial es simbiótica. Por un lado, el avance en técnicas de IA y ML ha mejorado enormemente la precisión y eficiencia de los sistemas OCR. Por otro lado, la necesidad de convertir vastas cantidades de información impresa en formatos digitales ha impulsado la investigación y el desarrollo en el campo del OCR, lo que ha llevado a innovaciones y avances en el dominio de la IA.

En la actualidad, gracias a la Inteligencia Artificial, los sistemas OCR no solo pueden reconocer texto en documentos estándar, sino también en imágenes con ruido, documentos manuscritos e incluso en escenarios donde el texto está parcialmente oculto o distorsionado. Además, la combinación de OCR con otras tecnologías de IA, como el NLP, permite no solo extraer texto de imágenes, sino también entender y procesar el contenido extraído, abriendo puertas a aplicaciones como la traducción automática, la búsqueda avanzada en documentos y la automatización de tareas administrativas.

4.11.5. Facial Recognition (Reconocimiento facial)

El reconocimiento facial es una de las aplicaciones más prominentes y, a la vez, polémicas de la Inteligencia Artificial en la actualidad. Se trata de una tecnología que tiene la capacidad de identificar o verificar a una persona a partir de una imagen o un video, comparando y analizando patrones faciales.

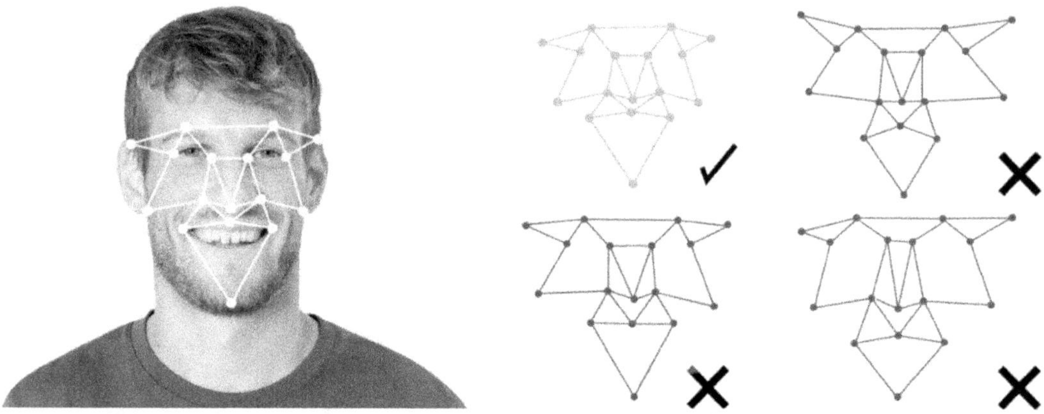

El auge y la sofisticación del reconocimiento facial en los últimos años está directamente ligado a los avances en Machine Learning y, más específicamente, en el aprendizaje profundo. Antiguamente, los sistemas de reconocimiento facial se basaban en técnicas más simples, identificando características clave del rostro, como la distancia entre los ojos o la forma de la nariz. Sin embargo, estos sistemas eran limitados en términos de precisión y flexibilidad.

Con la introducción de las Convolutional Neuronal Networks y otros modelos de aprendizaje profundo, el reconocimiento facial ha experimentado una transformación. Estos modelos, entrenados con grandes conjuntos de datos que contienen millones de rostros, aprenden a identificar patrones y características faciales sutiles con un alto grado de precisión. Pueden reconocer rostros en diversas condiciones de iluminación, posturas, expresiones e incluso cuando están parcialmente ocultos o en diferentes edades.

El Machine Learning no solo ha mejorado la precisión del reconocimiento facial, sino que también ha ampliado su aplicabilidad. Desde desbloquear smartphones y sistemas de seguridad en edificios, hasta encontrar personas desaparecidas, pasando por aplicaciones en aeropuertos para controles de seguridad o incluso en publicidad para adaptar contenidos en función de la reacción de los espectadores.

Sin embargo, junto con su potencial, el reconocimiento facial también plantea serios desafíos éticos y preocupaciones sobre la privacidad. El uso indebido de esta tecnología puede conducir a la vigilancia masiva y a infracciones de derechos humanos. Es por ello que, paralelamente a su desarrollo técnico, es esencial una reflexión sobre su regulación y uso ético.

El reconocimiento facial es un testimonio del poder y las posibilidades que ofrece la combinación de ML e IA. Sin embargo, como toda herramienta poderosa, su uso debe ser medido y responsable, ponderando sus beneficios y riesgos en la sociedad. De hecho, recuerdo que uno de mis profesores de Use Cases tenía en cada una de sus presentaciones una imagen de Spiderman que decía "*Con un gran poder llega una gran responsabilidad*". ¡Y estoy completamente de acuerdo!

4.11.6. Color Analysis (Análisis de color)

El análisis de color es una técnica ampliamente utilizada en Machine Learning e Inteligencia Artificial para procesar y entender información en imágenes y vídeos. A través del color analysis, las máquinas pueden identificar, clasificar y procesar objetos, escenas y actividades basándose en patrones y distribuciones de color.

¿Qué es el color analysis?
El análisis de color se refiere al proceso de cuantificar y categorizar los colores presentes en una imagen. En términos simples, se trata de determinar qué colores y en qué cantidad están presentes. Esta información puede ser vital para diversas aplicaciones, desde la detección de enfermedades en imágenes médicas hasta la clasificación de imágenes en redes sociales.

¿Cómo se realiza el análisis de color en ML e IA?
1. Extracción de características de color: Las imágenes se descomponen en sus componentes de color básicos, generalmente en los espacios de color RGB (Rojo, Verde, Azul) o HSV (Hue, Saturation, Value). Se extraen características como histogramas de color, momentos de color y estadísticas descriptivas.

2. Clasificación y agrupación: Una vez extraídas las características, los algoritmos de ML pueden ser entrenados para reconocer y clasificar objetos o escenas basados en sus perfiles de color. También se pueden utilizar técnicas de clustering para agrupar imágenes similares basadas en colores.

3. Aplicaciones avanzadas: Con técnicas más sofisticadas, el análisis de color puede ser utilizado en la segmentación de imágenes (dividir una imagen en regiones basadas en colores similares) o en la detección de patrones y anomalías.

¿Por qué se consideran datos desestructurados?
Las imágenes, como ya hemos comprobado en puntos anteriores, a diferencia de los datos tabulares o estructurados, no siguen un esquema fijo o una estructura predefinida. Aunque pueden ser representadas en matrices de píxeles, la información que contienen, como colores, formas y texturas, no tiene una organización inherente que facilite su interpretación directa. Cada imagen es única en su composición y presenta desafíos en términos de interpretación y procesamiento.

El color en sí es una propiedad compleja. Aunque podemos descomponerlo en componentes básicos (como RGB), la percepción y la interpretación del color están influenciadas por factores como la iluminación, las sombras y el contexto en el que se encuentra. Por lo tanto, aunque el color puede ser cuantificado hasta cierto punto, sigue siendo una forma de dato desestructurado que requiere técnicas avanzadas de ML e IA para ser procesado y entendido adecuadamente.

El análisis de color es esencial en el campo del procesamiento de imágenes y tiene un amplio rango de aplicaciones en ML e IA. A pesar de su naturaleza desestructurada, los avances tecnológicos han permitido que las máquinas procesen y comprendan imágenes con precisión, haciendo del análisis de color una herramienta poderosa en la caja de herramientas de la IA.

4.11.7. Image Segmentation (Segmentación de imagen)

La segmentación de imágenes es una técnica en Machine Learning que permite dividir una imagen en múltiples segmentos o regiones, donde cada segmento corresponde a un objeto o parte de un objeto en la imagen. Esta técnica permite que las máquinas comprendan y procesen imágenes a un nivel más detallado, identificando y diferenciando objetos y estructuras específicas dentro de ellas.

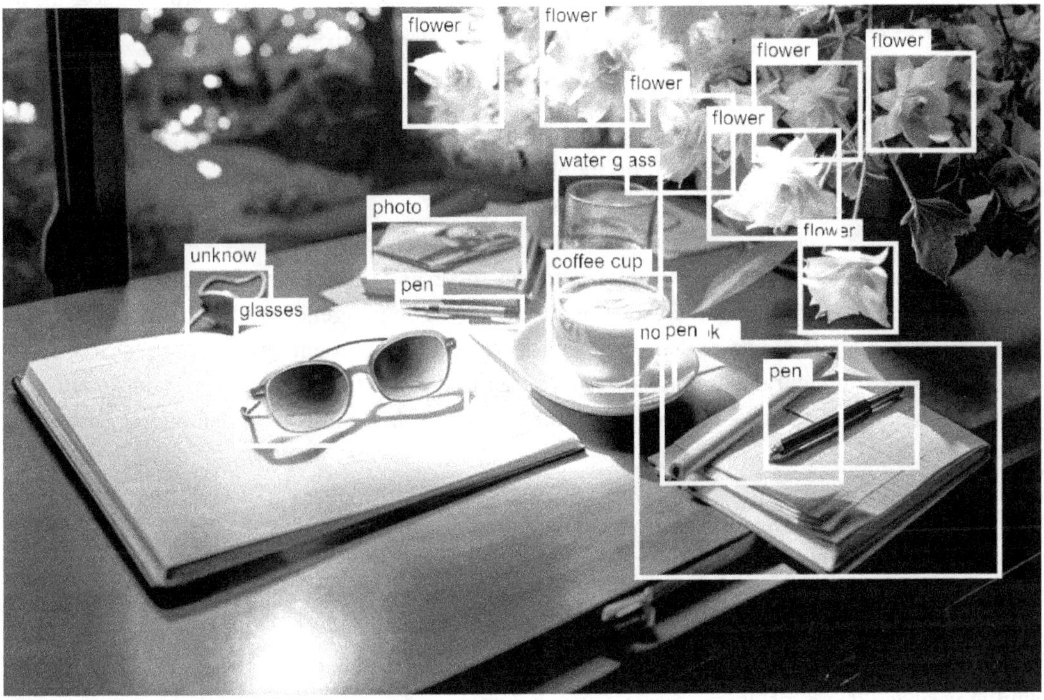

¿Qué es la segmentación de imágenes?
La segmentación de imágenes se refiere al proceso de dividir una imagen en conjuntos de píxeles que pertenecen al mismo objeto o categoría. En otras palabras, se busca asignar una etiqueta a cada píxel de la imagen de manera que píxeles con la misma etiqueta compartan ciertas características visuales.

¿Cómo se realiza la segmentación de imágenes en ML e IA?
1. Técnicas tradicionales: Estas incluyen métodos basados en umbrales, bordes y crecimiento de regiones. Por ejemplo, la segmentación basada en umbrales implica seleccionar un valor de umbral y clasificar todos los píxeles de la imagen en dos categorías según si su valor es mayor o menor que el umbral.

2. Técnicas basadas en Deep Learning: Con la aparición de las Convolutional Neuronal Networks, la segmentación de imágenes ha alcanzado nuevos niveles de precisión. Las redes como U-Net o Mask R-CNN han demostrado ser particularmente eficaces en tareas de segmentación, siendo capaces de identificar y delimitar objetos en imágenes con gran detalle.

3. Post-procesamiento: Tras la segmentación, a menudo es necesario realizar un post-procesamiento para refinar los segmentos, eliminar ruido o combinar regiones similares.

¿Por qué se consideran datos desestructurados?
De nuevo, y como ya hemos visto anteriormente, las imágenes, al igual que en el caso del análisis de color, son inherentemente desestructuradas. Aunque pueden representarse como matrices de píxeles, no tienen una organización o estructura fija que indique cómo se relacionan los píxeles entre sí. La segmentación busca imponer una estructura en estos datos desestructurados, agrupando píxeles en función de sus características visuales y semánticas.

La relación entre píxeles, la proximidad, el color, la textura y otras características forman una complejidad que no puede ser fácilmente interpretada sin técnicas avanzadas. La segmentación busca descifrar esta complejidad y proporcionar una representación más estructurada de la imagen, identificando objetos y características distintas.

La segmentación de imágenes es fundamental en diversas aplicaciones de ML e IA, desde la medicina, donde se utiliza para identificar áreas de interés en imágenes médicas, hasta la conducción autónoma, donde ayuda a identificar y rastrear objetos en el entorno del vehículo. A pesar del desafío que supone trabajar con datos desestructurados, las técnicas modernas de Deep Learning han revolucionado la segmentación, permitiendo análisis de imágenes detallados y precisos.

4.11.8. Image classification (Clasificación de imagen

La clasificación de imágenes es también, al igual que las anteriores, una tarea esencial en ML e IA que implica asignar una etiqueta a una imagen completa basada en su contenido visual. Esta técnica permite que las máquinas interpreten y categoricen el contenido visual, facilitando una amplia variedad de aplicaciones, desde el reconocimiento de objetos hasta la detección de enfermedades en imágenes médicas.

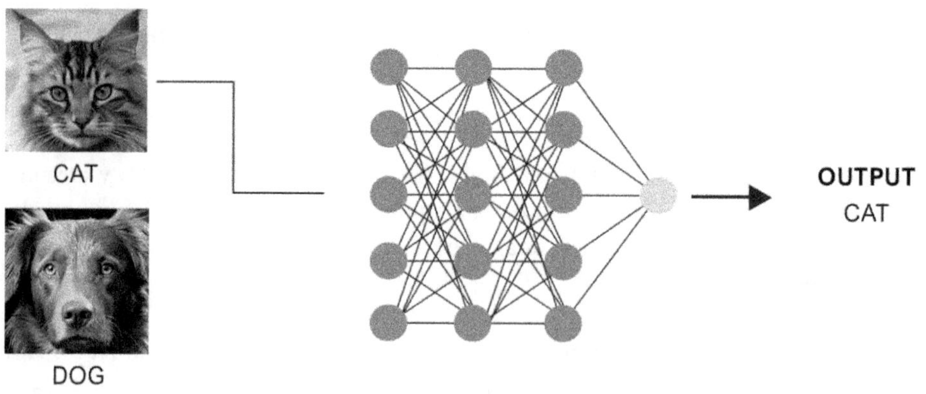

¿Qué es la clasificación de imágenes?
La clasificación de imágenes es el proceso de identificar y asignar una o más categorías a una imagen, basándose en la información visual que contiene. Por ejemplo, al ver una imagen de un perro, el sistema de clasificación debería ser capaz de identificarla y etiquetarla como "perro". En la imagen anterior lo tienes como ejemplo. Puedes observar como se alimenta el algoritmo de MLP con imágenes, y tras procesar la información, el algoritmo, y según los resultados, decide si la imagen pertenece a un gato o un perro, en el ejemplo un gato.

¿Cómo se realiza la clasificación de imágenes en ML e IA?
1. Técnicas tradicionales: Estas técnicas incluyen métodos basados en características manuales, como descriptores de textura, bordes y puntos clave. Estas características se extraen y luego se utilizan para entrenar modelos clásicos de Machine Learning, como Support Vector Machines (SVM) o Decision Trees.

2. Técnicas basadas en Deep Learning: Las Convolutional Neuronal Network han revolucionado la clasificación de imágenes, proporcionando precisión y capacidad de generalización superiores. Las CNN aprenden automáticamente características relevantes de las imágenes a través de múltiples capas de convolución y agrupación, lo que las hace especialmente adecuadas para tareas visuales.

3. Transferencia de aprendizaje: Es una técnica donde un modelo preentrenado en un conjunto de datos grande (como ImageNet) se adapta para una tarea específica de clasificación con menos datos. Esto permite aprovechar el conocimiento adquirido en tareas generales y aplicarlo a problemas específicos.

¿Por qué se consideran datos desestructurados?
Nuevamente hay que responder a la pregunta. Las imágenes, aunque pueden representarse como matrices bidimensionales de píxeles (o tridimensionales si consideramos los canales de color), no tienen una estructura organizada o patrón fijo que describa su contenido. La relación entre los píxeles, su disposición, colores, formas y texturas forman una rica tapeza de información que no sigue un esquema predefinido. En este punto eres capaz de diferenciar claramente, y espero también, y poder explicar a tus compañeros, así como los miembros de tu equipo de proyecto porque las imágenes son datos desestructurados y cuáles son sus métodos de preprocesamiento en ML.

La clasificación de imágenes es una piedra angular en el mundo de la IA, con aplicaciones que abarcan desde redes sociales hasta diagnósticos médicos. A pesar de los desafíos que presentan los datos desestructurados, las técnicas modernas, especialmente las basadas en Deep Learning, han permitido avances significativos en esta área, permitiendo sistemas que pueden interpretar y clasificar imágenes con una precisión que a menudo rivaliza con la percepción humana.

4.11.9. Vídeo

El vídeo, al igual que las imágenes, es una forma de datos desestructurados, pero es aún más complejo debido a su naturaleza temporal y la cantidad masiva de información que contiene. Un vídeo es esencialmente una serie de imágenes (cuadros o frames) que se muestran en rápida sucesión para crear la ilusión de movimiento.

¿Por qué se considera desestructurado?

El vídeo no tiene una estructura fija o patrón inherente en términos de su contenido. Aunque técnicamente es una secuencia de imágenes, las relaciones temporales y espaciales entre estos cuadros, así como el sonido asociado, crean una dimensión adicional de complejidad que no está presente en una imagen estática. Cada frame en sí es una imagen y, por lo tanto, también es un dato desestructurado, pero cuando se combinan en una secuencia, la relación entre los cuadros añade otra capa de desestructuración.

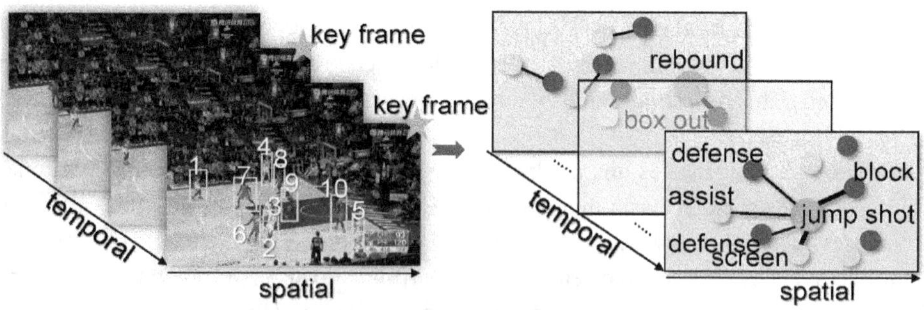

Imagen: https://www.mdpi.com/2227-7390/11/14/3074

Aplicaciones en ML e IA:

Reconocimiento de actividades: Detectar y clasificar acciones o eventos en vídeos, como identificar si alguien está corriendo, saltando o bailando.

Análisis de seguridad: En sistemas de vigilancia, el vídeo se analiza para detectar actividades sospechosas o no autorizadas.
Contenido interactivo: En plataformas de streaming, se utiliza el análisis de vídeo para proporcionar recomendaciones basadas en el contenido visual que un usuario ha visto anteriormente.
Reconocimiento facial y de objetos en tiempo real: Aplicaciones como las redes sociales utilizan el análisis de vídeo para etiquetar automáticamente a las personas en vídeos en vivo o grabados.
Análisis de tráfico: Monitorizar flujos de tráfico, identificar congestiones y predecir patrones de tráfico.
Realidad aumentada: Superponer información digital en el mundo real a través de la lente de una cámara en tiempo real. Te que veas este vídeo del fabricante de electrodomésticos Philips, en el que presentan unas gafas con realidad virtual aplicadas en situaciones de emergencia: https://youtu.be/z3owLTiEGJ4?si=V_Ml1nebyARHyPFi

Desafíos en el análisis de vídeo:
Volumen de datos: Un vídeo genera una cantidad significativa de datos, lo que requiere más potencia computacional y capacidad de almacenamiento.
Oclusiones: En un vídeo, los objetos o personas pueden bloquearse mutuamente, lo que dificulta su identificación.
Variedad de contenidos: Diferentes vídeos pueden tener diferentes resoluciones, orientaciones, condiciones de iluminación, entre otros factores que pueden afectar el análisis.
Relaciones temporales: A diferencia de las imágenes, los vídeos tienen una dimensión temporal que debe tenerse en cuenta al analizar acciones o eventos que se desarrollan a lo largo del tiempo.

El vídeo, como forma de datos desestructurados, presenta oportunidades y desafíos únicos en el ámbito del ML e IA. Las técnicas modernas, especialmente aquellas basadas en Deep Learning, están empezando a desentrañar la complejidad del vídeo, abriendo puertas a aplicaciones innovadoras y mejorando nuestra capacidad para entender e interactuar con el mundo visual a nuestro alrededor.

4.11.10. Audio

El audio es una representación de ondas sonoras en forma digital o analógica. Al igual que el vídeo y las imágenes, el audio es considerado un tipo de dato desestructurado porque no sigue una estructura tabular o fija. En cambio, se compone de series temporales de amplitudes que representan la variación de la presión del sonido con respecto al tiempo.

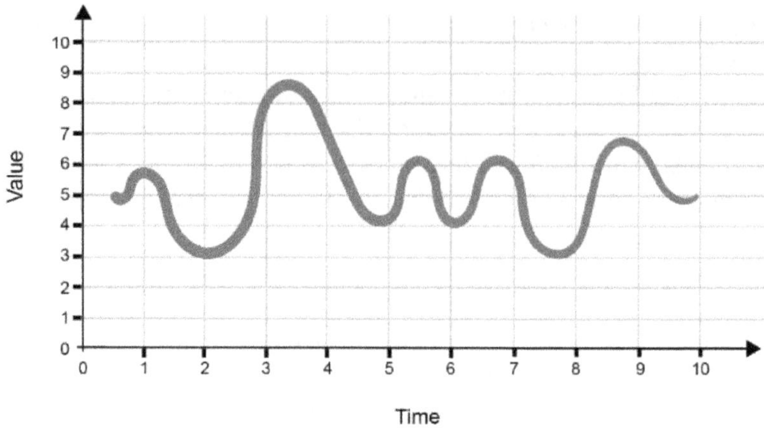

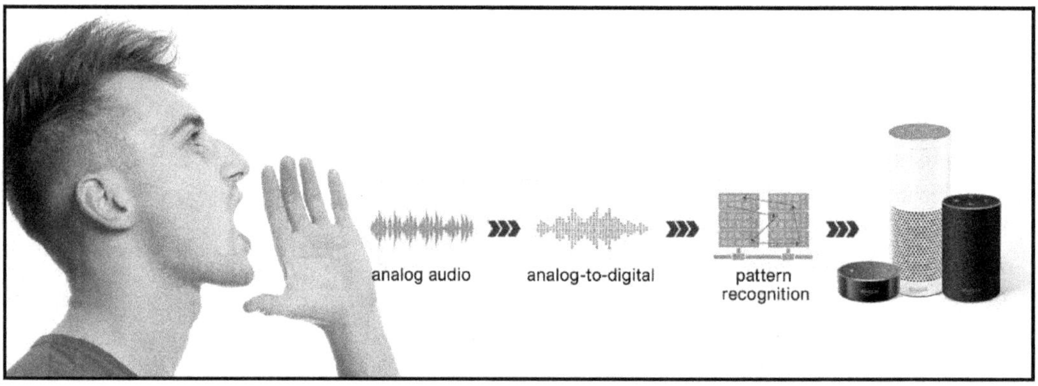

¿Por qué se considera desestructurado?
El audio no tiene una estructura fija o patrón inherente en términos de su contenido. Está compuesto por una variedad de frecuencias, amplitudes y tiempos, y la información contenida en un archivo de audio puede variar ampliamente dependiendo de la fuente del sonido, el ambiente y otros factores.

Aplicaciones en ML e IA
Reconocimiento de voz: Convertir el habla en texto. Es fundamental en asistentes virtuales, transcripciones automáticas y más.
Identificación de música: Aplicaciones que pueden identificar una canción basándose en un fragmento de audio, como por ejemplo el ya conocido Shazam.
Análisis de sentimientos: Determinar el estado emocional o el sentimiento de un hablante a partir de sus características vocales.
Detección de sonido ambiental: Identificar sonidos específicos en un ambiente, como alarmas, roturas de cristales, etc., utilizado en sistemas de seguridad.
Síntesis de Voz: Convertir texto en habla, usado en lectores de texto y asistentes virtuales, entre otros.
Diagnóstico Médico: Analizar sonidos corporales, como los latidos del corazón o la respiración, para detectar anomalías.

Desafíos en el análisis de audio
Variedad de fuentes: Los sonidos pueden provenir de diversas fuentes y pueden solaparse, lo que dificulta su identificación individual.
Ruido de fondo: El audio grabado puede contener ruidos no deseados que pueden interferir con el análisis.
Acentos y dialectos: En el reconocimiento de voz, los diferentes acentos y dialectos pueden presentar desafíos en la correcta transcripción del habla. Por ejemplo, no lo es lo mismo el Alemán que Schwäbisch, como tampoco es lo mismo el Español que Gallego, como tampoco es lo mismo un Gallego hablando español que un español hablando el español. Legítimamente ambos son españoles, pero el acento a la hora de hablar español es muy diferente, y por lo tanto, más difícil de reconocer por el algoritmo.
Variabilidad temporal: La velocidad y el ritmo del habla o la música pueden variar, lo que puede influir en el análisis.
El análisis de audio en el contexto de ML e IA ha abierto una amplia gama de aplicaciones prácticas, desde mejorar la interacción humano-máquina hasta proporcionar diagnósticos médicos. Si bien los datos de audio presentan desafíos únicos debido a su naturaleza desestructurada, las técnicas avanzadas de aprendizaje automático, en particular las basadas en Deep Learning, están haciendo grandes avances en este campo, permitiendo que las máquinas "escuchen" e "interpreten" el mundo sonoro de maneras previamente inimaginables.

4.12. Metadatos

Los metadatos son esencialmente datos sobre datos, no porque estén sobre ellos, sino porque proporcionan datos sobre los datos a los que pertenecen. Proporcionan información descriptiva sobre el contenido, calidad, condición y otras características de los datos. En el contexto del ML y la IA, los metadatos juegan un papel crucial al ayudar a los profesionales a comprender y manejar grandes conjuntos de datos.

Importancia de los metadatos en ML e IA
Organización y gestión: Los metadatos permiten una organización y gestión efectiva de grandes conjuntos de datos, facilitando la búsqueda, acceso y reutilización de datos específicos.
Calidad y procedencia: Proporcionan información sobre la fuente de los datos, su historial de cambios, su calidad y su precisión. Esto es vital para confiar en los datos y en los resultados obtenidos a partir de ellos.
Compatibilidad: Ayudan a asegurar que los datos de diferentes fuentes sean compatibles y puedan ser integrados o comparados correctamente.
Seguridad y privacidad: Los metadatos pueden contener información sobre quién tiene acceso a los datos, cuándo y cómo se accedieron, y qué acciones se llevaron a cabo. Esto es esencial para la protección y cumplimiento de normativas.
Eficiencia en el entrenamiento: Al tener una visión clara de los datos a través de los metadatos, se pueden tomar decisiones más informadas sobre qué datos usar para entrenar modelos de ML, optimizando el tiempo y los recursos.

Aplicaciones de los metadatos en ML e IA

Preprocesamiento de datos: Antes de entrenar un modelo, es esencial comprender las características del conjunto de datos. Los metadatos facilitan esta tarea al proporcionar información sobre las variables, el tipo de datos, valores faltantes, entre otros.

Versionado de modelos: Al entrenar y reentrenar modelos, es crucial tener un registro de qué datos y parámetros se utilizaron. Los metadatos ayudan a rastrear estas versiones.

Interoperabilidad: En sistemas complejos donde los datos provienen de múltiples fuentes, los metadatos aseguran que estos datos puedan ser integrados y utilizados de manera coherente.

Desafíos con los metadatos

Complejidad: A medida que crece la cantidad y variedad de datos, gestionar y mantener metadatos actualizados puede ser un desafío.

Estándares: Existen diferentes estándares y prácticas para la creación de metadatos, lo que puede llevar a inconsistencias.

Privacidad: Si no se manejan adecuadamente, los metadatos pueden revelar información sensible o privada.

Los metadatos son una herramienta esencial en el arsenal de cualquier profesional de ML e IA. Aunque a menudo se pasan por alto en comparación con los datos brutos, su importancia en la gestión, comprensión y utilización efectiva de esos datos no puede ser subestimada. En un mundo donde los datos son el nuevo petróleo, los metadatos podrían considerarse el mapa que nos permite navegar por este vasto y valioso recurso.

MÓDULO 2

Métodos

Módulo 2 – Métodos

5. Big Data

En la era digital actual, la cantidad de datos que se produce y recopila es asombrosa. Desde las redes sociales y las transacciones en línea hasta los sensores y dispositivos que hay conectados por todo el mundo, generamos un flujo constante de información. Este volumen masivo, variedad y velocidad de datos es lo que conocemos como Big Data.

El Big Data no es solo una cuestión de volumen. Se refiere a conjuntos de datos que son tan grandes y complejos que las herramientas y sistemas tradicionales de gestión de bases de datos se quedan cortos para manejarlos.

Douglas Laney es ampliamente conocido en el mundo de la tecnología de la información por acuñar el término "**3Vs**" o el "**3-V-Modell**" para describir el desafío y la oportunidad asociada con el manejo de grandes cantidades de datos. Estas tres Vs son:

1. Volume (Volumen): Se refiere a la cantidad de datos. Con la proliferación de dispositivos como teléfonos móviles, sensores y cámaras, así como plataformas de medios sociales y transacciones electrónicas, se generan enormes cantidades de datos todos los días.

2. Velocity (Velocidad): Se refiere a la velocidad a la que se generan, procesan y hacen disponibles los datos. Pensemos, por ejemplo, en las redes sociales, donde se publican miles de tweets o posts por segundo.

3. Variety (Variedad): Hace referencia a los diferentes tipos de datos, que pueden ser estructurados (como bases de datos relacionales), semiestructurados (como JSON o XML) o no estructurados (como imágenes, videos o textos).

Laney propuso este concepto en un informe de investigación de META Group (ahora Gartner) en 2001.

En relación con el Machine Learning e Inteligencia Artificial podemos ver que:

Volume: El ML y la IA se benefician de grandes cantidades de datos. Cuanto más datos estén disponibles para entrenar un modelo, en general, mejor será su rendimiento, ya que puede captar patrones más complejos y sutiles.

Velocity: Los sistemas de ML y IA en tiempo real necesitan procesar datos rápidamente para proporcionar resultados en tiempo real. Por ejemplo, un sistema de detección de fraude necesita evaluar transacciones en milisegundos para decidir si son legítimas o no.

Variety: Los algoritmos de ML y IA pueden procesar y aprender de una amplia variedad de datos. Desde procesamiento de imágenes hasta análisis de texto, la capacidad de trabajar con diferentes tipos de datos permite a la IA abordar una amplia gama de problemas.

Las 3Vs de Laney describen características fundamentales de Big Data, y estas características son esenciales para muchas aplicaciones modernas de ML e IA. Las herramientas y técnicas que se han desarrollado para manejar el Big Data han facilitado el auge y la expansión de las capacidades de ML e IA.

Con el tiempo y el desarrollo continuo del campo del Big Data, el concepto original de las 3Vs de Laney se ha expandido para incluir hasta seis dimensiones (o Vs) que caracterizan los desafíos y oportunidades del Big Data. En total serían estas las 6Vs:

1. **Volume:** Como mencionamos anteriormente, se refiere a la cantidad masiva de datos generados.
2. **Velocity:** Relacionado con la rapidez con que se generan, procesan y consumen los datos.
3. **Variety:** Se refiere a los diferentes tipos de datos, ya sean estructurados, semiestructurados o no estructurados.
4. **Veracity (Veracidad):** Esta dimensión se refiere a la calidad de los datos. No todos los datos generados son útiles o precisos. La veracidad trata sobre la incertidumbre de los datos, que puede deberse a la inconsistencia de los datos, la estructura, la disponibilidad y la precisión.
5. **Value (Valor):** Es la utilidad de los datos. Se refiere a la capacidad de convertir nuestros datos en valor. Es la V final que resulta del tratamiento adecuado de las otras dimensiones. Se trata de la capacidad de los datos para beneficiar a una organización o individuo.
6. **Validity (Variabilidad):** Se refiere a la inconsistencia que pueden mostrar los datos a veces, lo que puede dificultar su procesamiento y análisis. La variabilidad puede surgir debido a la naturaleza estacional o cíclica de algunos datos, o debido a la presencia de outliers (valores atípicos).

El reconocimiento de estas dimensiones adicionales refleja la creciente comprensión de que el manejo eficaz de Big Data no se trata solo de manejar grandes volúmenes de datos rápidamente y en diversos formatos, sino también de garantizar que los datos sean confiables y valiosos para la toma de decisiones. Estas 6Vs son especialmente relevantes para ML e IA, ya que la calidad y utilidad de los modelos y las soluciones dependen en gran medida de la calidad y utilidad de los datos con los que son entrenados y alimentados.

La Inteligencia Artificial, y en particular el Machine Learning, han encontrado un campo fértil en el Big Data. Las máquinas ahora pueden aprender patrones, obtener información y hacer predicciones o tomar decisiones basadas en estos enormes conjuntos de datos. Pero, para que la IA y el ML sean efectivos, la administración y gestión de estos datos es esencial.

5.1. Administración y gestión de datos

1. **Recolección de datos:** Antes de poder entrenar modelos u obtener insights, es necesario recolectar datos. Esto implica definir qué datos son relevantes y cómo serán adquiridos, ya sea a través de sensores, registros en línea, bases de datos, entre otros.

2. Preprocesamiento de datos: Una vez recolectados, los datos rara vez están listos para ser utilizados. Pueden faltar valores, haber errores o inconsistencias. El preprocesamiento implica limpiar y transformar estos datos para que sean útiles.

3. Almacenamiento: El Big Data requiere soluciones de almacenamiento robustas. No solo se trata de dónde guardar los datos, sino de cómo estructurarlos, cómo acceder a ellos rápidamente y cómo garantizar su integridad y seguridad.

4. Análisis: Con los datos en mano, se realizan análisis para descubrir patrones y tendencias. Estos análisis pueden alimentar modelos de ML o simplemente proporcionar insights valiosos.

5. Entrenamiento de modelos: En el ML, los datos son usados para entrenar modelos. Este entrenamiento requiere una gestión adecuada de los datos, dividiéndolos en conjuntos de entrenamiento, validación y prueba.

6. Despliegue: Una vez entrenados, los modelos se implementan en sistemas de producción donde continúan interactuando con datos en tiempo real.

7. Actualización y mantenimiento: Los datos cambian con el tiempo. Por lo tanto, es esencial mantener actualizadas las bases de datos y reentrenar los modelos de ML regularmente.

8. Privacidad y seguridad: La gestión de datos también implica garantizar que se respeten las normativas de privacidad y que los datos estén protegidos contra accesos no autorizados o pérdidas.

El Big Data ha revolucionado la forma en que entendemos y utilizamos los datos. Ha abierto puertas a insights y capacidades que antes eran inimaginables. Sin embargo, su verdadero potencial solo se puede desbloquear con una administración y gestión de datos efectiva, especialmente en el ámbito del Machine Learning e Inteligencia Artificial. La gestión adecuada asegura que los datos sean no solo abundantes, sino también útiles, precisos y seguros.

Las empresas y las organizaciones disponen de una cantidad enorme de datos. Veámoslos más en detalle.

5.1.1. Datos operativos

Estos datos reflejan las transacciones diarias y las operaciones de una empresa. Son dinámicos y cambian constantemente a medida que se realizan las transacciones. Estos datos son esenciales para el funcionamiento diario de una organización. Veamos algunos ejemplos:

Sistemas de gestión de mercancías:
Estos sistemas gestionan y monitorean el flujo de bienes dentro de una empresa, desde la adquisición de productos hasta la venta al cliente. Ayudan a las empresas a mantener un control sobre su inventario, pedidos, entregas, etc.

Programas de contabilidad:
Estos programas se encargan de las finanzas de la empresa, registrando todas las transacciones financieras, como ingresos, gastos, cuentas por pagar y cuentas por cobrar.

Sistemas ERP (Enterprise Resource Planning):
Los sistemas ERP integran diferentes departamentos y funciones de una empresa en un único sistema. Esto puede incluir la gestión de inventario, contabilidad, recursos humanos, gestión de clientes, entre otros. El propósito es tener una visión integrada y eficiente de las operaciones de la empresa.

Otros:
Dependiendo de la naturaleza y la industria de la empresa, puede haber otros sistemas transaccionales, como sistemas de gestión de relaciones con clientes (CRM), sistemas de gestión de la cadena de suministro (SCM), entre otros.

5.1.2. Datos dispositivos

Estos datos se refieren a información consolidada y procesada que se almacena a largo plazo para análisis y toma de decisiones. Estos no reflejan las operaciones diarias, sino más bien tendencias, patrones y resúmenes. Veamos sus características:

Consolidados y preprocesados:
Los datos se limpian, transforman y consolidan para eliminar redundancias y errores antes de su almacenamiento.

Altamente agregados:
Estos datos no se almacenan a nivel de detalle de transacción, sino que se agregan en niveles superiores. Por ejemplo, en lugar de tener ventas diarias, podríamos tener ventas mensuales o anuales por región o por producto.

Utilizados para análisis y control (Steuerung):
Estos datos se utilizan para análisis estratégico y toma de decisiones. Pueden alimentar herramientas de Business Intelligence (BI) y sistemas de soporte a la decisión. Ayudan a los líderes empresariales a identificar tendencias, evaluar el rendimiento y planificar el futuro.

Como puedes comprobar, es fácil diferenciarlos los datos operativos de los dispositivos. Mientras que los datos operativos o transaccionales reflejan el día a día de la empresa y son esenciales para su funcionamiento diario, los datos dispositivos ofrecen una visión consolidada y a largo plazo que es esencial para el análisis, la planificación y la toma de decisiones estratégicas.

En resumen el Big Data es:
Concepto complejo:
- Grandes volúmenes de datos.
- Las tecnologías que respaldan estos datos.

- Análisis y utilización de los datos.

Oportunidades:
- Identificar patrones -> Explicar situaciones complejas.
- Proporcionar recomendaciones objetivas para la acción.
- Anticipar problemas.

Desafíos:
- Datos no estructurados y semiestructurados.
- ¿Dónde almacenar los datos? Localmente vs. en la nube.
- A mayor cantidad de datos, mayor es el esfuerzo requerido.

5.2. Business Intelligence & Analytics (BI & BA)

En la era actual de la digitalización, las empresas se encuentran inundadas con una avalancha de datos provenientes de diversas fuentes. Estos datos, si se manejan y analizan correctamente, tienen el potencial de transformar la forma en que las organizaciones toman decisiones y diseñan sus estrategias. Dentro de este contexto, dos conceptos clave han emergido como pilares en el mundo del análisis de datos empresariales: Business Intelligence (BI) y Business Analytics (BA). Aunque a menudo se usan indistintamente, estos términos aluden a enfoques y objetivos distintos en el tratamiento y análisis de la información. A continuación, exploraremos en detalle estas dos áreas, su relación con el Big Data y cómo cada una aporta valor al mundo empresarial. Veamos estos términos antes reflejados en una imagen.

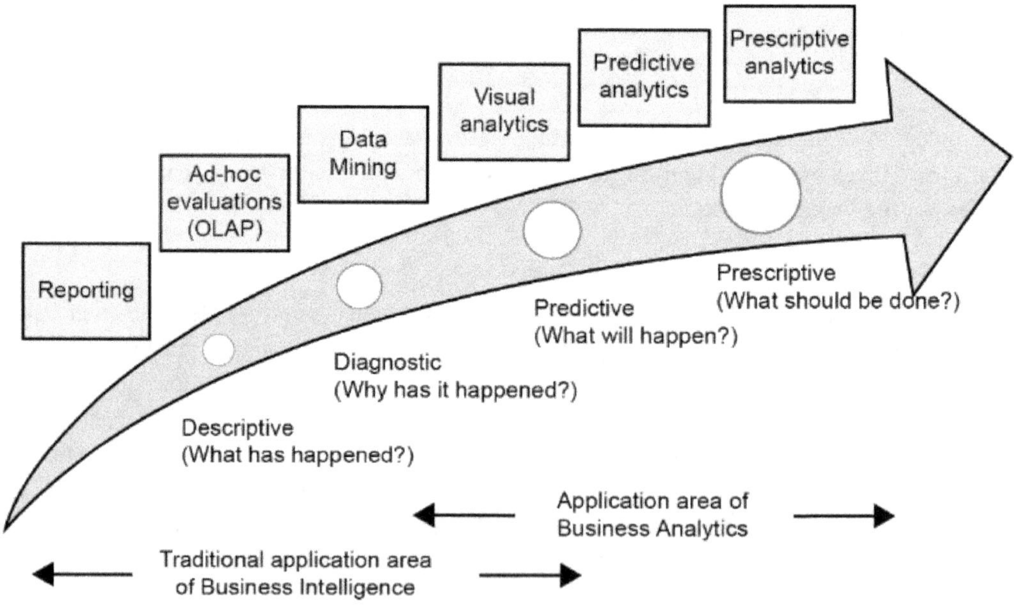

Inspirado en: Gluchowski, P., & Gabriel, R. (2022). Business Intelligence-Begriff, Architektur und Entwicklungstendenzen. Handbuch Digitalisierung, 463.

Vamos a entrar en detalle sobre estos conceptos y su relación con el Big Data.

5.2.1. Business Intelligence (BI)

Business Intelligence se refiere al conjunto de técnicas, tecnologías, aplicaciones y prácticas que se utilizan para recopilar, integrar, analizar y presentar datos de negocio. BI permite a las organizaciones acceder y examinar información acumulada con el objetivo de mejorar la toma de decisiones, identificar tendencias y patrones, y obtener una visión clara y comprensiva del estado y rendimiento de la empresa.

Características principales:
Integración de datos: BI integra datos de diferentes fuentes, como sistemas ERP, CRM, bases de datos, entre otros, en un repositorio centralizado, como un almacén de datos (data warehouse).
Presentación de datos: Las herramientas de BI ofrecen capacidades de visualización, permitiendo a los usuarios crear informes, gráficos y dashboards.
Análisis histórico: BI se centra en analizar datos históricos para identificar tendencias y evaluar el rendimiento pasado.

Ejemplos:
- Una empresa que utiliza una herramienta de BI para monitorear sus ventas a lo largo del tiempo, identificando temporadas de alta y baja demanda.
- Un hospital que utiliza BI para analizar el tiempo de espera de los pacientes, identificando horas punta y áreas de mejora.

5.2.2. Business Analytics (BA)

Business Analytics se refiere al uso de análisis estadístico, modelado predictivo, optimización y técnicas similares para identificar patrones y predecir futuros eventos. Mientras que BI se centra en el análisis histórico, BA mira hacia el futuro y busca anticipar tendencias y comportamientos.

Características principales:
Enfoque predictivo y prescriptivo: BA no solo predice lo que podría suceder, sino que también puede recomendar acciones específicas para aprovechar oportunidades o mitigar riesgos.
Modelado y simulación: BA utiliza algoritmos y modelos matemáticos para analizar datos y hacer predicciones.
Integración con Big Data: BA a menudo se combina con Big Data para analizar grandes conjuntos de datos y extraer insights más profundos.

Ejemplos:
- Una cadena de tiendas que utiliza BA para predecir qué productos serán populares en la próxima temporada y ajustar su inventario en consecuencia.
- Una compañía de seguros que utiliza BA para predecir qué clientes tienen más probabilidades de presentar un reclamo en el futuro, basándose en patrones de comportamiento y datos históricos.

5.2.3. Relación con Big Data

Tanto BI como BA se benefician enormemente de Big Data. Big Data proporciona el volumen, la velocidad y la variedad de datos que pueden ser analizados para obtener insights. BI utiliza Big Data para proporcionar informes y dashboards más detallados y abarcar toda la organización, mientras que BA utiliza Big Data para alimentar sus modelos y hacer predicciones más precisas.

Mientras que BI se centra en el "qué" y el "cómo" de los eventos pasados, BA se centra en el "por qué" y en predecir el "qué" de eventos futuros. Ambos son esenciales para una gestión empresarial informada y efectiva.

Ahora vamos a abordar la relación entre BI, BA, ML e IA, y cómo se diferencian entre sí, para finalmente analizar las ventajas de la IA sobre BI y BA.

En la constante evolución del mundo de los datos, la intersección entre Business Intelligence, Business Analytics, Machine Learning e Inteligencia Artificial ha generado un paisaje tecnológico rico en oportunidades y, a la vez, en complejidades. Para comprender estas interrelaciones, es crucial distinguir entre estos términos y entender cómo se complementan y diferencian. Tu como IA-Manager, serás el encargado de asesorar a las empresas y mostrarles que la IA va mucho más allá de BI y BA, y que por lo tanto, la inversión no solo económica y de tiempo, sino la de la motivación a dar el paso y abrir las puertas al cambio, se verá en el futuro claramente recompensada.

BI y BA, como ya hemos discutido, se centran en el análisis de datos para informar decisiones empresariales. Mientras que BI tiende a observar datos históricos para informar sobre el estado actual o pasado de una empresa, BA busca predecir el futuro y proponer acciones basadas en esos pronósticos.

Ahora, introduzcamos a Machine Learning en la ecuación. ML es una subdisciplina de la IA que se centra en algoritmos y modelos estadísticos que permiten a las computadoras mejorar en una tarea específica sin ser programadas explícitamente para ello. Es aquí donde BA y ML comienzan a entrelazarse. Mientras BA utiliza técnicas estadísticas para prever tendencias futuras, ML puede automatizar y mejorar estos pronósticos al entrenar modelos con grandes conjuntos de datos y ajustarlos continuamente a medida que se dispone de nuevos datos.

Por otro lado, la Inteligencia Artificial (IA) es un campo más amplio que busca crear máquinas que puedan simular capacidades humanas como el aprendizaje, el razonamiento y la percepción. ML es solo una de las muchas técnicas bajo el paraguas de la IA.

Entonces, ¿en qué se diferencia la IA de BI y BA? Mientras que BI y BA se basan en análisis y modelos predefinidos para extraer insights de los datos, la IA, y en particular el ML, permite la creación de sistemas que aprenden y se adaptan automáticamente a partir de los datos que procesan. La IA puede ir más allá de simples predicciones, realizando tareas como reconocimiento de imágenes, procesamiento de lenguaje natural y toma de decisiones autónomas.

5.2.4. Las ventajas de la IA sobre BI y BA

Adaptabilidad: La IA puede aprender y adaptarse a nuevos datos o situaciones sin intervención humana.
Automatización: La IA puede automatizar tareas que antes requerían análisis manual, liberando a los humanos para tareas más complejas o estratégicas.
Análisis avanzado: Con técnicas como el Deep Learning, la IA puede analizar datos a una profundidad que va más allá de las capacidades tradicionales de BI y BA, como interpretar imágenes o entender el lenguaje humano.
Personalización: La IA puede personalizar experiencias para usuarios individuales basándose en patrones de comportamiento, algo que va más allá de la capacidad de análisis general de BI y BA.
Mientras que BI y BA ofrecen herramientas valiosas para el análisis y la predicción basadas en datos históricos y actuales, la IA y el ML ofrecen la promesa de sistemas que no solo analizan, sino que también aprenden, se adaptan y actúan. Juntos, estos campos ofrecen un conjunto completo de herramientas que pueden transformar la forma en que las empresas operan y sirven a sus clientes. Y es aquí mi querido lector, donde tú como IA-Manager, debes gestionar el proyecto que llevará a la empresa a optimizarse, a adaptarse, a cambiar y ser una empresa competitiva hoy y en el futuro.

5.3. Almacenamiento moderno de datos: Comprendiendo Data Warehouse y Data Lake

En la era del Big Data, donde las empresas gestionan volúmenes de datos cada vez más grandes y complejos, es esencial tener estructuras adecuadas para almacenar, procesar y analizar esta información. Dos conceptos centrales que han emergido en respuesta a esta necesidad son el Data Warehouse y el Data Lake. Mientras que ambos sirven como repositorios para almacenar grandes cantidades de datos, difieren significativamente en su diseño, propósito y funcionalidad. Un Data Warehouse es una solución estructurada, optimizada para el análisis y la consulta rápida, que almacena datos procesados y organizados. Por otro lado, un Data Lake es un vasto depósito que almacena datos en su formato original, ya sea estructurado, semiestructurado o no estructurado. Mientras que el primero ofrece un entorno optimizado para el análisis de datos con esquemas definidos, el segundo proporciona una flexibilidad sin precedentes para almacenar cualquier tipo de dato en su estado natural. Juntos, estos dos conceptos forman la base de muchas estrategias de gestión de datos en la era moderna, permitiendo a las organizaciones aprovechar al máximo sus activos de información. Veámoslos en detalle.

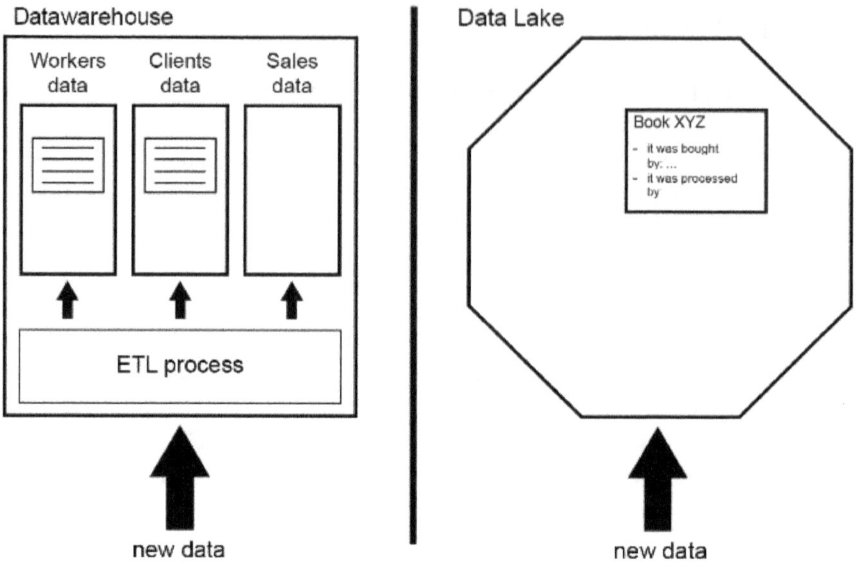

Yo voy a intentar explicároslos más detalladamente y a proporcionaros varios ejemplos para que podáis comprender cada uno de estos tipos de almacenaje de datos y así llegar a tomar las decisiones más acertadas en vuestros proyectos como IA-Manager.

5.3.1. Data Warehouse

Características:
Estructurado: Los datos en un Data Warehouse están estructurados y organizados en esquemas definidos, como esquemas en estrella o copo de nieve.
Optimizado para consultas: Diseñado para soportar consultas complejas y análisis de datos, permitiendo respuestas rápidas para informes y dashboards.
Datos históricos: Los Data Warehouses suelen almacenar datos a largo plazo, proporcionando una vista histórica de la información.
Proceso ETL: Antes de ingresar al Data Warehouse, los datos suelen pasar por un proceso de Extracción, Transformación y Carga (ETL) para garantizar la calidad y la consistencia.
Consistencia de datos: Al tener un esquema definido, asegura la consistencia y calidad de los datos almacenados.
Integración: Puede integrar datos de múltiples fuentes y sistemas en una única plataforma coherente.
Seguridad: Los Data Warehouses suelen tener capas robustas de seguridad para proteger la información sensible.

Aclaración 1: Un Data Warehouse es un sistema centralizado que recopila datos estructurados y procesables de diferentes fuentes para su análisis empresarial. Está diseñado para mantener datos históricos a largo plazo y proporcionar información precisa y coherente.

Aclaración 2: Un Data Warehouse es una base de datos centralizada que se utiliza para almacenar grandes cantidades de datos estructurados y organizados de manera jerárquica. Está diseñado para soportar la generación de informes, análisis y consultas complejas.

Uso: Los data warehouses son ideales para almacenar datos históricos e integrar información proveniente de múltiples fuentes en un formato consistente. Se utilizan principalmente para análisis empresarial, toma de decisiones estratégicas y generación de informes.

Ejemplos:
Ejemplo 1: Una empresa minorista utiliza un Data Warehouse para almacenar información sobre las ventas diarias de sus productos en todas sus tiendas. Esto permite realizar análisis de tendencias a largo plazo y tomar decisiones basadas en datos históricos.
Ejemplo 2: Un banco utiliza un Data Warehouse para almacenar transacciones financieras de clientes durante varios años. Esto permite identificar patrones fraudulentos o detectar oportunidades comerciales basadas en el comportamiento pasado del cliente.
Ejemplo 3: Una compañía telefónica usa un Data Warehouse para almacenar registros detallados de llamadas realizadas por los clientes. Esto ayuda a analizar patrones de uso, identificar áreas con mayor demanda o mejorar la calidad del servicio al cliente.
Ejemplo 4: Una empresa minorista puede utilizar un data warehouse para consolidar los registros de ventas diarias, los datos demográficos del cliente y las existencias del inventario con el fin de analizar patrones históricos, identificar tendencias estacionales o tomar decisiones sobre la gestión del inventario.
Ejemplo 5: Una compañía financiera puede utilizar un data warehouse para consolidar los registros transaccionales provenientes de diferentes sucursales o sistemas internos con el objetivo realizar análisis financieros o cumplir con regulaciones legales relacionadas a la presentación periódica de informes.
Ejemplo 6: Un hospital puede utilizar un data warehouse para almacenar registros médicos electrónicos (EMR), información sobre pacientes atendidos anteriormente y resultados clínicos con el fin mejorar la calidad asistencial mediante análisis comparativos.

5.3.2. Data Lake

Características:
Formato raw: Los datos se almacenan en su formato original, sin procesar o transformar.
Diversidad de datos: Puede almacenar datos estructurados, semiestructurados y no estructurados, como imágenes, logs, documentos JSON, etc.
Escalabilidad: Diseñado para escalar y almacenar petabytes de datos sin problemas de rendimiento.
Flexibilidad de esquema: A diferencia del Data Warehouse, los Data Lakes no requieren un esquema definido en el momento de la ingesta de datos. El esquema se define al leer (a menudo denominado "esquema al leer").
Análisis exploratorio: Ideal para análisis exploratorios y descubrimiento de patrones en grandes conjuntos de datos.

Integración con tecnologías de Big Data: Los Data Lakes suelen ser compatibles con herramientas y plataformas de Big Data, como Hadoop y Spark.
Costo-efectividad: Al utilizar almacenamiento basado en objetos y soluciones de código abierto, los Data Lakes suelen ser más rentables para almacenar grandes volúmenes de datos en comparación con las soluciones tradicionales.

Aclaración 1: Un Data Lake es un repositorio centralizado que almacena grandes volúmenes de datos sin procesar (estructurados, semiestructurados o no estructurados) provenientes de diversas fuentes. Los datos se mantienen sin transformaciones previas hasta que se necesiten analizar.
Aclaración 2: Un Data Lake es un repositorio centralizado donde se almacenan grandes volúmenes de datos en su formato original, sin estructurar. Es un sistema flexible y escalable que permite almacenar datos de cualquier tipo y luego procesarlos según sea necesario.

Uso: Los Data Lakes se utilizan para almacenar grandes cantidades de datos no estructurados o semiestructurados, como archivos de texto, imágenes, videos o registros brutos. Se utiliza principalmente para análisis exploratorios y descubrimiento de patrones ocultos en los datos.

Ejemplos:
Ejemplo 1: Una empresa tecnológica almacena todos los registros generados por sus aplicaciones web (logs de servidores, datos de usuarios, eventos) en un Data Lake. Esto permite realizar análisis avanzados para mejorar la experiencia del usuario y solucionar problemas técnicos.
Ejemplo 2: Una compañía de redes sociales almacena todos los mensajes y publicaciones generados por los usuarios en un Data Lake. Esto facilita el análisis de sentimientos, la detección de tendencias e identificar patrones para personalizar recomendaciones o anuncios.
Ejemplo 3: Un hospital almacena datos no estructurados como imágenes médicas, informes clínicos y registros electrónicos del paciente en un Data Lake. Esto permite a los investigadores acceder a grandes volúmenes de datos para estudios epidemiológicos o descubrimientos médicos.
Ejemplo 4: Una empresa de redes sociales puede utilizar un Data Lake para almacenar todos los mensajes publicados por sus usuarios con el fin de analizar tendencias emergentes, detectar spam o realizar análisis sentimentales a gran escala.
Ejemplo 5: Una compañía automotriz puede utilizar un Data Lake para almacenar todos los registros generados por sensores instalados en sus vehículos con el objetivo analizar el rendimiento del motor, identificar posibles fallas o predecir necesidades futuras de mantenimiento.
Ejemplo 6: Un equipo científico puede utilizar un Data Lake para almacenar grandes volúmenes de información sobre el clima (temperaturas, precipitaciones), geografía (mapas satelitales), ecología (registros biológicos) con la finalidad de realizar investigaciones relacionadas al cambio climático o la conservación del medio ambiente.

Mientras que un Data Warehouse se enfoca en almacenar datos estructurados y procesables para análisis empresariales específicos, el concepto del Data Lake es más flexible al almacenar grandes volúmenes de datos sin procesar provenientes de diversas fuentes hasta que se necesiten analizar. Dicho también de otra manera, un Data Warehouse se enfoca en la integración y organización estructurada de datos históricos provenientes diversas fuentes para análisis empresarial; un Data Lake se centra en la ingesta masiva y cruda tanto estructurada como no estructurada sin una organización previa permitiendo exploración e investigación más libre.

6. Adquisición de datos en 6 pasos

En el mundo digitalizado actual, la correcta adquisición y gestión de datos se ha convertido en un componente esencial para cualquier proyecto, especialmente aquellos relacionados con la Inteligencia Artificial. Este proceso, si se lleva a cabo de manera estructurada y metódica, puede ser la diferencia entre el éxito y el fracaso de una iniciativa. A continuación, te presento una guía en 6 pasos para asegurar una adquisición de datos efectiva.

Adquisición de datos en 6 pasos:

1. Definición de objetivos:
- ¿Qué objetivo persigo?
- ¿Qué preguntas deben ser respondidas?

2. Análisis de requisitos:
- ¿Qué datos se necesitan?
- ¿Qué estructura(s) deben tener los datos?
- ¿Qué tipos de datos? ¿Qué atributos? ¿Metadatos?

3. Fuentes internas:
- Buscar datos adecuados dentro de la empresa.

Ejemplos: datos de clientes, datos de transacciones o datos de empleados.

4. Fuentes externas:
- Buscar datos de acceso público.

Ejemplos: informes de investigación de mercado, proveedores de datos, APIs.

5. Plan de adquisición de datos:
- ¿Cómo obtengo los datos? ¿Costo/esfuerzo? ¿Requisitos legales?
- Verificar la calidad o adecuación de los datos.

6. Integración de datos:
- Convertir los datos a un formato uniforme.
- Actualizar los datos regularmente.

No obstante, y mientras que algunos de estos pasos, como la búsqueda específica de datos o la integración técnica, pueden ser llevados a cabo por especialistas como científicos de datos o ingenieros, es esencial que el IA-Manager supervise y entienda todo el proceso. Esto garantiza que el proyecto se desarrolle sin problemas, que se tomen decisiones informadas y que se gestione eficazmente al equipo involucrado.

Puntos más importantes para un IA-Manager y por qué:

Definición de objetivos: Antes de iniciar cualquier proyecto, es esencial tener claridad sobre los objetivos y las preguntas clave. Esto guiará todo el proceso de adquisición de datos y garantizará que los esfuerzos estén alineados con las metas de la empresa.

Análisis de requisitos: Determinar exactamente qué datos se necesitan, su estructura y atributos, es fundamental. Esto asegura que no se desperdicie tiempo ni recursos en datos irrelevantes.

Plan de adquisición de datos: Este paso implica consideraciones prácticas y logísticas sobre cómo obtener los datos. Es crucial para un IA-Manager porque involucra aspectos de costos, esfuerzo y posibles barreras legales. Además, garantizar la calidad de los datos es esencial para cualquier proyecto de IA.

Integración de datos: La Inteligencia Artificial requiere datos limpios y bien estructurados. La integración adecuada asegura que los datos de diferentes fuentes estén en un formato coherente y listos para su procesamiento y análisis. Aunque no eres tú como IA-Manager el encargado de realizar esta operación, si eres el encargado de comprobar que los datos tienen la calidad exigida y reúnen los requisitos para las exigencias y necesidades del proyecto.

7. Natural Language Processing (NLP)

El lenguaje es una de las herramientas más poderosas con las que cuenta el ser humano para comunicarse, compartir ideas y construir sociedades. Desde los tiempos más antiguos, el ser humano ha buscado formas de guardar, compartir y procesar la información en lenguaje natural, desde la invención de la escritura hasta la creación de Librerías y enciclopedias. El ser humano, y para asegurarse de poder comunicarse y preservar la información que tan valiosa es, desarrolló lenguajes, tanto hablados como escritos, inventó maquinas para poder plasmar la información en palabras escritas, sentimientos, ideas y convicciones, desde la escritura con las manos, hasta la pluma, las maquinas de escribir a las computadoras.

Con el auge de las tecnologías digitales, y en particular de la computación, surgió la necesidad y el deseo de hacer que las máquinas comprendieran y generaran lenguaje humano. De esta aspiración nació el Procesamiento del Lenguaje Natural

El NLP es una rama de la Inteligencia Artificial (IA) que se centra en la interacción entre las computadoras y el lenguaje humano. Su objetivo es permitir que las máquinas comprendan, interpreten y generen texto y habla en un lenguaje que las personas utilicen de forma natural. Esto tiene aplicaciones en una amplia variedad de campos, desde sistemas de recomendación y motores de búsqueda, hasta asistentes virtuales y traducción automática.

Para lograr estos objetivos, el NLP emplea una combinación de lingüística computacional y técnicas de aprendizaje automático. A medida que avanza la tecnología y se dispone de más datos, las soluciones de NLP se vuelven más sofisticadas y precisas.

En la actualidad, el NLP es una herramienta esencial para muchas empresas que buscan extraer valor de los grandes volúmenes de datos de texto que generan o adquieren. Además, con la creciente interconexión global y la necesidad de comunicarse en múltiples lenguajes, el NLP desempeña un papel crucial en la eliminación de las barreras lingüísticas.

A medida que continúas tu estudio en este fascinante campo, descubrirás las técnicas, desafíos y oportunidades que el NLP tiene para ofrecer en la era moderna de la Inteligencia Artificial.

7.1. Chinese Room Argument

El "Chinese Room Argument" (argumento de la habitación china) es un famoso experimento mental propuesto por el filósofo John Searle en 1980. El argumento busca cuestionar la idea de que una máquina o computadora pueda realmente "entender" el lenguaje o tener "conciencia" simplemente por ser capaz de procesar y generar respuestas lingüísticas. Veamos el experimento en detalle:

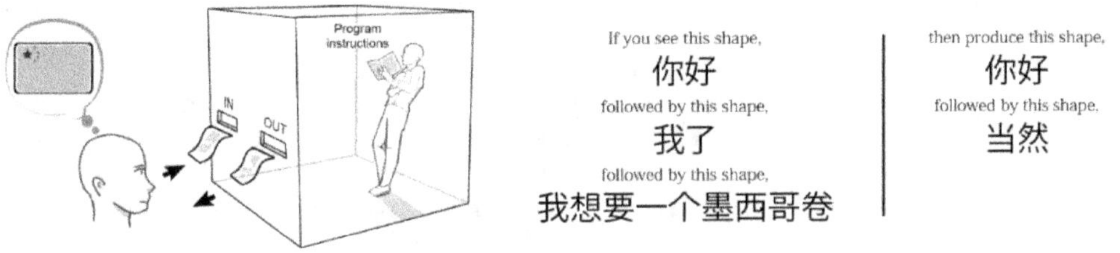

Inspirado en: https://k3no.medium.com/the-chinese-room-experiment-2c0d6848f05

Argumento de la habitación china
Imagínate que estás en una habitación cerrada y tienes un libro de instrucciones que te dice cómo responder a una serie de símbolos chinos que te pasan a través de una ranura. No entiendes ni hablas chino, pero siguiendo las instrucciones del libro, puedes tomar los símbolos que te llegan, buscar en el libro qué hacer con ellos y devolver otro conjunto de símbolos chinos como respuesta. Para alguien fuera de la habitación que sí habla chino, puede parecer que tú (o la habitación) entiendes el idioma, porque las respuestas son coherentes y adecuadas. Sin embargo, en realidad, tú no entiendes el chino en absoluto; simplemente estás siguiendo instrucciones sin tener conciencia o comprensión del contenido.

John Searle propuso este argumento para refutar la idea de que simplemente procesar información, como lo hace una computadora, equivale a entenderla o tener conciencia. Según Searle, aunque una máquina pueda procesar el lenguaje y dar respuestas coherentes, eso no significa que realmente "entienda" el lenguaje o que tenga una "mente" o "conciencia".

Este argumento ha sido objeto de mucho debate en la filosofía de la mente y la Inteligencia Artificial. Mientras que algunos están de acuerdo con Searle en que el procesamiento no equivale a la comprensión, otros argumentan que la analogía no es válida o que la "comprensión" y la "conciencia" son conceptos más complejos y no se pueden reducir simplemente al argumento de la habitación china.

"*Una computadora no puede entender y no tiene conciencia.*"
- John Searle, 1980.

7.2. Symbolic NLP (Procesamiento del Lenguaje Natural Simbólico)

El Symbolic NLP se basa en la idea de que las computadoras pueden entender el lenguaje humano a través de la aplicación de reglas predefinidas. En lugar de aprender de grandes cantidades de datos, como es el caso de los métodos modernos basados en aprendizaje automático, el NLP simbólico se centra en el uso de reglas gramaticales, diccionarios y otras estructuras de datos para analizar y generar lenguaje.

Un ejemplo histórico y significativo de este enfoque es el experimento Georgetown-IBM de 1954. Este experimento presentó el primer programa de traducción automática, específicamente diseñado para traducir del ruso al inglés. Aunque las capacidades de este programa eran limitadas y se basaban en un conjunto restringido de reglas y vocabulario, representó un hito importante en los primeros días del NLP.

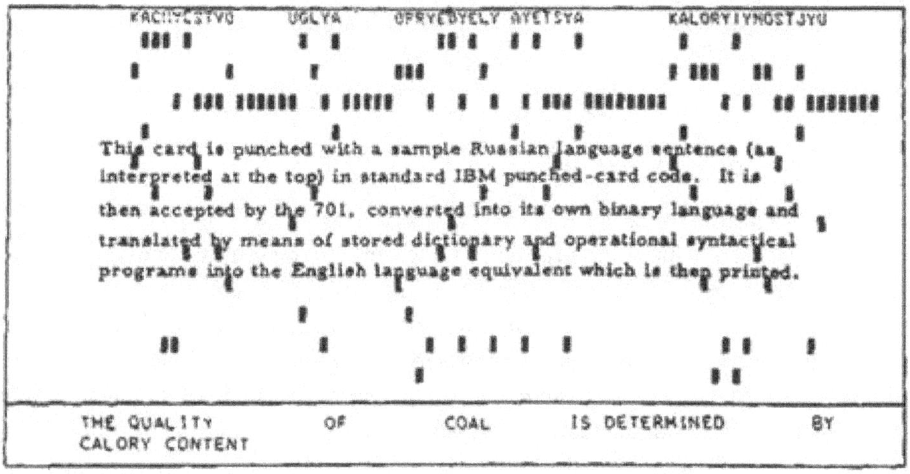

Specimen punched card and below a strip with translation, printed within a few seconds

Imagen: https://content.teldap.tw/index/?p=422

El experimento demostró la posibilidad de que las máquinas realizaran tareas de traducción utilizando reglas y lógica, en lugar de una comprensión intrínseca del lenguaje. Sin embargo, con el tiempo, se reconoció que el enfoque puramente simbólico tenía sus limitaciones, especialmente cuando se trataba de lenguajes ricos y complejos con numerosas excepciones y matices. A pesar de sus limitaciones, el NLP simbólico sentó las bases para los avances futuros en el campo, y los métodos basados en reglas todavía encuentran aplicación en ciertas áreas del procesamiento del lenguaje natural hoy en día.

7.3. Statistical NLP (Procesamiento del Lenguaje Natural Estático)

El statistical NLP se basa en identificar y aprender patrones lingüísticos utilizando técnicas de ML. A diferencia del enfoque simbólico, que se centra en reglas predefinidas, el NLP estadístico aprende directamente de los datos, lo que le permite adaptarse y manejar la variabilidad y complejidad del lenguaje humano.

El NLP puede entenderse como la intersección entre la informática y la lingüística. Combina algoritmos computacionales y modelos matemáticos con el estudio del lenguaje, lo que le permite procesar, analizar y generar texto de una manera que es coherente y significativa para los usuarios humanos.

Un componente esencial en muchos sistemas de NLP estadístico es el feature extractor (extractor de características). Este componente tiene varias funciones:

Preprocessing of the text (Preprocesamiento del texto): Antes de que el texto pueda ser analizado o utilizado para entrenar un modelo, a menudo necesita ser limpiado y transformado. Esto puede incluir la eliminación de puntuación, la conversión de todo el texto a minúsculas, y otras tareas que faciliten el análisis posterior.

Extraction of relevant terms (Extracción de términos relevantes): Una vez que el texto ha sido preprocesado, se identifican y extraen términos o características relevantes que serán útiles para el análisis o la tarea en cuestión.

Representation as a vector (Representación como vector): Para que los modelos de aprendizaje automático puedan trabajar con texto, este debe ser convertido a una forma numérica. Una técnica común es representar el texto como un vector de números. Por ejemplo, la oración "la pelota es redonda." podría ser representada por el vector (23, 345, 29, 104), y la oración "El árbol es grande." por el vector (23, 943, 29, 430). Cada número en el vector representa una característica o término del texto, permitiendo que algoritmos y modelos matemáticos procesen y analicen el contenido lingüístico.

El statistical NLP ha demostrado ser especialmente poderoso en una variedad de aplicaciones, desde la traducción automática hasta la clasificación de texto, y continúa siendo un área activa de investigación y desarrollo en el campo de la Inteligencia Artificial.

Proceso de ML tomando como ejemplo el análisis de sentimiento:

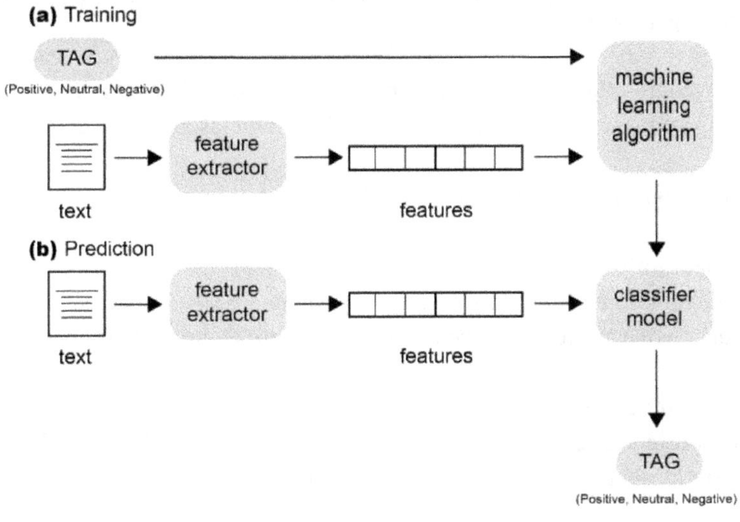

7.4. Componentes principales del NLP

De todo lo aprendido hasta ahora podemos afirmar que el NLP es una disciplina que combina la informática, la Inteligencia Artificial y la lingüística con el objetivo de permitir que las máquinas comprendan, interpreten y generen lenguaje humano. Dentro de NLP, hay dos componentes principales que son esenciales para la mayoría de las aplicaciones: la Generación del Lenguaje Natural (NLG) y la Comprensión del Lenguaje Natural (NLU).

Natural Language Generation (NLG) (Generación del lenguaje natural):
Objetivo: Generar texto de manera autónoma.
Método: Convertir representaciones numéricas (como vectores) en oraciones coherentes.
Base: Se apoya en conjuntos de reglas, relacionándose con el NLP simbólico. Sin embargo, también puede emplear técnicas del NLP estadístico.
Características: Aunque es un proceso relativamente sencillo, tiene un gran poder y capacidad para generar texto que parece natural.

Natural Language Understanding (NLU) (Comprensión del lenguaje natural):
Objetivo: Permitir que las máquinas entiendan el lenguaje humano.
Método: Determinar o calcular el significado subyacente de un texto.
Significado: Se refiere a conceptos, entidades, emociones, entre otros aspectos del contenido lingüístico.
Características: Es un proceso más complejo en comparación con NLG, pero también posee una gran potencia y profundidad en su capacidad para interpretar y comprender el lenguaje.

Es importante mencionar que, aunque la Natural Language Generation es una herramienta valiosa, raramente se utiliza por sí sola. A menudo, se combina con otras técnicas y procesos dentro del NLP para lograr objetivos más amplios, como la creación de asistentes virtuales o sistemas de respuesta automática.

7.5. Ejemplos de aplicación de la Generación del Lenguaje Natural (NLG) y la Comprensión del Lenguaje Natural (NLU)

El NLP abarca diversas aplicaciones en el mundo digital, especialmente a través de la la NLG y la NLU. A continuación, se presentan algunos ejemplos notables de estas aplicaciones.

Ejemplos de aplicación de NLG (incluyendo NLU):

Traductores de lenguaje:
- Traduce texto de un idioma (Lenguaje A) a otro (Lenguaje B).
- Idealmente, considera aspectos como refranes, jerga y otros matices lingüísticos.

Chatbots de servicio de atención al cliente:
- Proporcionan soporte al cliente, entre otras funciones. ChatGPT podría considerarse una evolución de un ChatBot después de ser masivamente entrenado.

Asistentes virtuales de voz:
- Controlan aplicaciones de hogares inteligentes (Smart Home) y otras funcionalidades mediante comandos de voz.
- Generan respuestas para informar al usuario sobre lo que ha ocurrido o para proporcionar feedback.

Ejemplos de aplicación de NLU:

Detección de spam:
- NLU es capaz de identificar el propósito de un correo electrónico, determinando si es spam o no.

Análisis de sentimiento (Sentiment Analysis):
- También conocido como "Opinion Mining".
- NLU detecta la emoción o sentimiento transmitido en un texto, como positivo, neutral o negativo.
- Además, puede identificar la sensación hacia un tema específico dentro del texto.

Detección de errores ortográficos:
- NLU identifica principalmente errores gramaticales en el texto.
- Se centra en reglas lingüísticas en lugar de en el significado real.
- Por ejemplo, detecta errores como "El pájars vuela." y sugiere correcciones como "El pájaro vuela.".

Estos ejemplos ilustran la versatilidad y capacidad del NLP para mejorar y automatizar tareas relacionadas con el lenguaje en diversos campos y aplicaciones.

7.6. Preprocesamiento de texto

El texto, en su forma natural, se considera un tipo de dato no estructurado. Esto lo hace prácticamente imposible de ser procesado directamente por modelos y algoritmos de ML. Por lo tanto, uno de los pasos más cruciales antes de realizar cualquier operación de ML con texto es el preprocesamiento.

El objetivo principal del preprocesamiento es transformar estos datos no estructurados en una forma estructurada. Es decir, convertir el texto en un formato que sea fácilmente interpretable y utilizable por los modelos de ML.

Ventajas del preprocesamiento
Mejora en la precisión: Generalmente, al tener datos bien estructurados y limpios, la exactitud y rendimiento de los modelos de ML se incrementa.
Optimización del tiempo de entrenamiento: Con datos preprocesados, el entrenamiento de los modelos suele ser más rápido.

Reducción del tamaño de los datos: Al eliminar información no esencial o redundante, se puede reducir la cantidad de datos con los que se trabaja, lo que facilita y agiliza el procesamiento.

Desventajas del preprocesamiento
Necesidad de implementación: No es un proceso automático, por lo que requiere ser implementado adecuadamente.
Tiempo de procesamiento en grandes volúmenes de datos: Aunque el objetivo es agilizar el trabajo posterior, el preprocesamiento puede llevar tiempo, especialmente cuando se trata de grandes conjuntos de datos.
Posible pérdida de información: Si no se realiza correctamente, el preprocesamiento puede llevar a la eliminación de datos importantes, resultando en una pérdida de información que podría haber sido valiosa para el modelo.

El preprocesamiento es una etapa muy importante en cualquier flujo de trabajo relacionado con el análisis de texto mediante aprendizaje automático. Aunque tiene sus desafíos, los beneficios potenciales en términos de rendimiento y precisión del modelo suelen superar los inconvenientes.

7.7. Sentence Segmentation & Word Tokenization part 1 (Segmentación de oraciones y tokenización de palabras parte 1)

El análisis del lenguaje natural a menudo requiere descomponer el texto en unidades más pequeñas y manejables, pero que aún conserven un significado coherente. Este proceso se conoce como segmentación de oraciones y tokenización de palabras. Tanto en este punto (7.7 como en el siguiente, 7.8) deberás prestar mucha atención para no dejarte confundir por la similitud de los casos.

En este caso vamos a enfocarnos en convertir texto a una oración.

Idea principal: Convertir el texto en la forma más pequeña posible pero que aún tenga sentido.
Procedimiento:
1. Del texto a la oración: Se identifican y separamos las oraciones en un texto.
Se suelen separar las oraciones en puntos donde hay signos de puntuación típicos del final de una oración, como puntos (.), signos de interrogación (?) o signos de exclamación (!).
Ejemplo: A partir del texto "¿Qué nada en el mar? Un pez.", se obtienen las oraciones ["¿Qué nada en el mar?", "Un pez."].

2. Problemas potenciales: Algunos contenidos de texto pueden contener puntos que no necesariamente indican el final de una oración.
Ejemplo: En la frase "El informe redactado por el Dr. González fue presentado en la conferencia.", el punto después de "Dr." no indica el final de una oración ya que esto es una abreviatura de "Doctor", pero podría interpretarse erróneamente como tal, resultando en segmentos como ["El informe redactado por el Dr", "González fue presentado en la conferencia"].

Soluciones:
Simple: Ignorar estos casos, dado que una proporción menor de oraciones en la mayoría de los textos contendrá puntos que no señalen el final de una oración.
Más complejo: Realizar un preprocesamiento adicional, transformando abreviaturas comunes en su forma completa antes de segmentar el texto. Por ejemplo, convertir "Dr." en "Doctor" antes de realizar la segmentación.

La segmentación de oraciones y la tokenización de palabras son pasos esenciales en el preprocesamiento de texto para el análisis de lenguaje natural. Aunque hay desafíos asociados, especialmente con la puntuación y las abreviaturas, existen soluciones y técnicas para abordar estos problemas y asegurar un análisis preciso.

7.8. Sentence Segmentation & Word Tokenization part 2 (Segmentación de oraciones y tokenización de palabras parte 2)

En el caso anterior hemos comprobado que el análisis profundo del texto a menudo implica dividirlo en unidades más manejables, lo que facilita su procesamiento y análisis posterior. Esto lo logramos, como en el caso anterior, a través de la segmentación de oraciones y la tokenización de palabras.

En este caso vamos a enfocarnos en convertir oraciones a palabras.

Idea principal: Transformar el texto en la forma más pequeña posible, pero que aún conserve su significado.

Procedimiento:
3. De la oración a la palabra: Una vez que se han identificado las oraciones, el siguiente paso es dividirlas en palabras individuales.
Se suelen separar las palabras en lugares donde hay espacios en blanco.
Ejemplo: A partir de la oración ["El pez nada en el mar"], se obtienen las palabras ["El", "pez", "nada", "en", "el", "mar"].
4. Problemas potenciales: Algunas frases o nombres pueden consistir en varias palabras que tienen un significado conjunto, a pesar de estar separadas por espacios en blanco. Estas son conocidas como collocations (o "colocaciones" en español).
Ejemplo: En la frase ["Tenemos una reunión en Las Vegas mañana"], las palabras "Las" y "Vegas" juntas se refieren a un solo lugar, pero podrían interpretarse erróneamente como dos palabras separadas, resultando en ["Tenemos", "una", "reunión", "en", "Las", "Vegas", "mañana"]. Sin embargo, "Las Vegas" es el nombre de una ciudad y debería ser tratado como una única entidad en el análisis de la frase.

Soluciones:
Preprocesamiento adicional: Convertir colocaciones en una única entidad. Por ejemplo, cambiar "Las Vegas" por "Las_Vegas".

Utilizar listas de colocaciones: que contengan las combinaciones de palabras más comunes. Estas listas pueden ayudar a identificar y tratar adecuadamente estas combinaciones durante la tokenización.

Mientras que la tokenización de palabras es un paso fundamental en el procesamiento del lenguaje natural, es esencial tener en cuenta las particularidades y desafíos del lenguaje, como las colocaciones, para asegurar un análisis preciso y coherente del texto.

7.9. Word Normalization Generell (Normalización general de palabras)

La idea principal detrás de este concepto es convertir, en la medida de lo posible, cada palabra a una forma estándar o unificada para facilitar su análisis y procesamiento.

Idea principal: Transformar cada palabra a una forma unificada o estándar.

Procedimientos:
Eliminación de caracteres innecesarios
Se refiere a la eliminación de caracteres que no aportan significado al texto o que pueden interferir con el análisis, como comillas, paréntesis y otros signos de puntuación.

Case Normalization (Normalización de mayúsculas y minúsculas)
Convertir todas las letras de una palabra a minúsculas para mantener uniformidad y evitar que palabras similares se traten como diferentes debido a diferencias en la capitalización. Por ejemplo, "Pony" se convierte en "pony".

Stop-Word Removal (Eliminación de palabras vacías)
Las palabras vacías son términos comunes que, aunque son esenciales para la estructura de una oración, suelen carecer de significado por sí solas en el análisis de texto. Ejemplos de estas palabras incluyen "un", "y", "pero", entre otras. La idea es eliminar estas palabras para centrarse en los términos más significativos del texto.

Normalización específica
En algunos casos, es necesario realizar ajustes específicos a ciertas palabras para llevarlas a una forma estándar. Por ejemplo, cambiar "teléfono" por "telefono" o "corazón" por "corazon". Estos ajustes a menudo se relacionan con la eliminación o modificación de caracteres especiales o acentos.

La normalización de palabras es un paso esencial para asegurar que el texto sea consistente y esté listo para el análisis o cualquier otra operación en el campo del NLP. Esta preparación inicial puede mejorar significativamente la precisión y eficacia de los modelos y algoritmos que procesan el texto.

7.9.1. Word Normalization - Stemming (Normalización de palabras - derivación)

La derivación, o "stemming" en inglés, es un proceso dentro de la normalización de palabras que busca reducir las palabras a su forma raíz o base. Este método es especialmente útil para agrupar variantes de una palabra, lo que facilita su análisis y procesamiento en el campo del NLP.

Idea principal: Reducir las palabras a su forma raíz o base (también conocida como "word stem").

Porter Stemmer Algorithm (Algoritmo de Porter):
- Es uno de los algoritmos de derivación más conocidos y utilizados.
- Funciona de manera iterativa y se basa en reglas para reducir las palabras.
- Puedes obtener más información sobre el algoritmo en el siguiente sitio web: (https://tartarus.org/martin/PorterStemmer/).

Ejemplos de stemming con el algoritmo de Porter:
- "run" se mantiene como "run".
- "running" se reduce a "run".
- "runner" se reduce a "run".

Problemas con el stemming
Uno de los desafíos de la derivación es que, en algunos casos, puede resultar en palabras que no existen o carecen de significado por sí solas. Esto se debe a que el proceso busca reducir las palabras sin necesariamente considerar el contexto o el significado.
Por ejemplo, "university" puede ser reducido a "univers".
"electricity" puede ser reducido a "electr".

El stemming es una técnica valiosa para la normalización de palabras, especialmente cuando el objetivo es identificar y agrupar variantes de una palabra. Sin embargo, es esencial ser consciente de sus limitaciones y considerar otras técnicas, como la lematización, si se busca una mayor precisión en la normalización.

7.9.2. Word Normalization – Lemmatization (Normalización de palabras – lematización)

La lematización es otro enfoque dentro de la normalización de palabras que, a diferencia del "stemming" o derivación, busca reducir las palabras a su forma canónica o lema. El lema es la forma base de una palabra, la que encontraríamos, por ejemplo, en un diccionario, básicamente la raíz.

Idea principal: Reducir las palabras a su forma canónica o base (también conocida como "word lemma" o lema o raíz).

Algoritmo
La lematización se basa en una lista de palabras (a menudo derivada de un diccionario o una base de datos léxica) para transformar cada palabra a su lema correspondiente.

Ejemplos de lemmatization:
- "run" se mantiene como "run".
- "runner" se mantiene como "runner" (a diferencia del stemming, que lo reduciría a "run").
- "running" se reduce a "run".

Solución a los problemas del stemming con Porter
La lematización aborda algunos de los problemas asociados con la derivación, como la creación de palabras no existentes o que carecen de sentido.
Por ejemplo, "university" se mantiene como "university" con lematización, mientras que el stemming lo reduciría a "univers".
De manera similar, "electricity" se mantiene como "electricity" con lematización, pero el stemming lo reduciría a "electr".

La lematización ofrece una alternativa más precisa y coherente a la derivación en muchos casos. Al basarse en un conjunto de palabras conocidas y sus formas canónicas, la lematización garantiza que las palabras reducidas sean términos válidos y reconocibles en el idioma. Sin embargo, su precisión suele venir acompañada de una mayor complejidad computacional en comparación con el stemming.

7.9.3. Word Normalization - Preguntas Frecuentes (FAQs)

La normalización de palabras es un proceso esencial en el Natural Language Processing, pero puede surgir confusión en cuanto a cuál método usar y cómo aplicarlo adecuadamente. A continuación, se presentan algunas de las preguntas más comunes sobre este tema y sus respuestas.

¿Stemming (Derivación) o Lemmatization (Lematización)?
Stemming (Derivación): Es un proceso más rápido, pero puede generar palabras ficticias o que no existen en el idioma. Se basa en reglas y no tiene en cuenta el contexto del uso de una palabra.
Lemmatization (Lematización): Aunque es un proceso más lento en comparación con el stemming, es más preciso. La calidad de la lematización depende en gran medida de la calidad del diccionario o base de datos léxica subyacente.

¿Es posible excederse con la normalización de palabras?
¡Sí! Si bien la normalización es esencial para muchos procesos de NLP, un exceso en su aplicación puede despojar a las palabras o frases de su significado original. Es fundamental equilibrar la normalización con la preservación del contenido y significado del texto.
Para determinar el nivel adecuado de normalización, es útil realizar pruebas y ajustes, por ejemplo, decidir si aplicar o no la normalización de mayúsculas y minúsculas (Case Normalization) o la eliminación de palabras vacías (Stop word removal).

Tanto la derivación como la lematización tienen sus ventajas y desventajas, y la elección entre ellas dependerá del caso de uso específico y de los objetivos del análisis. Además, es crucial aplicar la normalización con cuidado para garantizar que el texto mantenga su significado y relevancia.

8. Internet of Things (IoT) (Internet de las cosas)

En la era digital actual, la conexión entre dispositivos ha trascendido las simples interacciones entre computadoras y smartphones. Hoy en día, un sinnúmero de dispositivos, desde electrodomésticos hasta vehículos y maquinaria industrial, están conectados a la red, generando, enviando y recibiendo datos en tiempo real. Esta revolución tecnológica se conoce como el "Internet de las Cosas" o Internet of Things (IoT).

El concepto de IoT se refiere a la interconexión digital de objetos cotidianos con internet, permitiendo que estos objetos recolecten y compartan datos sin la intervención humana directa. Esta conectividad extendida ofrece oportunidades sin precedentes para mejorar la eficiencia, la innovación y la comodidad en diversas áreas, desde la gestión de hogares inteligentes hasta la optimización de cadenas de suministro en la industria.

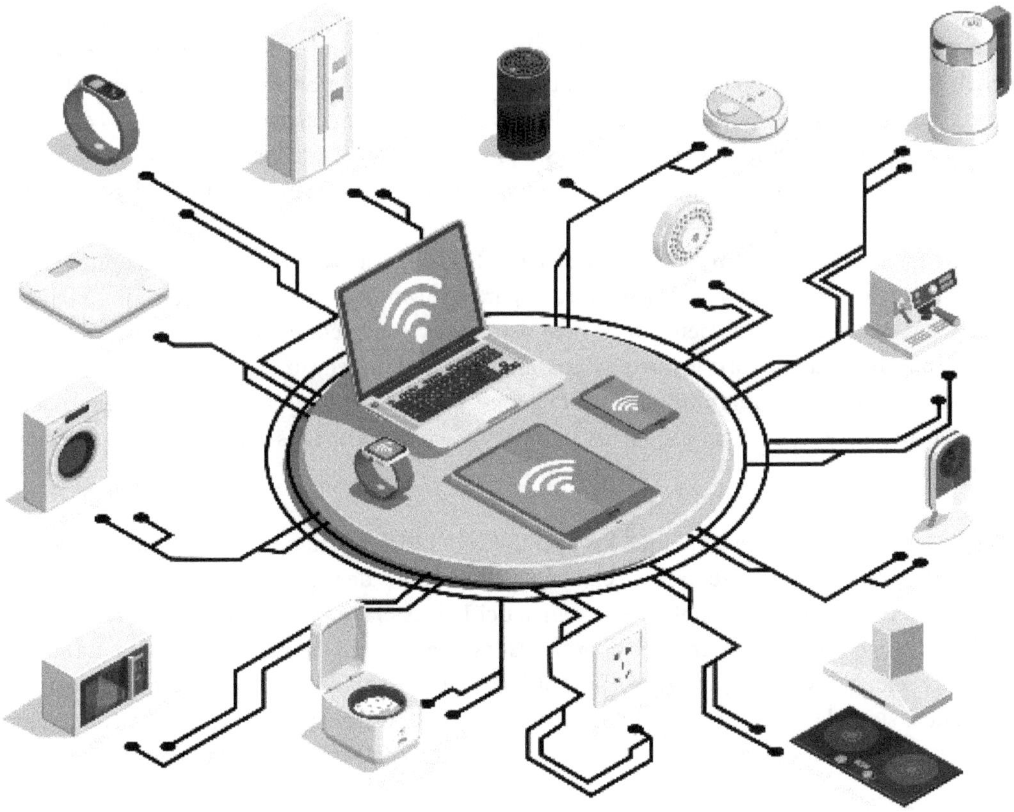

Algunos beneficios clave del IoT incluyen:
Automatización y control: La capacidad de los dispositivos para comunicarse entre sí facilita la automatización de tareas y procesos, lo que a su vez conduce a una mayor eficiencia y ahorro de tiempo.
Recopilación de datos: Los dispositivos IoT pueden recolectar una gran cantidad de datos en tiempo real, lo que permite a las empresas tomar decisiones informadas basadas en datos actualizados.
Monitoreo en tiempo real: Con la conectividad del IoT, es posible monitorear el estado y el rendimiento de los dispositivos en tiempo real, lo que puede ser crucial en situaciones como la atención médica o la gestión de flotas de vehículos.
Eficiencia energética: Muchos dispositivos IoT, especialmente aquellos diseñados para entornos domésticos e industriales, pueden optimizar el uso de energía. Por ejemplo, un termostato inteligente puede aprender las preferencias del usuario y ajustar la calefacción o refrigeración de forma eficiente, ahorrando energía.
Mejora en la calidad de vida: Dispositivos como wearables pueden monitorizar constantemente la salud de un individuo, alertando sobre posibles problemas antes de que se conviertan en emergencias. También, en hogares inteligentes, los dispositivos pueden adaptarse a las necesidades de los residentes para crear ambientes más cómodos y seguros.
Optimización de recursos: En el sector agrícola, por ejemplo, sensores IoT pueden monitorizar las condiciones del suelo y del clima para optimizar el riego, reduciendo el uso de agua y garantizando mejores cosechas.
Reducción de costos: A través de la monitorización y mantenimiento predictivo, las empresas pueden detectar y solucionar problemas antes de que se conviertan en fallos costosos. Esto es especialmente relevante en la industria, donde un fallo de maquinaria puede tener costos elevados.
Mejora en la toma de decisiones: Con la vasta cantidad de datos que los dispositivos IoT pueden recolectar, las empresas y los individuos tienen más información para tomar decisiones basadas en datos reales y actuales.
Integración y comunicación entre dispositivos: Los dispositivos IoT no solo recopilan datos, sino que también pueden comunicarse entre sí para realizar acciones coordinadas. Por ejemplo, en un hogar inteligente, si un detector de humo se activa, puede comunicarse con otros dispositivos para encender luces, abrir ventanas y enviar alertas al propietario.
Innovación y nuevas oportunidades de negocio: Con el crecimiento del IoT, surgen nuevas oportunidades para innovar en productos y servicios, creando nuevos mercados y posibilidades de negocio.

Es importante mencionar que, aunque los beneficios del IoT son numerosos, también es esencial abordar los desafíos que presenta, especialmente en términos de seguridad, privacidad y estandarización. La adopción responsable y estratégica del IoT es clave para aprovechar al máximo sus beneficios. Sin embargo, con grandes oportunidades también vienen grandes desafíos. La seguridad y la privacidad son preocupaciones primordiales en el mundo del IoT. Con tantos dispositivos conectados, surge la necesidad de garantizar que estos dispositivos estén protegidos contra amenazas externas y que los datos que transmiten se manejen con responsabilidad y protección.

En el ámbito empresarial, el rol del IA-Manager es fundamental para navegar por este paisaje tecnológico en constante evolución. La implementación de soluciones basadas en IoT requiere una comprensión profunda de la tecnología subyacente, así como una visión estratégica para integrarla de manera efectiva en las operaciones y objetivos comerciales. Con la combinación adecuada de conocimiento y estrategia, el IoT tiene el potencial de transformar no solo las empresas, sino también nuestra vida cotidiana.

¿Cómo definir el IoT?
El Internet of Things es una red de dispositivos físicos que…
- … se comunican entre sí (reciben/envían comandos).
- … generan, intercambian y procesan datos (datos transaccionales).

El término "Internet" tiene una doble interpretación:
- Internet como representación (red).
- Internet como canal de comunicación (conexión).

El IoT genera rápidamente grandes volúmenes de datos variados (-> Big Data), tanto datos estructurados como datos desestructurados, desde texto y valores numéricos, hasta imágenes, vídeo, audio etc, lo que puede ser aprovechado para análisis avanzados y para obtener insights que faciliten la toma de decisiones en diversos ámbitos.

8.1. Componentes del IoT: La idea del "gemelo digital"

El concepto detrás de "componentes del IoT" se refiere a los componentes o elementos fundamentales que componen el Internet IoT. Una de las ideas centrales que se destaca es la creación de un "gemelo digital" (Digital Twin) del dispositivo físico. Pero ¿qué significa realmente esto?

El "gemelo digital" es una representación digital en tiempo real de un objeto o sistema físico. Imagina tener una máquina en una fábrica: mientras esta máquina opera, todos sus movimientos, temperaturas, velocidades y demás métricas se registran y se representan en un modelo virtual en el ciberespacio. Este modelo virtual, o gemelo digital, refleja exactamente el estado y el comportamiento de la máquina en el mundo real.

La idea detrás de esto es que, al tener un gemelo digital, se pueden hacer simulaciones, análisis y pruebas sin tener que interferir con el objeto físico real. Por ejemplo, si queremos saber cómo reaccionaría la máquina ante ciertas condiciones extremas, no necesitamos someter la máquina real a esas condiciones; simplemente hacemos la simulación en su gemelo digital.

Además, el gemelo digital sirve como una interfaz entre el mundo físico y los sistemas de análisis de datos. Al recopilar y analizar la información del dispositivo físico en tiempo real, se pueden obtener insights valiosos, predecir fallos antes de que ocurran, y optimizar el rendimiento del equipo.

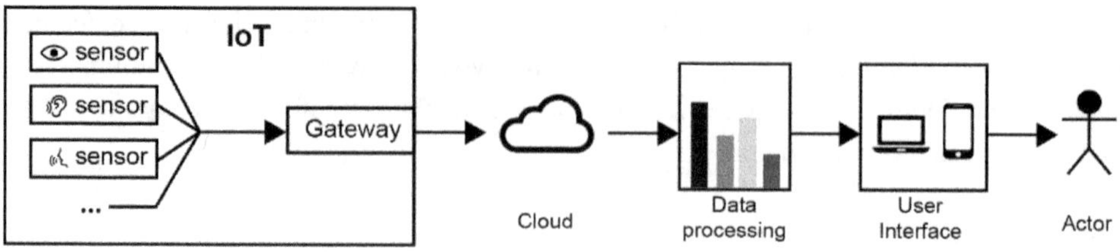

En el contexto del IoT, esta idea es revolucionaria. Los dispositivos conectados no sólo transmiten datos, sino que también pueden tener sus propios gemelos digitales, lo que permite un nivel de análisis, simulación y respuesta mucho más avanzado. Con miles o incluso millones de dispositivos interconectados, tener una representación digital exacta de cada uno de ellos puede transformar la forma en que interactuamos y comprendemos nuestro entorno.

8.2. El IoT en la vida cotidiana

Vivimos en una era en la que la conexión entre dispositivos y la interacción con la tecnología han trascendido más allá de simples computadoras o teléfonos móviles. El IoT se ha consolidado como una revolución que está redefiniendo cómo interactuamos con el mundo que nos rodea. Desde relojes inteligentes que monitorean nuestra salud y actividad física, hasta ciudades enteras que se adaptan y responden a las necesidades de sus habitantes, el IoT está presente en casi todos los aspectos de nuestra vida cotidiana.

El concepto básico detrás del IoT es simple: conectar dispositivos físicos a la red para que puedan recoger, compartir y responder a la información. Sin embargo, las implicaciones y aplicaciones de esta idea son vastas y transformadoras. Los dispositivos que anteriormente eran considerados "mudos", como electrodomésticos o incluso vehículos, ahora tienen la capacidad de comunicarse, aprender y tomar decisiones basadas en los datos que recopilan.

Ya sea ajustando la temperatura de tu hogar desde tu trabajo, monitorizando tu ritmo cardíaco durante una carrera, o incluso mejorando la eficiencia de grandes almacenes y sistemas de tráfico, el IoT promete no solo mejorar nuestra comodidad y conveniencia, sino también impulsar la innovación y la eficiencia en industrias y ciudades enteras.

A medida que continuamos avanzando en el siglo XXI, el papel del IoT en nuestra vida diaria se volverá aún más prominente, abriendo puertas a posibilidades que antes eran consideradas ciencia ficción. Sin embargo, y como ya hemos comentado, con estas oportunidades también vienen desafíos, especialmente en términos de seguridad y privacidad. Navegar en este nuevo mundo conectado requerirá un equilibrio entre aprovechar las ventajas del IoT y garantizar que nuestra información y privacidad estén protegidas. Hago hincapié en la seguridad, porque tú como IA-Manager, debes asegurar la seguridad de la empresa y de los datos con los que se trabaja para la creación de la IA en tus proyectos. Por este y otros motivos es que tienes que tener la palabra seguridad siempre muy presente en tu día a día y no tomarte este punto a la ligera.

8.3. Ejemplos del IoT

Smart Watch (Reloj inteligente):
El reloj inteligente es un claro ejemplo de cómo el IoT se ha integrado en nuestra vida cotidiana. Estos dispositivos no son solo para decir la hora; son verdaderas centralitas de información y conectividad. Profundicemos un poco más para comprender como funciona.

- **Sensor:** Los relojes inteligentes están equipados con múltiples sensores. Por ejemplo, tienen un acelerómetro que mide los cambios en la velocidad y dirección. También cuentan con GPS para determinar la ubicación del usuario en tiempo real.
- **Gateway:** Esta es la fase en la que los datos de diferentes sensores se combinan o "juntan". Por ejemplo, los datos del acelerómetro y del GPS pueden fusionarse para obtener una imagen más completa del movimiento y la ubicación del usuario.
- **Cloud:** Los datos recopilados se cargan en la nube para su almacenamiento y análisis. Esto permite que la información no solo se almacene localmente en el reloj, sino que también esté disponible en otros dispositivos y plataformas.
- **Data Processing (Procesamiento de datos):** Una vez en la nube, los datos se procesan para obtener información útil. Por ejemplo, los datos del acelerómetro se pueden usar para calcular el número de pasos que ha dado el usuario, mientras que el GPS puede determinar la distancia recorrida.
- **User Interface (UI) (Interfaz de Usuario):** Finalmente, toda esta información se presenta al usuario de una manera fácilmente comprensible. Los relojes inteligentes suelen tener aplicaciones que muestran estadísticas como pasos, distancia, ritmo cardíaco y otros datos relevantes en gráficos y números.

Smart home (Hogar inteligente):
Los hogares inteligentes representan una revolución en la forma en que interactuamos con nuestros espacios de vida. En un hogar inteligente, los dispositivos técnicos y electrodomésticos se pueden controlar de forma remota, ya sea a través de un smartphone, tablet o comando de voz. Esto abarca desde ajustar la iluminación y la temperatura hasta vigilar la casa con cámaras de seguridad conectadas.

Smart warehouses (Almacenes inteligentes):
En el sector logístico y de almacenamiento, el IoT ha permitido la creación de almacenes inteligentes. Estos almacenes utilizan sensores, cámaras y sistemas automatizados para rastrear, organizar y distribuir productos de manera más eficiente.

Self driving Cars (Coches autónomos):
Los coches autónomos, que son vehículos que pueden operar sin intervención humana, son posibles gracias al IoT. Estos vehículos utilizan una combinación de cámaras, sensores y algoritmos avanzados para navegar por las carreteras y tomar decisiones en tiempo real.

Smart Cities (Ciudades inteligentes):
Las ciudades inteligentes aprovechan el poder del IoT para mejorar la calidad de vida de sus habitantes. Esto puede incluir desde sistemas de tráfico inteligente que reducen los atascos, hasta

sistemas de iluminación pública que ahorran energía o redes de sensores que monitorizan la calidad del aire en tiempo real.

El Internet de las Cosas está remodelando rápidamente el mundo a nuestro alrededor, haciendo que los objetos cotidianos sean más interconectados e "inteligentes". Estos son solo algunos ejemplos de cómo el IoT se ha infiltrado en diferentes aspectos de nuestra vida diaria. Con el avance tecnológico, es probable que veamos aún más integraciones y aplicaciones innovadoras en el futuro que a pesar de todas sus aplicaciones hoy día, no seamos capaces de imaginárnoslas.

8.4. Desafíos del IoT

El IoT promete revolucionar la forma en que vivimos y trabajamos, pero también presenta una serie de desafíos que deben ser abordados para garantizar su adopción segura y eficiente. A continuación te detallo algunos de los principales retos:

Privacidad y protección de datos
- **Conexión a la nube:** Muchos dispositivos IoT requieren una conexión constante a la nube para funcionar correctamente. Si bien esto permite un acceso y control remotos, también plantea preocupaciones sobre la privacidad y seguridad de los datos que se transmiten y almacenan en la nube.
- **Grandes volúmenes de datos:** La naturaleza del IoT implica la generación de grandes cantidades de datos. Esta abundancia puede llevar a una pérdida de visión general y hacer difícil determinar qué datos son relevantes y cuáles no.
- **Mayor número de dispositivos:** Cuantos más dispositivos estén conectados, mayor será la superficie de ataque para los ciberdelincuentes. Cada dispositivo representa un punto potencial de entrada para amenazas.
- **Perfilado digital:** Con la recopilación constante de datos, existe el riesgo de que las empresas creen perfiles digitales detallados de los usuarios, lo que puede llevar a violaciones de la privacidad y a la explotación comercial de la información personal sin el conocimiento o consentimiento del usuario.

Pérdida de control
- **Control sin interfaz de usuario:** Una preocupación válida es si los dispositivos IoT se pueden controlar (o detener) sin una interfaz de usuario (UI). Si un dispositivo comienza a funcionar de manera errática o no deseada, debe haber una forma sencilla y directa de intervenir.

Altos costos y esfuerzo administrativo
- **Retorno de inversión:** La implementación de soluciones IoT puede requerir una inversión significativa inicial. En algunos casos, el retorno de esta inversión, en términos de eficiencia y ahorro, puede no ser inmediato y tardar tiempo en materializarse.
- **Desarrollo por expertos:** La creación y gestión de infraestructuras IoT requiere la intervención de expertos en la materia. Estos profesionales deben desarrollar "Pipelines & Interfaces" (tuberías e interfaces) para asegurar la correcta comunicación y funcionamiento de los dispositivos.
- **Integración de nuevos dispositivos:** A medida que el paisaje tecnológico evoluciona, la incorporación de nuevos dispositivos a sistemas IoT ya existentes puede presentar desafíos,

requiriendo adaptaciones y modificaciones para asegurar la compatibilidad. El IoT tiene el potencial de cambiar drásticamente muchos aspectos de nuestra sociedad, pero es esencial abordar estos y otros desafíos para garantizar que su adopción sea segura, eficiente y beneficiosa para todos. Como con cualquier avance tecnológico, es crucial equilibrar las oportunidades con las responsabilidades inherentes.

8.5. La integración de la Inteligencia Artificial en el IoT

El IoT se refiere a una vasta red de dispositivos interconectados, desde electrodomésticos hasta vehículos y más allá. Estos dispositivos recolectan y transmiten datos continuamente. Pero, ¿cómo podemos hacer que esos datos sean verdaderamente útiles? Aquí es donde entra en juego la Inteligencia Artificial, y más específicamente, el Machine Learning.

Idea principal: La propuesta es usar el ML para simplificar y enriquecer la experiencia del usuario con dispositivos IoT. En lugar de simplemente recolectar datos, los dispositivos pueden aprender de ellos y actuar en consecuencia.

Reconocimiento de patrones en datos históricos
El ML es excelente para identificar patrones en grandes conjuntos de datos. Por ejemplo, si consideramos un dispositivo wearable, como un reloj inteligente:
- **Actividad en días específicos:** El dispositivo podría notar que el usuario tiende a caminar o correr más en ciertos días de la semana. ¿El usuario hace ejercicio regularmente los martes y jueves, por ejemplo?
- **Rutas frecuentes:** El dispositivo podría identificar que el usuario frecuentemente recorre ciertas rutas o trayectos. ¿Tiene una ruta favorita para correr o caminar?

Interpretación de datos históricos
Más allá de simplemente reconocer patrones, el ML puede ayudar a explicar por qué ciertos patrones existen.
- **Menor actividad los domingos:** A partir de los datos, el dispositivo podría deducir que el usuario es menos activo los domingos. ¿Es este un día de descanso para el usuario? ¿O hay otros factores en juego?
- **Rapidez en rutas específicas:** Si el dispositivo detecta que el usuario corre más rápido en ciertos caminos, podría intentar deducir por qué. ¿Es ese camino más plano o tiene menos tráfico?

Predicción de acciones futuras
Con suficientes datos y patrones identificados, el ML puede comenzar a hacer predicciones.
- **Riesgo de salud:** Si el dispositivo detecta que el usuario ha disminuido significativamente su actividad física, podría prever y alertar sobre posibles riesgos para la salud, como un mayor riesgo de enfermedades cardíacas.

Recomendaciones basadas en aprendizaje
Uno de los beneficios más tangibles del ML es su capacidad para ofrecer recomendaciones personalizadas.

- **Estimulación de actividad:** Si el dispositivo nota que el usuario es menos activo en ciertos días, podría sugerir: "¿Qué te parece aumentar tu actividad el domingo? Podría ser una buena oportunidad para un paseo al aire libre".

La integración de la Inteligencia Artificial y el Aprendizaje Automático en el IoT no solo hace que los dispositivos sean "inteligentes", sino que los convierte en asistentes proactivos, adaptativos y personalizados para mejorar la experiencia y calidad de vida del usuario. Estos sistemas no solo entienden los hábitos y necesidades del usuario, sino que también pueden anticiparlos y actuar en consecuencia, creando un entorno más intuitivo y adaptado.

8.6. El IoT y sus intersecciones con la IA

El Internet of Things ha emergido como una de las tendencias tecnológicas más transformadoras de la última década. Se refiere a la red de dispositivos físicos, desde simples electrodomésticos hasta complejos sistemas industriales, todos interconectados y compartiendo datos a través de internet. Pero, ¿qué sucede cuando combinamos la omnipresencia del IoT con el poder y la capacidad de procesamiento de la Inteligencia Artificial? La respuesta es simple: entramos en una nueva era de posibilidades y avances que redefine cómo interactuamos con el mundo a nuestro alrededor. Para cerrar este tema sobre el IoT lo resumiremos en cinco puntos.

Analítica avanzada y toma de decisiones

Con la IA, los dispositivos IoT no se limitan simplemente a recolectar datos; pueden interpretarlos, aprender de ellos y actuar basándose en ese aprendizaje. Por ejemplo, un termostato inteligente no solo puede medir la temperatura de una habitación, sino que también puede aprender las preferencias del usuario y ajustar la calefacción o refrigeración en consecuencia, optimizando el consumo energético y mejorando la comodidad.

Automatización y control mejorados

La IA puede llevar la automatización a un nivel completamente nuevo. Imagina un sistema agrícola que, basándose en datos históricos y patrones aprendidos, pueda predecir cuándo será la mejor época para plantar o cosechar, y ajustar automáticamente el riego y la fertilización.

Mantenimiento predictivo

En el ámbito industrial, la combinación de IoT e IA puede ser un auténtico cambio de juego. Los sensores pueden monitorizar continuamente las maquinarias y, mediante algoritmos de IA, predecir cuándo es probable que una pieza se rompa o necesite mantenimiento, reduciendo así tiempos muertos y costos.

Experiencias personalizadas

Desde el comercio minorista hasta la atención médica, la combinación de IoT e IA permite ofrecer experiencias altamente personalizadas. Un comerciante podría, por ejemplo, ofrecer promociones personalizadas a un cliente en tiempo real basándose en sus hábitos de compra anteriores, mientras que un wearable médico podría monitorizar constantemente la salud de un paciente y alertar a los médicos sobre cualquier anomalía.

Ciudades inteligentes y sostenibles
Las ciudades del futuro no solo serán "inteligentes" en términos de eficiencia, sino también en adaptabilidad y sostenibilidad. Sistemas de tráfico que se adaptan en tiempo real a las condiciones de la carretera, sistemas de gestión de residuos que optimizan la recogida y el reciclaje, o redes de sensores que monitorizan la calidad del aire y ajustan automáticamente las emisiones industriales son solo algunas de las posibilidades.

La convergencia de IoT e IA representa una de las fusiones más emocionantes y prometedoras en el mundo de la tecnología. Mientras que el IoT proporciona la infraestructura y la capacidad de recolectar datos del mundo físico, la IA aporta la inteligencia y el poder de procesamiento para transformar esos datos en acciones significativas y valiosas. Juntas, estas tecnologías tienen el potencial de remodelar industrias enteras, mejorar la calidad de vida y llevar la innovación a alturas que antes solo podíamos imaginar. Sin embargo, con estas oportunidades también vienen desafíos, especialmente en términos de seguridad, privacidad y ética. Navegar en este nuevo mundo conectado e "inteligente" requerirá una combinación de innovación tecnológica, responsabilidad y visión de futuro.

9. Métodos de Inteligencia Artificial

En nuestra constante búsqueda de tecnologías que imiten y, en ocasiones, superen la capacidad del cerebro humano, hemos desarrollado sistemas y algoritmos que toman inspiración directa de la biología. Estos sistemas, conocidos como redes neuronales artificiales, no solo replican la estructura básica de nuestro cerebro, sino que también intentan emular su capacidad para aprender y adaptarse. En este tema exploraremos en detalle cómo la Inteligencia Artificial, especialmente a través del Machine Learning y técnicas avanzadas como el Deep Learning y el NLP, se ha inspirado en la compleja red de neuronas que constituye nuestro cerebro, llevando a la creación de máquinas que "piensan" y "aprenden" de maneras que antes eran impensables.

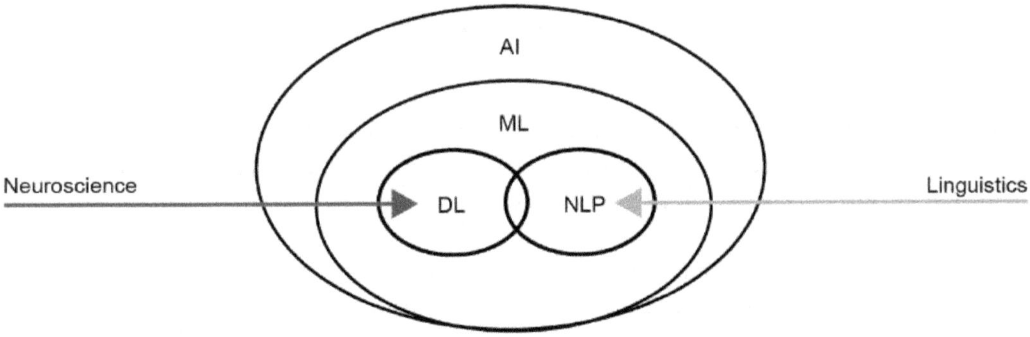

9.1. Métodos de Inteligencia Artificial y su relación con las neuronas

Al principio del libro ya hablamos sobre la inteligencia y definimos su contexto en referencia a la Inteligencia Artificial, así como vimos varios ejemplos de su definición y experimentos. Ahora, y llegados a este punto, vamos a profundizar más en el cerebro humano, para así comprender el funcionamiento de las redes neuronales y como las redes neuronales artificiales (Artificial Neuronal Networks (ANN)) se asemejan a nuestro cerebro.

Excurso: Neuronas (Células Nerviosas)
Las neuronas, o células nerviosas, son las unidades fundamentales del sistema nervioso, incluido el cerebro. Su principal función es transmitir información en forma de impulsos eléctricos.

Función de la neurona: Las neuronas reciben estímulos o información de otras células a través de estructuras llamadas dendritas. Una vez que la información se procesa, la neurona envía una señal o impulso a través de una estructura llamada axón, que a su vez se conecta con otras neuronas, músculos o tejidos.

Procesamiento en el cerebro: Cuando estos impulsos llegan al cerebro, se procesan, y como resultado, se genera una respuesta o reacción. Por ejemplo, si tocamos algo caliente, las neuronas transmiten esta información al cerebro, que rápidamente procesa el estímulo y nos hace retirar la mano.

Aprendizaje implícito: A través de repetidas experiencias y la constante transmisión de impulsos entre neuronas, los seres humanos aprenden comportamientos y respuestas. Por ejemplo, un niño puede aprender a no tocar un objeto caliente después de haberse quemado una vez.

Red neural: En el cerebro humano, una red neural es un conjunto interconectado de neuronas que trabajan juntas para procesar información y generar respuestas. Estas redes son esenciales para todas nuestras funciones cognitivas y motoras.

Redes neuronales artificiales
Las Artificial Neuronal Networks (ANN) (redes neuronales artificiales) se inspiran en el funcionamiento de las redes neuronales del cerebro humano. Son algoritmos que intentan reconocer patrones subyacentes en conjuntos de datos a través de un proceso que imita la forma en que funciona el cerebro humano.

Neuronas artificiales: Al igual que una neurona biológica, una neurona artificial recibe información, la procesa y pasa una señal. Sin embargo, en lugar de impulsos eléctricos, las neuronas artificiales trabajan con pesos, funciones de activación y umbrales.

Deep Learning: Como ya sabemos el DL es una subcategoría de Machine Learning que utiliza redes neuronales con muchos niveles (capas profundas) para analizar varios factores de datos. Las redes neuronales profundas pueden procesar información en niveles de complejidad creciente, permitiendo la identificación y clasificación de patrones intrincados.

Natural Language Processing: Como ya sabemos, es una rama de la IA que se centra en la interacción entre las computadoras y el lenguaje humano. El NLP utiliza en gran medida el DL y las redes neuronales para traducir, generar texto y realizar análisis semántico.

Las redes neuronales artificiales, inspiradas en el funcionamiento del cerebro humano, representan uno de los avances más significativos en el campo de la Inteligencia Artificial. Estas redes, especialmente cuando se utilizan en aplicaciones de Deep Learning y NLP, tienen el potencial de revolucionar áreas como la visión por computadora, el reconocimiento de voz, la traducción automática y muchas otras. Al comprender y emular cómo procesamos la información a nivel neural, estamos abriendo puertas a máquinas que pueden "pensar" y "aprender" de formas que antes se consideraban exclusivamente humanas.

9.2. Artificial Neural Network (ANN) (Red Neuronal Artificial): Imitando la complejidad del cerebro humano

Las redes neuronales artificiales son uno de los pilares fundamentales en el ámbito del Machine Learning y la Inteligencia Artificial. Inspiradas en la estructura y función del cerebro humano, las ANN intentan emular la manera en que las neuronas biológicas procesan y transmiten información. Veámoslo en la siguiente imagen:

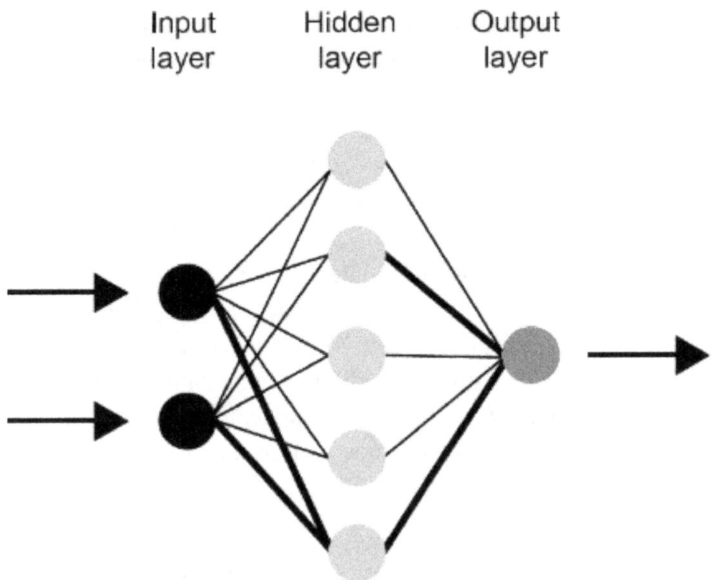

Idea central: La premisa detrás de las ANN es imitar el comportamiento del cerebro humano, especialmente en cómo procesa, aprende y reconoce patrones en los datos. Al igual que el cerebro utiliza redes interconectadas de neuronas para interpretar estímulos y generar respuestas, las ANN utilizan "neuronas" artificiales para procesar y clasificar información.

1. Input Layer (Capa de entrada)

- **Ingreso de datos:** Esta es la primera capa de la red y recibe los datos brutos, no procesados. Puede tratarse de cualquier tipo de dato, desde píxeles de una imagen hasta valores numéricos de un conjunto de datos.
- **Preprocesamiento mínimo:** A diferencia de otros métodos de aprendizaje automático, las ANN pueden trabajar con datos que han tenido poco o ningún preprocesamiento, aunque en la práctica, a menudo se benefician de cierta normalización o estandarización.

2. Hidden Layers (Capas ocultas)

- **Reglas implícitas y pesos:** Estas capas contienen neuronas que establecen reglas implícitas para procesar la información. Cada conexión entre neuronas tiene un "peso", que se ajusta durante el entrenamiento para mejorar la precisión de la red.
- **No interpretabilidad humana:** Una característica de las ANN es que las reglas y patrones que identifican no son fácilmente interpretables por los humanos. Es decir, no podemos "mirar dentro" de una ANN y entender exactamente cómo está tomando decisiones.
- **Función de activación:** Cada neurona en estas capas tiene una función de activación que determina si se debe transmitir una señal y con qué intensidad. Esta función puede ser tan simple como una salida binaria (0 o 1) o más compleja, como la función Sigmoide o ReLU. Ya hemos visto este procedimiento en temas anteriores, por ejemplo el sentiment analysis y el image recognition.
- **Múltiples capas ocultas:** Es común en las redes neuronales profundas (una subcategoría de ANN) tener múltiples capas ocultas (Multilayer Perception (MLP)), lo que permite identificar patrones más complejos.

3. Output Layer (Capa de salida)

- **Resultados de la red:** Esta capa proporciona la "decisión" o resultado de la red. Dependiendo de la tarea, esta salida puede ser una clasificación, por ejemplo, identificar si una imagen es un gato o un perro (image recognition) o una regresión, como por ejemplo, predecir el precio de una casa (linear regression).
- **Múltiples Salidas:** Las ANN pueden tener múltiples neuronas en la capa de salida, especialmente útiles cuando se tienen múltiples clases o categorías en tareas de clasificación.

Las redes neuronales artificiales representan un intento audaz de emular la increíble capacidad de procesamiento del cerebro humano. A través de una estructura de capas interconectadas y el ajuste continuo de pesos durante el entrenamiento, las ANN pueden identificar patrones y relaciones complejas en grandes conjuntos de datos, lo que las convierte en una herramienta poderosa en el arsenal de la Inteligencia Artificial. A medida que continuamos avanzando en el campo del Deep Learning y el Machine Learning, es probable que veamos aún más innovaciones y aplicaciones basadas en esta fascinante estructura.

9.3. Deep Neural Networks (DNN) (Redes neuronales profundas) y sus tipologías específicas

Las redes neuronales profundas, o "Deep Neural Networks" (DNN), son una extensión de las redes neuronales básicas que incorporan múltiples capas ocultas para procesar información de manera más compleja y detallada. Fíjate en la siguiente imagen.

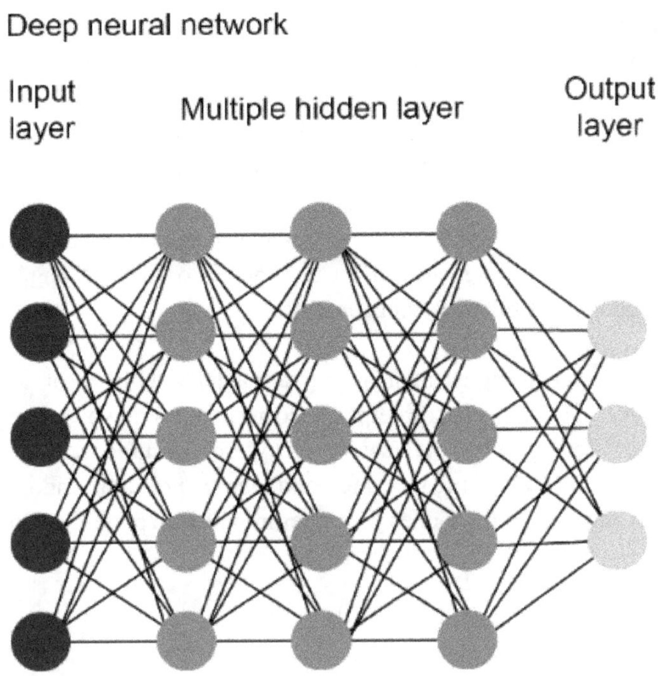

¿Qué significa "Deep" (Profundo)?
La palabra "Deep" en "Deep Learning" hace referencia a la presencia de múltiples capas ocultas en la red. Estas capas adicionales permiten a la red aprender y modelar relaciones y patrones más complejos en los datos.

Convolutional Neural Network (CNN) (Redes neuronales convolucionales)
Aplicación Principal: Las CNN son ideales para tareas de reconocimiento de imágenes debido a su capacidad para procesar datos visuales de manera jerárquica.
Convolución: La operación clave en una CNN es la convolución, que implica el análisis de una imagen utilizando pequeños "filtros" para descomponerla en características o "Merkmale" esenciales, como bordes, texturas y patrones.
Clasificación: Una vez que la imagen ha sido descompuesta en sus características esenciales mediante convoluciones, la red utiliza estas características para clasificar la imagen en una categoría específica, como identificar si es una imagen de un gato o un perro.

Redes Neuronales Recurrentes (RNN)
Aplicación principal: Las RNN son ideales para procesar datos secuenciales o datos con una estructura temporal, como series temporales o secuencias de palabras.
Recurrencia: A diferencia de las redes neuronales tradicionales, en una RNN, las neuronas en las capas ocultas tienen conexiones que "disparan" hacia atrás, permitiendo que la red tenga una "memoria" de los datos anteriores en la secuencia.
Reconocimiento de voz: Las RNN también se utilizan ampliamente en tareas de reconocimiento de voz debido a su capacidad para procesar secuencias de datos, como una serie de palabras o sonidos.

Modelo Transformer

Aplicación principal: Los modelos transformer son especialmente útiles para tareas de comprensión y generación del lenguaje natural (NLU & NLG, respectivamente).

Base de modelos populares: Los Transformers son la arquitectura subyacente de modelos populares como GPT (Generative Pre-trained Transformer), que ha revolucionado las tareas de procesamiento del lenguaje natural.

Idea central: Lo que distingue a los Transformers es su capacidad para procesar palabras o subcadenas de un texto en paralelo, asignando diferentes "pesos" o "Gewichtung" a diferentes partes del texto según su importancia relativa en el contexto.

Las redes neuronales profundas representan la vanguardia del Machine Learning y la Inteligencia Artificial. Ya sea procesando imágenes, interpretando secuencias de voz o comprendiendo y generando lenguaje, estas redes, en sus diversas formas y arquitecturas, están redefiniendo lo que es posible en el campo de la IA. A medida que continuamos profundizando en su potencial, es probable que veamos aún más innovaciones y avances impulsados por estas poderosas herramientas.

MÓDULO 3

Diagramas

Módulo 3 - Diagramas en Machine Learning

10. Introducción a la visualización en Machine Learning

La visualización de datos es una herramienta poderosa que desempeña un papel crucial en el campo del Machine Learning. Antes de sumergirnos en los diversos tipos de diagramas y cómo se relacionan con los algoritmos específicos, es fundamental comprender por qué la visualización es tan esencial y cómo puede influir en el proceso de toma de decisiones y en la comprensión de los algoritmos y datos. Como IA-Manager es muy importante que tengas un amplio conocimiento de este campo, ya que tú, como Manager de proyectos, debes saber leer e interpretar los datos, para finalmente tomar la decisión correcta y sobre todo poder asesorar y guiar a las empresas por el camino de la adaptación. Recuerda que la empresa te confía mucho más que Budget, la empresa te confía absolutamente todo cuando se decide a dar el paso de implementar la Inteligencia Artificial, y, aunque sea un pequeño proyecto hoy, mañana será uno más grande e importante. Por lo que en cada paso que la empresa de para implementar la Inteligencia Artificial, está poniendo todo en juego siguiendo tus consejos y asesoramiento. Si tu no haces un buen trabajo, ya sea por falta de profesionalidad, motivación o por falta de formación y/o preparación, es tu culpa, no la de la empresa. Es tu deber ser profesional, estar bien formado y estar bien preparado. Hay un dicho que dice "no vendas chocolate si no puedes competir contra los suizos". Bueno no existe, me lo acabo de inventar, pero igual viene perfecto al caso. Lo importante es que comprendas la importancia de este punto, que comprendas que esta es tu tarea principal y que de tus conocimientos y habilidades en este campo dependen tanto el éxito de tus proyectos, como el éxito de las empresas para las que trabajes. Leer datos, interpretarlos, hacer predicciones de ellos y la toma de decisiones, es tu día a día. Ahora solo depende de ti, de como de bien te prepares para ser un IA-Manager. He de decirte que en este aspecto es donde caen muchos de aquellos que se hacen llamar "IA-Manager". Ahora sí, volvamos a lo importante.

** **Nota:** todos los notebooks de los diagramas que te voy a mostrar a continuación los puedes descargar de forma gratuita en mi página web para tu entrenamiento. NO SON PARA USO COMERCIAL.*

10.1. Importancia de la visualización en el Machine Learning

Comprensión de datos: Antes de aplicar cualquier algoritmo de Machine Learning, es vital explorar y entender los datos con los que estamos trabajando. La visualización nos permite identificar patrones, tendencias y posibles anomalías que podrían no ser evidentes a simple vista o mediante análisis estadísticos básicos.

Interpretación de resultados: Una vez que un modelo ha sido entrenado, es vital poder interpretar sus resultados. Mediante gráficos y visualizaciones, podemos entender mejor el comportamiento del modelo, identificar áreas donde funciona bien y otras donde podría necesitar mejoras.

Comunicación: No todos los involucrados en un proyecto de Machine Learning serán expertos en el tema. Las visualizaciones permiten comunicar de manera efectiva y eficiente los hallazgos, resultados y decisiones a diferentes stakeholders, como directivos, otros departamentos o clientes.

Diagnóstico de problemas: Con la ayuda de visualizaciones adecuadas, podemos diagnosticar problemas en el modelo, como overfitting (sobreajuste) o underfitting (subajuste), y tomar decisiones informadas sobre cómo mejorar el modelo.

10.2. Beneficios de usar diagramas para entender y comunicar

Claridad y rapidez: Un buen diagrama puede transmitir una idea o concepto rápidamente, evitando malentendidos que podrían surgir de descripciones verbales o escritas.

Facilitar la toma de decisiones: En el mundo empresarial, donde el tiempo es crucial, las visualizaciones claras y concisas pueden ayudar a los tomadores de decisiones a comprender rápidamente un problema o situación y actuar en consecuencia.
Engagement y retención: Las visualizaciones son atractivas y pueden ayudar a mantener la atención de la audiencia. Además, es más probable que las personas recuerden la información presentada visualmente en comparación con la información transmitida solo verbalmente. Bien sabido que, a la hora de aprender, es más fácil aprender con imágenes que con números o palabras. De forma que cuando presentes una visualización, por ejemplo, de clustering usando k-Means, a las personas les será mucho más fácil comprender lo que sucede en el proceso. Esto y gracias a mis años de experiencia como formador profesional, puedo asegurarte que te ahorrará muchas preguntas en una reunión.

Destacar insights valiosos: A través de una visualización efectiva, se pueden resaltar insights o descubrimientos importantes en los datos que podrían haber pasado desapercibidos de otra manera.

La visualización en Machine Learning no es solo una herramienta para hacer que los datos y los modelos sean "bonitos". Es una herramienta esencial que facilita la comprensión, el análisis y la comunicación efectiva en el ámbito del aprendizaje automático. A medida que hemos avanzado en los temas del libro, hemos visto cómo distintos tipos de diagramas se ajustan a diferentes situaciones y algoritmos, y cómo pueden ser utilizados para maximizar el impacto y la comprensión de nuestros modelos y datos. Ahora vamos a destripar los diferentes grupos de algoritmos que hay para que comprendas mejor todo lo aprendido hasta ahora.

11. Scatter Plots (Diagramas de dispersión)

Los diagramas de dispersión, también conocidos como Scatter Plots, son una de las herramientas más fundamentales y versátiles en la visualización de datos. Estos gráficos muestran puntos individuales distribuidos a lo largo de ejes cartesianos, representando generalmente dos variables. Cada punto en el gráfico representa una observación y su posición está determinada por el valor de las dos variables que se están comparando.

11.1. Concepto y utilidad

Representación bidimensional: Los scatter plots permiten visualizar la relación entre dos variables cuantitativas. Si se dispone de más variables, se pueden crear múltiples gráficos o usar técnicas de reducción de dimensionalidad para representarlas en dos dimensiones.
Identificación de patrones: Una de las principales utilidades de estos gráficos es identificar patrones en los datos. Si los puntos tienden a agruparse de cierta manera o formar alguna estructura, eso puede indicar una relación entre las variables.
Detección de outliers: Los puntos que se desvíen significativamente del patrón general son fácilmente visibles en un scatter plot, lo que permite identificar valores atípicos o anomalías en los datos.
Verificación de supuestos: En muchos algoritmos y técnicas estadísticas, se asume una relación lineal entre las variables. Los scatter plots son ideales para verificar visualmente estas suposiciones.

11.2. Algoritmos relacionados

11.2.1. k-Means y otros algoritmos de clustering: Estos algoritmos buscan agrupar datos en clusters o grupos basados en similitud. En un scatter plot, es posible visualizar cómo se han formado estos clusters y si el algoritmo ha logrado separar adecuadamente los datos. Por ejemplo, después de aplicar k-Means, puedes colorear los puntos en el scatter plot según el cluster al que pertenecen para visualizar la separación.

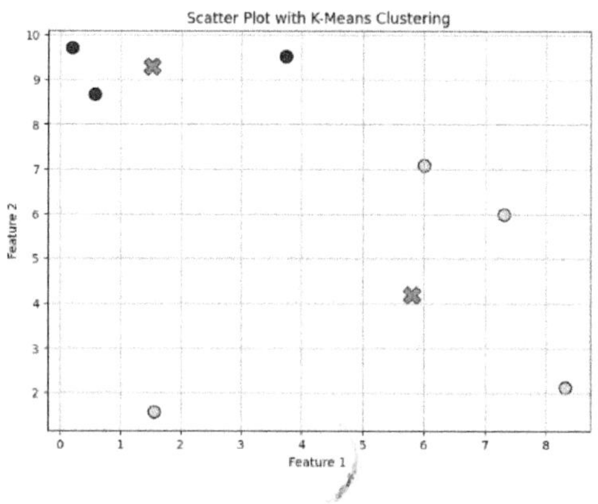

11.2.2. Regresión lineal y polinómica: Estos algoritmos buscan encontrar una relación lineal o polinómica entre dos o más variables. Al visualizar los datos en un scatter plot y trazar la línea o curva de regresión, puedes evaluar visualmente qué tan bien se ajusta el modelo a los datos. Si la línea de regresión sigue de cerca la tendencia de los puntos, el modelo es probablemente adecuado. Si no, puede ser necesario considerar modelos más complejos o verificar los supuestos.

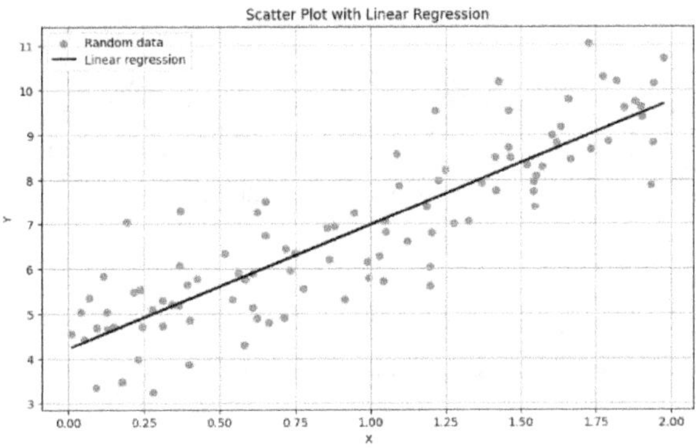

11.3. Ejemplo práctico

Supongamos que tienes un conjunto de datos con precios de viviendas y su tamaño en metros cuadrados. Al usar un scatter plot para visualizar estos datos, el eje X podría representar el tamaño de la vivienda y el eje Y el precio. Al observar el gráfico, podrías identificar si hay una tendencia (por ejemplo, a medida que el tamaño de la vivienda aumenta, también lo hace el precio). Si decides aplicar una regresión lineal, la línea resultante mostraría la relación estimada entre el tamaño y el precio. Veámoslo con una imagen.

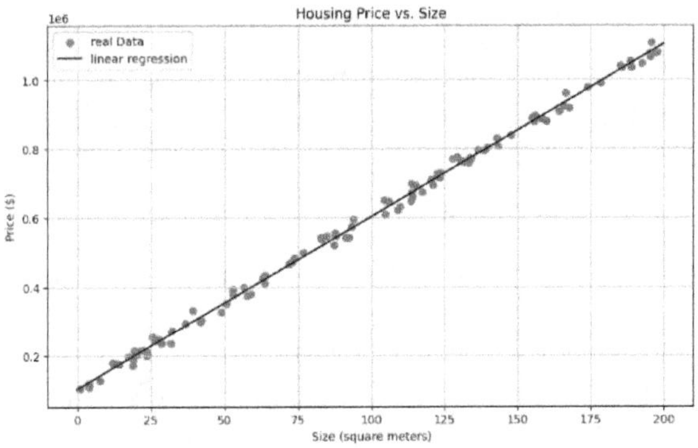

Los diagramas de dispersión son una herramienta esencial en el arsenal de cualquier científico de datos o profesional de Machine Learning y para ti, como IA-Manager, son esenciales. Son simples pero poderosos, y su capacidad para revelar patrones y relaciones en los datos los hace invaluables para la exploración y el análisis inicial.

12. Histogramas y diagramas de barras

Los histogramas y los diagramas de barras son herramientas esenciales para visualizar y comprender la distribución y frecuencia de datos. Aunque a menudo se confunden debido a su apariencia similar, tienen usos y significados distintos. Si ya has trabajado con otros programas, aunque sea a un nivel básico como por ejemplo Excel, tal vez esta visualización te sea más familiar. Vamos a desglosar estos conceptos y a entender cómo se relacionan con el Machine Learning.

12.1. Histogramas

Un histograma es una representación gráfica de la distribución de un conjunto de datos. Se utiliza principalmente para representar datos continuos, divididos en intervalos o "bins", y mostrar la frecuencia con la que se presentan los datos en cada intervalo.

Características y utilidad:
Distribución de datos: Los histogramas son esenciales para entender cómo están distribuidos los datos. Permiten identificar rápidamente si los datos siguen una distribución normal, si están sesgados hacia la izquierda o la derecha, o si presentan múltiples picos.
Identificación de outliers: Si hay intervalos con frecuencias inusualmente altas o bajas, esto puede indicar la presencia de valores atípicos.
Selección de intervalos: La elección del número de intervalos puede influir en la interpretación del histograma. Demasiados intervalos pueden mostrar variabilidad innecesaria, mientras que muy pocos pueden ocultar detalles importantes.

12.2. Diagramas de barras

Un diagrama de barras representa datos categóricos mediante barras rectangulares con longitudes proporcionales a los valores que representan. A diferencia del histograma, no se trata de intervalos, sino de categorías específicas.

Características y utilidad:
Comparación entre categorías: Los diagramas de barras son ideales para comparar diferentes categorías o grupos. Por ejemplo, podrías usar un diagrama de barras para mostrar la cantidad de ventas de diferentes productos.
Representación visual clara: Dado que cada barra representa una categoría, es fácil identificar y comparar rápidamente las diferencias entre ellas.
Ordenación: Las barras se pueden ordenar de mayor a menor (o viceversa) para facilitar la interpretación y destacar las categorías más relevantes.

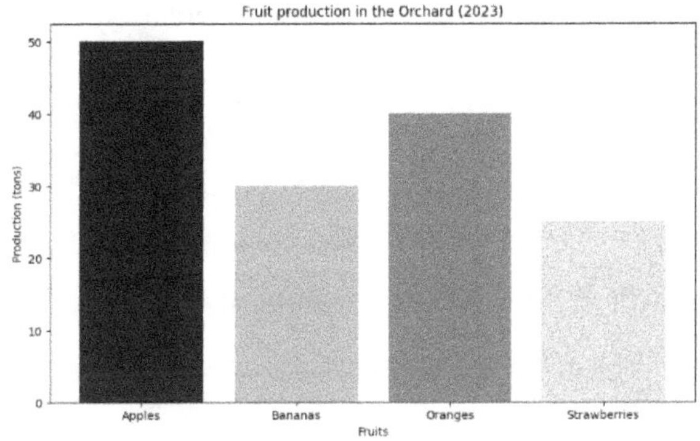

12.3. Algoritmos relacionados

12.3.1. Estimación de densidad de Kernel (KDE): Aunque no es un histograma en sí, la KDE puede considerarse una versión suavizada de un histograma. Se utiliza para estimar la función de densidad de probabilidad de una variable aleatoria continua. Esta técnica puede ser útil para visualizar la distribución de datos en problemas de clasificación y regresión.

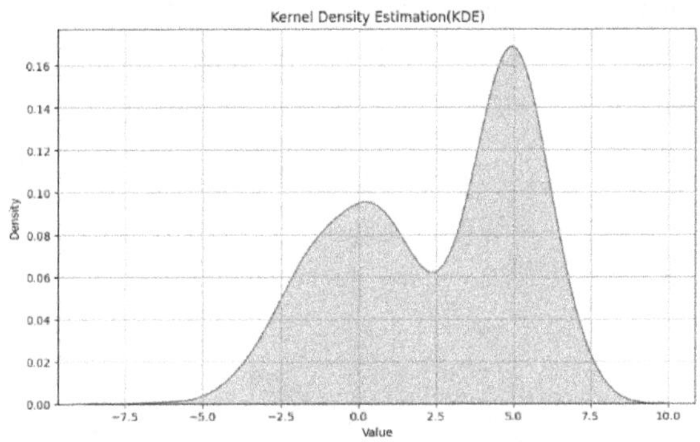

12.3.2. Naive Bayes: Es un algoritmo de clasificación que funciona bien cuando las características son categóricas. Un diagrama de barras puede ser útil para visualizar la frecuencia de diferentes categorías en el conjunto de datos y entender cómo Naive Bayes las utiliza para hacer predicciones. A continuación, representaré gráficamente un escenario simplificado de Naive Bayes para la clasificación de correos electrónicos. En este ejemplo, supondré que tenemos un conjunto de correos electrónicos con la presencia o ausencia de las palabras "oferta" y "descuento". Los correos electrónicos se clasificarán en "spam" o "no spam" en función de estas palabras. Usaré un gráfico de dispersión para visualizar la presencia/ausencia de estas palabras en correos electrónicos y cómo se clasifican en "spam" o "no spam".

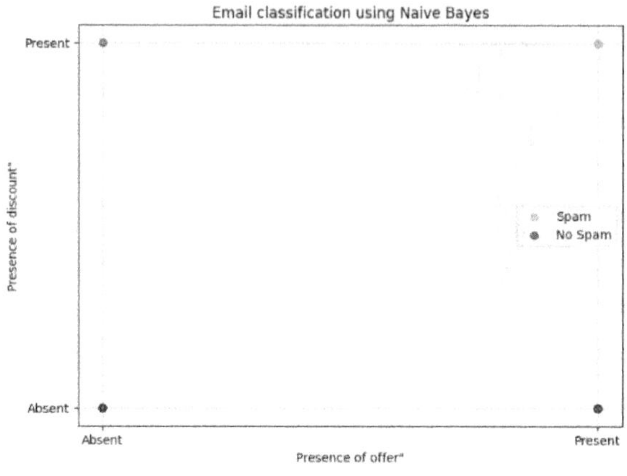

12.3.4. Ejemplo práctico

Imagina que estás analizando los resultados de una encuesta sobre hábitos de consumo de medios en diferentes grupos de edad. Un histograma podría mostrar la distribución de edades de los encuestados, permitiendo identificar si hay grupos de edad más representados que otros. Por otro lado, un diagrama de barras podría utilizarse para representar el número de personas en cada grupo de edad que prefieren un tipo específico de medio, por ejemplo, televisión, radio, medios digitales.

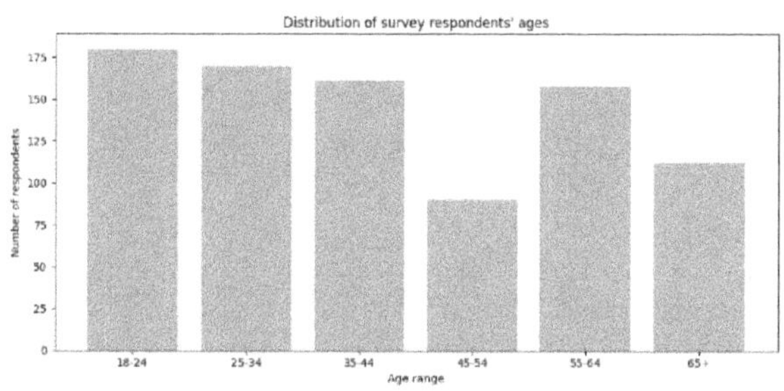

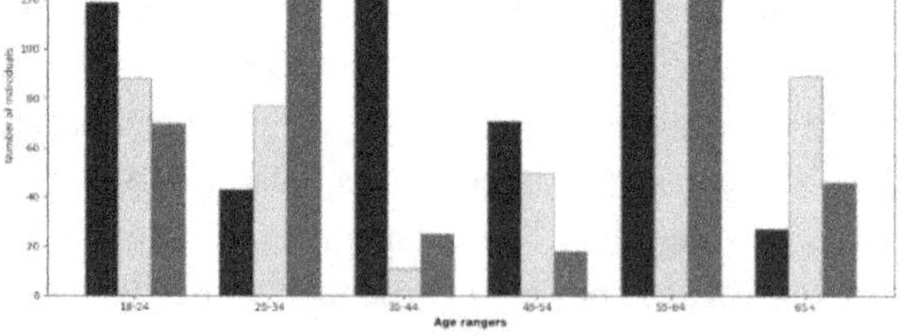

Tanto los histogramas como los diagramas de barras son herramientas fundamentales en la visualización de datos. Ayudan a comprender la estructura y las características de los datos, facilitando la toma de decisiones en el proceso de modelado y análisis de Machine Learning.

13. Box-Plots (Diagramas de caja)

Los diagramas de caja, comúnmente conocidos como Box-Plots, son una herramienta gráfica estandarizada que ofrece una vista esquemática de la distribución de un conjunto de datos basado en un resumen de cinco números. Estos cinco números son el mínimo, el primer cuartil (Q1), la mediana, el tercer cuartil (Q3) y el máximo. Los Box-Plots proporcionan una representación visual de la dispersión y la centralidad de los datos, y son especialmente útiles para identificar valores atípicos y entender la variabilidad de los datos.

13.1. Concepto y utilidad en la detección de valores atípicos

Distribución y dispersión: El Box-Plot nos da una rápida visión general de la dispersión de los datos y su tendencia central. La "caja" central del gráfico representa el rango intercuartílico (IQR), que es la diferencia entre Q3 y Q1, y ofrece una visión de dónde se encuentran la mayoría de los datos.

Identificación de outliers: Uno de los beneficios más significativos de los Box-Plots es su capacidad para destacar valores atípicos. Estos son representados típicamente como puntos individuales fuera de los "bigotes" del gráfico. Los bigotes suelen definirse como 1.5 veces el IQR por encima de Q3 y por debajo de Q1, y cualquier dato fuera de estos límites se considera un valor atípico.

Comparación entre grupos: Los Box-Plots son excepcionales para comparar la distribución de datos entre diferentes grupos o categorías. Al colocar múltiples Box-Plots uno al lado del otro, podemos comparar rápidamente mediana, dispersión y valores atípicos entre grupos.

13.2. Algoritmos relacionados

Algoritmos basados en detección de anomalías: La identificación de valores atípicos es crucial en la detección de anomalías. Algoritmos como el método de puntuación de anomalías basado en el vecino más cercano o el método de factorización de matrices pueden beneficiarse de una exploración inicial con Box-Plots para entender dónde se encuentran potencialmente estas anomalías.

13.3. Ejemplo práctico

Supongamos que estás analizando los salarios de los empleados en una empresa y quieres entender la disparidad salarial entre diferentes departamentos. Usando Box-Plots, podrías representar la distribución salarial de cada departamento en un mismo gráfico. Esto te permitiría comparar rápidamente las medianas salariales, identificar si hay departamentos con mayor variabilidad en los salarios, y detectar si hay salarios atípicos o extremos en alguno de los departamentos.

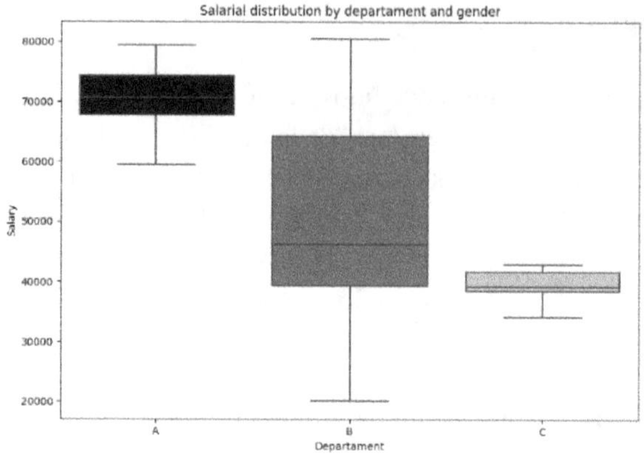

Adicionalmente, si sospechas que hay discriminación salarial basada en género, podrías dividir cada Box-Plots por género, permitiéndote comparar la distribución salarial entre hombres y mujeres dentro de cada departamento.

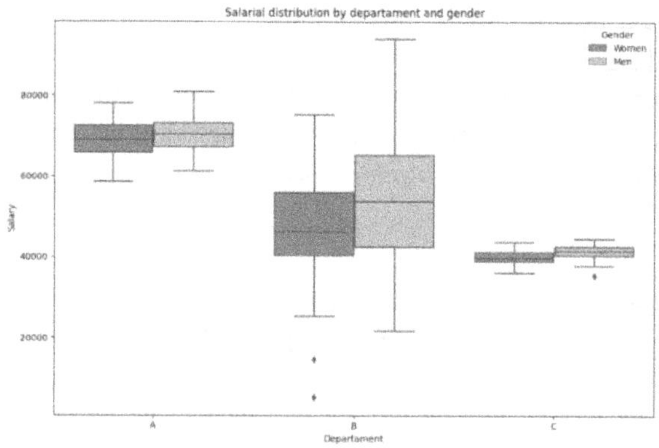

Los diagramas de caja son una herramienta poderosa y versátil en la visualización de datos. Ofrecen una forma compacta y eficiente de representar y comparar distribuciones, siendo especialmente útiles para identificar valores atípicos y entender la dispersión de los datos. Su capacidad para comparar múltiples grupos hace que los Box-Plots sean una herramienta esencial en cualquier proyecto de análisis o Machine Learning.

14. Receiver Operating Characteristic (ROC) (Diagramas de curva ROC)

Los diagramas de curva ROC son una herramienta esencial para evaluar y comparar el rendimiento de modelos de clasificación, especialmente en contextos donde las clases están desbalanceadas o cuando la elección de un umbral de decisión es crítica. La curva ROC es un gráfico que muestra el rendimiento de un modelo de clasificación en todos los umbrales de clasificación posibles.

Aquí tienes una curva ROC para un árbol de decisión entrenado con datos simulados. La línea naranja representa la curva ROC del árbol de decisión, y la línea azul diagonal representa un clasificador aleatorio.

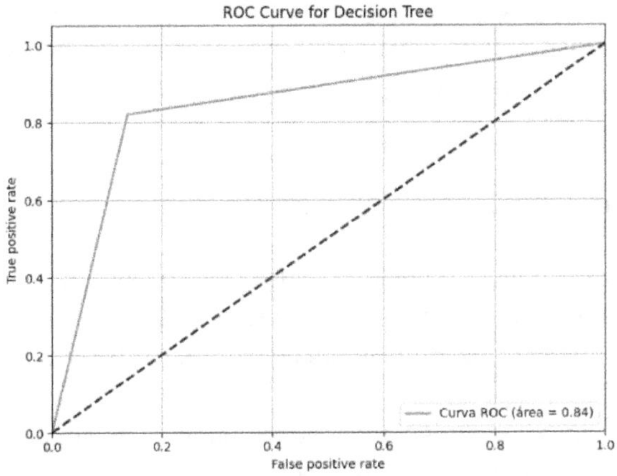

El área bajo la curva (AUC) para el árbol de decisión es de 0.61, lo que indica que el rendimiento del árbol de decisión es mejor que un clasificador aleatorio.

Ten en cuenta que estos resultados son específicos para este conjunto de datos simulados y pueden variar con diferentes conjuntos de datos o configuraciones del árbol de decisión.

14.1. Concepto y utilidad en clasificación

Sensibilidad vs. especificidad: La curva ROC traza la tasa verdadera positiva (sensibilidad) en función de la tasa falsa positiva (1 - especificidad) para diferentes puntos de corte. Una herramienta perfecta de clasificación resultaría en una curva que pasa por la esquina superior izquierda del gráfico, lo que significa una tasa verdadera positiva de 1 y una tasa falsa positiva de 0.

Área bajo la curva (AUC): Una métrica comúnmente utilizada junto con la curva ROC es el AUC, que representa el área bajo la curva ROC. Un modelo perfecto tiene un AUC de 1, mientras que un modelo aleatorio tiene un AUC de 0.5. Cuanto mayor sea el AUC, mejor será el modelo en general.

Evaluación de modelos: La curva ROC es útil no solo para evaluar el rendimiento de un solo modelo, sino también para comparar múltiples modelos. Al trazar varias curvas ROC en el mismo gráfico, podemos visualmente comparar y contrastar el rendimiento de diferentes modelos.

Elección del umbral: En muchos problemas prácticos, ajustar el umbral de decisión puede ser esencial para lograr un equilibrio entre sensibilidad y especificidad. La curva ROC ayuda a visualizar este equilibrio y a elegir un umbral adecuado según las necesidades del problema.

14.2. Algoritmos relacionados

Todos los algoritmos de clasificación: Cualquier algoritmo de clasificación que produzca probabilidades o scores, como la regresión logística, máquinas de soporte vectorial (SVM), redes neuronales, árboles de decisión, entre otros, puede ser evaluado con una curva ROC. Es especialmente útil en contextos donde los costos de los falsos positivos y falsos negativos son diferentes.

14.3. Ejemplo práctico

Imagina que estás desarrollando un modelo para detectar una enfermedad rara en pacientes basándote en ciertas características médicas. Dado que la enfermedad es rara, la mayoría de los pacientes no la tienen, lo que lleva a un conjunto de datos desbalanceado.

Después de entrenar tu modelo, quieres evaluar su rendimiento. Si simplemente usas la precisión como métrica, el modelo podría parecer muy preciso al simplemente predecir que nadie tiene la enfermedad. Pero esto sería un error grave, ya que no detectaría a los pacientes enfermos.

Al trazar la curva ROC de tu modelo, puedes visualizar cómo se comporta en diferentes umbrales. Si el AUC es significativamente mayor que 0.5, indica que el modelo tiene un poder discriminativo. A partir de la curva, también puedes elegir un umbral que maximice la tasa verdadera positiva mientras mantiene la tasa falsa positiva en un nivel aceptable.

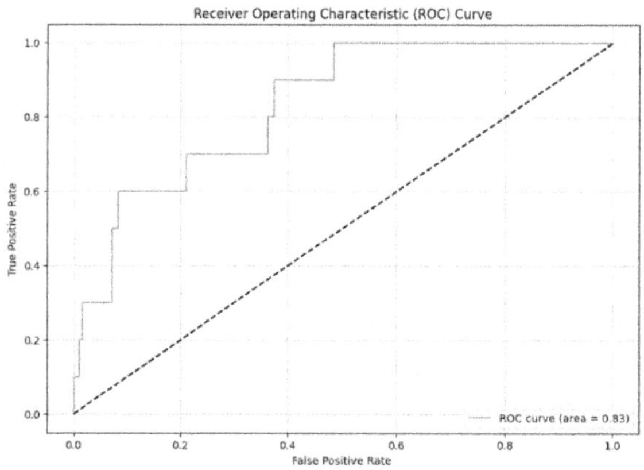

Como puedes observar, la curva se encuentra por encima de la línea diagonal, lo que indica que el modelo tiene un poder discriminativo. El área bajo la curva (AUC) es de 0.83, lo que sugiere que el modelo realiza una buena discriminación entre pacientes con y sin la enfermedad.

A partir de esta curva, podrías elegir un umbral que maximice la tasa verdadera positiva (sensibilidad) mientras mantiene la tasa falsa positiva en un nivel aceptable. Por ejemplo, si es crucial identificar a la mayoría de los pacientes con la enfermedad (incluso a expensas de algunos falsos positivos), podrías seleccionar un umbral que dé una tasa verdadera positiva alta. Por otro lado, si es esencial minimizar los falsos positivos, podrías optar por un umbral más conservador.

Recuerda que la elección del umbral depende del contexto clínico y de las consecuencias asociadas a falsos positivos y falsos negativos.

Como habrás comprendido, los diagramas de curva ROC y el AUC son herramientas indispensables en la caja de herramientas de cualquier científico de datos o profesional de Machine Learning que trabaje con clasificación, y ahora también para ti como IA-Manager. Proporcionan una visión más completa y matizada del rendimiento del modelo que las métricas tradicionales y son esenciales para tomar decisiones informadas en problemas prácticos.

15. Matriz de correlación y mapas de calor (Heatmaps)

Cuando trabajamos con conjuntos de datos con múltiples características, es esencial entender cómo estas características se relacionan entre sí. La matriz de correlación y los mapas de calor son herramientas poderosas para visualizar y entender estas relaciones, permitiéndonos identificar patrones, redundancias y potenciales problemas en nuestros datos.

15.1. Matriz de correlación

Una matriz de correlación es una tabla que muestra los coeficientes de correlación entre variables. Cada celda de la matriz muestra la correlación entre dos características, y cada característica se compara consigo misma y con todas las demás características del conjunto de datos.

Características y utilidad:
Valores entre -1 y 1: El coeficiente de correlación varía entre -1 y 1. Un valor cercano a 1 implica una fuerte correlación positiva: a medida que una característica aumenta, la otra también lo hace. Un valor cercano a -1 implica una fuerte correlación negativa: a medida que una característica aumenta, la otra disminuye. Un valor cercano a 0 implica falta de correlación.
Identificación de relaciones lineales: Es importante entender que la correlación, especialmente la correlación de Pearson (la más común), mide relaciones lineales. Si las características tienen una relación no lineal, el coeficiente podría ser engañosamente bajo.

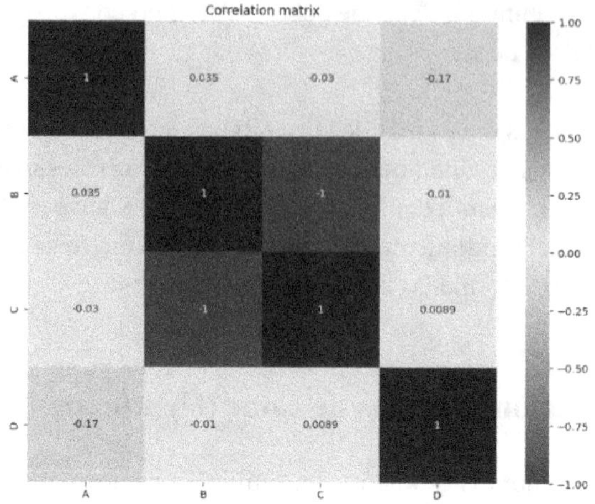

15.2. Heatmaps (Mapas de calor)

Un mapa de calor es una representación gráfica de datos donde los valores individuales contenidos en una matriz se representan como colores. Son perfectos para visualizar matrices de correlación porque permiten ver rápidamente qué variables están fuertemente correlacionadas.

Características y utilidad:
Visualización intuitiva: Los colores (a menudo en una escala de fríos a cálidos) proporcionan una forma rápida y fácil de identificar qué características están fuertemente correlacionadas y cuáles no.
Comparación fácil: Al observar un Heatmap, puedes identificar rápidamente qué características tienen patrones de correlación similares y cuáles difieren.

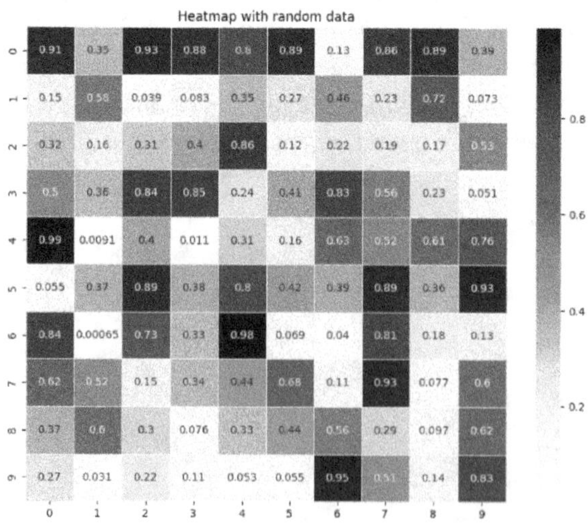

15.3. Algoritmos relacionados

Selección de características: Si dos características están fuertemente correlacionadas, agregar ambas al modelo podría ser redundante. Las matrices de correlación pueden ayudar a identificar y eliminar características redundantes, lo que puede mejorar la eficiencia y la precisión del modelo.

Regresión lineal múltiple: En la regresión lineal, la multicolinealidad (cuando dos o más características están fuertemente correlacionadas) puede ser un problema. Identificar y tratar estas correlaciones es crucial para obtener un modelo preciso y estable.

15.4. Ejemplo práctico

Supongamos que estás trabajando en un proyecto para predecir los precios de las viviendas basándote en diferentes características como el tamaño, el número de habitaciones, la edad de la casa y la distancia al centro de la ciudad. Antes de construir tu modelo, decides crear una matriz de correlación para entender cómo se relacionan estas características entre sí.

Tras visualizar la matriz de correlación con un mapa de calor, observas que el tamaño de la vivienda y el número de habitaciones tienen una fuerte correlación positiva. Esto tiene sentido, ya que las casas más grandes suelen tener más habitaciones. Dado que estas características proporcionan información similar, podrías considerar usar solo una de ellas en tu modelo para evitar redundancias.

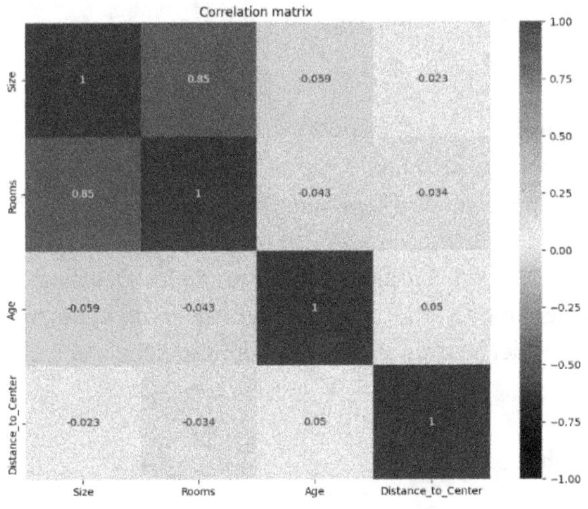

Las matrices de correlación y los mapas de calor permiten obtener una visión clara y rápida de las relaciones entre características, ayudando en la selección de características, la identificación de problemas y la mejora general de los modelos. Es por estos motivos, que al igual que otros diagramas y tipos de visualización, las matrices de correlación y los mapas de calor también son herramientas esenciales. Como puedes comprobar, el análisis de datos, saber leerlos, saber interpretarlos, como así también tener una buena comprensión de estos, es una tarea muy importante para un IA-Manager, ya que como has podido comprobar, y desde el comienzo del libro, los datos nos acompañan en cada paso, en cada tema, y en cada punto. Tener una gran habilidad en el terreno de los datos te abrirá muchas puertas, y no solo eso, sino que realmente te cualifica como un verdadero IA-Manager y esto te pondrá siempre en una mejor posición con respecto a otros IA-Managers.

16. Diagramas de árboles

Los algoritmos basados en árboles son una familia esencial dentro del Machine Learning. Estos algoritmos dividen el espacio de características en regiones, tomando decisiones basadas en preguntas sobre las características de los datos. Los diagramas de árboles permiten visualizar estas divisiones y decisiones, facilitando la interpretación y comprensión de cómo el modelo llega a sus conclusiones.

16.1. Concepto y utilidad

Estructura jerárquica: Un árbol se compone de nodos y ramas. Cada nodo representa una pregunta o decisión basada en una característica, y las ramas representan las posibles respuestas a esa pregunta.

Nodos terminales o hojas: Estos son los nodos finales del árbol donde no hay más preguntas y se toma una decisión final. En el caso de un Decision Tree de clasificación, la decisión será una etiqueta de clase. En el caso de regresión, será un valor.

Recuerda que:

- Supervised Learning:
    - Classification = Labels
    - Regression = Values (Numbers (Números))

Visualización intuitiva: Uno de los grandes atractivos de los Decision Trees es su interpretabilidad. A través de un diagrama de árbol, incluso alguien sin un conocimiento técnico profundo puede seguir las decisiones del modelo y entender cómo se llega a una conclusión.

16.2. Algoritmos relacionados

Decision Trees (Árboles de decisión): Es el algoritmo base y más simple de esta familia. Toma decisiones dividiendo el espacio de características en base a preguntas sobre dichas características.

Random Forest (Bosques aleatorios): Esta técnica utiliza múltiples árboles de decisión, cada uno entrenado con una muestra aleatoria del conjunto de datos. Aunque visualizar un bosque entero puede ser abrumador, a menudo es útil visualizar algunos árboles individuales para entender las decisiones que se están tomando.

Boosting de árboles: Técnicas como XGBoost o LightGBM utilizan una serie de árboles, donde cada árbol intenta corregir los errores del anterior. Al igual que con los bosques aleatorios, aunque es complicado visualizar todo el modelo, se puede obtener una idea visualizando algunos de los árboles individuales.

16.3. Ejemplo práctico

Imagina que estás construyendo un modelo para predecir si un cliente comprará un producto basado en características como edad, ingresos y número de compras anteriores. Decides usar un árbol de decisión y, después de entrenar tu modelo, quieres entender cómo toma decisiones.

Al visualizar el diagrama de árbol, puedes ver que el primer nodo (o nodo raíz) divide a los clientes basándose en el número de compras anteriores. Aquellos con más de 5 compras anteriores se dirigen hacia una rama, mientras que aquellos con 5 o menos van hacia otra. A medida que desciendes por el árbol, ves más divisiones basadas en edad e ingresos.

Este árbol te permite entender, por ejemplo, que los clientes más jóvenes con ingresos más altos y un historial de compras frecuentes tienen una alta probabilidad de comprar el producto, mientras que los clientes mayores con ingresos bajos y pocas compras anteriores tienen una probabilidad baja.

Vamos a ver el ejemplo con los tres algoritmos relacionados que os he mencionado antes: Decision Tree, Random Forest y Boosting de árboles usando XGBoost.

Ejemplo con Decision Tree:

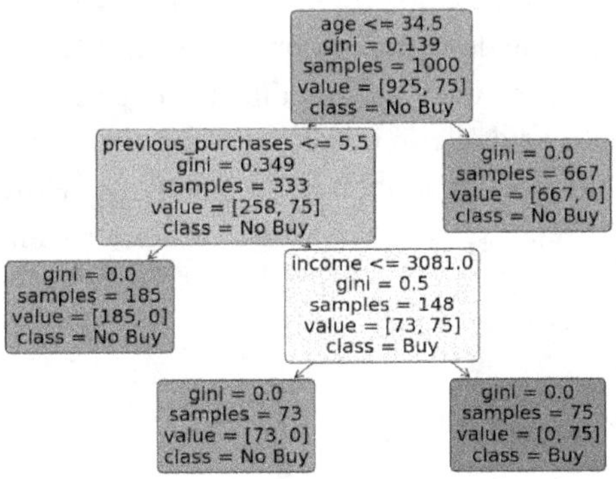

Ejemplo de Random Forest:

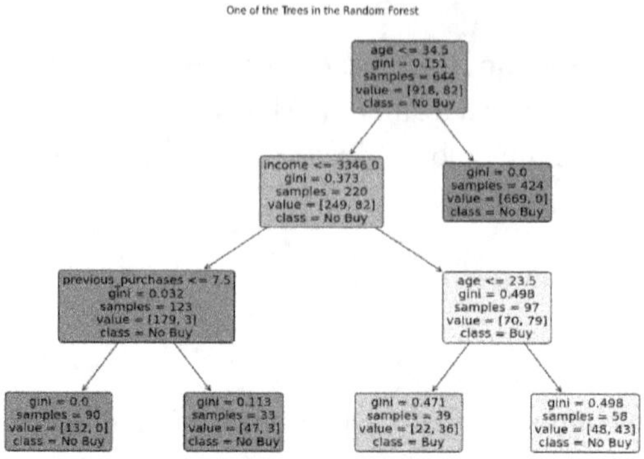

Ejemplo de Boosting usando XGBoost:

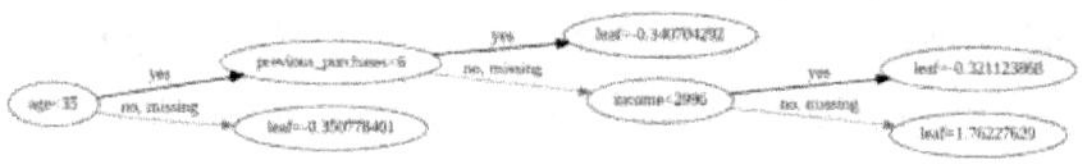

Los diagramas de árboles proporcionan una ventana visual e intuitiva a la lógica interna de los algoritmos basados en árboles. Son usados muy a menudo. Permiten a los profesionales, y también a las partes interesadas no técnicas, como tus compañeros o clientes, quienes a menudo no saben de qué hablas, entender y confiar en el modelo, facilitando la interpretación, validación y comunicación de los resultados.

17. Reducción de dimensionalidad y visualización

A medida que avanzamos en la era de los datos, es común encontrarse con conjuntos de datos de alta dimensión, me refiero a tablas de datos enormes. Estos datos pueden ser difíciles de analizar y visualizar debido a la "maldición de la dimensionalidad". Las técnicas de reducción de dimensionalidad buscan transformar estos datos de alta dimensión en una representación de menor dimensión, conservando, en la medida de lo posible, las estructuras y relaciones inherentes entre los datos. Básicamente dicho, reducen la tabla a un menos tamaño conservando los datos más importantes, por lo que estas representaciones reducidas son más manejables y pueden visualizarse de manera efectiva.

17.1. Introducción a técnicas como PCA y t-SNE

PCA (Principal Component Analysis):
PCA es una técnica lineal que busca encontrar las direcciones (o componentes) en los datos que maximizan la varianza. Transforma los datos proyectándolos en estos componentes principales.
Utilidad: Además de la reducción de dimensionalidad, PCA se usa para visualizar datos, eliminar ruido y descubrir estructuras importantes en los datos.

Visualización: Al reducir los datos a dos o tres componentes principales, se pueden visualizar en un diagrama de dispersión 2D o 3D.

t-SNE (t-Distributed Stochastic Neighbor Embedding):
Concepto: A diferencia de PCA, t-SNE es una técnica no lineal que conserva las relaciones locales entre los datos. Busca que los puntos cercanos en el espacio de alta dimensión también estén cercanos en el espacio reducido.
Utilidad: Es especialmente útil para visualizar Clusters o grupos en datos de alta dimensión.
Visualización: Al igual que con PCA, tras reducir los datos a dos dimensiones usando t-SNE, se pueden visualizar en un diagrama de dispersión 2D.

17.2 Algoritmos relacionados

PCA: A menudo se utiliza antes de aplicar algoritmos de aprendizaje supervisado o no supervisado para reducir la dimensionalidad y acelerar el entrenamiento. Además, al eliminar componentes con varianzas bajas, puede ayudar a reducir el ruido. Esta es una tarea que te aconsejo realices sin dudarlo cuando trabajes con datos muy amplios.

t-SNE: Comúnmente se usa en análisis exploratorio de datos para visualizar Clusters o grupos en conjuntos de datos complejos, como datos genéticos o de imágenes.

17.3. Ejemplo práctico

Supongamos que estás trabajando con un conjunto de datos que contiene mediciones de expresión génica para miles de genes en diferentes muestras de tejido. Quieres visualizar si las muestras se agrupan según el tipo de tejido (por ejemplo, tejido sano vs. tejido canceroso). Dado que tienes miles de genes, visualizar todos estos datos en un gráfico sería imposible.

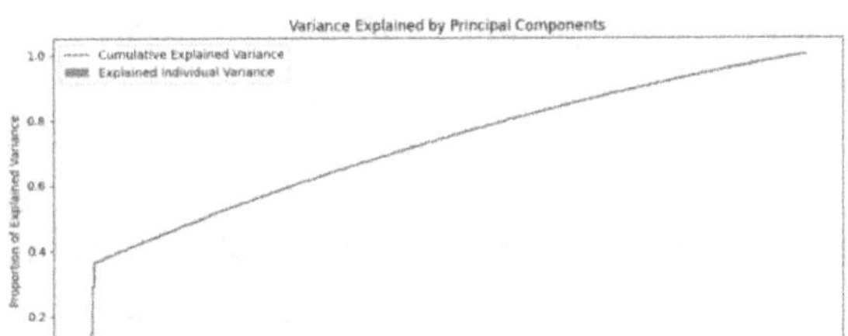

Primero, podrías aplicar PCA para reducir la dimensionalidad de los datos. Al observar la varianza explicada por cada componente principal, decides que los primeros dos componentes principales capturan una cantidad significativa de la varianza total. Al visualizar las muestras en un diagrama de dispersión 2D usando estos dos componentes, observas una separación entre las muestras de tejido sano y canceroso.

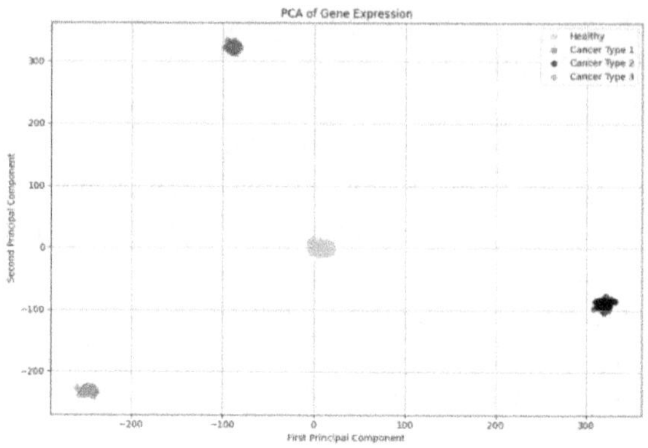

Adicionalmente, decides aplicar t-SNE para ver si puedes identificar subgrupos más detallados dentro de estas categorías principales. Después de reducir los datos a dos dimensiones con t-SNE y visualizarlos, identificas varios Clusters que podrían corresponder a subtipos de cáncer.

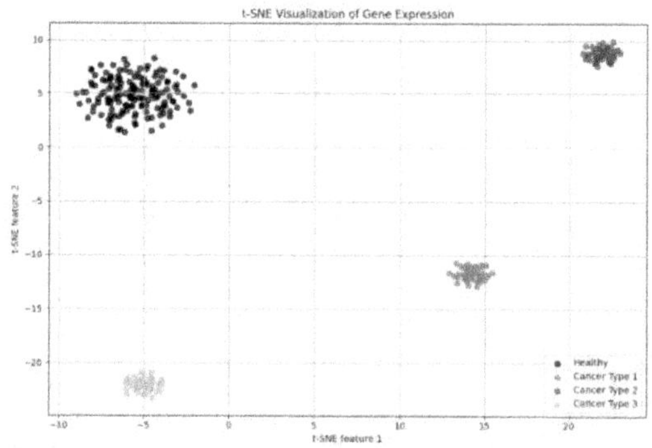

Las técnicas de reducción de dimensionalidad son un arma increíble en el análisis y visualización de datos de alta dimensión. Proporcionan formas efectivas de descubrir patrones, estructuras y relaciones en los datos, facilitando la comprensión y la toma de decisiones en proyectos de Machine Learning. Esto es de gran ayuda tanto para los profesionales, como para los que se están iniciando.

18. Diagramas de flujo para procesos de Machine Learning

Un diagrama de flujo es una representación gráfica de un proceso o sistema, utilizando símbolos para representar operaciones, flujos y secuencias. En Machine Learning, estos diagramas son muy importantes para visualizar y comprender los pasos y decisiones involucrados en la construcción, entrenamiento y despliegue de modelos.

18.1. Concepto y utilidad

Visualización de procesos: Los diagramas de flujo proporcionan una vista de alto nivel de los pasos involucrados en un proyecto de Machine Learning, desde la adquisición y limpieza de datos hasta el entrenamiento, validación y despliegue de modelos.

Comunicación y colaboración: Son herramientas excelentes para la comunicación entre equipos y partes interesadas, permitiendo a todos los involucrados entender el proceso y colaborar de manera efectiva.

Documentación: Sirven como documentación visual del proceso de Machine Learning, facilitando la revisión, iteración y escalado de proyectos en el futuro.

18.2. Componentes comunes en ML

Adquisición de datos: Representa la obtención de datos desde diversas fuentes, ya sea bases de datos, archivos, APIs o cualquier otro medio.

Preprocesamiento: Refleja las operaciones de limpieza, transformación y preparación de datos para su uso en modelos de Machine Learning.

División de datos: Simboliza la división de datos en conjuntos de entrenamiento, validación y prueba.

Selección de modelo: Representa la elección de algoritmos y técnicas adecuadas para el problema en cuestión.

Entrenamiento y validación: Denota el proceso de entrenar el modelo con datos y validar su rendimiento.

Optimización y ajuste: Simboliza la afinación y optimización de los parámetros del modelo.

Evaluación: Representa la evaluación final del modelo en un conjunto de prueba para determinar su rendimiento.

Despliegue: Denota la implementación del modelo en un entorno de producción.

18.3. Ejemplo práctico

Supongamos que estás desarrollando un sistema de recomendación para una tienda en línea. El objetivo es recomendar productos a los usuarios basados en su historial de compras y comportamiento en el sitio.

El diagrama de flujo podría comenzar con la adquisición de datos, donde se extraen registros de compras y comportamientos de navegación de la base de datos. A continuación, el preprocesamiento, donde se limpian y transforman los datos, seguido de una división en conjuntos de entrenamiento y prueba.

Luego, se selecciona un modelo, como un sistema de filtrado colaborativo. El entrenamiento y la validación se realizan iterativamente, ajustando y optimizando el modelo hasta que se alcanza un rendimiento satisfactorio. Una vez que el modelo está listo, se evalúa con el conjunto de prueba para asegurarse de que funciona como se espera.

Finalmente, el modelo se despliega en el sitio web, donde comienza a recomendar productos a los usuarios en tiempo real.

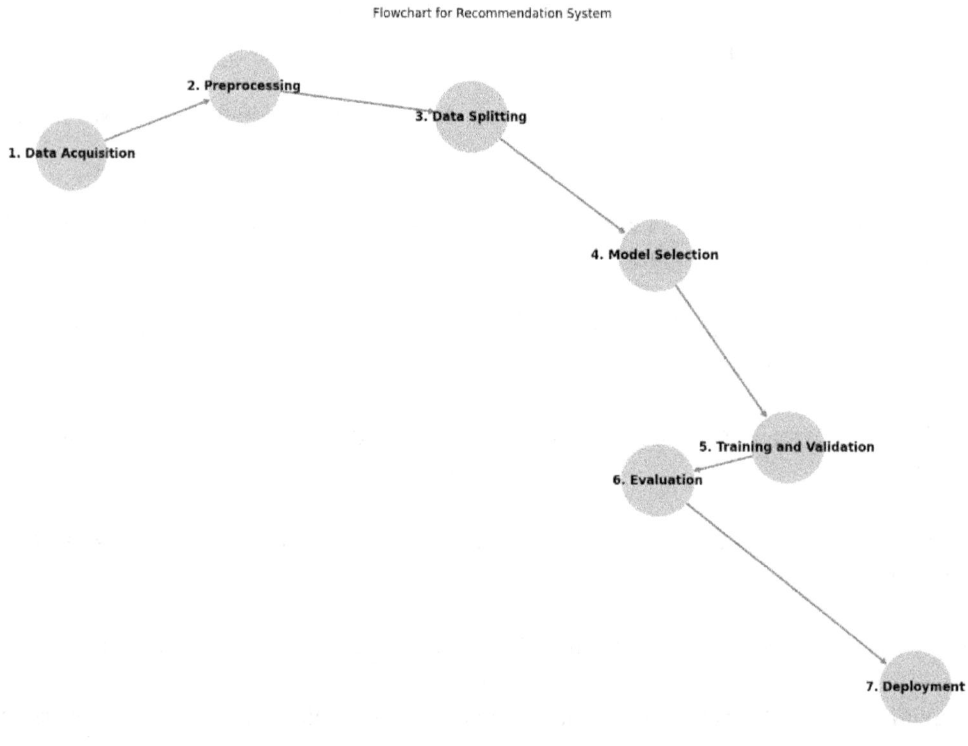

Este diagrama de flujo serviría como una guía visual para el equipo, ayudando a entender cada paso del proceso y asegurando que todos estén alineados en sus esfuerzos.

Los diagramas de flujo, además de visualizar y documentar los procesos de Machine Learning, facilitan la comunicación, colaboración y comprensión, y son cruciales para garantizar el éxito y la escalabilidad de los proyectos.

19. Diagramas de arquitecturas de redes neuronales

Las redes neuronales son un subcampo del aprendizaje automático inspirado en la estructura y función de las redes neuronales biológicas. Son especialmente populares en tareas de procesamiento de imágenes, lenguaje natural, y más. A medida que estas redes se vuelven más complejas, visualizar su arquitectura se convierte en una tarea esencial tanto para el diseño como para la interpretación.

19.1. Concepto y utilidad

Visualización de capas: Una red neuronal está compuesta por capas de neuronas. Los diagramas ayudan a visualizar cómo estas capas se conectan entre sí, cuántas neuronas hay en cada capa, y qué tipo de operaciones se realizan.

Entendimiento profundo: Al visualizar la arquitectura, es más fácil entender y comunicar cómo funciona la red, qué tipo de información procesa, y cómo toma decisiones.

Documentación: Al igual que con otros diagramas, estos sirven como una documentación visual que puede ser esencial para la revisión, iteración, y replicación de modelos.

19.2. Componentes comunes en diagramas de redes neuronales

Neuronas: Representadas generalmente como círculos o nodos, simbolizan las unidades básicas de procesamiento en la red.

Conexiones: Las líneas que conectan las neuronas representan los pesos o conexiones entre estas unidades de procesamiento.

Capas: Se pueden visualizar agrupando neuronas. Las redes típicamente tienen una capa de entrada, varias capas ocultas y una capa de salida.

Operaciones: En redes más complejas, como las redes neuronales convolucionales (CNN) o las redes recurrentes (RNN), se pueden representar operaciones específicas como convoluciones, Pooling o bucles.

19.3. Algoritmos y arquitecturas relacionadas

Redes Neuronales Feedforward (FNN): Son las redes neuronales tradicionales, donde la información fluye en una sola dirección: desde la entrada hasta la salida.

Convolutional Neural Network (CNN): Especialmente diseñadas para procesar datos con estructura de rejilla, como imágenes. Tienen capas convolucionales que procesan información en pequeños bloques o "ventanas".

Recurent Neural Network (RNN): Son redes diseñadas para procesar secuencias de datos, como series temporales o texto. Tienen conexiones que se retroalimentan para mantener información a lo largo del tiempo.

Transformers: Una arquitectura más reciente diseñada para procesar secuencias, pero sin las conexiones recurrentes. Son populares en tareas de procesamiento de lenguaje natural.

19.4. Ejemplo práctico

Imagina que estás diseñando una CNN para clasificar imágenes de radiografías de tórax en busca de signos de enfermedades pulmonares. Tu red podría comenzar con varias capas convolucionales para detectar bordes, formas y patrones en las imágenes. Estas capas podrían estar seguidas de capas de Pooling para reducir la dimensionalidad de la información. Después de varias de estas capas convolucionales y de Pooling, podrías tener algunas capas densamente conectadas (Feedforward) que toman todas las características detectadas y toman una decisión sobre la presencia o ausencia de enfermedad.

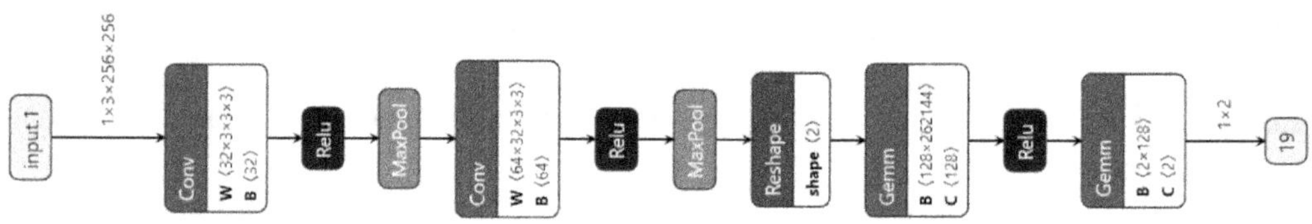

Al visualizar esta arquitectura, puedes ver claramente cómo la red procesa la información, desde la detección de características básicas hasta la toma de decisiones. Esta visualización te ayuda a comunicar cómo funciona la red a otras partes interesadas, asegurarte de que la arquitectura tiene sentido para el problema que estás tratando de resolver y documentar tu trabajo para futuras referencias.

Para trabajar con estas técnicas complejas necesitaras los diagramas de arquitecturas de redes neuronales, porque proporcionan claridad, facilitan la comunicación y son cruciales para el diseño, la interpretación y la documentación de modelos de aprendizaje profundo.

20. Repaso general

A lo largo de este plan de estudio, hemos explorado la diversidad y la importancia de los diagramas en el campo del aprendizaje automático. Desde gráficos simples como histogramas y diagramas de dispersión, que nos permiten obtener una visión inicial y exploratoria de los datos, hasta visualizaciones más complejas y especializadas como la curva ROC y los diagramas de arquitecturas de redes neuronales. Estos diagramas no sólo sirven para interpretar y comprender los datos y modelos, sino también para comunicar hallazgos, decisiones y procesos a un público diverso, desde expertos técnicos hasta partes interesadas no técnicas.

20.1. Importancia de la interpretación correcta de los diagramas

Interpretar correctamente un diagrama es esencial para tomar decisiones informadas en cualquier proyecto de Machine Learning. Una mala interpretación puede llevar a conclusiones erróneas, decisiones subóptimas y, en última instancia, a modelos ineficientes o incluso perjudiciales. Además, en contextos donde los modelos afectan la vida de las personas, como en el diagnóstico médico o en sistemas de recomendación, una interpretación incorrecta puede tener consecuencias reales y tangibles.

Por otro lado, los diagramas también juegan un papel crucial en la construcción de la confianza en los modelos. En una era donde la "caja negra" del aprendizaje automático a menudo se critica, poder visualizar y explicar cómo un modelo toma decisiones es vital para su adopción y aceptación.

20.2. Recomendaciones para seguir aprendiendo

Práctica constante: Al igual que con cualquier habilidad, la mejor manera de aprender a crear e interpretar diagramas es practicando regularmente. Aprovecha conjuntos de datos disponibles en línea para practicar tus habilidades de visualización.

Cursos y tutoriales: Hay muchos recursos en línea que ofrecen tutoriales y cursos sobre visualización de datos y aprendizaje automático. Plataformas como Coursera, Udemy y edX ofrecen cursos que cubren tanto los fundamentos como técnicas avanzadas.

Software y herramientas: Familiarízate con herramientas de visualización como Matplotlib, Seaborn y Plotly para Python, o ggplot2 para R. Para arquitecturas de redes neuronales, herramientas como TensorFlow's TensorBoard o Netron pueden ser muy útiles.

Participa en la comunidad: Únete a foros, grupos y comunidades en línea relacionados con Machine Learning y visualización de datos. Compartir tu trabajo y recibir Feedback, así como ver el trabajo de otros, te ayudará a mejorar tus habilidades.

Lee y mantente actualizado: ¡No seas vago! El día tiene 24 horas. El campo del Machine Learning y la visualización de datos está en constante evolución. Mantente al tanto de las últimas investigaciones, técnicas y herramientas leyendo blogs, artículos y papers académicos. En internet se publican casi diariamente decenas de noticias relacionadas con la Inteligencia Artificial y sus avances.

Como has podido comprobar, y tras realizar un ligero análisis de los principales tipos de diagramas y visualizaciones, los diagramas son de las herramientas más importantes de las que dispones para tu día a día como IA-Manager. Facilitan la comprensión, interpretación y comunicación de datos y modelos complejos. Con la práctica y el aprendizaje continuo, puedes dominar el arte de la visualización y usarlo para mejorar y comunicar tus proyectos de Machine Learning e Inteligencia Artificial. Gracias a estas herramientas y al desarrollo de tus habilidades en este campo lograrás desarrollar grandes proyectos, dirigir tus equipos de la mejor forma y lo que es también tan importante, asesorar debidamente a tu empresa o clientes, y no olvidemos que gracias a estos conocimientos tomarás mejores decisiones. No te lo tomes a la ligera y dejes de darle importancia a este campo. Mantente siempre informado y en continua evolución.

MÓDULO 4

Software

Módulo 4 – Software

21. Software

21.1. Notebooks

¿Qué son los Notebooks?
Los Notebooks, comúnmente conocidos como Jupyter Notebooks o IPython Notebooks, son herramientas interactivas de programación que permiten combinar código, texto, gráficos y ecuaciones en un solo documento. Originados del proyecto IPython en 2001, se han convertido en una herramienta indispensable en Data Science, Data Analysis y, en particular, en el campo de la Inteligencia Artificial y el Machine Learning. Esto y básicamente para que lo entiendas, son algo así como los editores de texto de Windows, pero para programación.

Importancia de los Notebooks en ML
Los Notebooks son esenciales en el aprendizaje automático por varias razones:
Interactividad: Permiten la ejecución de código por bloques o celdas, lo que facilita la experimentación y el análisis paso a paso.
Documentación integrada: Al poder combinar texto y código, sirven no solo como herramienta de análisis sino también como medio para documentar y compartir hallazgos.
Visualización: Con la capacidad de integrar gráficos y visualizaciones directamente en el documento, los Notebooks facilitan la exploración y comprensión de los datos.
Reproducibilidad: Los Notebooks facilitan la reproducibilidad del código y del análisis, lo que es esencial en Data Science y ML para validar resultados.

El papel del IA-Manager en el uso de Notebooks
Un IA-Manager debe estar familiarizado con estas herramientas no solo desde una perspectiva teórica sino también práctica. Aquí algunas razones:
Toma de decisiones basada en datos: Un IA-Manager debe ser capaz de analizar datos, interpretar resultados y tomar decisiones informadas. Los Notebooks facilitan este proceso al combinar análisis y documentación.
Comunicación con equipos técnicos: Al tener conocimientos sobre cómo se estructura y ejecuta el código en un Notebook, un IA-Manager puede comunicarse de manera más efectiva con los Data Scientists y Data Engineers.
Validación de resultados: Para garantizar la precisión y fiabilidad de los modelos y análisis de ML, un IA-Manager debe ser capaz de revisar y, si es necesario, ejecutar Notebooks para validar los hallazgos.

Programas y aplicaciones recomendadas para trabajar Notebooks
Algunos de los programas y aplicaciones más conocidos y recomendados en el mundo de los Notebooks son:
Jupyter Notebook: Es el más popular y ampliamente utilizado en la comunidad de ciencia de datos.
Google Colab: Un servicio de Google que ofrece un entorno de Jupyter Notebook en la nube con recursos de computación gratuitos. Usaré Google Colab para los temas que vamos a tratar en este

libro, ya que, por su sencillez, no solo porque no necesita instalación local, sino por su interfaz de usuario de sencillo manejo, considero que es la mejor opción para todo aquel que se esté iniciando. Si por otro lado tu ya tienes un nivel más avanzado y tienes Python instalado en tu ordenador, solo tendrás que seguir los pasos usando Python.
RStudio (para R): Aunque no es un "Notebook" en el sentido tradicional, RStudio ofrece un entorno similar para los usuarios del lenguaje de programación R.
Zeppelin: Utilizado principalmente con Apache Spark y otros sistemas de big data.
Deepnote: Una nueva generación de Notebooks en la nube con características colaborativas.

Los Notebooks son una herramienta esencial en el ecosistema de IA y ML, y un IA-Manager bien versado en su uso estará mejor preparado para liderar proyectos de IA con éxito.

21.2. Programas y aplicaciones

Hay muchos programas y herramientas que se utilizan en el campo de la Inteligencia Artificial y el Machine Learning. Estos programas facilitan el desarrollo, entrenamiento y despliegue de modelos de IA/ML, así como el análisis y visualización de datos. La mayoría de los programas debes instalarlos de forma autónoma, pero ya hay muchas herramientas online que te permiten trabajar con datos en la nube sin necesidad de tener el programa directamente instalado de forma local. Aunque durante un proyecto no seas tú el encargado de realizar el análisis de los datos, ni depurarlos, ni de crear las estructuras que se necesitan para el entrenamiento de los algoritmos y ni siquiera tengas que programar tú el algoritmo, es tu deber y obligación, como manager del proyecto, tener como mínimo nociones de programación de nivel medio, ya que esto además de desarrollar tu comprensión a cerca de los datos durante el proyecto, también refuerza tu capacidad como líder a la hora de gestionar el proyecto y dirigir el equipo. Imagínate que un día enferma el ingeniero de datos (Date Engineer), quién es responsable del procesamiento y preparación de los datos. Si ese día tienes un Meeting donde debéis mostrar los datos y tú no sabes ni con que programa debes abrirlos, ni como representar los gráficos, entonces tienes un problema muy grave. Con ello tú, también tu equipo, y por consecuencia pones en riesgo el proyecto, sin olvidar que de cara a la gerencia de la empresa das una imagen muy poco profesional y despreocupada. Ahora imagínate por un momento que el ingeniero de datos o el científico de datos se da de baja una o incluso dos semanas. Entonces tienes un problema enorme, sin olvidar las consecuencias para la empresa.
Antes de adentrarnos en el mundo de los datos que necesitamos para entrenar a los algoritmos y realizar nuestros análisis voy a darte una lista de programas que puedes usar tanto para programar como para realizar análisis. En este punto te aviso de que este tema no lo voy a tratar a profundidad, ya que solo con este tema podría escribir todo un libro. Es tu obligación, y ya a estas alturas, trabajar y entrenarte para adquirir los conocimientos necesarios para comprender los temas y puntos que a continuación vamos a tratar. Si aún no tienes nada de conocimientos entonces te recomiendo encarecidamente que busques en las diferentes plataformas tanto vídeos como cursos que te ayuden a avanzar en este aspecto de la programación. En mi página web hay disponibles gratuitamente Cheet-Sheets que te ayudarán con las fórmulas básicas.
Yo te aconsejo que te centres en Python. A medida que vallamos profundizando en este tema iras viendo que según el tipo de proyecto en el que trabajes necesitarás una librería u otra.

21.2.1. Lista de programas más usados y valorados

Python
Aplicación y uso: Python es uno de los lenguajes de programación más populares para la IA y ML. Tiene una amplia variedad de Librerías y frameworks que facilitan la implementación y el entrenamiento de modelos, así como el análisis y la visualización de datos.
Ventajas:
- Versátil y fácil de aprender.
- Gran comunidad, lo que significa abundante documentación y soporte.
- Amplia variedad de Librerías como TensorFlow, Keras, PyTorch, scikit-learn, pandas, entre otras.

R
Aplicación y uso: R es otro lenguaje de programación ampliamente utilizado, especialmente en estadísticas y análisis de datos.
Ventajas:
- Especializado en análisis estadístico.
- Amplia variedad de paquetes para diferentes tareas de análisis y visualización de datos.
- Interfaz con muchas otras herramientas y lenguajes.

TensorFlow
Aplicación y uso: Es un framework de código abierto desarrollado por Google para la creación y entrenamiento de modelos de IA y ML.
Ventajas:
- Escalable y puede desplegarse en múltiples plataformas.
- Soporte para redes neuronales profundas y otros algoritmos de ML.
- Integración con Keras, una interfaz de alto nivel para la construcción de modelos.

PyTorch
Aplicación y uso: Es un framework de código abierto desarrollado por Facebook para la construcción y entrenamiento de modelos de ML.
Ventajas:
- Más orientado a la investigación, permitiendo una mayor flexibilidad.
- Soporta operaciones dinámicas, a diferencia de TensorFlow que es estático.
- Intuitivo y fácil de usar.

scikit-learn
Aplicación y uso: Librería de Python para aprendizaje automático. Es ideal para algoritmos tradicionales de ML.
Ventajas:
- Fácil de usar y ampliamente adoptado.
- Gran variedad de algoritmos de ML implementados.
- Excelente documentación.

Jupyter Notebook
Aplicación y uso: Es un entorno de desarrollo interactivo que permite la creación y el intercambio de documentos con código, ecuaciones, visualizaciones y texto.
Ventajas:
- Interactivo y fácil de compartir.
- Soporta múltiples lenguajes, aunque es más comúnmente utilizado con Python.
- Ideal para análisis exploratorio de datos y prototipos.

SQL y bases de datos relacionales
Aplicación y uso: Las bases de datos SQL son esenciales para gestionar y consultar grandes conjuntos de datos.
Ventajas:
- Estandarizado y ampliamente adoptado.
- Permite operaciones complejas de consulta y análisis de datos.
- Muchas opciones disponibles (MySQL, PostgreSQL, Microsoft SQL Server, entre otros).

Estos son solo algunos ejemplos de las muchas herramientas disponibles. Otros programas y herramientas populares incluyen Weka, MATLAB, KNIME, RapidMiner, H2O, Google Colab y más. La elección de la herramienta o programa adecuado dependerá en gran medida del problema específico que estés tratando de resolver, tus preferencias personales y el contexto en el que estés trabajando. Yo personalmente, si te estas iniciando, te recomiendo que uses Google Colab, ya que es gratuito y es muy fácil de usar. Solo tienes que registrarte, crear un nuevo Notebook y comenzar a programar, sin olvidar que también, y por supuesto, puedes subir Notebooks, visualizarlos, reproducirlos, editarlos y en general todo lo que harías con Python, scikit-learn, Jupiter Notebook y el resto de aplicaciones. El único inconveniente que le veo a Google Colab, pero es lógico, es que, al ser de uso gratuito, cuando terminas de trabajar y vuelves, la próxima vez debes subir el archivo de datos del proyecto nuevamente, pero sinceramente, yo he usado Google Colab y no es tan molesto, simplemente no debes olvidar este punto. Por lo demás, el tiempo dirá con que programa tienes más afinidad y te desenvuelves mejor. Algo positivo también es que al no estar instalado de forma local, puedes tener tus proyectos siempre a tu disposición y te puedes conectar desde cualquier otro ordenador o dispositivo.

21.3. Librerías

Las librerías son esenciales en el campo del aprendizaje automático y la ciencia de datos, ya que proporcionan herramientas predefinidas que simplifican y aceleran el proceso de desarrollo. Se les llama "librerías" en el contexto de la programación. Para evitar ambigüedades, es más preciso referirse a ellas como 'Librerías' cuando hablamos de conjuntos de funciones y métodos que ofrecen habilidades específicas en un lenguaje de programación. Sin embargo, coloquialmente siempre se les llama 'libraries'. A continuación, te presento algunas de las Librerías más importantes y populares en el campo de la IA y el ML, especialmente en el contexto de Python:

21.3.1. Algunas de las librerías más usadas y valoradas

pandas
Descripción: Librería de manipulación y análisis de datos.
Características principales:
- Proporciona estructuras de datos como Series y DataFrame.
- Herramientas integradas para leer y escribir datos entre diferentes formatos.
- Funciones de manipulación de datos como agrupación, fusión y reshaping.

NumPy
Descripción: Librería para computación numérica en Python.
Características principales:
- Proporciona el objeto ndarray para el almacenamiento y manipulación de matrices multidimensionales.
- Funciones matemáticas para operaciones con matrices y álgebra lineal.
- Integración con otras Librerías de Python.

TensorFlow y Keras
Descripción: TensorFlow es un framework de aprendizaje automático de código abierto. Keras es una interfaz de alto nivel para TensorFlow.
Características principales:
- Creación y entrenamiento de modelos de aprendizaje profundo.
- Capacidad para ejecutarse en múltiples CPUs y GPUs.
- Keras proporciona una forma simplificada y modular de definir y entrenar modelos de ML.

PyTorch
Descripción: Librería de aprendizaje automático de código abierto.
Características principales:
- Diseñado para ser flexible y dinámico, especialmente útil en investigación.
- Proporciona tensores que pueden ejecutar cálculos en GPUs.
- Autograd para calcular automáticamente gradientes.

scikit-learn
Descripción: Librería para aprendizaje automático en Python.
Características principales:
- Implementación de una amplia variedad de algoritmos de ML, incluidos clasificación, regresión, clustering, entre otros.
- Herramientas para selección de modelos, evaluación y preprocesamiento.

Matplotlib y Seaborn
Descripción: Librerías para visualización de datos en Python.
Características principales:
- **Matplotlib** es una herramienta versátil para crear gráficos estáticos, animados e interactivos.
- **Seaborn** es una interfaz de alto nivel basada en Matplotlib diseñada para hacer gráficos estadísticos más atractivos y fáciles de crear.

NLK y SpaCy
Descripción: Librerías para procesamiento de lenguaje natural (PLN).
Características principales:
- **NLTK** incluye herramientas y corpora en inglés para trabajar con datos de lenguaje humano.
- **SpaCy** es una Librería moderna para PLN que es rápida y diseñada para ser utilizada en aplicaciones del mundo real.

OpenCV
Descripción: Librería de visión por computadora.
Características principales:
- Funciones para procesamiento de imágenes y videos.
- Herramientas para detección de características, reconocimiento de objetos y construcción de interfaces gráficas.

Estas son solo algunas de las Librerías más populares y utilizadas en el ámbito de la IA y el ML. Hay muchas otras especializadas en diferentes áreas y aplicaciones. La elección de la Librería adecuada depende en gran medida del problema específico que se esté tratando de resolver y de las preferencias del desarrollador. En tu caso, y como IA-Manager, debes conocerlas y saber cuáles son sus posibilidades, ya que tarde o temprano deberás trabajar con ellas.

21.4. Plataformas más destacadas

El Machine Learning, cómo ya bien sabes, se centra en el desarrollo de sistemas que pueden aprender de los datos, identificar patrones y tomar decisiones con una mínima intervención humana. Esta habilidad de aprender y adaptarse es lo que hace que el ML sea tan poderoso y versátil. Los avances en el hardware, como el incremento de la capacidad de procesamiento y el acceso a grandes cantidades de datos, han facilitado la rápida evolución de estos campos. Aquí es donde aparece el hardware.

En la parte más fundamental del trabajo en IA y ML, la programación y entrenamiento de algoritmos y modelos, se utilizan diversas plataformas y herramientas que facilitan este proceso, proporcionando entornos robustos, flexibles y accesibles para científicos de datos, ingenieros y desarrolladores. Y lo más importante, es que ofrecen soluciones asequibles para aquellos que, por ejemplo, no disponen del hardware necesario para los entrenamientos de los algoritmos, o incluso del algoritmo en sí. Estas plataformas varían en sus capacidades, desde ofrecer poderosas herramientas de procesamiento de datos hasta permitir el entrenamiento de modelos de ML en la nube o en dispositivos de borde (Edge Computing).

Cada plataforma tiene sus propias fortalezas, enfocándose en diferentes aspectos del proceso de desarrollo de ML y AI, como la facilidad de uso, la accesibilidad a recursos computacionales (como GPUs y TPUs), la colaboración en equipo, la integración con otros servicios y plataformas, y las capacidades específicas para ciertos tipos de proyectos o industrias. La elección de la plataforma adecuada puede depender de varios factores, incluyendo la naturaleza del proyecto, los recursos disponibles, y el nivel de experiencia del usuario. Aquí vas a encontrar un aliado muy importante, ya que estas plataformas pueden ayudarte, no solo a incrementar tus conocimientos, sino también a impulsar tus proyectos y experimentos.

Aquí te ofrezco una lista de algunas de las que para mí, son de las más importantes y las que sí o sí debes tener en cuenta en tu camino como IA-Manager.
Yo te recomiendo, que si no usas Python, PyCharm etc, uses estas plataformas, ya que cada una te ofrece posibilidades diferentes y todas son de gran ayuda en tus muy diferentes proyectos de IA y ML.

Google Colab:
Una de mis favoritas para el análisis de datos y la visualización de resultados. Es una plataforma basada en la nube que permite escribir y ejecutar código Python a través del navegador. Es especialmente útil para Machine Learning, análisis de datos y educación.

Ventajas: Ofrece acceso gratuito a GPUs y TPUs, facilita la colaboración en tiempo real, y no requiere configuración. Ideal para quienes buscan un entorno de desarrollo rápido y colaborativo.

Edge Impulse:
Esta plataforma está diseñada específicamente para el desarrollo de aplicaciones de Inteligencia Artificial en dispositivos de borde (edge computing). Con esta plataforma comencé a realizar mis primeros proyectos de análisis de imágenes. En su versión gratuita no es apta para grandes proyectos debido a sus limitaciones, pero en su versión de pago no me cabe duda de que te será de gran ayuda.

Ventajas: Permite el procesamiento de datos en tiempo real en el dispositivo, reduciendo la necesidad de conectividad constante y mejorando la eficiencia energética. Óptima para proyectos de IoT y dispositivos móviles.

Amazon SageMaker:
Un servicio completamente gestionado que permite a los desarrolladores y científicos de datos construir, entrenar y desplegar modelos de Machine Learning de forma rápida.

Ventajas: Integración con AWS, amplia gama de herramientas para experimentación y depuración, y facilidades para escalar y desplegar modelos.

IBM Watson Studio:
Una plataforma que ofrece un conjunto de herramientas y un entorno colaborativo para científicos de datos, desarrolladores y expertos en dominios para trabajar juntos en proyectos de datos y AI.

Ventajas: Fuertes capacidades de análisis de datos y visualización, integración con IBM Cloud y otras fuentes de datos, y herramientas para el desarrollo de modelos de Machine Learning e Inteligencia Artificial.

Kaggle:
Una plataforma popular para competencias de ciencia de datos, que también ofrece un entorno de notebooks gratuito.

Ventajas: Gran comunidad de científicos de datos, amplia variedad de conjuntos de datos disponibles, y un entorno competitivo para probar y mejorar las habilidades.

Microsoft Azure Machine Learning:
Es un servicio de cloud computing que permite a los usuarios construir, entrenar y desplegar modelos de Machine Learning utilizando herramientas de Microsoft Azure.

Ventajas: Integración con varias herramientas de Microsoft, opciones para desarrollo automático de modelos, y facilidades para el despliegue y la gestión de modelos a gran escala.

Cada una de estas plataformas tiene sus características únicas y se adapta a diferentes necesidades y escenarios en el campo del Machine Learning y la Inteligencia Artificial. Tanto si estas empezando, como si eres profesional en una gran empresa con muchos recursos, como si eres un profesional autónomo como yo, estas herramientas te servirán de gran ayuda. Saberlas manejar y combinar para tus proyectos puede ahorrarte un tiempo muy valioso y ayudarte en tu toma de decisiones a la hora de enfrentar y abordar un proyecto.

MÓDULO 5

TinyML

Módulo 5 – TinyML

22. ¿Qué es TinyML?

TinyML es abreviatura de "Tiny Machine Learning", esta se refiere al despliegue de modelos de aprendizaje automático en dispositivos extremadamente pequeños y de bajo consumo. Estos dispositivos incluyen microcontroladores, sistemas integrados y otros dispositivos que tienen restricciones de memoria, capacidad de procesamiento y energía. El propósito principal de TinyML es llevar la Inteligencia Artificial directamente a los "bordes" o "edge", lo que significa procesar la información directamente en el dispositivo donde se recopila, en lugar de enviarla a un servidor o nube para el análisis.

22.1. Importancia y aplicaciones de TinyML en la industria y en la vida cotidiana

Importancia
Eficiencia energética: Dado que los dispositivos TinyML están diseñados para ser de bajo consumo, pueden operar durante largos periodos con una pequeña batería o incluso con energía recolectada del ambiente.
Latencia reducida: Al procesar los datos directamente en el dispositivo, se eliminan los tiempos de transmisión a servidores remotos, permitiendo respuestas en tiempo real o casi en tiempo real.
Privacidad y seguridad: Procesar datos en el dispositivo puede ayudar a garantizar que los datos sensibles no se transmitan ni se almacenen en lugares vulnerables.

Aplicaciones
Electrodomésticos inteligentes: Por ejemplo, una cafetera que "aprende" cómo te gusta tu café basándose en tus interacciones previas.
Salud y bienestar: Dispositivos wearables que monitorean constantemente signos vitales y detectan anomalías, como un ritmo cardíaco irregular.
Agricultura de precisión: Sensores en el campo que detectan las condiciones del suelo y ajustan el riego o la fertilización en tiempo real.
Industria: Máquinas que pueden detectar desgaste o fallos inminentes a través de la monitorización constante y alertar para mantenimientos preventivos.
Ciudades inteligentes: Farolas que ajustan su luminosidad basándose en la presencia de peatones o vehículos, ahorrando energía cuando no es necesario iluminar a máxima potencia.

TinyML representa una revolución en cómo y dónde se puede implementar la IA. Al llevar la capacidad de procesamiento de ML a dispositivos pequeños y ubicuos, se abren infinitas posibilidades para innovaciones que pueden mejorar la eficiencia, la seguridad y la calidad de vida.

23. Diferencia entre ML tradicional y TinyML

El Machine Learning tradicional y el TinyML tienen la misma base teórica, pero se aplican en contextos muy diferentes. A continuación, se detallan las principales diferencias entre ambos:

23.1. Escalabilidad y limitaciones de hardware

ML Tradicional:
Dispositivos de alto rendimiento: Se ejecutan en servidores, GPUs, o clusters de computadoras con grandes cantidades de memoria y capacidad de procesamiento.
Recursos amplios: No hay restricciones significativas en términos de memoria o capacidad de procesamiento. Esto permite modelos más grandes y complejos.

TinyML:
Dispositivos de bajo rendimiento: Se ejecutan en microcontroladores o sistemas embebidos con limitaciones significativas en términos de memoria y capacidad de procesamiento.
Recursos limitados: Se deben considerar restricciones de memoria y potencia de procesamiento al diseñar y desplegar modelos. Esto a menudo requiere optimizaciones y simplificaciones específicas.

23.2. Requisitos de consumo energético

ML Tradicional:
Consumo alto: Las GPUs y otros dispositivos de alto rendimiento consumen grandes cantidades de energía.
Conexión continua: Generalmente, estos sistemas están conectados a la red eléctrica de manera permanente.

TinyML:
Consumo bajo: Diseñados para ser extremadamente eficientes en términos de energía. Pueden funcionar con baterías pequeñas durante meses o incluso años.
Energía recogida: Algunos dispositivos pueden operar con energía recolectada del entorno, como la energía solar o térmica.

23.3. Latencia y tiempo de respuesta

ML Tradicional:
Latencia variable: Puede haber latencia debido a la necesidad de comunicarse con servidores remotos, especialmente en aplicaciones basadas en la nube.
Más datos: Capaz de procesar grandes volúmenes de datos, lo que puede introducir retrasos dependiendo del tamaño del dataset.

TinyML:
Latencia reducida: Al procesar los datos localmente, se eliminan los tiempos de transmisión y se permite una acción en tiempo real o casi en tiempo real.
Datos limitados: Generalmente procesan datos en pequeños lotes o incluso en tiempo real a medida que se recopilan.

Mientras que el ML tradicional se centra en la potencia bruta y la capacidad de procesar grandes conjuntos de datos, el TinyML se centra en la eficiencia, la rapidez y la capacidad de operar en entornos con recursos limitados. Ambos tienen sus propias fortalezas y aplicaciones, y la elección entre uno y otro dependerá de las necesidades específicas del proyecto o aplicación.

24. Plataformas y herramientas para TinyML

La implementación de TinyML en dispositivos de bajo consumo requiere herramientas y plataformas especializadas que permitan optimizar, convertir y desplegar modelos de aprendizaje automático en estos dispositivos. Antes de adentrarnos en este tema quiero primero dejar claro, que la información y plataformas podría no ser actual en el momento en que tu estés leyendo este libro. Las tecnologías cambian y por lo tanto también es de esperar que estas plataformas también lo hagan. Estas son solo algunas, y son las que yo personalmente recomiendo.

24.1. TensorFlow Lite para Microcontrollers

TensorFlow Lite para Microcontrollers es una extensión de TensorFlow Lite diseñada específicamente para microcontroladores y otros dispositivos de hardware de bajo consumo.

Características:
Optimizado para memoria: Pensado para funcionar en dispositivos con tan solo unos pocos kilobytes de memoria.
Operadores reducidos: Incluye un conjunto reducido de operadores para mantener el tamaño del modelo al mínimo.
Integración con plataformas de hardware: Compatible con una variedad de plataformas, incluyendo Arduino, ESP32, y plataformas basadas en ARM Cortex-M.

24.2. Edge Impulse

Edge Impulse es una plataforma de desarrollo que facilita la creación y el despliegue de modelos de ML en dispositivos edge, incluidos microcontroladores, CPUs de propósito general y FPGAs.

Características:
Entorno de desarrollo integrado: Facilita la recopilación de datos, el entrenamiento de modelos y el despliegue en dispositivos.
Optimización automática: La plataforma realiza automáticamente la cuantización y optimización de modelos para dispositivos específicos.
Soporte para sensores diversos: Puede trabajar con datos de una amplia variedad de sensores, incluidos acelerómetros, cámaras y micrófonos.

24.3. CMSIS-NN (Neural Network libraries for ARM Cortex-M)

CMSIS-NN es un conjunto de funciones de software eficientes desarrolladas para maximizar el rendimiento y minimizar el consumo de memoria en dispositivos basados en ARM Cortex-M.

Características:
Optimizado para ARM: Diseñado específicamente para maximizar la eficiencia en dispositivos ARM Cortex-M.
Funciones de bajo Nivel: Proporciona funciones de bajo nivel para operaciones comunes en redes neuronales, como convoluciones y activaciones.
Integrable con otras plataformas: Puede ser utilizado en conjunto con herramientas como TensorFlow Lite for Microcontrollers para un flujo de trabajo más fluido.

Estas herramientas y plataformas facilitan el desarrollo y despliegue de soluciones TinyML al proporcionar optimizaciones específicas para hardware de bajo consumo, así como flujos de trabajo simplificados para la implementación en dispositivos reales. Es esencial familiarizarse con estas herramientas para llevar a cabo proyectos TinyML de manera efectiva.

25. Optimización de modelos para TinyML

Dada la naturaleza restringida del hardware en el que se despliegan los modelos de TinyML, es esencial realizar optimizaciones específicas para garantizar que los modelos funcionen de manera eficiente y efectiva. Aquí se describen algunas de las técnicas más comunes y relevantes:

25.1. Cuantización y poda

25.1.1. Cuantización

La cuantización implica reducir la precisión de los números utilizados en un modelo, por ejemplo, pasando de números de punto flotante a números enteros de 8 bits.

Beneficios: Esto puede reducir significativamente el tamaño del modelo y acelerar las inferencias, con un impacto mínimo en la precisión del modelo.

Tipos de cuantización:
Cuantización Post-entrenamiento: Se aplica a un modelo ya entrenado.
Cuantización durante el entrenamiento: Se integra la cuantización como parte del proceso de entrenamiento, lo que a menudo da como resultado una mayor precisión.

25.1.2. Poda

La poda implica eliminar ciertos pesos o neuronas del modelo que tienen poco impacto en la salida.

Beneficios: Puede reducir significativamente el tamaño del modelo y el número de cálculos necesarios para la inferencia sin afectar demasiado la precisión.

Técnicas comunes:
Poda por magnitud: Eliminar pesos basados en su magnitud.
Poda estructurada: Eliminar estructuras completas, como canales o capas.

25.2 Transferencia de aprendizaje

La transferencia de aprendizaje implica tomar un modelo preentrenado en un gran conjunto de datos y adaptarlo a una tarea específica con un conjunto de datos más pequeño.

Beneficios: Permite aprovechar modelos grandes y potentes, pero adaptados para funcionar en dispositivos con restricciones de memoria y capacidad de procesamiento.

Uso común: Es especialmente útil cuando se dispone de datos limitados para una tarea específica.

25.3. Reducción de dimensiones y simplificación de arquitecturas

Técnicas como PCA o Autoencoders: Estas técnicas pueden ser utilizadas para reducir la dimensionalidad de los datos de entrada, lo que puede acelerar el proceso de inferencia.

Arquitecturas ligeras: Utilizar arquitecturas de redes neuronales diseñadas específicamente para ser pequeñas y rápidas, como MobileNet o TinyDarknet.

La optimización de modelos para TinyML es un paso crucial que puede marcar la diferencia entre un modelo que funciona en tiempo real en un dispositivo de bajo consumo y uno que no lo hace. Es esencial tener en cuenta estas técnicas y considerarlas en función de las necesidades específicas del proyecto y las limitaciones del hardware objetivo.

26. Desarrollo de hardware para TinyML

Para implementar TinyML de manera efectiva, es esencial contar con hardware adecuado. Los dispositivos destinados a TinyML están diseñados para ser energéticamente eficientes, rápidos y capaces de ejecutar modelos de aprendizaje automático en tiempo real o casi en tiempo real, todo ello dentro de las limitaciones de memoria y capacidad de procesamiento. Antes de adentrarnos en este tema, y como ya comenté en el punto número 26, quiero primero dejar claro, que la información y hardware podría no ser actual en el momento en que tu estés leyendo este libro. Las tecnologías cambian y por lo tanto también es de esperar que el hardware también lo haga. La siguiente información debe tratarse únicamente como referencia o guía para el encontrar el hardware necesario y adaptado a cada proyecto.

26.1. Microcontroladores populares para TinyML

ARM Cortex-M: Una familia de microcontroladores RISC de 32 bits que son ampliamente usados en aplicaciones industriales, automotrices y de consumo. Varios miembros de esta familia, como el Cortex-M4 y el Cortex-M7, son populares para aplicaciones TinyML debido a su equilibrio entre potencia de procesamiento y eficiencia energética.

ESP32: Un microcontrolador de bajo costo con soporte para Wi-Fi y Bluetooth, que es popular en proyectos de IoT. Tiene suficiente potencia para manejar tareas básicas de TinyML.

RISC-V: Una arquitectura de conjunto de instrucciones (ISA) abierta que ha ganado popularidad en aplicaciones embebidas. Algunos microcontroladores basados en RISC-V están siendo adaptados para aplicaciones TinyML.

26.2. Sensores y actuadores

Sensores: Los dispositivos TinyML suelen estar equipados con diversos sensores para recopilar datos del entorno. Estos pueden incluir sensores de movimiento (como acelerómetros y giroscopios), sensores ambientales (como termómetros y sensores de humedad), cámaras, micrófonos, entre otros.

Actuadores: Una vez que se ha procesado la información, los dispositivos TinyML pueden tomar acciones usando actuadores. Estos pueden incluir motores, LEDs, altavoces, y otros medios para interactuar con el entorno o con el usuario.

26.3. Consumo de energía y gestión de batería

Optimización del consumo: Es esencial que los dispositivos TinyML sean extremadamente eficientes en términos de consumo de energía. Esto puede lograrse mediante técnicas como el modo de suspensión profunda, en el que el dispositivo se "duerme" cuando no está activo, y se "despierta" rápidamente cuando se necesita procesar información.

Fuentes de energía alternativas: Algunos dispositivos TinyML pueden operar con energía recolectada del ambiente, como la energía solar, térmica o cinética. Esto les permite funcionar durante largos periodos sin necesidad de cambiar o recargar las baterías.

Gestión de batería: Los dispositivos deben ser capaces de monitorear el nivel de carga de su batería y adaptar su comportamiento en consecuencia, posiblemente reduciendo la frecuencia de muestreo o desactivando ciertas funciones para conservar energía.

El hardware adecuado es esencial para el éxito de cualquier proyecto TinyML. Al seleccionar y diseñar hardware para TinyML, es crucial considerar las necesidades específicas de la aplicación y equilibrar cuidadosamente la potencia de procesamiento, el consumo de energía y otros factores clave.

27. Implementación de modelos en dispositivos

Una vez que un modelo ha sido optimizado para TinyML, el siguiente paso es implementarlo en un dispositivo específico. Este proceso implica una serie de pasos y consideraciones para asegurarse de que el modelo funcione correctamente en el hardware objetivo.

27.1. Proceso de despliegue de un modelo en un microcontrolador

1. Conversión del modelo: Dependiendo de la herramienta o plataforma utilizada, es posible que debas convertir el modelo a un formato específico. Por ejemplo, TensorFlow Lite for Microcontrollers requiere que los modelos estén en formato `.tflite`.

2. Integración con el entorno de desarrollo: Importa el modelo convertido en tu entorno de desarrollo, que podría ser un IDE específico para microcontroladores como PlatformIO, Keil, o Arduino IDE.

3. Desarrollo del código de inferencia: Escribe el código que gestionará la inferencia en el dispositivo, incluyendo la alimentación de datos al modelo, la ejecución de la inferencia y la interpretación de los resultados.

4. Optimización del código: Dependiendo del dispositivo, puede ser necesario realizar optimizaciones adicionales en el código para garantizar que la inferencia se realice en tiempo real.

5. Pruebas en el dispositivo: Antes de la implementación final, es crucial probar el modelo en el dispositivo para identificar y corregir posibles problemas de rendimiento o precisión.

6. Despliegue Final: Una vez que todo funciona como se espera, el código y el modelo se despliegan en el dispositivo para su uso en un entorno real.

27.2. Integración con otros sistemas y dispositivos IoT

Comunicación: En muchos casos, los dispositivos TinyML necesitarán comunicarse con otros dispositivos o sistemas. Esto puede hacerse a través de protocolos comunes como MQTT, CoAP, o directamente a través de Wi-Fi o Bluetooth.

Sincronización con la nube: Aunque el propósito de TinyML es procesar datos localmente, a veces es útil sincronizar o enviar datos a la nube para análisis adicionales, almacenamiento a largo plazo o para recibir actualizaciones del modelo.

Interacción con el usuario: Dependiendo de la aplicación, es posible que desees proporcionar una interfaz para que los usuarios interactúen con el dispositivo, ya sea a través de una aplicación móvil, una interfaz web o directamente en el dispositivo.

La implementación efectiva de modelos en dispositivos es un paso crítico en cualquier proyecto TinyML. Requiere una combinación de habilidades en aprendizaje automático, desarrollo embebido y sistemas de comunicación para garantizar que el dispositivo funcione de manera confiable y eficiente en el mundo real.

28. Casos de uso y aplicaciones reales

TinyML ha encontrado aplicaciones en una amplia variedad de sectores, desde la industria hasta el consumo diario. Estos casos de uso aprovechan la capacidad de procesar datos directamente en el dispositivo, ofreciendo respuestas rápidas y mejorando la privacidad y la eficiencia. Algunos de los casos de uso más destacados incluyen:

28.1. Reconocimiento de voz en dispositivos de bajo consumo

Permitir que dispositivos con recursos limitados, como juguetes, electrodomésticos o wearables, reconozcan comandos de voz sin tener que conectarse a la nube.
Beneficios: Mejora la privacidad al procesar el audio localmente, reduce la latencia al no depender de conexiones de red, y permite la interactividad en dispositivos que no tienen pantallas o teclados tradicionales.

28.2. Detección de anomalías en maquinaria industrial

Los sensores colocados en maquinaria industrial pueden monitorizar constantemente las vibraciones, temperaturas y otros parámetros para detectar comportamientos anómalos que puedan indicar un fallo inminente.
Beneficios: Reduce el tiempo de inactividad y los costos de mantenimiento al permitir intervenciones proactivas antes de que se produzcan fallos graves. Además, al procesar los datos localmente, se minimiza el volumen de datos transmitidos, lo que puede ser esencial en entornos industriales donde la conectividad puede ser costosa o limitada.

28.3. Monitorización de salud y bienestar personal

Dispositivos wearables, como relojes inteligentes o bandas de fitness, pueden usar TinyML para procesar datos biométricos en tiempo real, detectando eventos como caídas, ritmos cardíacos anómalos o patrones de sueño irregulares.
Beneficios: Proporciona feedback inmediato al usuario y puede alertar en situaciones de emergencia. Al procesar los datos localmente, se mejora la privacidad y se reduce la dependencia de una conexión a la nube.

28.4. Agricultura de precisión

Sensores desplegados en campos agrícolas pueden utilizar TinyML para analizar condiciones del suelo, humedad, y otros factores, ajustando automáticamente el riego o la administración de fertilizantes.
Beneficios: Maximiza la eficiencia en el uso de recursos como el agua y los fertilizantes, lo que puede resultar en cosechas más abundantes y sostenibles.

28.5. Seguridad y Vigilancia

Las cámaras equipadas con capacidades TinyML pueden detectar movimientos, reconocer caras o identificar objetos sin necesidad de enviar imágenes a un servidor central.
Beneficios: Mejora la privacidad al no transmitir video continuamente, y puede alertar en tiempo real sobre situaciones sospechosas.

Estos casos de uso ilustran el potencial y la versatilidad de TinyML en aplicaciones prácticas. Al llevar la capacidad de procesamiento de ML directamente a los dispositivos en el "borde", se abren oportunidades para innovaciones que mejoran la eficiencia, la privacidad y la funcionalidad en una amplia gama de sectores.

29. Retos y limitaciones de TinyML

A pesar del potencial transformador de TinyML, también enfrenta desafíos y limitaciones inherentes a su naturaleza y al hardware en el que opera. Estos desafíos deben ser comprendidos y abordados para lograr implementaciones exitosas.

29.1. Restricciones de memoria y capacidad de procesamiento

Los dispositivos destinados a TinyML, como los microcontroladores, tienen limitaciones significativas en términos de memoria RAM y capacidad de almacenamiento. Además, su potencia de procesamiento es limitada en comparación con los servidores o GPUs.

Implicaciones: Estas restricciones obligan a usar modelos más pequeños y simplificados, y pueden limitar la complejidad de las tareas que estos dispositivos pueden manejar.

29.2. Durabilidad y ciclo de vida de los dispositivos

Los dispositivos que operan en entornos difíciles o remotos deben ser robustos y duraderos. Además, una vez desplegados, pueden no ser fácilmente accesibles para actualizaciones o mantenimiento.
Implicaciones: Esto puede hacer que sea difícil actualizar modelos o corregir problemas una vez que el dispositivo esté en funcionamiento. La necesidad de durabilidad también puede influir en la elección de componentes y materiales.

29.3. Seguridad y privacidad en dispositivos Edge

Aunque el procesamiento local puede mejorar la privacidad al reducir la transmisión de datos, los dispositivos edge pueden ser vulnerables a ataques físicos o a manipulaciones.
Implicaciones: Es esencial implementar medidas de seguridad robustas, tanto a nivel de hardware como de software, para proteger los datos y garantizar la integridad del dispositivo y de las inferencias.

29.4. Integración con sistemas existentes

En muchos casos, los dispositivos TinyML deben integrarse con sistemas o infraestructuras existentes, lo que puede presentar desafíos de compatibilidad o interoperabilidad.
Implicaciones: Puede ser necesario desarrollar adaptadores, interfaces o middleware para garantizar que los dispositivos TinyML se comuniquen y funcionen correctamente con sistemas más grandes o más antiguos.

29.5. Evaluación y validación en el mundo real

Dado que TinyML opera en el "borde", las condiciones del mundo real pueden variar ampliamente y presentar escenarios no previstos durante el entrenamiento o la validación del modelo.
Implicaciones: Es crucial realizar pruebas exhaustivas y posiblemente adoptar enfoques de aprendizaje continuo o adaptativo para garantizar que los modelos se comporten correctamente en todas las situaciones posibles.

Mientras que TinyML ofrece oportunidades emocionantes para llevar la IA a nuevos lugares y aplicaciones, es crucial ser consciente de estos desafíos y abordarlos de manera proactiva. Esto asegurará que las soluciones basadas en TinyML sean robustas, seguras y efectivas en sus aplicaciones previstas.

30. Tendencias futuras y avances en TinyML

El campo de TinyML es dinámico y está en constante evolución. A medida que la tecnología avanza y se identifican nuevas aplicaciones, surgen tendencias y avances que moldean el futuro de este sector. Algunas de las tendencias y avances más prometedores incluyen:

30.1. Innovaciones en hardware especializado para TinyML

A medida que la demanda de TinyML crece, también lo hace el interés en desarrollar hardware específicamente diseñado para estas aplicaciones.

Ejemplos:
NPU (Neural Processing Units): Chips diseñados específicamente para acelerar operaciones de redes neuronales en dispositivos de bajo consumo.
FPGAs de bajo consumo: Estos dispositivos programables permiten configuraciones de hardware adaptadas a tareas específicas de ML, optimizando el rendimiento y la eficiencia energética.

30.2. Avances en algoritmos de optimización para modelos de bajo consumo

A medida que TinyML se populariza, la investigación en algoritmos y técnicas de optimización adaptadas a dispositivos de bajo consumo también se intensifica.

Ejemplos:
Modelos de aprendizaje federado: Técnicas que permiten entrenar modelos en el dispositivo, utilizando datos locales, y luego combinar estos modelos a nivel global para mejorar la precisión sin comprometer la privacidad.
Redes neuronales espartanas: Redes diseñadas con conexiones y neuronas mínimas desde el inicio, en lugar de ser podadas posteriormente.

30.3. Integración con redes de nueva generación y su impacto en IoT

La combinación de TinyML con redes de alta velocidad y baja latencia puede permitir nuevas aplicaciones y mejorar las existentes en el ámbito del Internet de las Cosas (IoT).
Implicaciones:
Transmisión en tiempo real: Con redes más rápidas, es posible transmitir inferencias o datos crudos en tiempo real a servidores o a otros dispositivos.
Mejora en la interoperabilidad: Una conectividad mejorada puede facilitar la integración de dispositivos TinyML en sistemas más amplios o en redes de dispositivos.

30.4. Aprendizaje continuo y adaptativo en el Edge

En lugar de depender únicamente de modelos preentrenados, los dispositivos pueden adaptar y afinar sus modelos en tiempo real basándose en datos recientes o en condiciones cambiantes del entorno.

Beneficios:
Adaptabilidad: Los dispositivos pueden responder a cambios en el entorno o en los patrones de datos.
Mejora de la Precisión: A medida que se recopilan más datos, los modelos pueden mejorar su rendimiento.

Estas tendencias y avances reflejan la rápida evolución y el potencial sin explotar de TinyML. A medida que la tecnología y la investigación en este campo avanzan, es probable que surjan nuevas oportunidades y aplicaciones que revolucionen aún más la forma en que se implementa y se utiliza la Inteligencia Artificial en dispositivos de todos los tamaños.

31. Aspectos éticos y de privacidad en TinyML

La implementación de TinyML en una variedad de dispositivos y aplicaciones conlleva importantes consideraciones éticas y de privacidad. Estas consideraciones se centran en cómo se procesan, almacenan y utilizan los datos, así como en las posibles implicaciones de un mundo cada vez más automatizado.

31.1. Procesamiento de datos en el borde versus en la nube

En el borde (Edge):
Ventajas: Al procesar datos directamente en el dispositivo, se reducen las posibilidades de exposición de datos personales o sensibles durante la transmisión. Además, si los datos nunca abandonan el dispositivo, hay menos riesgo de que se almacenen en servidores vulnerables.
Desafíos: Es posible que los dispositivos no estén tan protegidos como los servidores de centros de datos, lo que podría hacerlos más susceptibles a ataques físicos o a manipulaciones.

En la Nube:
Ventajas: Los servidores de centros de datos suelen tener medidas de seguridad más robustas y actualizadas con regularidad.
Desafíos: La transmisión de datos a la nube puede ser interceptada, y los centros de datos pueden ser objetivos de ataques a gran escala. Además, almacenar datos personales en la nube puede suscitar preocupaciones de privacidad.

31.2. Implicaciones de privacidad al llevar el procesamiento de datos más cerca del usuario

Beneficios:
Control local: Los usuarios tienen más control sobre sus datos cuando el procesamiento se realiza localmente. Pueden tener la certeza de que sus datos no están siendo transmitidos ni compartidos sin su consentimiento.
Menos datos transmitidos: Al procesar los datos y actuar en función de ellos localmente, se reduce la cantidad de datos que se transmiten, lo que minimiza las oportunidades de intercepción o mal uso.

Desafíos:
Actualizaciones y parches: Si surgen problemas de privacidad o seguridad, puede ser más difícil actualizar o corregir dispositivos individuales en comparación con actualizar un sistema centralizado en la nube.
Menos supervisión centralizada: Sin la supervisión de un sistema central, podría haber variaciones en cómo diferentes dispositivos manejan y protegen los datos.

31.3. Consideraciones éticas en la implementación de IA en dispositivos cotidianos

Transparencia y consentimiento: Es esencial que los usuarios sean informados sobre qué datos se están recopilando, cómo se están procesando y para qué se utilizan. Deben tener la opción de dar o denegar su consentimiento.

Automatización excesiva: A medida que los dispositivos cotidianos se vuelven "inteligentes", existe el riesgo de depender demasiado de la automatización, lo que podría reducir la toma de decisiones humana y la autonomía en ciertas áreas de la vida.

Implicaciones sociales: La generalización de dispositivos inteligentes podría ampliar la brecha digital, dejando atrás a aquellos que no tienen acceso a la última tecnología o no tienen los conocimientos para usarla.

Bias y equidad: Al igual que con cualquier aplicación de IA, existe el riesgo de que los modelos en dispositivos TinyML reflejen o amplifiquen sesgos presentes en los datos de entrenamiento. Es crucial abordar y corregir estos sesgos para garantizar que los dispositivos actúen de manera justa y no discriminatoria.

Abordar estos aspectos éticos y de privacidad es esencial para garantizar que TinyML sea utilizado de manera responsable y beneficiosa. Las empresas y desarrolladores deben ser conscientes de estas preocupaciones y trabajar proactivamente para abordarlas en sus implementaciones.

MÓDULO 6

Casos de uso

Módulo 6 – Use Cases (Casos de uso)

32. La revolución de la IA y el ML en el mundo empresarial

Estas tecnologías (la IA y el ML), que alguna vez fueron el dominio de la ciencia ficción y los laboratorios de investigación avanzada, ahora están en el corazón de las operaciones de muchas empresas, impulsando la innovación y abriendo nuevas fronteras de posibilidades. Como has podido comprobar, y ya desde el principio del libro, la Inteligencia Artificial tiene aplicaciones prácticamente infinitas. Está, y aunque a veces no lo pensemos, en todas partes. Desde tu reloj Smart, tu teléfono móvil, en tu aspiradora robot, en el detector de humos de tu casa, en el termostato inteligente de tu oficina, las cámaras de vigilancia de tu banco habitual, e incluso en tu camiseta de hacer deporte. Por lo general, cuando las personas pensamos en Inteligencia Artificial, lo hacemos a nivel usuario, y básicamente pensamos en un programa que piensa y nos responde como cualquier otra persona, (bueno, bastante más amable que algunas, la verdad) y que hace nuestras tareas por nosotros. Y aunque esta realidad, que tanto a ciencia ficción suena, aún está lejos de nosotros, la verdad es que, a día de hoy, en el año 2023, vivimos el cambio que va a dar lugar a esa realidad. La Inteligencia Artificial ha venido para quedarse, y nos guste o no, es el futuro hoy. Es por todos estos motivos que las empresas de todo el mundo se unen a la carrera para implementar el Machine Learning y la Inteligencia Artificial en sus procesos, ya sea en producción para el mantenimiento de las maquinas, ya sea en marketing para escribir textos para las redes sociales, ya sea en recursos humanos para la gestión de la documentación de los candidatos, o en finanzas para la automatización del proceso de control de facturas. Y es que realmente, hay una gran diferencia entre la visión de Inteligencia Artificial a nivel usuario, y la visión de una empresa sobre lo que es la Inteligencia Artificial y sus aplicaciones. Para las empresas la Inteligencia Artificial son herramientas extremadamente potentes que les proporcionan la habilidad de ser competente en un mercado que está en constante cambio. Lamentablemente, la mayoría de las medianas y pequeñas empresas no son conscientes aún de las posibilidades que les ofrece la IA y el ML.

Desde sus inicios, la Inteligencia Artificial ha prometido transformar nuestra relación con las máquinas, permitiendo que estas últimas emulen y a veces superen las capacidades humanas en tareas específicas. Acompañado del Machine Learning, la rama de la IA que se enfoca en el desarrollo de algoritmos que permiten a las máquinas aprender por sí mismas a partir de datos, hemos presenciado un cambio tectónico en cómo organizaciones y empresas procesan información, toman decisiones y se adaptan a un entorno en constante cambio. La irrupción del Big Data ha sido un catalizador crucial para esta revolución. Vivimos en un mundo donde cada clic, cada transacción y cada interacción genera datos. Estos datos, en su forma cruda, pueden parecer abrumadores y desordenados. Sin embargo, con las herramientas adecuadas, cómo ya hemos visto anteriormente y durante todo el libro, representan una mina de oro de información que, si se aprovecha adecuadamente, puede ofrecer ventajas competitivas inigualables. Es aquí donde la IA y el ML entran en juego, proporcionando las herramientas y técnicas necesarias para destilar, analizar y actuar sobre estos vastos conjuntos de datos.

Pero ¿qué significa realmente todo esto para el mundo empresarial? ¿Es la IA simplemente una moda pasajera o representa una verdadera metamorfosis en la forma en que hacemos negocios?

¿Voy a perder mi trabajo por culpa de la IA? En el siguiente tema, nos embarcaremos en un viaje para responder a estas preguntas, explorando diversos casos de uso de la Inteligencia Artificial y el Machine Learning en las empresas. Desde la automatización de procesos hasta la personalización de la experiencia del cliente, desde la optimización de la cadena de suministro hasta la prevención de fraudes, descubriremos cómo estas tecnologías están moldeando el presente y futuro de las organizaciones alrededor del mundo.

Estamos al borde de una nueva era, donde las máquinas no solo asisten en nuestras tareas diarias, sino que también aprenden, adaptan y, en muchos casos, anticipan nuestras necesidades. El uso de la IA y su implementación en empresas aún genera mucho debate, sobre todo en el aspecto del mercado laboral, ya que su implementación, en muchos casos, supone el despido de trabajadores. Es lógico pensar que, si una empresa necesita diez personas para realizar un trabajo, pero que con solo tres personas y una IA se ahorra un 85 % tan solo en un departamento, pues que quiera optimizar procesos y por lo tanto se realicen despidos por el camino. Tú, sin embargo, no debes pensar que es una IA la que te va a quitar el trabajo. La IA es solo una herramienta, pero el trabajo si te lo va a quitar una persona que sea capaz de trabajar con la IA y que sea capaz de reconocer y ofrecer a la empresa muchas más mejoras con esta IA. Por eso está en tu mano adaptarte, aprender y ser competitivo. Por ejemplo, el jefe de finanzas de una empresa siempre tendrá mucha más afinidad con aquellos que, como mínimo, sepan leer y comprendan los datos usando Excel. Porque esto significa que el trabajador tiene una mayor comprensión de lo que significan estos datos y la importancia que estos tienen para la empresa. Tú tienes una mayor afinidad hacia las personas que comparten tus mismos hobbies o que piensan como tú. Pues con esto de la IA es lo mismo. Es tu deber como IA-Manager concienciar a los trabajadores, mostrarles el potencial de IA y el ML y ayudarles en el proceso de adaptación, así como formarles para que sepan trabajar con ella, así como para que desarrollen su comprensión de esta.

Para este tema he realizado una lista con un total de veinte departamentos dentro de una empresa para ver los casos de uso teniendo en cuenta los temas más importantes dentro de cada uno de estos departamentos. Por otro lado, y como ya te he mencionado anteriormente, he desarrollado un libro único para cada departamento, los cuales incluyen diez proyectos por departamento. Esto significa que tienes a tu disposición un total de doscientos proyectos. Estos libros se pueden adquirir por separado y te sirven tanto de complemento a este libro en tu aprendizaje, como para implementar estas ideas en tu empresa. Son una guía completa, que paso a paso, te indican el camino a seguir y los procesos a realizar en cada proyecto, las personas involucradas y las tareas a realizar por cada una, entre otros temas que se tratan.

Ahora vamos a introducirnos en los diferentes departamentos dentro de una empresa, y a analizarlos para descubrir cuales son las posibilidades de uso de la Inteligencia Artificial en cada uno de ellos, lo cual te servirá para desarrollar tu comprensión sobre los Use Cases y todo lo aprendido hasta ahora. Antes de comenzar, y como también he comentado al principio del libro, este es uno de esos temas que he de resumir, ya que de por sí, se puede hablar largo y tendido sobre cada departamento y sus casos de uso, y el contenido de este tema me da para hacer un nuevo libro. Así que aquí he de resumir nuevamente.

33. Departamento de producción

En el corazón de toda empresa, especialmente aquellas que se dedican a la manufactura y producción, reside el departamento de producción. Es aquí donde las ideas se convierten en productos tangibles, donde las materias primas se transforman en bienes que satisfacen las necesidades de los consumidores. Con la irrupción de la IA y el ML, el paisaje de la producción está experimentando una transformación sin precedentes, impulsando eficiencias y abriendo nuevas posibilidades. Todo es posible, desde la automatización inteligente, hasta el mantenimiento predictivo, la optimización de la cadena de suministro, un control de calidad mejorado, un diseño y prototipado rápido e incluso una personalización a escala.

Veamos los temas más importantes a tener en cuenta dentro del departamento de producción.

Planificación y Control de la Producción
La planificación meticulosa es esencial para una producción eficiente. Con IA, las empresas pueden prever demandas futuras basándose en patrones históricos y tendencias actuales, permitiendo una mejor asignación de recursos. El control de producción, por otro lado, puede ser monitoreado en tiempo real con sistemas de IA que detectan desviaciones y ajustan automáticamente las operaciones para mantener la eficiencia.

Automatización y Tecnología
La automatización ha sido llevada al siguiente nivel con la IA. Robots inteligentes pueden aprender y adaptarse a nuevas tareas, mejorando su eficiencia con el tiempo. La producción adaptativa, donde las máquinas ajustan automáticamente sus operaciones basadas en datos en tiempo real, es ahora una realidad gracias al ML, llevando la flexibilidad y la precisión a alturas sin precedentes.

Gestión de la Calidad
Garantizar la calidad del producto es primordial. Con la visión por computadora impulsada por IA, es posible realizar inspecciones detalladas en tiempo real, detectando defectos imperceptibles para el ojo humano. Además, los algoritmos de ML pueden predecir puntos de fallo basándose en datos históricos, permitiendo correcciones proactivas y mejorando consistentemente la calidad.

Mantenimiento
El mantenimiento predictivo, potenciado por ML, ha revolucionado cómo se cuida la maquinaria. En lugar de basarse en programaciones fijas, los sensores y algoritmos trabajan conjuntamente para predecir cuándo es probable que un equipo falle o requiera atención, minimizando tiempos de inactividad y maximizando la vida útil del equipo.

Optimización de la cadena de suministro
La IA ofrece una vista panorámica y detallada de toda la cadena de suministro. Algoritmos avanzados pueden prever cuellos de botella, optimizar rutas logísticas y garantizar que los inventarios se mantengan en niveles óptimos, todo basado en análisis de datos en tiempo real y predicciones precisas.

Gestión de inventarios
Con la ayuda del ML, es posible prever las demandas futuras con una precisión asombrosa, ajustando automáticamente los niveles de inventario. Esto no solo reduce los costos al evitar un exceso de stock, sino que también garantiza que nunca falte un producto cuando se necesite.

Control de costos
Los sistemas de IA pueden monitorear y analizar costos en tiempo real, identificando oportunidades para eficiencias y reducciones. Al prever fluctuaciones en precios de materias primas o energía, por ejemplo, las empresas pueden adaptar sus estrategias de producción para maximizar la rentabilidad.

Salud y seguridad en el trabajo
La IA juega un papel crucial en garantizar un ambiente de trabajo seguro. Sistemas inteligentes pueden monitorizar condiciones en tiempo real, detectar posibles riesgos y alertar a los trabajadores y supervisores. Además, la formación de seguridad puede ser personalizada y mejorada con simulaciones basadas en IA.

Sostenibilidad y producción ecológica
En la búsqueda de una producción más verde, la IA y el ML son herramientas valiosas. Pueden optimizar el uso de recursos, reducir el desperdicio y ayudar en el diseño de productos más sostenibles y eficientes. Además, al analizar grandes conjuntos de datos, la IA puede identificar oportunidades para reducir emisiones y consumos, alineando la producción con objetivos ecológicos.

La Inteligencia Artificial y el Machine Learning no son meras adiciones a la producción; están redefiniendo su esencia. Ofrecen herramientas para hacer la producción más eficiente, adaptativa, segura y sostenible. Estas tecnologías garantizan que las operaciones de producción no solo se mantengan al día, sino que lideren el camino hacia el futuro. El Departamento de Producción está en la vanguardia de la revolución de la IA. Estas tecnologías están permitiendo a las empresas producir más rápido, de manera más eficiente y con una calidad superior. En un mundo donde la demanda de personalización y eficiencia nunca ha sido mayor, la IA y el ML están demostrando ser aliados indispensables en el viaje de producción de cualquier empresa moderna.

34. Departamento de Investigación y Desarrollo (I+D)

En el epicentro de la innovación y el avance tecnológico de cualquier empresa encontramos el departamento de Investigación y Desarrollo (I+D). Es este el espacio donde se gestan las ideas más revolucionarias, donde se busca constantemente mejorar y superar los límites de lo que es posible. Con la entrada de la IA en escena, el I+D está siendo testigo de una era dorada de posibilidades ampliadas, donde la velocidad de innovación, la precisión en la investigación y la capacidad para prever tendencias y necesidades del mercado están alcanzando niveles nunca antes vistos. Desde la simulación avanzada, pasando por la mejora de materiales, hasta la identificación de nuevas oportunidades de mercado y la creación de prototipos en tiempo récord, todo está siendo redefinido por la IA y el ML.

Veamos los temas más importantes a considerar dentro del departamento de Investigación y Desarrollo.

Desarrollo de nuevos materiales
Con la ayuda de la IA, la creación y mejora de materiales se ha acelerado. Algoritmos pueden prever propiedades de materiales aún no creados, permitiendo a los científicos focalizarse en aquellos con mayor potencial, reduciendo tiempo y costos.

Prototipado rápido
El desarrollo de prototipos, indispensable para probar y refinar ideas, se ha beneficiado enormemente del ML. Algoritmos pueden sugerir mejoras, identificar fallos potenciales y optimizar el diseño, acelerando el proceso de llevar una idea del papel a la realidad.

Simulaciones y modelado
Antes de la creación de un nuevo producto o solución, las simulaciones desempeñan un papel crucial. Usando IA, estas simulaciones se vuelven más precisas y versátiles, permitiendo a los investigadores prever con precisión cómo se comportará un producto en diversas circunstancias o cómo reaccionará un material bajo ciertas condiciones.

Colaboración mejorada
La IA facilita la colaboración entre equipos multidisciplinarios, recomendando expertos basados en habilidades, experiencia y proyectos anteriores, y proporcionando herramientas para una comunicación más eficiente.

Automatización de tareas de investigación
Muchas tareas repetitivas en I+D, como el análisis de datos o pruebas de laboratorio, pueden ser automatizadas con IA, permitiendo a los investigadores centrarse en tareas más complejas y creativas.

Identificación y evaluación de riesgos
En cualquier investigación, identificar y mitigar riesgos es esencial. La IA puede prever potenciales desafíos o problemas en el desarrollo, permitiendo a las empresas tomar decisiones informadas y reducir el riesgo de inversiones no rentables.

Optimización de procesos de investigación
El ML puede analizar procesos de investigación pasados y actuales para identificar áreas de mejora, optimizar recursos y acelerar la innovación.

Integración con otros departamentos
La IA permite una integración más fluida del I+D con otros departamentos, como producción o marketing, asegurando que las innovaciones se alineen con las capacidades de producción y las demandas del mercado.

Sostenibilidad e investigación ecológica
El I+D juega un papel crucial en la búsqueda de soluciones más sostenibles y ecológicas. Con la IA, es posible identificar rápidamente soluciones que reduzcan el impacto ambiental y mejoren la eficiencia energética.

La Inteligencia Artificial y el Machine Learning están impulsando el Departamento de Investigación y Desarrollo hacia horizontes insospechados. Estas tecnologías no solo aceleran la innovación, sino que la hacen más precisa, relevante y adaptada a las necesidades cambiantes del mundo. En un entorno donde la innovación es la clave para mantener la competitividad, la IA y el ML se están convirtiendo en herramientas esenciales para cualquier empresa que mire al futuro. El I+D, con la integración de estas tecnologías, está redefiniendo los límites de lo posible y sentando las bases para el progreso y crecimiento de las organizaciones en el siglo XXI.

35. Departamento de ventas

El departamento de ventas es el motor que impulsa a muchas empresas hacia el éxito. Es el puente entre los productos o servicios de una organización y sus clientes, donde las relaciones se construyen y se nutren, y donde se generan ingresos vitales. Gracias a la IA y el ML, el mundo de las ventas está siendo redefinido. Las herramientas impulsadas por estas tecnologías están ampliando las capacidades de los equipos de ventas, desde la predicción de comportamientos de compra, hasta la automatización de tareas rutinarias, la personalización de ofertas y la optimización de estrategias de ventas.

Veamos los temas más importantes a tener en cuenta dentro del departamento de ventas.

Predicción y generación de Leads
La adquisición de nuevos clientes comienza con la identificación de leads o prospectos. La IA y el ML pueden analizar vastos conjuntos de datos para identificar potenciales clientes basados en comportamientos, intereses y demografía. Estos sistemas pueden predecir qué leads tienen más probabilidades de convertirse en clientes, permitiendo a los equipos de ventas concentrarse en prospectos de alto valor.

Automatización de la gestión de relaciones con clientes (CRM)
Los sistemas CRM impulsados por IA pueden automatizar tareas rutinarias, como la entrada de datos, el seguimiento de interacciones y la programación de reuniones. Además, pueden proporcionar insights sobre clientes individuales, sugiriendo acciones o estrategias basadas en el historial y comportamiento del cliente.

Personalización de ofertas
A través del análisis de datos de compra y comportamiento, los sistemas de ML pueden sugerir productos o servicios específicos para cada cliente, aumentando la probabilidad de una venta exitosa. Esta personalización mejora la experiencia del cliente y aumenta la lealtad.

Optimización de precios
Mediante el análisis de datos del mercado, competencia, demanda y otros factores, la IA puede sugerir estrategias de precios dinámicas, maximizando los ingresos y garantizando competitividad, así como adaptarlos en tiempo real ofreciendo siempre, los mejores precios, las ofertas más adaptadas y manteniendo una actividad competitiva en ventas.

Análisis de sentimiento y feedback
La IA puede analizar comentarios y reseñas de clientes para determinar el sentimiento general hacia productos o servicios. Esto proporciona feedback valioso y permite a las empresas adaptar sus estrategias y productos de acuerdo a las necesidades y opiniones de los clientes.

Chatbots y asistentes virtuales
Estas herramientas pueden manejar consultas frecuentes, ayudar en el proceso de compra y proporcionar información en tiempo real, liberando al personal de ventas para enfocarse en tareas más complejas y estratégicas. En este tipo de ejemplos es donde se ve con claridad que la IA y el ML deben ser vistos como herramientas potenciales y no como enemigos.

Formación y capacitación
Los sistemas de IA pueden personalizar programas de formación para vendedores basados en sus fortalezas y áreas de mejora identificadas. Además, pueden simular situaciones de ventas para entrenar y mejorar habilidades. Pueden generar tanto scripts para el aprendizaje, como simular conversaciones telefónicas. Lo que la convierte en una herramienta extremadamente potente para la formación de personal cualificado, la mejora del departamento, el servicio y por tanto también las relaciones con los clientes.

Predicción de Ventas
Con la capacidad de analizar patrones históricos y tendencias actuales, la IA puede prever ventas futuras con precisión, permitiendo una mejor planificación y asignación de recursos.

Integración y análisis de datos multicanal
En un mundo donde las ventas se realizan a través de múltiples canales (online, tiendas físicas, redes sociales, etc.), la IA puede integrar y analizar datos de todos estos puntos de contacto para proporcionar una visión unificada del cliente y optimizar estrategias de ventas.

Mejora de la retención de clientes
Al predecir qué clientes están en riesgo de abandonar o reducir su consumo, los sistemas de ML permiten a las empresas actuar proactivamente, ofreciendo incentivos o solucionando problemas antes de que se conviertan en crisis.

La Inteligencia Artificial es capaz de llevar el departamento de ventas a niveles nunca antes imaginados, brindando herramientas que no solo optimizan las operaciones, sino que también mejoran las relaciones con los clientes. En un entorno empresarial donde la competencia es feroz y las expectativas de los clientes están en constante evolución, la IA y el ML se están convirtiendo en aliados esenciales para cualquier equipo de ventas que aspire a la excelencia y al éxito sostenido. Estas tecnologías garantizan que las estrategias de ventas sean más inteligentes, proactivas y centradas en el cliente, preparando el camino para un futuro donde las ventas se basen en datos, personalización y adaptabilidad.

36. Departamento de marketing

El departamento de marketing es el centro de la creación y comunicación de valor de una empresa hacia sus clientes y consumidores. Es en este departamento donde se descifran las tendencias del mercado, se diseñan estrategias y se entregan mensajes que resuenan con la audiencia objetivo. Con la inclusión de la IA y el ML, el marketing ha experimentado una revolución, ofreciendo precisión en la segmentación, personalización en tiempo real y una comprensión profunda del comportamiento del consumidor. Desde el análisis predictivo, hasta la automatización de campañas, la optimización de contenidos y el engagement en redes sociales, la IA y el ML están reconfigurando el panorama del marketing moderno.

Veamos los temas más importantes a tener en cuenta dentro del departamento de marketing.

Segmentación y personalización
La IA y el ML permiten una segmentación más precisa de la audiencia, identificando nichos específicos basados en comportamientos y preferencias. Además, la personalización en tiempo real, desde anuncios hasta contenidos web, es ahora posible gracias a algoritmos que adaptan el contenido basándose en el perfil y el comportamiento del usuario, lo que aumenta el engagement y la conversión.

Análisis predictivo
El ML puede anticipar tendencias y comportamientos futuros de los consumidores basándose en datos históricos. Esto permite a las empresas adelantarse y adaptar sus estrategias de marketing antes que la competencia.

Automatización de campañas
Las plataformas de marketing impulsadas por IA pueden gestionar y optimizar campañas en múltiples canales, ajustando automáticamente los parámetros para maximizar el ROI y asegurar que el mensaje correcto llegue al público adecuado en el momento perfecto.

Optimización de contenido
Herramientas de IA pueden analizar vastas cantidades de contenido y datos de interacción para determinar qué temas, formatos o estilos resuenan más con la audiencia, permitiendo así la creación de contenidos más efectivos.

Análisis de sentimiento y monitoreo de redes sociales
Mediante el procesamiento de lenguaje natural, la IA puede analizar comentarios, reseñas y discusiones en redes sociales para determinar la percepción y el sentimiento hacia una marca o producto, permitiendo intervenciones rápidas y estratégicas.

Publicidad programática
La compra de anuncios mediante IA permite a las empresas automatizar la adquisición de espacios publicitarios, asegurando que los anuncios se muestren al público más relevante y en el contexto adecuado.

Optimización de la experiencia del usuario (UX)
El ML puede analizar patrones de navegación e interacción en sitios web y aplicaciones para ofrecer recomendaciones de diseño y estructura que mejoren la experiencia del usuario.

Retención y fidelización de clientes
Algoritmos avanzados pueden identificar signos tempranos de disminución del engagement o insatisfacción del cliente, permitiendo intervenciones proactivas para retener y fidelizar a los consumidores.

Medición y análisis de resultados
La IA ofrece herramientas avanzadas para el análisis de métricas y KPIs, proporcionando insights más profundos sobre el rendimiento de las campañas y ofreciendo recomendaciones para futuras estrategias.

El departamento de marketing, armado con las herramientas de la Inteligencia Artificial y el Machine Learning, se está posicionando como una fuerza innovadora en la vanguardia de la relación entre marcas y consumidores. Estas tecnologías no solo optimizan las operaciones, sino que también crean experiencias más personalizadas y significativas para los consumidores. En un mundo saturado de mensajes y estímulos, la IA y el ML ofrecen la precisión y relevancia necesarias para destacar y conectar de manera genuina. El futuro del marketing es sin duda uno impulsado por datos y tecnología, y las empresas que adopten y se adapten a estas herramientas estarán mejor posicionadas para triunfar en el mercado actual. Por algo se dice que "el conocimiento es poder".

37. Departamento de Recursos Humanos (RRHH)

Este departamento es fundamental en cualquier organización. El departamento de Recursos Humanos (RRHH) es el núcleo que gestiona el activo más valioso de una empresa: su personal (aunque muchos aún no lo crean, ¡es así!). Aquí es también donde se cuece la pregunta ¿voy a perder mi trabajo por una IA? Es en RRHH donde se cultivan, desarrollan y gestionan las relaciones laborales, donde se toman decisiones cruciales sobre contrataciones, capacitaciones, evaluaciones de desempeño y bienestar laboral. La introducción de la IA en este departamento está redefiniendo la gestión de talento humano, optimizando procesos, mejorando la toma de decisiones y personalizando la experiencia laboral. Estas tecnologías están permitiendo una selección de personal más eficiente, una formación adaptada a las necesidades de los empleados, una evaluación más objetiva y una anticipación a las necesidades y conflictos laborales.

Veamos los temas más importantes a tener en cuenta dentro del departamento de Recursos Humanos.

Reclutamiento y selección

El proceso de reclutamiento es fundamental para atraer y seleccionar al talento adecuado. La IA y el ML están revolucionando esta área mediante la automatización de selección y filtrado de CVs, identificando a los candidatos más adecuados basándose en criterios predefinidos. Además, las entrevistas virtuales asistidas por IA pueden analizar respuestas y comportamientos, proporcionando insights adicionales a los reclutadores.

Formación y desarrollo

Capacitar al personal es esencial para mantener una fuerza laboral competente y motivada. Los sistemas de IA pueden personalizar los programas de formación según las necesidades y preferencias de cada empleado. Además, el ML puede identificar brechas de habilidades en la organización y proponer capacitaciones específicas. Si te fijas y meditas bien este punto, aquí puedes comprender que la IA es una herramienta muy potente que te puede ayudar no solo a optimizar tu empresa y mejorar procesos, sino que ayuda e impulsa a tus trabajadores a mejorar, a aprender, a adaptarse, lo que finalmente las lleva a motivarse, y esto es lo que verdaderamente lleva a una empresa hacia el éxito.

Evaluación de desempeño

La IA ofrece herramientas para una evaluación más objetiva y basada en datos. Al analizar el rendimiento y comportamiento de los empleados en tiempo real, se pueden identificar áreas de mejora y destacar logros. Estos análisis pueden ser utilizados para feedback constructivo y desarrollo profesional.

Bienestar y salud laboral

Monitorizar el bienestar de los empleados es crucial para mantener un ambiente laboral saludable. Los sistemas inteligentes pueden detectar signos de estrés o insatisfacción, permitiendo intervenciones tempranas y estrategias de apoyo personalizadas. En aspectos como este es donde debes prestar una muy sensible atención, ya que como comprenderás, no a todos los empleados les gustará ser monitoreados. Es un tema muy sensible y de mucha controversia.

Retención y compromiso

Anticiparse a la rotación de personal es esencial para reducir costos y mantener la continuidad. Algoritmos de ML pueden analizar patrones de comportamiento y feedback, lo que puede combinarse con un análisis de la situación actual de la empresa, para predecir posibles salidas y permitir acciones preventivas.

Gestión de talento

Identificar y nutrir el talento dentro de una organización es esencial. Con la ayuda de la IA, es posible detectar empleados con potencial de liderazgo o habilidades específicas, y desarrollar planes de carrera personalizados.

Planificación de la fuerza laboral

La IA puede prever necesidades futuras de personal basándose en tendencias de mercado, crecimiento de la empresa y patrones históricos, asegurando que siempre haya suficiente personal y que esté adecuadamente capacitado.

Compensaciones y beneficios
Los sistemas inteligentes pueden analizar datos del mercado laboral y feedback interno para proponer estructuras salariales y paquetes de beneficios competitivos y adaptados a las necesidades de los empleados. Aspectos como este pueden ser analizados en conjunto con otros aspectos como por ejemplo la situación financiera de la empresa y los forecast del departamento de ventas. Lo que permite adaptar mucho mejor las medidas, tanto a corto como a largo plazo.

Resolución de conflictos
Al analizar comunicaciones y feedback, la IA puede identificar posibles conflictos o tensiones laborales antes de que escalen, permitiendo intervenciones tempranas y mediaciones efectivas. Es posible que algún día veamos como trabajadores son despedidos con el uso de la Inteligencia Artificial, pero ¿no es acaso lo mismo, cuando un jefe despide a un trabajador por Twitter (X)? ¡¿O incluso por carta?!

Análisis predictivo
Más allá de la gestión diaria, el ML puede proporcionar análisis predictivos sobre tendencias laborales, necesidades de formación futura, evolución del mercado laboral y otros insights valiosos para la estrategia a largo plazo. Con el supervised learning puedes prevenir mediante la anticipación usando algoritmos de clasificación como k-N-N y como la regresión lineal para realizar pronósticos futuros.

La introducción de la Inteligencia Artificial y el Machine Learning en el departamento de Recursos Humanos no es simplemente una mejora en los procesos; es una revolución en la gestión del talento humano, de la gestión del valor más preciado de una empresa, sus empleados. Estas tecnologías ofrecen herramientas para hacer que la gestión de personas sea más eficiente, objetiva y personalizada. En un mundo donde el talento es clave para el éxito empresarial, la IA y el ML se están convirtiendo en aliados esenciales para atraer, desarrollar y retener a los mejores. El Departamento de Recursos Humanos, tradicionalmente centrado en las relaciones humanas, ahora encuentra en estas tecnologías el apoyo perfecto para llevar su misión al siguiente nivel.

38. Departamento de finanzas

En cualquier empresa, y como columna vertebral de sus operaciones, encontramos el departamento de finanzas. Este departamento es el encargado de gestionar los recursos financieros, asegurar la rentabilidad, controlar los gastos, y garantizar la sostenibilidad financiera a largo plazo. Con la implementación de la IA y el ML, el paisaje financiero está experimentando una metamorfosis radical. Estas tecnologías están facilitando desde la automatización de tareas contables, hasta la predicción de flujos de efectivo, análisis de riesgos, detección de fraudes y una gestión del capital más eficiente.

Veamos los temas más importantes a tener en cuenta dentro del departamento de finanzas.

Análisis predictivo de flujos de efectivo
El flujo de efectivo es vital para la supervivencia y crecimiento de cualquier empresa. La IA y el ML permiten a las empresas predecir con precisión los flujos de entrada y salida basándose en datos históricos, tendencias del mercado y otros factores externos. Esta previsión permite una mejor planificación financiera y la toma de decisiones más informadas.

Detección y prevención de fraudes
Los sistemas financieros son a menudo objetivo de actividades fraudulentas. Algoritmos avanzados de ML pueden analizar transacciones en tiempo real, identificando patrones anómalos y potencialmente fraudulentos. Estos sistemas no solo detectan el fraude, sino que también aprenden constantemente para mejorar su precisión.

Automatización de la contabilidad y conciliación
La IA está revolucionando la contabilidad al automatizar tareas repetitivas como la conciliación de cuentas, clasificación de gastos, y registro de transacciones. Esto no solo ahorra tiempo, sino que también reduce el margen de error humano.

Gestión y análisis de riesgos
Evaluar y mitigar riesgos es esencial en el mundo financiero. Los sistemas basados en ML pueden analizar vastas cantidades de datos para identificar patrones y tendencias de riesgo, permitiendo a las empresas tomar decisiones financieras más seguras y estratégicas.

Optimización de inversiones
Las herramientas de IA pueden asistir en la gestión de carteras de inversión, analizando tendencias del mercado, evaluando riesgos y maximizando retornos. Estos sistemas pueden adaptarse y aprender de los cambios del mercado, ofreciendo recomendaciones en tiempo real.

Gestión de cuentas por cobrar y pagar
La IA puede automatizar el proceso de seguimiento y recolección de cuentas pendientes, así como optimizar el momento y método de pago a proveedores, mejorando la eficiencia del capital circulante.

Análisis de crédito y evaluación
Al evaluar la solvencia y el riesgo crediticio de clientes o socios, los algoritmos de ML pueden analizar una gran cantidad de variables y datos históricos para ofrecer una evaluación más precisa y rápida.

Planificación financiera y presupuestaria
Con la capacidad de analizar tendencias y prever futuros escenarios económicos, la IA puede asistir en la elaboración de presupuestos más realistas y estrategias financieras a largo plazo.

Reportes y análisis financieros
Los sistemas de IA pueden generar reportes financieros detallados y personalizados en tiempo real. Además, pueden ofrecer análisis e insights valiosos sobre la salud financiera y las áreas de mejora.

Cumplimiento y regulación
Dado el entorno regulatorio en constante cambio, la IA puede ayudar a las empresas a mantenerse al día con las regulaciones y asegurar el cumplimiento, reduciendo riesgos y posibles sanciones. Una tarea que consume mucho tiempo y por lo tanto un capital muy valioso para las empresas.

La Inteligencia Artificial y el Machine Learning están reescribiendo los procesos en el departamento de finanzas, convirtiéndolo en un nexo más ágil, preciso y proactivo dentro de las organizaciones. Recuerda que no es lo mismo una empresa con 30 trabajadores, que una con 200, que un consorcio con cerca de 3000 empleados, etc. En un mundo donde la precisión financiera y la eficiencia operativa son cruciales, la IA y el ML emergen como herramientas de alto valor empresarial para cualquier estrategia financiera moderna. Estas tecnologías están permitiendo a las empresas anticipar desafíos, optimizar recursos y liderar con confianza en un entorno económico dinámico. En definitiva, el Departamento de Finanzas, tradicionalmente visto como un área conservadora, se encuentra en la vanguardia de la revolución tecnológica, demostrando una vez más su papel central en la estrategia y éxito empresarial.

39. Departamento de logística

El departamento de logística es también una estructura muy importante dentro de las empresas, siendo el responsable de la planificación, ejecución y gestión eficiente del flujo de productos, desde la adquisición de materias primas hasta la entrega final al cliente. En un mundo globalizado, donde las cadenas de suministro se extienden por todo el planeta, una gestión logística eficaz es crucial para garantizar la competitividad y la satisfacción del cliente. La incorporación de la IA y el ML en este ámbito está transformando radicalmente la logística, haciendo posible una mayor optimización, predicción y adaptabilidad en tiempo real.

Veamos los temas más cruciales en el ámbito de la logística.

Planificación y pronóstico
La IA puede analizar grandes conjuntos de datos históricos y actuales para prever la demanda de productos, optimizando la producción y la distribución. Con el uso de algoritmos de ML, las empresas pueden anticipar picos y caídas en la demanda, adaptándose con mayor agilidad a las fluctuaciones del mercado. Por ejemplo, y aplicado al departamento de compras, en el departamento de compras de una empresa industrial que produce productos de metal, la IA puede monitorear los precios actuales y realizando análisis de datos históricos, puede abastecer a la empresa de metal, obteniendo el mejor precio, previniendo faltas de stock y subidas de precio altas debido a las inflaciones en el mercado, siempre realizando análisis en tiempo real. Mientras tanto los empleados del departamento pueden encargarse de otras tareas como por ejemplo la mejora de las relaciones con los proveedores, organizando reuniones más personalizadas de cara a nuevos proyectos.

Gestión de inventario

Los sistemas inteligentes permiten un control preciso de los niveles de stock, minimizando excesos y evitando escaseces. A través de patrones y análisis predictivo, es posible tener un inventario "just in time", reduciendo costos y mejorando la rotación de productos.

Optimización de rutas

Los algoritmos de IA pueden calcular rutas de transporte optimizadas, teniendo en cuenta variables como el tráfico, condiciones climáticas y costos de combustible. Esto no solo agiliza las entregas, sino que reduce la huella de carbono y los costos asociados. Aspectos como este, les dan verdaderamente a las empresas el derecho a ganarse el distintivo de empresas sostenibles. Algo que en las últimas décadas está siendo muy valorado por la sociedad.

Análisis de impacto ambiental

El ML puede evaluar el impacto ambiental de las operaciones logísticas, proponiendo medidas para reducir la huella de carbono y cumplir con normativas ecológicas.

Automatización de almacenes

Robots guiados por IA pueden gestionar tareas de almacenamiento y recuperación, aumentando la eficiencia y reduciendo errores humanos. Estos sistemas pueden adaptarse a cambios en la demanda y reorganizar el almacenamiento de productos de forma autónoma.

Gestión de proveedores

Mediante análisis de datos, es posible evaluar el rendimiento de proveedores, anticipar retrasos en la cadena de suministro y tomar decisiones basadas en la calidad y eficiencia de los mismos. Algunas empresas realizan un análisis de sus proveedores únicamente una vez al año, esto es debido a la complejidad de la tarea, el tiempo que debe invertirse, así como de las personas implicadas en ella. Este sistema por lo general, sobre todo en empresas pequeñas de menos de 500 empleados, es una tarea que no suele gustar mucho cuando hay que realizarla, por lo que la optimización mediante IA es una ventaja increíble para cualquier empresa debido a la efectividad de la misma.

Monitoreo en tiempo real

La IA permite el seguimiento en tiempo real de productos y flujos de trabajo, ofreciendo información instantánea sobre el estado y ubicación de envíos, lo que mejora la transparencia y la comunicación con los clientes.

Análisis predictivo de fallos

Mediante el ML, es posible prever fallos en maquinaria o vehículos de transporte, permitiendo mantenimientos preventivos y reduciendo tiempos de inactividad. Esto, y como ya hemos visto anteriormente en otros departamentos, libera al personal y otorga un tiempo muy valioso, minimizando costes y por lo tanto liberando capital para invertir en otros aspectos.

Gestión de devoluciones

La IA puede automatizar y optimizar el proceso de devoluciones, analizando las causas y proponiendo medidas correctivas, mejorando así la satisfacción del cliente. Esta puede no solo revisar los productos devueltos, sino encontrar las causas de sus defectos, proponiendo mejoras para la solución de estos problemas.

Integración con otros departamentos
Los sistemas basados en IA, y como ya hemos visto anteriormente, permiten una integración fluida con otros departamentos. La integración con departamentos como ventas, producción y finanzas crea un ecosistema empresarial interconectado, ágil y efectivo.

La implementación de la Inteligencia Artificial y el Machine Learning en el departamento de logística no es una mera actualización tecnológica, es una metamorfosis en cómo las empresas gestionan y optimizan sus flujos de trabajo. En un escenario donde la rapidez, eficiencia y sostenibilidad son imperativos, la IA y el ML se erigen como herramientas de primer impacto para mantener y mejorar la posición competitiva en el mercado. El departamento de logística, tradicionalmente enraizado en procedimientos establecidos, ahora se beneficia de estas tecnologías para innovar, adaptarse y liderar en un mundo empresarial en constante cambio.

40. Departamento de almacén

El departamento de almacén desempeña un papel crítico en la operatividad de cualquier organización. Es en este núcleo donde se gestiona el inventario, se organiza la logística y se asegura que los productos estén disponibles para su distribución o venta. A través del almacenaje y la distribución adecuada, se garantiza que los productos lleguen al lugar correcto, en el momento preciso y en condiciones óptimas. La aparición de la Inteligencia Artificial y el Machine Learning en el almacén está propiciando una optimización sin precedentes, desde la gestión de inventarios hasta la predicción de demanda, pasando por la automatización de procesos y la detección de anomalías.

Exploremos los temas más relevantes en el ámbito del departamento de almacén.

Gestión de inventarios
La IA y el ML están facilitando la optimización de inventarios, permitiendo una administración más precisa de los stocks. Mediante algoritmos, se pueden prever las demandas futuras y ajustar los niveles de inventario de manera proactiva. Esto minimiza los costos de almacenaje y reduce las pérdidas por obsolescencia o caducidad.

Logística y distribución
Los sistemas inteligentes están revolucionando la logística. A través de análisis predictivos, es posible anticipar cuellos de botella, optimizar rutas de distribución y asignar recursos de manera eficiente. La automatización, gracias a la IA, permite que vehículos y drones realicen entregas sin intervención humana, reduciendo costos y tiempos de entrega.

Automatización de procesos
Robots equipados con IA están desempeñando tareas de almacenamiento y recuperación, mejorando la eficiencia y reduciendo errores humanos. Estos robots pueden trabajar de forma

ininterrumpida, lo que optimiza aún más las operaciones de almacén, sin olvidar la mejora en la salud de los empleados del almacén, y por tanto una gran mejora en su calidad de vida.

Detección de anomalías
Los sistemas basados en ML pueden monitorizar en tiempo real el estado del inventario, identificando discrepancias, daños o pérdidas. Esta vigilancia continua garantiza que se mantengan altos estándares de calidad y se reduzcan las pérdidas.

Optimización del espacio de almacenamiento
La IA puede diseñar y reorganizar el espacio de almacenamiento de manera óptima, considerando variables como la rotación de productos, la accesibilidad y la eficiencia en la recuperación de artículos.

Seguridad y vigilancia
La IA también puede ser utilizada en sistemas de vigilancia, detectando intrusiones o actividades sospechosas en tiempo real, garantizando así la seguridad del inventario y de los trabajadores.

La implementación de la Inteligencia Artificial y el Machine Learning en el Departamento de Almacén es una transformación que va más allá de la simple automatización; es la redefinición de cómo gestionar, almacenar y distribuir productos de manera eficiente. El Departamento de Almacén, tradicionalmente visto como un espacio de almacenaje pasivo, ahora se percibe como un centro dinámico de innovación y eficiencia, donde la tecnología y la logística se fusionan para crear soluciones de vanguardia.

41. Departamento de atención al cliente

El departamento de atención al cliente es la base para la satisfacción y retención de los clientes, y juega un papel crucial en la percepción general de la marca. Es aquí donde se establecen y mantienen las relaciones con los consumidores, donde se resuelven dudas, se gestionan quejas y se ofrece soporte técnico. La integración de la Inteligencia Artificial y el Machine Learning en este departamento está transformando la manera en la que las empresas interactúan y comprenden a sus clientes, permitiendo una atención más rápida, personalizada y eficaz. Gracias a estas tecnologías, las empresas ahora tienen la capacidad de anticiparse a las necesidades del cliente, ofreciendo soluciones proactivas y mejorando la experiencia del consumidor. Las ventajas que ofrece la IA en este campo son de extrema necesidad para las empresas, y es sin duda, uno de los primeros departamentos que cualquier empresa debería automatizar.

Analizamos a continuación los temas más relevantes en el departamento de atención al cliente.

Chatbots y asistentes virtuales
Los chatbots impulsados por IA están revolucionando la atención al cliente, ofreciendo respuestas inmediatas a consultas comunes, liberando al personal humano para tratar problemas más complejos. Estos asistentes pueden aprender de interacciones previas y ofrecer respuestas cada vez

más precisas y personalizadas. Piensa que, ChatGPT, no es más que un Chatbot entrenado a lo bestia. Vamos, lo que viene siendo una evolución de lo que alguna vez fue un Chatbot.

Segmentación de clientes
Como ya has aprendido al principio del libro, el ML permite analizar grandes volúmenes de datos. Esto se puede usar para segmentar a los clientes en función de sus comportamientos, preferencias y necesidades, según los objetivos, podrías usar una clasificación mediante Labels o realizar grupos mediante Clustering, permitiendo así una atención más personalizada y adecuada para cada segmento.

Automatización de procesos
La IA permite automatizar tareas repetitivas, como la gestión de tickets o la clasificación de consultas, mejorando la eficiencia y permitiendo que los agentes se centren en tareas de mayor valor.

Predicción de necesidades del cliente
Mediante el análisis de datos y patrones de comportamiento, el ML puede anticipar las necesidades o problemas de los clientes antes de que estos los expresen, ofreciendo soluciones proactivas.

Análisis de sentimiento
Las herramientas de IA pueden analizar el feedback de los clientes, ya sea a través de comentarios, correos electrónicos o redes sociales, para identificar el sentimiento general hacia la marca o producto. Esto permite a las empresas ajustar sus estrategias y mejorar la satisfacción del cliente. Como puedes comprobar, algunas posibilidades se "repiten" de un departamento a otro, pero es aquí donde reside la verdadera fuerza de la Inteligencia Artificial y el Machine Learning, ya que se puede adaptar a cualquier situación, especializarse en un tema en concreto, y exprimir todas las posibiliades. Por eso, no subestimes nunca la fuerza de la Inteligencia Artificial, como IA-Manager debes tener una comprensión muy amplia y profunda sobre los casos de uso.

Soporte técnico avanzado
La IA puede guiar a los clientes a través de soluciones técnicas de manera más eficiente, identificando rápidamente la raíz del problema y ofreciendo soluciones paso a paso. Esto, por ejemplo, puede ahorrar mucho tiempo a los trabajadores a la hora de que llame un cliente para solicitar asistencia técnica. A diario se dan muchos casos en los que el servicio de atención al cliente no sabe responder las preguntas del cliente ni solucionar el problema, por lo que debe desviar la llamada a un experto en el departamento encargado. Esta persona debe nuevamente escuchar el problema del cliente e intentar guiarle, lo que por el camino genera mucha confusión, incertidumbre y muchas preguntas. En esta situación los expertos pierden un tiempo muy valioso, a menudo el cliente vuelve a llamar y la historia se repite al cabo del día con el mismo cliente y con otros clientes. Esto se traduce como costes para la empresa. Con la ayuda de la Inteligencia Artificial esto sería pasado.

Personalización de la comunicación
Basándose en el historial y las preferencias del cliente, la IA puede personalizar la comunicación, desde ofertas especiales hasta soluciones específicas para cada individuo.

Mejora continua
Los sistemas de ML pueden aprender continuamente de las interacciones con los clientes, identificando áreas de mejora y adaptando sus respuestas para ofrecer una mejor atención en el futuro.

Reducción de tiempos de espera
La automatización y la eficiencia que proporciona la IA reducen significativamente los tiempos de espera, lo que se traduce en una mejor experiencia para el cliente.

Análisis predictivo
Al igual que en RRHH y otros departamentos, el ML puede proporcionar análisis predictivos sobre tendencias de consumo, picos de demanda en atención y otros insights valiosos para preparar al equipo de atención al cliente para futuros desafíos.

La incorporación de la Inteligencia Artificial y el Machine Learning en el departamento de atención al cliente no es solo una modernización de los procesos o una simple mejora en la calidad de los servicios; es una transformación completa en la forma de conectar y entender a los clientes. Estas tecnologías ofrecen herramientas que mejoran significativamente la eficiencia, rapidez y personalización de la atención. En un mundo donde la experiencia del cliente es fundamental para el éxito y diferenciación de una empresa, la IA y el ML se posicionan como aliados estratégicos, llevando la atención al cliente a un nivel superior y garantizando una relación más estrecha y satisfactoria con el consumidor. Esto finalmente se traduce para la empresa en volumen de ventas.

42. Departamento de Tecnología de la Información (TI)

El departamento de Tecnología de la Información (TI) es una parte fundamental en la columna vertebral de cualquier organización moderna. Actúa como el sistema nervioso central, garantizando que todos los componentes y departamentos de la empresa se comuniquen y funcionen sin problemas. Desde mantener seguros los datos críticos de la empresa, hasta garantizar que las herramientas y aplicaciones estén disponibles y funcionen correctamente, TI juega un papel crucial en el día a día operativo. Con la llegada de la IA y el ML, las responsabilidades y capacidades de este departamento están en constante evolución, permitiendo a las empresas operar de manera más eficiente, segura y escalable. Este departamento juega una pieza crucial en tu papel como IA-Manager.

He intentado reunir los temas más importantes a considerar dentro del departamento de TI, algo que debido a su importancia y complejidad no es fácil.

Gestión y monitoreo de infraestructura
La IA permite un monitoreo proactivo de la infraestructura de TI, identificando problemas potenciales antes de que se conviertan en fallos críticos. Los sistemas de ML pueden predecir cuándo un hardware está a punto de fallar o cuándo un recurso está a punto de agotarse, permitiendo acciones preventivas.

Seguridad y defensa cibernética
A través del uso de algoritmos avanzados, la IA puede detectar patrones anómalos en el tráfico de red, identificando posibles amenazas y tomando acciones automáticas para contrarrestarlas. Esto mejora la postura de seguridad y reduce el riesgo de brechas de datos.

Automatización de procesos
Mediante la aplicación de RPA (Automatización Robótica de Procesos) potenciado por IA, las tareas rutinarias y repetitivas pueden ser automatizadas, liberando al personal de TI para centrarse en tareas más estratégicas y valoradas. Como puedes comprobar este punto se da en prácticamente todos los departamentos.

Gestión de datos y análisis
La IA y el ML permiten a las empresas analizar grandes cantidades de datos a velocidades increíbles, ofreciendo insights que antes eran difíciles o imposibles de obtener. Esto es esencial para la toma de decisiones basada en datos en tiempo real.

Desarrollo y mantenimiento de software
Los sistemas inteligentes pueden ayudar en el desarrollo de software, identificando errores en el código, proponiendo mejoras y acelerando el proceso de pruebas y despliegue.

Soporte técnico y atención al usuario
Los chatbots y asistentes virtuales, impulsados por IA, pueden resolver consultas frecuentes de los usuarios, siendo estos por ejemplo los empleados de la empresa, reduciendo la carga sobre el personal de soporte y mejorando la satisfacción del usuario.

Optimización de redes y comunicaciones
A través del ML, las redes pueden auto-optimizarse, gestionando el tráfico de manera eficiente y adaptándose a las demandas cambiantes sin intervención humana.

Integración y compatibilidad de sistemas
Los sistemas inteligentes facilitan la integración de diferentes plataformas y aplicaciones, garantizando que todos los sistemas funcionen en armonía y reduciendo los problemas de compatibilidad. Cuando implementes la Inteligencia Artificial en el departamento de compras deberás, inevitablemente, implementarlo con el sistema ERP (Enterprise Resource Planning) de la empresa.

Planificación y estrategia, innovación y adopción tecnológica
La IA permite prever tendencias tecnológicas, necesidades futuras de infraestructura y demanda de recursos. La IA y el ML, al estar en constante evolución, ofrecen oportunidades para que el departamento de TI explore nuevas soluciones y tecnologías, manteniendo a la empresa a la vanguardia de la transformación digital, asegurando que el departamento de TI esté siempre un paso adelante.

La asimilación de la Inteligencia Artificial por parte del departamento de Tecnología de la Información es un grito revolucionario en la forma en que las empresas operan y crecen. Estas tecnologías ofrecen la oportunidad no sólo de hacer más con menos, sino también de explorar nuevas fronteras y ofrecer soluciones que antes eran impensables. En un mundo, en el que a lo largo del libro hemos comprobado, la tecnología es un diferenciador clave, la IA y el ML están redefiniendo las reglas de la vanguardia, y el departamento de TI está en la primera línea de esta transformación.

43. Departamento de compras

En el corazón de muchas operaciones comerciales se encuentra el departamento de compras. Este departamento, a menudo subestimado, juega un papel crucial en garantizar que la organización funcione sin problemas, al proveer de los recursos y servicios necesarios, desde materias primas hasta servicios esenciales. Además, garantiza que la empresa obtenga el mejor valor por su dinero, manteniendo al mismo tiempo la calidad y la eficiencia. Con la introducción de la IA y el ML en el ámbito de compras, estamos presenciando una revolución en la forma en que las empresas adquieren bienes y servicios, optimizan sus costos y gestionan sus relaciones con proveedores.

Demos un vistazo a los temas más relevantes en el departamento de compras.

Selección de proveedores
Ya hemos hablado de este aspecto en casos anteriores, pero no por eso le vamos a dar menos importancia, ya que de la elección adecuada de los proveedores depende el éxito de la empresa. La elección adecuada de proveedores es esencial para cualquier negocio. Con IA y ML, es posible analizar automáticamente grandes bases de datos de proveedores, evaluando su historial, calidad, precios y confiabilidad. Esto permite a las empresas identificar y colaborar con los proveedores más adecuados para sus necesidades específicas, abriendo grandes e importantes oportunidades de futuro.

Negociación y estrategia de precios
La IA puede analizar patrones de precios históricos, fluctuaciones del mercado y tendencias para asesorar en la negociación. Estos análisis pueden ser esenciales para obtener los mejores acuerdos y optimizar el presupuesto.

Gestión de inventario
El ML puede prever la demanda futura de productos o materias primas basándose en datos históricos y tendencias actuales. Esto permite a las empresas mantener un inventario óptimo, reduciendo costos de almacenamiento y evitando escasez, así como la sincronización automática de información entre los diferentes departamentos como almacén, producción, ventas etc.

Automatización de procesos de compra
Con la ayuda de la IA, las tareas rutinarias y repetitivas, como la generación de órdenes de compra o la verificación de facturas, pueden ser automatizadas, liberando tiempo y recursos para tareas más estratégicas. Anteriormente di el ejemplo que de los empleados pueden dedicarse, por ejemplo, a mejorar las relaciones con los proveedores. Un tema que también es muy importante y subestimado, lamentablemente.

Evaluación de riesgos de proveedores
Mediante el análisis de datos y patrones, la IA puede prever posibles interrupciones en la cadena de suministro o problemas con proveedores específicos, permitiendo a las empresas anticiparse y planificar contingencias, así como, si fuere necesario, adaptar el sistema de aprovisionamiento.

Gestión de relaciones con proveedores
Los sistemas basados en IA pueden ayudar a monitorear y gestionar las relaciones con los proveedores, identificando oportunidades de colaboración, optimización o renegociación.

Integración con proveedores
Los sistemas inteligentes permiten una comunicación fluida con proveedores, anticipando necesidades de reposición, negociando precios en función de demandas previstas y optimizando la cadena de suministro. Esto es básicamente, el día a día del departamento de compras. Si se consigue optimizar esto, las ventajas y los beneficios para la empresa son inimaginables.

Análisis de gastos y optimización de costos
Mediante el análisis de datos de gastos, la IA puede identificar áreas de ahorro, ineficiencias o patrones de gasto innecesarios, proponiendo estrategias para optimizar el presupuesto.

Integración con otros departamentos
Al igual que puntos anteriores, los sistemas de IA del departamento de compras pueden integrarse con otros departamentos, como ventas o producción, para asegurar una comunicación fluida y una coordinación eficiente en la cadena de suministro. Desde mi punto de vista y experiencia, es el departamento de compras la estructura central de una empresa. Por lo que considero, y repito, desde mi experiencia, que automatizar estas tareas entre departamentos es vital para una empresa hoy día.

Análisis predictivo
Nuevamente el ML puede proporcionar insights sobre tendencias de mercado, evolución de precios o cambios en la demanda, permitiendo a las empresas adaptar sus estrategias de compra de manera proactiva, encontrando además proveedores potenciales.

La forma en la que las empresas adquieren y gestionan recursos es la pieza central de cualquier empresa. De esto dependen todas las acciones que se toman en la empresa, desde la logística, el almacén, la producción, el departamento de calidad, las medidas que toma el departamento de recursos humanos, hasta las decisiones que toman los departamentos de finanzas y la dirección de la empresa. La implementación de la Inteligencia Artificial y el Machine Learning en el departamento de compras es una transformación en la forma en que las empresas adquieren y gestionan recursos. La IA permite una gestión más estratégica, eficiente y adaptativa de las compras, lo que se traduce en ahorros significativos y una mayor competitividad en el mercado. En un mundo donde cada centavo cuenta y donde la agilidad operativa es esencial, la IA y el ML están posicionándose como herramientas fundamentales para cualquier departamento de compras que busque excelencia y optimización.

44. Departamento de calidad

El departamento de calidad es el sistema inmunológico de cualquier empresa y se asegura de que los productos y servicios de una empresa cumplan con los estándares y expectativas establecidas, garantizando la satisfacción del cliente y la eficiencia operativa. Este departamento es responsable de establecer, monitorear y mejorar continuamente los procesos internos para garantizar un rendimiento óptimo en todos los niveles. La incorporación de la Inteligencia Artificial y el Machine Learning en este departamento está transformando la forma en que las empresas abordan la calidad, permitiendo una mayor precisión, predictibilidad y adaptabilidad en sus esfuerzos de control y mejora de calidad.

Exploremos los aspectos más cruciales en el ámbito del departamento de calidad.

Control de calidad automatizado
Con la ayuda de la IA, las empresas pueden automatizar inspecciones visuales, pruebas y otros procedimientos de control de calidad. Las cámaras y sensores inteligentes pueden detectar defectos o inconsistencias en tiempo real, reduciendo el error humano y aumentando la eficiencia. Si has prestado atención a los primeros temas del libro, en este punto te puedes imaginar un sistema de sensores que coordinados y con el algoritmo necesario, analizan las imágenes, vídeos, audio y otros datos y proporcionan una información muy valiosa que de otra forma no habrías obtenido jamás o se traduciría en altos costes.

Predicción y detección de fallos
De nuevo tenemos un ejemplo de coordinación entre departamentos, ya que los algoritmos de ML pueden analizar grandes cantidades de datos históricos para predecir posibles fallos en maquinaria o procesos antes de que ocurran. Como ya hemos comprobado esto permite a las empresas tomar medidas preventivas y reducir tiempos de inactividad. Desarrollar el departamento de calidad lo antes posible es importante para cualquier empresa que esté empezando, y por otro lado es una pieza clave para las grandes empresas.

Gestión de feedback del cliente
Como ya sabemos la IA puede analizar comentarios y reseñas de clientes que se reciben a través de otros departamentos para identificar áreas de mejora o problemas recurrentes en productos o servicios. Por ejemplo, como en quejas o en devoluciones. Mediante el uso de NLP esto permite a las empresas adaptarse rápidamente a las necesidades del cliente.

Cumplimiento de normativas y estándares
Los sistemas inteligentes pueden monitorizar y garantizar que los productos y procesos cumplan con las normativas y estándares industriales o gubernamentales, reduciendo el riesgo de sanciones o recalls. Básicamente esto es primordial en este departamento y representa el día a día, así como la base de las decisiones que aquí se toman.

Mejora continua
Con la capacidad de analizar patrones y tendencias en tiempo real, las empresas pueden implementar estrategias de mejora continua, ajustando y mejorando procesos basados en datos objetivos.

Formación y desarrollo del personal de calidad
La IA puede identificar áreas donde el personal necesita formación adicional, y personalizar programas de capacitación basados en las necesidades individuales y colectivas, lo que para el departamento de recursos humanos se traduce como "información de oro".

Análisis de causa raíz
Al enfrentarse a un problema de calidad, la IA puede analizar rápidamente grandes cantidades de datos para identificar la causa raíz, permitiendo una solución más rápida y eficiente.

Análisis predictivo
Similar a otros departamentos, el ML en el departamento de calidad puede ofrecer insights predictivos sobre tendencias de calidad, vida útil del producto, y otros datos valiosos para la planificación y estrategia a largo plazo.

La Inteligencia Artificial y su implementación en el departamento de calidad revolucionan tanto los procesos, cómo la forma de las empresas de garantizar y mejorar la calidad de sus productos y servicios. La IA proporciona las herramientas necesarias para que las empresas sean más proactivas, precisas y adaptables en sus esfuerzos de calidad. En un mercado donde la satisfacción del cliente y la eficiencia operativa son esenciales para el éxito, la IA y el ML se están convirtiendo en herramientas indispensables para cualquier departamento de calidad que busque excelencia en su campo.

45. Departamento legal

El departamento legal es el guardián de la integridad, cumplimiento y protección de una empresa en un paisaje legal complejo y en constante evolución. Este departamento se encarga de garantizar que las operaciones de una empresa se realicen dentro del marco legal, minimizando riesgos y defendiendo sus intereses. La integración de la Inteligencia Artificial y el Machine Learning en el departamento legal está transformando la forma en que se abordan los desafíos legales, agilizando procesos, mejorando la precisión y eficiencia, y proporcionando soluciones proactivas a problemas legales potenciales.

Aunque no es mi campo, me guío por mi experiencia y conocimientos como experto en empresas, IA y el sector industrial para analizar los temas más relevantes a considerar dentro del departamento legal.

Revisión y análisis de documentos
La IA está revolucionando la revisión legal al automatizar la identificación y clasificación de información relevante en grandes volúmenes de documentos mediante el NLP. Los algoritmos de

ML pueden analizar rápidamente contratos, acuerdos y otros documentos para identificar cláusulas riesgosas o incompatibles con las políticas de la empresa, e incluso traducirlos de otros idiomas, lo que favorece la expansión de las empresas y abre las puertas a posibles Partnerships.

Investigaciones legales y Due Diligence
La IA puede explorar rápidamente vastas bases de datos de jurisprudencia y legislación para identificar precedentes y legislaciones relevantes, ahorrando innumerables horas de trabajo manual y mejorando la precisión de las investigaciones.

Predicción de litigios
Mediante el análisis de datos históricos y patrones, el ML puede predecir la probabilidad de éxito en futuros litigios, permitiendo a las empresas tomar decisiones informadas sobre si proceder con acciones legales o buscar acuerdos.

Automatización de contratos
Los sistemas de IA pueden generar automáticamente contratos y otros documentos legales basados en parámetros predefinidos, garantizando consistencia y cumplimiento.

Cumplimiento regulatorio
Con la constante evolución de regulaciones y leyes, la IA puede monitorear y alertar sobre cambios relevantes, asegurando que la empresa siempre esté al día y evitando posibles sanciones.

Asesoramiento legal virtual
Los chatbots legales y asistentes virtuales pueden proporcionar respuestas inmediatas a consultas legales básicas, facilitando la carga de trabajo de los abogados y proporcionando información rápida a otros departamentos.

Gestión de propiedad intelectual
La IA puede monitorear y detectar posibles infracciones de propiedad intelectual, desde patentes hasta derechos de autor, permitiendo acciones rápidas para proteger los activos de la empresa.

Estrategia y planificación legal
Al analizar tendencias legales y datos de la industria, la IA puede ayudar a formular estrategias legales proactivas que anticipen y aborden posibles desafíos futuros.

Resolución de disputas
El ML puede analizar casos pasados y presentes para identificar estrategias efectivas de resolución, optimizando el proceso y mejorando las tasas de éxito.

Análisis predictivo
Una vez más el ML puede ofrecer insights sobre tendencias legales, riesgos emergentes y oportunidades, permitiendo una mejor planificación y preparación.

La incorporación de la Inteligencia Artificial y el Machine Learning en el Departamento Legal presentan una nueva forma en que las empresas abordan y gestionan sus desafíos legales. Estas tecnologías proporcionan herramientas que no sólo optimizan los procesos, sino que también mejoran la precisión, reducen riesgos y brindan soluciones proactivas a problemas complejos. En un mundo donde el riesgo legal puede tener implicaciones significativas, la IA y el ML son esenciales para garantizar que las empresas estén siempre un paso adelante, protegiendo sus intereses y navegando con confianza en el complejo mundo legal. El Departamento Legal, tradicionalmente basado en la pericia y juicio humano, ahora se beneficia enormemente de estas tecnologías, elevando su capacidad de servicio y defensa a niveles nunca antes vistos.

46. Departamento de documentación

El departamento de documentación mantiene y gestiona la información y el conocimiento dentro de cualquier empresa. Es en este departamento donde se recolecta, organiza, clasifica y distribuye la información relevante, asegurando que la organización funcione con precisión y eficiencia. La adopción de Inteligencia Artificial y Machine Learning está transformando la gestión de documentos, optimizando procesos, mejorando la recuperación de información y asegurando la integridad de los datos. Estas tecnologías están permitiendo una organización de documentos más eficiente, una clasificación más rápida y una recuperación de información basada en patrones y necesidades del usuario.

Algunas de las aplicaciones más relevantes de IA y ML en el departamento de documentación podrían ser las siguientes.

Organización y clasificación automática
Mediante algoritmos de ML, es posible organizar y clasificar automáticamente grandes volúmenes de información, identificando patrones y categorías en los documentos. Esto reduce el tiempo de procesamiento y asegura una mayor precisión en la clasificación. Desde planos de modelos de productos, hasta certificados de calidad de materiales que los proveedores envían al departamento de compras.

Recuperación de información
Los sistemas basados en IA pueden proporcionar recomendaciones y resultados de búsqueda personalizados, analizando el comportamiento y las preferencias del usuario para ofrecer la información más relevante en tiempo real.

Validación y verificación de documentos
La IA puede identificar y alertar sobre documentos duplicados, desactualizados o irrelevantes, garantizando la integridad y actualidad de la base de datos. Por ejemplo, en el momento en que un certificado de calidad llegue al departamento de compras, este puede ser analizado por la IA y si no está debidamente rellenado, este puede ser reclamado de inmediato, de lo contrario podría pasar mucho tiempo hasta que los empleados, en caso de una primera revisión fallida, noten el error, lo que podría repercutir en la cadena de producción. Ya que hay empresas, que debido a la garantía de calidad de los materiales, no pueden comenzar la producción hasta que reciban el certificado de calidad correspondiente y correctamente rellenado y sellado. Lo que en algunos casos podría suponer gastos en capital y tiempo muy altos.

Generación automática de resúmenes

Mediante técnicas de procesamiento del lenguaje natural, es posible generar resúmenes y abstractos automáticos de documentos extensos, facilitando la comprensión y el acceso rápido a la información clave.

Traducción y transcripción

Con el apoyo de la IA, se pueden traducir documentos a múltiples idiomas o transcribir automáticamente audios a texto, ampliando la accesibilidad y la distribución de la información. Esto básicamente facilita la comprensión de la documentación a todos los empleados que deben trabajar con esta información.

Control de accesos y seguridad

La IA puede monitorizar y controlar el acceso a documentos sensibles, detectando comportamientos anómalos y asegurando la confidencialidad de la información. No olvides que la seguridad de los datos es un punto muy importante en tu papel como IA-Manager y que lo tendrás muy presente en tu día a día. Claramente hablando, este tema lo tendrás siempre sobre la mesa.

Análisis predictivo de necesidades

El ML puede analizar patrones de comportamiento y preferencias de los usuarios para prever futuras necesidades de información, optimizando la adquisición y generación de nuevos documentos. Esto puede ayudar a mejorar los sistemas de documentación y a liberar al personal de ciertas tareas.

Optimización de espacios de almacenamiento

Mediante la IA, es posible analizar y optimizar el almacenamiento de documentos, identificando aquellos que pueden ser archivados, comprimidos o trasladados a sistemas de almacenamiento en la nube.

Conversión y adaptación de formatos

Los sistemas inteligentes pueden convertir documentos a diferentes formatos o adaptarlos para su visualización en distintos dispositivos, asegurando su legibilidad y accesibilidad.

Integración con otros departamentos

Los departamentos de compras, ventas, IT, producción, calidad y almacén dependen en gran medida del trabajo en conjunto con el departamento de documentación. La IA y el ML pueden facilitar la integración de la gestión documental con otros departamentos proporcionando información relevante en tiempo real y mejorando la toma de decisiones.

Con la IA y el ML el departamento de documentación recibe un "update" muy merecido, una evolución en la gestión del conocimiento y la información, asegurando que la información correcta esté disponible en el momento adecuado, optimizando procesos y garantizando la precisión. En un mundo donde, como ya hemos demostrado, la información es poder, la IA y el ML se convierten en herramientas muy potentes, aunque lamentablemente muy subestimadas, para gestionar, proteger y distribuir el conocimiento. El departamento de documentación, tradicionalmente encargado de la custodia y distribución de la información, encuentra en estas tecnologías el aliado perfecto para elevar su misión a nuevas alturas.

47. Departamento de salud y seguridad

El departamento de salud y seguridad garantiza que los empleados trabajen en condiciones óptimas y seguras, reduciendo riesgos y promoviendo un ambiente de trabajo saludable. Con la implementación de la Inteligencia Artificial y el Machine Learning, la gestión de la salud y seguridad laboral se está transformando profundamente, permitiendo una prevención más eficaz de accidentes, una respuesta más rápida a emergencias y una adaptación a las necesidades específicas de cada empleado. Empresas como Philips están desarrollando sistemas con realidad aumentada en gafas, las cuáles se incluyen en kit de primeros auxilios, para guiar a las personas en el proceso de reanimación de una persona. Esto, por ejemplo, en fábricas, es un activo muy valioso.

¿Cómo podemos mejorar este campo con el uso de la IA y el ML?

Detección y prevención de riesgos
Mediante el uso de sensores y sistemas de IA, es posible identificar áreas de alto riesgo en tiempo real y detectar patrones que indiquen una posible amenaza. Esto permite tomar medidas preventivas antes de que ocurra un accidente.

Monitoreo de condiciones laborales
Los sistemas inteligentes pueden monitorizar en tiempo real variables como la calidad del aire, niveles de ruido o exposición a sustancias tóxicas, y alertar cuando estas condiciones superen los límites seguros.

Evaluación de la salud de los empleados
Con dispositivos wearables y sistemas de IA, es posible hacer un seguimiento de la salud de los empleados, detectando signos de fatiga, estrés o cualquier otro problema de salud que pueda afectar su desempeño o seguridad.

Formación en seguridad
La IA puede personalizar los programas de formación en seguridad basándose en el perfil de cada empleado, su puesto y sus necesidades específicas, así como concienciarles de la importancia del cumplimiento de estas normas en otros departamentos. Además, mediante simulaciones asistidas, se pueden recrear situaciones de riesgo y entrenar a los empleados en cómo reaccionar ante ellas.

Respuesta a emergencias
En caso de accidentes o emergencias, los sistemas inteligentes pueden guiar a los empleados sobre cómo actuar, indicando rutas de evacuación, ofreciendo primeros auxilios virtuales y alertando a los servicios de emergencia de forma automática.

Análisis de incidentes
Después de cualquier incidente, la IA y el ML pueden analizar las causas, identificar patrones y proponer medidas para evitar que vuelva a ocurrir.

Salud mental y bienestar
La IA puede detectar signos de problemas de salud mental, como el estrés o la ansiedad, basándose en patrones de comportamiento y comunicación de los empleados. Esto permite ofrecer apoyo y recursos personalizados para mejorar el bienestar mental y emocional.

Cumplimiento normativo
Los sistemas inteligentes pueden asegurarse de que la organización cumpla con todas las normativas y regulaciones en materia de salud y seguridad, alertando sobre posibles desviaciones o incumplimientos.

Integración con otros departamentos
La IA puede integrar datos del Departamento de Salud y Seguridad con otros departamentos, como RRHH o Producción, para ofrecer una visión más completa y holística de la organización.

La adopción de la Inteligencia Artificial en el Departamento de Salud garantiza la seguridad y el bienestar de los empleados. Esto permite una gestión proactiva, personalizada y basada en datos, asegurando que los empleados no solo estén seguros, sino que también se sientan seguros. En un mundo laboral en constante evolución, donde los riesgos y desafíos cambian constantemente, la IA y el ML se están convirtiendo en herramientas esenciales para garantizar un ambiente de trabajo saludable y seguro. Como ves, los datos, sirven para garantizar tanto tu salud, como tu seguridad.

48. Departamento de mantenimiento

El departamento de mantenimiento, muy subestimado, es esencial para garantizar la continuidad y la eficiencia operativa de cualquier organización. Es este departamento el que se encarga de que los activos físicos y técnicos de una empresa estén en óptimas condiciones, asegurando que las operaciones se desarrollen sin interrupciones ni contratiempos. Con la incorporación de la Inteligencia Artificial (IA) y el Machine Learning (ML), el mantenimiento se está transformando de ser reactivo a proactivo, anticipando problemas antes de que ocurran y garantizando la máxima eficiencia.

Analicemos las principales aplicaciones de la IA y el ML en el departamento de mantenimiento.

Mantenimiento predictivo
El uso de la IA y el ML permite analizar datos de máquinas y equipos en tiempo real para predecir cuándo es probable que fallen. Esto significa que las reparaciones y el mantenimiento pueden ser programados antes de que ocurra un fallo, reduciendo el tiempo de inactividad y maximizando la eficiencia.

Optimización de recursos

Mediante el análisis de datos, es posible determinar cuándo y dónde se necesitará mantenimiento, lo que permite asignar recursos de manera más eficiente y reducir costos.

Detección de anomalías

Los algoritmos de ML pueden identificar patrones y detectar anomalías en el comportamiento de máquinas y sistemas, lo que permite intervenciones tempranas antes de que se conviertan en problemas mayores.

Control de inventario

La IA puede prever cuándo se necesitarán repuestos y hacer pedidos automáticamente, garantizando que siempre haya suficientes suministros en stock para el mantenimiento.

Formación y capacitación

Con la ayuda de la realidad aumentada y la IA, es posible ofrecer formaciones personalizadas a los técnicos, enseñándoles a enfrentarse a problemas específicos y mejorar sus habilidades de manera continua.

Gestión de la energía

Los sistemas inteligentes pueden monitorizar y analizar el consumo de energía, proponiendo soluciones para optimizar la eficiencia energética y reducir costos.

Automatización de procesos

Mediante el uso de robots y sistemas autónomos, es posible realizar tareas de mantenimiento en áreas de difícil acceso o en condiciones peligrosas, garantizando la seguridad del personal.

Documentación y reportes

La IA puede generar automáticamente informes detallados sobre las tareas de mantenimiento realizadas, los problemas encontrados y las soluciones aplicadas, creando un registro histórico y facilitando la toma de decisiones.

Integración con otros departamentos

Al conectar el sistema de mantenimiento con otros departamentos, como Producción o Ventas, es posible tener una visión más global de la organización y optimizar procesos de manera conjunta.

Análisis predictivo

El ML puede proporcionar análisis predictivos sobre la vida útil de los equipos, necesidades futuras de repuestos y tendencias en la eficiencia operativa.

La integración de la Inteligencia Artificial en el departamento de mantenimiento es un cambio con respecto a cómo las empresas se acercan al cuidado y la gestión de sus activos físicos. Es una oportunidad para maximizar la eficiencia, reducir costos y garantizar que las operaciones se realicen sin interrupciones. La continuidad operativa es esencial para mantener la competitividad, aquí la IA y el ML se han convertido en herramientas indispensables para cualquier departamento de mantenimiento moderno. Sin duda alguna, aquí tienes un arma para convencer a las empresas y demostrar una vez más las posibilidades que ofrece la IA.

49. Departamento de administración

El departamento de administración es el centro operativo y financiero de toda empresa. Es aquí donde se trazan los caminos para una gestión eficiente, se monitorean y controlan las finanzas, y se toman decisiones estratégicas vitales para el éxito y la sostenibilidad de la empresa. Gracias a la Inteligencia Artificial y el Machine Learning en este departamento, las formas tradicionales de administración están siendo transformadas, permitiendo una gestión más aguda, proactiva y adaptada a la volatilidad del mundo empresarial actual.

Estas son algunas de las áreas más relevantes en el departamento de administración, donde tú como IA-Manager, puedes llevar la IA y el ML para marcar la diferencia.

Planificación financiera
La IA permite una planificación financiera más precisa, analizando tendencias pasadas, condiciones actuales y proyecciones futuras. Los algoritmos de ML pueden identificar patrones en los ingresos y gastos, ayudando en la elaboración de presupuestos más realistas y en la predicción de flujos de efectivo.

Optimización de procesos administrativos
La automatización, asistida por IA, está reduciendo la carga de tareas repetitivas, desde la facturación hasta la gestión de proveedores, permitiendo a los equipos concentrarse en tareas de mayor valor añadido.

Gestión de riesgos
Mediante el análisis de grandes conjuntos de datos, la IA puede identificar potenciales amenazas financieras, operativas o de mercado, permitiendo a las empresas anticiparse y tomar medidas preventivas.

Pronóstico de ventas
Los modelos de ML pueden prever las ventas futuras basándose en forecasts del departamento de ventas, en datos históricos, tendencias de mercado y factores externos, lo que permite a las empresas adaptar su producción, inventario y estrategias de marketing.

Análisis de inversiones
La IA puede analizar rápidamente múltiples variables para determinar la viabilidad y rentabilidad de una inversión, desde la adquisición de una nueva empresa hasta la expansión a un nuevo mercado.

Auditoría y cumplimiento
Los sistemas de IA pueden revisar automáticamente grandes volúmenes de transacciones y detectar anomalías o desviaciones, facilitando las auditorías y asegurando el cumplimiento de las normativas.

Gestión de relaciones con clientes
La IA y el ML permiten un análisis detallado del comportamiento del cliente, anticipando sus necesidades y personalizando la oferta, lo que se traduce en una mejor experiencia para el cliente y una mayor fidelización.

Análisis de mercado
Mediante el análisis de datos y tendencias, las empresas pueden identificar oportunidades de mercado, nichos desatendidos o áreas donde la competencia es menos intensa.

Estrategias de precios
Basándose en datos históricos, competencia y demanda, los algoritmos de ML pueden sugerir estrategias de precios dinámicos, maximizando así los ingresos y la rentabilidad.

Toma de decisiones estratégicas
Con la capacidad de procesar y analizar vastas cantidades de información, la IA ofrece insights valiosos que pueden guiar la toma de decisiones a nivel estratégico, desde expansiones hasta reestructuraciones.

La Inteligencia Artificial está permitiendo a las empresas ser más ágiles, adaptativas y resilientes. El departamento de administración, tradicionalmente centrado en números y procesos, ahora se beneficia de estas herramientas para ofrecer una visión más profunda y estratégica, siendo el pilar fundamental en la toma de decisiones y en la dirección hacia el futuro de la empresa.

50. Departamento de comunicación y relaciones públicas

La imagen y la percepción de una empresa ante el público, clientes y otros stakeholders es vital para su éxito y longevidad. El departamento de Comunicación y Relaciones Públicas (Com&RP) es el encargado de moldear, consolidar y proteger esta imagen, siendo el puente entre la empresa y el mundo exterior. La llegada de la Inteligencia Artificial y el Machine Learning a este departamento está reconfigurando la forma en que las empresas se comunican y se relacionan con su entorno, haciendo que las estrategias sean más precisas, personalizadas y eficientes.

Ya hemos visto como la implementación de la IA está mejorando otros departamentos. En este, y de forma muy similar, están teniendo también una influencia muy importante, y aunque las tareas suenen repetitivas, no debemos menospreciar la fuerza y la importancia de estas. Recuerda que cada departamento tiene una misión, y por lo tanto la finalidad de la automatización de las tareas es siempre diferente, aunque siempre te suene igual.

Análisis de sentimiento y reputación
La IA puede analizar grandes volúmenes de datos de redes sociales, foros, blogs y medios de comunicación para determinar el sentimiento general hacia una marca o empresa. Esto permite a las empresas adaptar su comunicación y responder rápidamente a cualquier percepción negativa.

Segmentación de audiencia
El ML puede identificar y segmentar audiencias basándose en sus comportamientos, intereses y demografía, permitiendo campañas de comunicación más dirigidas y personalizadas.

Automatización de la comunicación
Chatbots y asistentes virtuales, potenciados por IA, pueden gestionar consultas frecuentes, reservas o cualquier tipo de interacción con stakeholders, proporcionando respuestas inmediatas y consistentes.

Monitoreo en tiempo real
Herramientas de IA pueden rastrear en tiempo real menciones de la marca, noticias relevantes o tendencias emergentes, permitiendo a las empresas ser proactivas en su comunicación.

Creación de contenido
Algoritmos de ML pueden ayudar en la creación de contenidos personalizados para diferentes plataformas y audiencias, desde redacción de artículos hasta diseño de imágenes y videos.

Predicción de crisis
La IA puede identificar patrones o señales tempranas de una posible crisis de relaciones públicas, permitiendo a las empresas prepararse y manejarla de manera efectiva.

Optimización de medios
El ML puede analizar la eficacia de distintos canales de comunicación y recomendar dónde invertir esfuerzos y recursos para maximizar el impacto.

Relaciones con influencers
Identificar a los influencers adecuados y medir su impacto real en la marca es esencial. La IA puede analizar métricas y comportamientos para encontrar los colaboradores ideales.

Evaluación de campañas
La IA puede medir en tiempo real el éxito de una campaña de comunicación, proporcionando insights sobre qué funciona y qué no, y permitiendo ajustes ágiles.

En este departamento se gestiona una profunda transformación en cómo las empresas se presentan y se relacionan con el mundo. Las nuevas herramientas permiten una comunicación más ágil, personalizada y basandose en datos, garantizando que los mensajes de la empresa lleguen a las personas adecuadas, en el momento adecuado y de la manera adecuada. En un entorno donde la imagen y la percepción pueden hacer o deshacer marcas, la IA y el ML se convierten en herramientas esenciales para cualquier estratega de comunicación y profesional de relaciones públicas que busque estar a la vanguardia.

51. Departamento de recepción

La primera impresión es esencial en cualquier interacción, y el departamento de recepción es la puerta de entrada, el rostro que la empresa presenta al mundo. Es aquí donde se gestiona la primera interacción con clientes, proveedores, visitantes y hasta empleados. La eficiencia, rapidez y cordialidad son fundamentales en este departamento, y es por eso que la implementación de la Inteligencia Artificial puede marcar una diferencia sustancial.

La IA y el ML están entrando en el escenario de la recepción con el objetivo de mejorar la experiencia del visitante, acelerar procesos y ofrecer un servicio más personalizado. Desde la automatización de tareas hasta la gestión de la seguridad, estas tecnologías están reinventando el mundo de la recepción de una forma muy positiva.

Veamos algunos de los puntos más relevantes en la implementación de IA y ML en el departamento de recepción.

Check-in automatizado
Con la ayuda de sistemas inteligentes, el proceso de registro puede ser rápido y sin fricciones. Estos sistemas pueden reconocer a los visitantes, proporcionarles acceso e incluso orientarlos si es necesario, todo de manera autónoma.

Reconocimiento facial
La IA permite identificar a los visitantes a través de sus rasgos faciales, agilizando el proceso de entrada y aumentando la seguridad al permitir o denegar el acceso según las listas preestablecidas.

Asistentes virtuales
Los chatbots y asistentes virtuales pueden responder preguntas frecuentes, ayudar a orientar a los visitantes y proporcionar información en tiempo real, reduciendo la carga de trabajo del personal de recepción.

Gestión de citas
A través del ML, es posible predecir y gestionar los tiempos de espera, optimizar el flujo de visitantes y programar citas de manera eficiente, adaptándose a las necesidades de los visitantes y de la organización.

Seguridad y vigilancia
Los sistemas de vigilancia inteligentes pueden detectar comportamientos sospechosos o no autorizados, alertando al personal de seguridad y tomando medidas de forma proactiva.

Personalización de la experiencia
Basado en datos históricos y preferencias conocidas, la IA puede ofrecer una experiencia personalizada a los visitantes, desde saludos personalizados hasta recomendaciones adaptadas.

Análisis de feedback
El ML puede analizar comentarios y feedback de los visitantes para identificar áreas de mejora y ajustar los servicios ofrecidos en consecuencia.

Optimización del espacio
Mediante el análisis de patrones de movimiento y ocupación, es posible reorganizar y adaptar el espacio de recepción para maximizar la eficiencia y comodidad.

Gestión de emergencias
En situaciones críticas, los sistemas inteligentes pueden guiar a las personas hacia salidas de emergencia, proporcionar información en tiempo real y alertar a los servicios de emergencia.

Integración con otros departamentos
La IA puede colaborar con otros departamentos, como seguridad o logística, para asegurar una experiencia fluida y segura para los visitantes, desde su llegada hasta su salida.
La IA no sólo ofrece una mayor eficiencia, sino que también eleva el nivel de servicio y seguridad. En el mundo en el que vivimos la primera impresión puede ser decisiva. La IA y el ML están demostrando ser herramientas de gran poder para garantizar que esta impresión sea siempre positiva. El departamento de recepción, tradicionalmente basado en la interacción humana, ahora se beneficia de la precisión, rapidez y personalización que estas tecnologías pueden ofrecer. Un aspecto que además favorece a las empresas, demostrando su capacidad de adaptación, su predisposición al cambio y demostrando su capacidad de líder en el mercado.

52. Departamento de dirección

El departamento de dirección es el epicentro de la toma de decisiones estratégicas en cualquier organización. El núcleo, es donde se definen las rutas y metas a seguir, donde se diseña el futuro de la empresa y se establecen las pautas para el resto de los departamentos. La absorción de la Inteligencia Artificial en este ámbito está transformando la manera en que los líderes toman decisiones, proporcionando herramientas que permiten una visión más clara del mercado, una anticipación de posibles riesgos y una gestión más eficaz de los recursos disponibles.

He dejado este departamento para el último con intención. Primero, como cerebro de cualquier organización o empresa, el departamento de dirección se beneficia al tener una visión completa de cómo la IA está transformando cada rincón de la empresa. Al abordar este departamento después de haber analizado todos los demás, podemos asegurarnos de que los líderes estén equipados con una comprensión holística de las capacidades y posibilidades de la IA, permitiéndoles tomar decisiones informadas y estratégicas.

Además, el proceso de implementación de la IA es un viaje de transformación. Al comenzar con otros departamentos, se permite que la organización se aclimate gradualmente a las nuevas tecnologías y procesos. Cuando llega el momento de incorporar la IA en la dirección, la empresa ya tiene un terreno fértil, con empleados familiarizados y sistemas ya optimizados, asegurando que la integración en el nivel más alto sea lo más fluida y efectiva posible.

Por último, la dirección, al estar en la cúspide de la toma de decisiones, debe ser un ejemplo de adaptabilidad y visión de futuro. Al presentar la implementación de la IA en este departamento como el culmen de nuestro recorrido, estamos subrayando la importancia y el valor que la tecnología aporta al núcleo estratégico de la empresa. Es un fuerte mensaje de que la organización no sólo adopta la innovación, sino que está lista para liderar en la era de la IA. Por supuesto, esto en la práctica, no es posible, ya que los procesos deben ir adaptándose según las necesidades de cada empresa y por lo tanto de cada proyecto que dirijas. Tenlo siempre muy en cuenta, debes asesorar a las empresas de la mejor forma para ellas y según lo requieran sus necesidades. Recuerda que no siempre podemos tener lo que deseamos, sino que es más efectivo aquello que necesitamos.

Veamos ahora sí, las áreas clave en las que la IA y el ML están marcando la diferencia en el departamento de dirección.

Toma de decisiones estratégicas
La IA y el ML facilitan la toma de decisiones al proporcionar análisis predictivos basados en grandes cantidades de datos. Estos análisis permiten anticipar tendencias del mercado, evaluar riesgos y oportunidades y tomar decisiones informadas que maximicen los beneficios y minimicen los riesgos.

Gestión de riesgos
Ya hemos visto en otros departamentos que con la ayuda de algoritmos avanzados, es posible identificar patrones que indiquen posibles amenazas financieras, operativas o de mercado. Esta anticipación permite a la dirección implementar estrategias preventivas y de contingencia.

Planificación y previsión
El ML proporciona herramientas para realizar previsiones precisas sobre ventas, demanda de productos, necesidades de inversión y crecimiento empresarial, basándose en datos históricos y tendencias actuales.

Optimización de recursos
Los sistemas de IA pueden analizar la eficiencia de los recursos utilizados (tanto humanos como materiales), identificar áreas de mejora y proponer soluciones para maximizar la productividad y reducir costos.

Gestión de relaciones con stakeholders
La IA puede ayudar a entender mejor las expectativas y necesidades de los accionistas, clientes, proveedores y otros stakeholders, permitiendo una comunicación más efectiva y decisiones que beneficien a todas las partes.

Innovación y desarrollo de productos
Los algoritmos de ML pueden identificar tendencias emergentes en el mercado y preferencias del consumidor, guiando a la dirección en el desarrollo de nuevos productos o la mejora de los existentes y la toma de mejores decisiones.

Monitoreo de la competencia
La IA permite un análisis en tiempo real de las acciones y estrategias de la competencia, proporcionando insights valiosos que pueden influir en las decisiones estratégicas de la empresa.

Cultura y visión organizacional
Con la ayuda de la IA, es posible medir y analizar la percepción y satisfacción de los empleados con respecto a la cultura de la empresa, permitiendo a la dirección ajustar y reforzar la visión y valores de la organización. Aunque muy posiblemente esto, y sobre todo en empresas grandes, consorcios o grupos de empresas, sea el departamento de recursos humanos y quién lo realice.

Integración interdepartamental
La IA puede facilitar la comunicación y colaboración entre departamentos, identificando áreas de sinergia y optimizando procesos para un funcionamiento más cohesivo de la organización.

Análisis de mercados globales
Con el ML, es posible analizar y prever tendencias en mercados internacionales, identificar oportunidades de expansión y adaptar estrategias a las particularidades de cada región.

La IA ofrece una perspectiva basada en datos y análisis precisos, permitiendo una gestión más proactiva, estratégica y adaptada a un mercado en constante cambio. La adaptabilidad y anticipación son claves, la IA y el ML se presentan como herramientas para dirigir con visión, precisión y eficiencia. Es una era donde la dirección no solo lidera, sino que también se apoya en la tecnología para navegar con certeza hacia el futuro.

Para cerrar el tema de los use cases
A lo largo de este tema, durante nuestro viaje por el camino que nos ha llevado por el interior de la empresa, hemos visto como la Inteligencia Artificial y el Machine Learning pueden implementarse en prácticamente cada tarea, en cada sistema, en cada máquina, no solo para economizar, sino para mejorar, para liberar a los empleados de tareas tediosas y repetitivas, mejorando por ejemplo la salud y aumentando la motivación, ahorrando en tiempo, materiales, suprimiendo costos y optimizando los procesos y por lo tanto mejorando la calidad de los productos y servicios.
El mundo que conocemos en el ámbito empresarial está cambiando. Tú, hoy y ahora, tienes no solo la posibilidad, sino la responsabilidad de dar lo mejor en cada proyecto, de estar bien preparado y formado, de tener una visión clara sobre la Inteligencia Artificial y de utilizar este gran poder con responsabilidad. Puedes usar la Inteligencia Artificial para crear prácticamente cualquier cosa que te imagines. En cada proyecto, en cada implementación, con cada algoritmo y modelo, estás cambiando el mundo en el que vives. Aunque aún no lo creas, lo que tú estas haciendo hoy, está marcando nuestro futuro y cambiando nuestro mundo y con consecuente nuestras vidas.
La implementación de la IA en empresas supone cambios en la vida de sus trabajadores y también de sus clientes, de sus partners, de sus proveedores. Estos cambios van más allá de la mera automatización de procesos; se trata de una verdadera transformación que afecta a todos los niveles de la organización. Al integrar la Inteligencia Artificial en sus operaciones, las empresas no solo se vuelven más eficientes y competitivas, sino que también pueden ofrecer experiencias más

personalizadas y satisfactorias a sus clientes. Además, los empleados se benefician al poder concentrarse en tareas más creativas y estratégicas, dejando las actividades rutinarias a las máquinas.

Este nuevo paradigma empresarial requiere un cambio de mentalidad en todos los niveles de la empresa. Los líderes deben estar abiertos a nuevas formas de trabajar y dispuestos a invertir en la capacitación y el desarrollo de su personal para que puedan adaptarse y prosperar en este entorno en constante cambio. La colaboración entre humanos y máquinas abre un mundo de posibilidades, pero también plantea desafíos éticos y prácticos que deben abordarse con cuidado y responsabilidad.

La Inteligencia Artificial no es solo una herramienta para mejorar la eficiencia y reducir costos; es un catalizador para la innovación y la transformación en todos los aspectos de los negocios. Como profesionales, tenemos la oportunidad y el deber de liderar este cambio, asegurándonos de que la tecnología se utilice de manera que beneficie a la sociedad en su conjunto, respetando siempre los principios éticos y los valores humanos. La forma en que abordemos esta revolución tecnológica hoy determinará el mundo en el que viviremos mañana.

MÓDULO 7

Gestión de proyectos

Módulo 7 – Projectmanagement

53. Introducción a Projectmanagement en proyectos de Inteligencia Artificial

La gestión de proyectos ha sido durante mucho tiempo un pilar en el mundo empresarial, guiando proyectos desde su concepción hasta su conclusión exitosa. Sin embargo, con la creciente adopción de tecnologías emergentes como la Inteligencia Artificial, se hace evidente que la gestión tradicional de proyectos no siempre se adapta perfectamente a esta nueva realidad. Los proyectos de IA, con su naturaleza altamente técnica, experimental y en constante evolución, requieren un enfoque distinto para asegurar su éxito. Es necesario ser un verdadero experto en IA para realizar un proyecto exitoso. Además, y desde mi más sincera recomendación y opinión, cuanto más conocimiento tengas de una empresa, sus departamentos y sus procesos, más y mejor capacitado o capacitada estarás para dirigir y gestionar proyectos de Inteligencia Artificial. Ten en cuenta que cualquiera puede hacer un curso de dos o tres meses de IA-Manager y obtener un certificado que lo califica como tal, pero, ¿Qué conocimientos y habilidades dispone este IA-Manager en comparación con un IA-Manager que ha obtenido su título realizando el Master de IA-Manager de nueve meses de duración de la Universidad Europea de Madrid? Pues sinceramente, en comparación prácticamente ninguna. Ya que el IA-Manager que ha obtenido su título realizando el Master estará mucho más preparado y será verdaderamente un experto, por lo que estará mucho más capacitado a la hora de asesorar a las empresas. Además, ten en cuenta también, que no todo el mundo tiene el mismo conocimiento de una empresa, ni de sus procesos, por lo que a la hora de asesorar a una empresa la diferencia es muy amplia. Mi única intención con este libro es transmitirte mis conocimientos, mi experiencia, y en medida de lo posible, ofrecerte nuevos puntos de perspectiva para que tú mismo/a valores las posibilidades que ante ti se abren. En tu mano está cualificarte como un auténtico IA-Manager. Y ahora te digo, da igual si tienes el Master de la universidad o un curso, si te preparas bien como IA-Manager, puedes afrontar cualquier proyecto que te propongas.

Si no tienes experiencia en gestión de proyectos probablemente todo lo que vamos a ver a continuación te suene literalmente a chino, si ya tienes experiencia entonces es posible que eches de menos algunas cosas. Nuevamente tengo que resumir, ya que gestión de proyectos es un oficio en sí, por lo que entonces este libro sería eterno, y no cumpliría mi objetivo principal, que es escribir un libro claro, conciso y enfocado a la gestión de proyectos de Inteligencia Artificial. Por este motivo me es imposible escribir sobre muchos temas más detalladamente y profundizándolos mucho más. Quiero conseguir realmente un "manual", un libro de bolsillo, y no un libro de leyes.

A la hora de gestionar proyectos de Inteligencia Artificial se presentan muchas preguntas, que por supuesto, varían de un proyecto a otro.

53.1. ¿Qué hace único a un proyecto de IA?

Para comenzar, los proyectos de IA se centran en crear sistemas que pueden realizar tareas que normalmente requieren inteligencia humana, como el reconocimiento de patrones, la toma de decisiones y el procesamiento del lenguaje natural. A diferencia de los proyectos de software tradicionales, donde los resultados son predecibles y las especificaciones están claramente delineadas desde el inicio, los proyectos de IA son inherentemente inciertos. No siempre se sabe de antemano qué modelo o enfoque funcionará mejor, y es común que se necesiten múltiples iteraciones y experimentaciones antes de llegar a una solución viable.

53.2. ¿Qué importancia tienen los Datos?

El combustible que alimenta cualquier proyecto de IA es el dato. Aquí radica uno de los primeros y más grandes desafíos: la adquisición, limpieza, y preparación de datos de alta calidad. Un proyecto puede detenerse o fracasar si los datos no son adecuados, ya sea porque no reflejan correctamente la realidad que se desea modelar, o porque están sesgados, incompletos o son simplemente erróneos. Además, la gestión de datos conlleva importantes consideraciones éticas y legales de las que ya hemos hablado por el camino, especialmente en lo que respecta a la privacidad y seguridad.

53.3. ¿Qué personas deben formar el equipo del proyecto?

La interdisciplinariedad, la confluencia de expertos, es un aspecto distintivo de los proyectos de IA es la necesidad de colaboración entre diversos expertos. Desde científicos de datos e ingenieros de Machine Learning hasta expertos en el dominio, ingenieros de software y especialistas en ética, la confluencia de estas disciplinas es crucial. La gestión efectiva de equipos interdisciplinarios es esencial, ya que cada miembro aporta una perspectiva única y esencial para el éxito del proyecto.

53.4. ¿Cómo tratar y cuidar el aspecto ético de un proyecto de IA?

La IA no es simplemente una herramienta técnica; tiene profundas implicaciones éticas y sociales como ya hemos visto. Los modelos de IA pueden perpetuar o incluso amplificar sesgos existentes, lo que puede resultar en decisiones injustas o discriminatorias. Por lo tanto, es esencial considerar y abordar estos temas desde el inicio, estableciendo marcos éticos y prácticas de auditoría para garantizar que los sistemas sean justos y transparentes.

La gestión de proyectos en el ámbito de la IA es un viaje fascinante y desafiante. Requiere una combinación de habilidades técnicas, capacidad de adaptación y una profunda comprensión de las complejidades humanas y éticas involucradas, así como un amplio conocimiento del campo al que se quiere aplicar la Inteligencia Artificial. A medida que la IA continúa integrándose en todos los aspectos de la sociedad y la economía, la necesidad de una gestión de proyectos bien informada y centrada en la IA será cada vez más crítica. Es un territorio emocionante, lleno de posibilidades y desafíos, y está esperando a aquellos que están dispuestos a navegarlo con curiosidad, integridad y visión.

54. Aspectos a tener en cuenta en un proyecto de IA

Aquí te presento una lista de aspectos a tener en cuenta en un proyecto enfocado a la Inteligencia Artificial. Aunque dependiendo del tipo de proyecto estos puntos pueden variar, yo te ofrezco esta lista basándome en mi experiencia y conocimientos.

1. Definición clara del problema: Es crucial definir con precisión el problema que se desea resolver con IA. Esta definición debe ser lo suficientemente específica para guiar el desarrollo, pero lo suficientemente flexible para adaptarse a los hallazgos durante la fase de investigación y desarrollo. En la base de cualquier proyecto exitoso se encuentra una definición clara y concreta del problema a resolver. Al enfrentarnos a un proyecto de IA, esta definición se vuelve aún más esencial. El campo de la IA es vasto y las soluciones posibles pueden ser innumerables. Determinar con precisión qué se espera lograr no sólo proporciona una dirección clara, sino que también establece límites que evitan que el proyecto se desvíe o se vuelva demasiado amplio. Si bien es importante ser específico, también es crucial mantener cierta flexibilidad. La IA, con su naturaleza experimental, puede presentar hallazgos inesperados que podrían requerir ajustes en la dirección inicial del proyecto.

2. Gestión de expectativas: La IA a menudo se percibe como una solución mágica para todos los problemas. Es vital establecer expectativas realistas con los stakeholders y comunicar las limitaciones inherentes de los sistemas de IA. La revolución de la IA ha llevado a muchas empresas a percibirla como una panacea. Sin embargo, es esencial mantener las expectativas ancladas a la realidad. No todos los problemas son adecuados para soluciones basadas en IA, y no todas las soluciones de IA serán transformadoras. Comunicar esto a los stakeholders desde el principio evita desilusiones futuras y asegura que todos estén alineados con lo que se puede lograr y en qué plazos.

3. Comprensión de los datos: Los proyectos de IA dependen en gran medida de los datos. Es esencial comprender la calidad, cantidad y disponibilidad de los datos necesarios para el proyecto. Además, se deben considerar aspectos relacionados con la privacidad y la ética de los datos. Ten siempre presente, que la calidad de cualquier solución de IA está intrínsecamente ligada a la calidad de los datos que alimentan el modelo. Como ya te vengo diciendo desde el principio del libro, es vital entender de dónde provienen estos datos, qué representan, cómo se han recopilado, y sobre todo, que sepas leerlos por ti mismo/a. Los datos inadecuados o sesgados pueden llevar a soluciones erróneas o injustas. Además, en la era digital, la privacidad y la ética de los datos se han convertido en preocupaciones centrales. Un proyecto de IA debe considerar estos aspectos, garantizando que los datos se utilicen de manera responsable y ética.

4. Iteración y experimentación: A diferencia de los proyectos de software tradicionales, los proyectos de IA suelen ser más experimentales. Se debe tener en cuenta que habrá iteraciones y ajustes a medida que los modelos se entrenan y validan. A diferencia del software tradicional, donde un conjunto de especificaciones define claramente lo que se debe construir, los proyectos de IA son un viaje de descubrimiento. Es probable que se necesiten múltiples intentos, pruebas y ajustes antes de llegar a un modelo que funcione adecuadamente. Esta naturaleza iterativa debe ser planificada y presupuestada desde el principio.

5. Interdisciplinariedad: Un proyecto de IA suele requerir la colaboración entre expertos en datos, ingenieros de software, expertos en el dominio y otros roles. La gestión efectiva de un equipo interdisciplinario es crucial. Por este motivo debes estar cualificado para gestionar el equipo y te pongo como ejemplo el fútbol (por ser el deporte de equipo más conocido del mundo). Aunque a mí personalmente no me gusta el fútbol, el sistema de gestión de equipos tiene las mismas bases. Imagínate el Real Madrid con once Cristiano Ronaldos, o el Barcelona con once Messis. Sería algo imposible de gestionar, ya que todos son y quieren ser el mejor en su equipo. Tienes un equipo con once jugadores que juegan en la misma posición y realizan la misma tarea. No puede ser. Un equipo está formado por profesionales en diferentes campos, cada uno tiene una labor y cada uno aporta un valor al proyecto, por eso debes comprender el campo de cada uno y gestionar adecuadamente la estabilidad del equipo para así asegurar el éxito al final de la temporada.

6. Evaluación y validación: Es esencial establecer métricas claras para evaluar el rendimiento y la eficacia de los modelos de IA. Estas métricas deben ser relevantes para el problema empresarial que se intenta resolver. Una vez que se ha desarrollado un modelo, es esencial medir su rendimiento. Esto va más allá de las métricas técnicas. Si bien es importante que un modelo tenga una alta precisión o una baja tasa de error, es aún más crucial que esas métricas se traduzcan en resultados empresariales tangibles. La validación debe realizarse en condiciones que se asemejen lo más posible a la realidad operativa para garantizar que el modelo no sólo funciona en teoría, sino también en la práctica.

7. Implementación y escalado: Una vez desarrollado el modelo, es fundamental considerar cómo se implementará y escalará en un entorno de producción. Esto puede incluir consideraciones sobre hardware, integraciones con otros sistemas y mantenimiento continuo. Un modelo de IA que no se implementa adecuadamente puede no aportar ningún valor. La transición de un modelo experimental a una solución en producción es un paso crucial que puede presentar desafíos, desde la necesidad de hardware especializado hasta la integración con otros sistemas empresariales. Además, una vez en producción, es vital garantizar que el modelo pueda escalar para manejar la carga operativa real.

8. Aspectos éticos: La IA puede tener implicaciones éticas, como el sesgo en los modelos o las preocupaciones sobre la privacidad. Es fundamental abordar estos temas desde el principio y tener un plan para mitigar los riesgos potenciales. En la era moderna, las decisiones tomadas por modelos de IA pueden tener un impacto profundo en la vida de las personas. Ya sea en la toma de decisiones médicas, en la aprobación de préstamos o en la selección de candidatos para un empleo, los modelos de IA pueden introducir sesgos o tomar decisiones que afecten negativamente a individuos o grupos. Es imperativo abordar estos temas éticos desde el inicio, garantizando que los sistemas sean justos y transparentes.

9. Formación y actualización continua: Los modelos de IA pueden degradarse con el tiempo o con cambios en los datos. Es importante tener estrategias para reentrenar y actualizar los modelos según sea necesario. El mundo cambia, y con él, los datos que alimentan nuestros modelos. Un modelo que funciona hoy puede no funcionar mañana. Establecer mecanismos para reentrenar y actualizar los modelos es esencial para garantizar su relevancia y eficacia a lo largo del tiempo.

10. Comunicación y documentación: Dado que la IA puede ser una disciplina técnica y compleja, es esencial comunicar de manera efectiva tanto los detalles técnicos como los resultados empresariales a diferentes stakeholders. La IA es un campo aún muy complejo y muy técnico. Sin embargo, sus resultados y decisiones afectan a toda la organización. Es esencial que los detalles técnicos y los resultados empresariales se comuniquen de manera efectiva a todas las partes interesadas.
Además, la documentación adecuada puede ayudar a asegura la reproducibilidad, mantenimiento del proyecto y a que los modelos puedan ser mejorados a lo largo del tiempo.

Estos son solo algunos de los aspectos clave a considerar en la gestión de proyectos de IA. Como estoy seguro ya tienes claro, cada proyecto tendrá sus propias particularidades y desafíos, pero tener en cuenta estos puntos puede ayudarte a navegar con éxito en el complejo mundo de la IA. Cada proyecto de IA es un desafío, pero también una oportunidad. Con una comprensión clara de estos aspectos clave, las organizaciones pueden aprovechar al máximo el potencial de la IA, creando soluciones que no sólo son técnicamente avanzadas, sino también éticas, relevantes y valiosas para el negocio. Tú, como director de orquesta, debes tenerlos muy claros para así transmitir tanto la información correcta, como hacerlo de la forma correcta.

55. Frameworks (Técnicas para gestión de proyectos)

Los frameworks en gestión de proyectos son estructuras básicas conceptuales y metodológicas utilizadas para organizar el conocimiento y guiar la gestión de proyectos dentro de una organización. Estos marcos proporcionan un conjunto de herramientas, procesos, técnicas y prácticas recomendadas que están diseñadas para ayudar a los gerentes de proyecto a iniciar, planificar, ejecutar, controlar y cerrar proyectos más efectivamente.
Los frameworks varían en complejidad y pueden ser genéricos o específicos de la industria, pero generalmente incluyen elementos tales como:

Fases del proyecto: Etapas claramente definidas por las que debe pasar un proyecto, como la iniciación, la planificación, la ejecución, el monitoreo y control, y el cierre.
Documentación: Formularios estándar, plantillas y documentos que ayudan a mantener una documentación consistente y completa a lo largo de la vida del proyecto.
Metodologías: Enfoques prescritos para gestionar y llevar a cabo el trabajo del proyecto, que pueden incluir metodologías ágiles, cascada, PRINCE2, etc.
Herramientas y técnicas: Recursos como software de gestión de proyectos, técnicas de estimación, métodos de priorización y herramientas de evaluación de riesgos.
Principios de gestión: Principios subyacentes que guían el comportamiento del gestor de proyectos y el equipo del proyecto, como la comunicación, el liderazgo y la ética profesional.
Best practices: Prácticas recomendadas que se han identificado a través de la experiencia y la investigación que contribuyen al éxito del proyecto.

El uso de frameworks en la gestión de proyectos ayuda a estandarizar las prácticas y aumentar la eficiencia, proporcionando una base común desde la cual todos los gerentes de proyectos pueden trabajar. Esto es especialmente útil en organizaciones grandes o en proyectos complejos, donde la coherencia y la previsibilidad son críticas para el éxito. En tu papel, no solo como experto en IA, sino como gestor de proyectos, debes tener muy claro estas técnicas, conocerlas bien, y saber aplicarlas según el calibre del proyecto, ya que de tu propia organización, como de tu capacidad para organizar, depende el transcurso del proyecto y el flujo y transferencia de información, así como un desarrollo positivo del mismo. Vamos a ver 3 ejemplos de las técnicas más usadas y conocidas para la gestión de proyectos.

55.1. Waterfall (Cascada)

Es un enfoque secuencial y lineal para la gestión de proyectos y el desarrollo de software, donde el proceso fluye hacia abajo (como una cascada) a través de varias fases establecidas. Esta técnica la puedes encontrar con cinco, seis y siete pasos, sin embargo, yo te la presento con ocho pasos, los cuáles yo considero son los verdaderamente importante a la hora de aplicar esta técnica.

1. **Concepción:** Definir los requisitos iniciales y el alcance del proyecto.
2. **Inicio:** Análisis de los requisitos y planificación más detallada.
3. **Análisis:** Crear modelos, especificaciones del negocio, y estudios de viabilidad.
4. **Diseño:** Establecer la arquitectura y el diseño del sistema o producto.
5. **Construcción:** La fase de desarrollo y codificación real del producto.
6. **Prueba:** Probar el sistema para errores y problemas de calidad.
7. **Implementación:** Lanzar el producto o sistema al entorno de producción.
8. **Mantenimiento:** Realizar mejoras continuas y corregir problemas según sea necesario.

Ventajas:
Estructura simple y fácil de entender: El modelo de cascada es lineal y secuencial, lo que lo hace fácil de entender y gestionar, especialmente para aquellos nuevos en la gestión de proyectos.
Documentación detallada: Como cada fase tiene entregables específicos, el modelo de cascada a menudo resulta en una documentación exhaustiva del proyecto.
Planificación completa al inicio: Se establece un plan detallado desde el principio, lo que puede facilitar la coordinación con otras partes interesadas y departamentos.
Facilidad de gestión: Las fases claramente definidas y los procesos lineales permiten una gestión y una planificación del tiempo más simples.

Desventajas:
Rigidez: El modelo de cascada es muy rígido y no maneja bien los cambios una vez que se inicia un proyecto.
Retraso en la entrega: Los productos o sistemas completos solo se prueban al final, lo que puede retrasar la detección de problemas o errores.
Poca adaptabilidad al cambio: Si los requisitos del cliente cambian, el modelo de cascada no se adapta bien a estos cambios.
Riesgo de no satisfacer al usuario final: Como el producto final solo se revela al final, existe el riesgo de que no cumpla con las expectativas o necesidades actuales del usuario.

Herramientas más conocidas
Microsoft Project: Un software de gestión de proyectos que permite planificar proyectos, asignar recursos, seguir el progreso, gestionar presupuestos y analizar cargas de trabajo, todo con una estructura que se adapta bien al enfoque lineal y secuencial del modelo de cascada.
GanttProject: Una herramienta gratuita para crear diagramas de Gantt, que son fundamentales en la planificación y seguimiento de proyectos de cascada, ya que visualizan la secuencia de actividades y su cronología.
En el modelo de cascada, cada fase debe completarse antes de que comience la siguiente. No hay solapamiento ni iteración entre fases. Este enfoque se adapta bien a proyectos con requisitos muy bien entendidos y poco cambio esperado durante el desarrollo. Sin embargo, tiene limitaciones, especialmente en proyectos donde los requisitos son inciertos o muy propensos a cambios, lo que ha llevado al desarrollo de metodologías más flexibles y iterativas como Agile y Scrum.

55.2. Agile Framework (Marco de trabajo ágil)

No es una técnica en sí misma, sino más bien un conjunto de principios y prácticas para la gestión de proyectos y desarrollo de proyectos que enfatiza la flexibilidad, la colaboración, la respuesta rápida a los cambios y la entrega incremental de productos.

El desarrollo ágil surgió como una respuesta a los métodos tradicionales de gestión de proyectos, como el enfoque de cascada (Wasserfall), que es lineal y secuencial. En contraste, Agile es iterativo, lo que significa que el trabajo se divide en pequeñas secciones llamadas iteraciones o sprints, que suelen durar unas pocas semanas.

Características clave de Agile
Iterativo e incremental: Agile permite el desarrollo iterativo e incremental de productos. El trabajo se divide en ciclos cortos que proporcionan oportunidades regulares para reevaluar las direcciones del proyecto.
Colaborativo: Fomenta la colaboración activa entre todos los miembros del equipo, así como con los clientes o usuarios finales.
Adaptable: Está diseñado para aceptar y esperar cambios en los requisitos, incluso en etapas tardías del proyecto, basándose en la retroalimentación y el aprendizaje continuo.
Enfoque en el valor del cliente: Pone un énfasis significativo en entregar valor al cliente y en la capacidad de responder a sus necesidades cambiantes.
Comunicación y feedback continuo: Se promueve la comunicación constante y el feedback a través de reuniones regulares como las sesiones de planificación, las revisiones de sprint y las retrospectivas.
Simplicidad y eficiencia: Se alienta la búsqueda de la forma más simple y eficiente de realizar un trabajo.

Ventajas:
Flexibilidad: Agile permite una mayor adaptación a los cambios en los requisitos del cliente, incluso en etapas tardías del proyecto.

Entrega incremental: El trabajo se divide en ciclos cortos, lo que permite revisiones y ajustes frecuentes, y entregas incrementales del producto.
Colaboración del cliente: El cliente está involucrado durante todo el proceso, lo que aumenta la satisfacción y la relevancia del producto final.
Identificación temprana de problemas: Los problemas y defectos se detectan y resuelven más rápidamente debido a las pruebas frecuentes y las revisiones continuas.

Desventajas:
Planificación menos predecible: La naturaleza iterativa puede llevar a una planificación menos clara y predecible a largo plazo.
Documentación más ligera: A menudo hay menos énfasis en la documentación, lo que puede ser problemático para la transferencia de conocimiento y el cumplimiento de regulaciones.
Gestión del tiempo: Puede ser más difícil estimar el tiempo necesario para completar el proyecto debido a la naturaleza cambiante de los requisitos.
Dependencia del equipo: Agile requiere equipos altamente colaborativos y autoorganizados, y puede no funcionar tan bien con equipos que no tienen estas características.

Herramientas más conocidas
Jira: Diseñado específicamente para equipos de software que trabajan con metodologías ágiles, Jira permite realizar seguimiento de iteraciones, backlogs, y gestión de tareas en tiempo real.
Trello: Basado en el sistema Kanban, es útil para gestionar proyectos ágiles al permitir visualizar tareas, su progreso y cambiarlas de estado a medida que avanzan en el flujo de trabajo.

Scrum es un subconjunto de Agile y es uno de los enfoques más populares para implementar Agile. Utiliza un conjunto específico de roles, responsabilidades y reuniones que no se prescriben en el marco de trabajo Agile más general. Por lo tanto, mientras que todos los proyectos que utilizan Scrum son ágiles, no todos los proyectos ágiles utilizan Scrum. Una vez más, debes saber decidir que técnica emplear y desarrollar en función de las necesidades del proyecto y del equipo.

55.3. Scrum

Como ya sabemos, es una técnica dentro del marco de trabajo ágil para la gestión y desarrollo de proyectos. Scrum es iterativo e incremental, lo que facilita la flexibilidad y la adaptación a cambios.

Las características clave de Scrum
Sprints: Scrum divide el proyecto en ciclos de trabajo llamados Sprints, que suelen durar entre una y cuatro semanas. Cada Sprint es una unidad de tiempo durante la cual se desarrolla un conjunto de funcionalidades hasta alcanzar un estado potencialmente entregable.
Roles de Scrum: Hay tres roles principales: el Product Owner (responsable de maximizar el valor del producto y de trabajar con el equipo de desarrollo para cumplir con los requerimientos), el Scrum Master (facilita y asegura que el equipo siga las prácticas de Scrum) y el Equipo de Desarrollo (profesionales que realizan el trabajo de entregar el incremento del producto al final de cada Sprint).

Ceremonias de Scrum: Estas se desarrollan en cuatro eventos diferentes e incluyen:
- la planificación del Sprint (definir lo que se va a realizar en el próximo Sprint),
- el Scrum diario (una breve reunión para actualizar el progreso y planificar el día),
- la revisión del Sprint (demostrar el trabajo realizado),
- la retrospectiva del Sprint (un análisis para mejorar).

Artefactos de Scrum: Estos incluyen:
- el Product Backlog (una lista ordenada de todo lo que podría necesitar el producto),
- el Sprint Backlog (un conjunto de ítems del Product Backlog seleccionados para el Sprint, más un plan para entregar el incremento del producto y alcanzar el objetivo del Sprint),
- el incremento (la suma de todos los elementos del Product Backlog completados durante un Sprint y todos los Sprints anteriores).

Ventajas:

Adaptabilidad: Scrum permite adaptarse rápidamente a los cambios de requisitos y prioridades, haciéndolo ideal para proyectos en entornos volátiles.

Entrega de valor continuo: Con sprints regulares y revisiones de iteraciones, se garantiza una entrega constante de valor al cliente.

Transparencia: La regularidad de las reuniones de Scrum promueve la transparencia y el seguimiento continuo del progreso.

Énfasis en la retroalimentación: Scrum fomenta la retroalimentación frecuente de los stakeholders, lo que puede mejorar el producto final.

Desventajas:

Requiere experiencia: Implementar Scrum correctamente puede ser desafiante sin experiencia previa o formación adecuada.

Sobrecarga de reuniones: La multitud de reuniones de Scrum (daily stand-ups, sprint reviews, retrospectives) puede ser percibida como una sobrecarga y reducir el tiempo efectivo de trabajo.

Menos previsibilidad: Aunque los sprints son de duración fija, el trabajo que se puede completar en cada sprint puede variar, lo que dificulta la predicción exacta de la finalización del proyecto.

Dependencia del compromiso del equipo: El éxito de Scrum depende en gran medida del compromiso y la cooperación del equipo y de los stakeholders.

Herramientas más conocidas

Scrumwise: Una herramienta dedicada a la gestión de Scrum, facilitando la planificación de sprints, el seguimiento del backlog, y la visualización del burndown chart para el seguimiento del progreso del sprint.

Asana: Aunque es flexible y puede adaptarse a varios frameworks, Asana es particularmente útil para equipos de Scrum al permitir la gestión de tareas y responsabilidades, así como la planificación y seguimiento de sprints.

Scrum se centra en la colaboración, la autoorganización del equipo, la habilidad para adaptarse a problemas emergentes, y la entrega de productos de alto valor en cortos períodos de tiempo. Esto básicamente es una tarea cotidiana y tu propia capacidad humana de desarrollarte y adaptarte.

56. Gestión de recursos

Un buena gestión y manejo de recursos en la gestión de proyectos garantiza que todos los recursos necesarios estén disponibles en el momento adecuado y sean utilizados de manera eficiente. Esto incluye recursos humanos, financieros, tecnológicos y de información. Veamos cuáles son y como lidiar con ellos.

Identificación de Recursos:
- **Humanos:** Ingenieros de datos, científicos de datos, desarrolladores de IA, analistas de negocio, y personal de soporte.
- **Tecnológicos:** Hardware especializado como GPUs, TPUs, servidores y software como plataformas de desarrollo y herramientas de análisis de datos.
- **Financieros:** Presupuesto para investigación, desarrollo, herramientas, plataformas y personal.
- **Información:** Datos estructurados y no estructurados, bases de datos, conjuntos de datos de entrenamiento, etc.

Planificación de la Asignación:
- **Asignación de tareas:** Asegurarse de que el personal adecuado esté trabajando en las tareas correctas según sus habilidades y experiencia.
- **Agenda de hardware y software:** Programar el uso de recursos tecnológicos para evitar cuellos de botella.
- **Presupuesto:** Asegurar que los fondos estén disponibles y sean asignados correctamente para cada fase del proyecto.

Optimización:
- **Eficiencia de costos:** Buscar formas de reducir los costos sin sacrificar la calidad, como utilizar servicios en la nube cuando sea posible.
- **Utilización de recursos:** Monitorear la utilización de recursos para maximizar su uso y evitar el ocio o la sobreutilización.

Monitoreo y ajuste:
- **Seguimiento del progreso:** Utilizar métricas y KPIs para evaluar el uso de los recursos y el avance del proyecto.
- **Flexibilidad:** Estar preparado para reasignar recursos rápidamente en respuesta a cambios o desafíos imprevistos.

Colaboración y comunicación:
- **Transparencia:** Mantener a todas las partes interesadas informadas sobre el uso y la disponibilidad de recursos.
- **Solución de conflictos:** Gestionar eficazmente cualquier conflicto de recursos, asegurando que los equipos tengan lo que necesitan para avanzar.

Cumplimiento y riesgos:
- **Cumplimiento legal:** Asegurar que todos los recursos utilizados cumplan con las regulaciones pertinentes, especialmente en lo que respecta a los datos.

- **Gestión de riesgos:** Identificar y mitigar riesgos asociados con la escasez o mal uso de recursos.

Formación y desarrollo:
- **Capacitación continua:** Ofrecer oportunidades de desarrollo para el equipo, asegurando que las habilidades estén actualizadas con las últimas tecnologías de IA.
- **Aprendizaje y mejora:** Fomentar un entorno de aprendizaje continuo para mejorar constantemente los procesos de gestión de recursos.

El manejo de recursos en proyectos de IA es una actividad compleja que requiere una planificación cuidadosa, meticulosa y un monitoreo constante. Tú y como jefe y gestor del proyecto debes ser proactivo, estratégico y flexible para asegurar que los recursos se utilicen de la mejor manera posible para facilitar el éxito del proyecto.

57. Análisis de riesgos

El análisis de riesgos en la gestión de proyectos de Inteligencia Artificial asegura la identificación, evaluación y mitigación de potenciales obstáculos que podrían afectar el éxito del proyecto. Un IA-Manager debe abordar varios puntos clave para realizar un análisis de riesgos efectivo.

1. Identificación de riesgos: Enumerar todos los posibles riesgos que podrían impactar el proyecto, desde problemas técnicos, como la calidad y disponibilidad de datos, hasta cambios en la regulación y estándares éticos de la IA.

2. Evaluación de riesgos: Asignar una probabilidad y un impacto a cada riesgo identificado. Esto puede realizarse a través de técnicas cualitativas, como el juicio experto, o cuantitativas, como el análisis estadístico.

3. Priorización de riesgos: Ordenar los riesgos según su gravedad para determinar cuáles requieren atención inmediata. Esto ayuda a asignar recursos de manera efectiva y a enfocarse en los riesgos más críticos.

4. Desarrollo de planes de mitigación: Crear estrategias para reducir la probabilidad de que ocurran los riesgos o para minimizar su impacto en el caso de que se materialicen. Esto puede incluir la diversificación de proveedores de datos o la implementación de protocolos de seguridad robustos.

5. Asignación de responsabilidades: Designar miembros del equipo de proyecto para que supervisen la gestión de riesgos específicos, asegurando que haya una responsabilidad clara y una respuesta rápida en caso de que surja algún problema.

6. Monitoreo y revisión de riesgos: Establecer un proceso de revisión regular para evaluar el estado de los riesgos y la efectividad de las estrategias de mitigación. Esto debe incluir la disposición para ajustar los planes de acuerdo con el progreso del proyecto y el entorno externo.

7. Comunicación de riesgos: Mantener a todas las partes interesadas informadas sobre los riesgos y cómo se están gestionando. Una comunicación transparente puede ayudar a prevenir sorpresas y asegurar que todos estén preparados para posibles contingencias.

8. Integración con la gestión de proyectos: Asegurar que el análisis de riesgos se integre con otras áreas de la gestión de proyectos, como la planificación de tiempos, costos y calidad. La gestión de riesgos no es un proceso aislado y debe alinearse con los objetivos generales del proyecto.

En resumen, el análisis de riesgos en proyectos de IA requiere una consideración cuidadosa de la naturaleza única de la tecnología y su aplicación. Un IA-Manager debe ser proactivo, metódico y estar siempre atento a las dinámicas cambiantes del campo de la Inteligencia Artificial.

57.1. Análisis SWOT

El análisis SWOT (Strengths, Weaknesses, Opportunities, Threats - Fortalezas, Debilidades, Oportunidades, Amenazas) es una herramienta estratégica utilizada para entender los factores internos y externos que pueden influir en un proyecto.

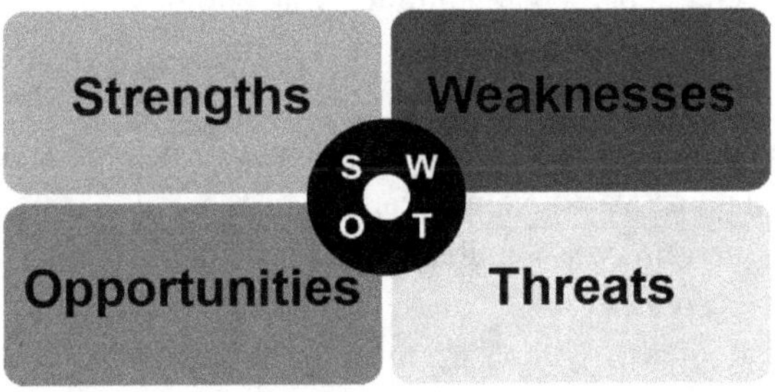

Strengths (Fortalezas)
Técnica expertise: Evaluar el nivel de conocimiento y habilidad técnica del equipo en IA.
Innovación: Considerar las tecnologías innovadoras y las metodologías únicas que se aplican en el proyecto.
Recursos disponibles: Identificar los recursos internos, como datos de alta calidad, infraestructura y financiamiento.
Competencia distintiva: Determinar qué aspectos del proyecto o del equipo ofrecen una ventaja competitiva en el mercado.

Weaknesses (Debilidades)
Limitaciones de recursos: Reconocer la falta de recursos, como personal cualificado o tecnología adecuada.
Brechas de conocimiento: Admitir las áreas donde el equipo necesita mejora o capacitación adicional.
Restricciones de tiempo y presupuesto: Identificar las posibles restricciones financieras o de cronograma que podrían limitar el alcance del proyecto.

Riesgos de seguridad de datos: Ser consciente de las vulnerabilidades en la gestión de datos y la privacidad que podrían comprometer el proyecto.

Opportunities (Oportunidades)
Avances tecnológicos: Mantenerse actualizado con los avances en IA que pueden ser aprovechados para mejorar el proyecto.
Colaboraciones estratégicas: Buscar posibles asociaciones o colaboraciones que puedan fortalecer el proyecto.
Nuevos mercados: Explorar áreas de aplicación de IA inexploradas o mercados emergentes.
Regulaciones favorables: Utilizar cualquier cambio regulatorio o políticas gubernamentales que puedan beneficiar el proyecto.

Threats (Amenazas)
Competencia: Analizar la competencia y cómo sus acciones podrían afectar el proyecto.
Cambios en la regulación: Estar atento a las nuevas leyes o regulaciones que puedan imponer restricciones al uso de IA.
Obsolescencia tecnológica: Considerar el riesgo de que la tecnología utilizada se vuelva obsoleta rápidamente.
Problemas éticos y de privacidad: Reconocer los problemas éticos y de privacidad que pueden surgir y cómo podrían afectar la percepción pública y la viabilidad del proyecto.

Ventajas
Visión integral: Ofrece una visión clara y comprensiva de todos los aspectos críticos - internos y externos - que afectan a un proyecto o empresa.
Facilidad de uso: Es una herramienta sencilla y fácil de implementar que no requiere de recursos técnicos o financieros extensivos.
Toma de decisiones estratégicas: Ayuda a los responsables de la toma de decisiones a identificar y priorizar acciones basadas en elementos concretos analizados sistemáticamente.
Versatilidad: Puede ser aplicado a una amplia gama de situaciones, desde la planificación de proyectos de IA hasta la evaluación de nuevas oportunidades de mercado.

Desventajas
Subjetividad: Puede ser altamente subjetivo; las percepciones personales pueden influir en cómo se identifican y priorizan las fortalezas, debilidades, oportunidades y amenazas.
Falta de priorización: No proporciona una guía directa sobre cómo priorizar los elementos identificados, lo cual puede llevar a una sobrecarga de información sin una dirección clara.
No es predictivo: El análisis SWOT toma en cuenta la situación actual, pero no predice cómo los factores cambiarán con el tiempo ni cómo deberían ajustarse las estrategias.
Estancamiento en el análisis: Existe el riesgo de quedarse en la fase de análisis sin avanzar hacia la acción, especialmente si el equipo se centra demasiado en los aspectos negativos.

Un IA-Manager debe realizar un análisis SWOT para evaluar sistemáticamente estos aspectos, lo que ayudará a desarrollar una estrategia sólida para el proyecto de IA. Mi opinión es que este análisis debe ser un proceso continuo, adaptándose a las nuevas informaciones y al contexto cambiante del proyecto.

57.2. Matriz de riesgos

La Matriz de Riesgos es una herramienta utilizada en la gestión de proyectos para evaluar y priorizar riesgos basándose en la probabilidad de su ocurrencia y el impacto que tendrían en el proyecto si se materializaran. Es particularmente útil en la gestión de proyectos de Inteligencia Artificial, donde los riesgos pueden ser complejos y su impacto significativo.

5x5 Risk Matrix example

Impact
How severe would the results be if the risk ocurred?

Probability
What is the probability of the risk occurring?

	1 Insignificant	2 Minor	3 Significant	4 Major	5 Severe
5 Almost certain	Medium 5	High 10	Very high 15	Extreme 20	Extreme 25
4 Likely	Medium 4	Medium 8	High 12	Very high 16	Extreme 20
3 Moderate	Low 3	Medium 6	Medium 9	High 12	Very high 15
2 Unlikely	Very low 2	Low 4	Medium 6	Medium 8	High 10
1 Rare	Very low 1	Very low 2	Low 3	Medium 4	Medium 5

1. Definición de los ejes:
Eje horizontal (Probabilidad): Representa la frecuencia con la que se espera que ocurra un riesgo, generalmente clasificada como baja, media o alta.
Eje vertical (Impacto): Muestra el grado de efecto sobre el proyecto, también clasificado como bajo, medio o alto.
2. Identificación de riesgos: Involucra la recopilación y listado de todos los riesgos potenciales que podrían afectar el proyecto.
3. Evaluación de riesgos: Cada riesgo identificado se evalúa en términos de su probabilidad e impacto.
4. Asignación en la matriz: Los riesgos se colocan en la matriz en la intersección correspondiente a su probabilidad e impacto.
5. Interpretación de la matriz:
- Los riesgos en la parte superior derecha (alta probabilidad y alto impacto) son los más críticos y deben ser gestionados como prioridad.
- Los riesgos en la parte inferior izquierda (baja probabilidad y bajo impacto) son los menos críticos y pueden requerir menos recursos.

6. Desarrollo de estrategias de mitigación: Para los riesgos prioritarios, se deben desarrollar planes de acción específicos para mitigar o eliminar el riesgo.
7. Asignación de responsabilidades: Se asignan responsables para la gestión de cada riesgo, asegurando la atención y recursos necesarios.
8. Revisión y actualización continua: La matriz debe ser revisada regularmente y actualizada para reflejar cualquier cambio en el proyecto o en el entorno externo.
9. Comunicación: Los hallazgos de la matriz deben ser comunicados a todas las partes interesadas para asegurar la comprensión y la cooperación en la gestión de riesgos.

10. Integración con el análisis SWOT: Los riesgos identificados en la Matriz de Riesgos pueden ser alimentados en el análisis SWOT para proporcionar una visión más completa de los desafíos y oportunidades del proyecto.

Ventajas

Priorización efectiva de riesgos: La Matriz de Riesgos permite identificar y priorizar los riesgos más críticos, ayudando a los gestores de proyecto a enfocar sus esfuerzos donde más se necesitan.
Visualización clara: Proporciona una representación visual que facilita la comprensión del panorama de riesgos y la comunicación con el equipo y las partes interesadas.
Mejora la toma de decisiones: Al evaluar los riesgos de manera estructurada, los gestores pueden tomar decisiones más informadas sobre dónde asignar recursos y cómo prepararse para posibles problemas.
Gestión proactiva: Fomenta una actitud proactiva hacia la gestión de riesgos, permitiendo la identificación y mitigación de riesgos antes de que afecten al proyecto.

Desventajas

Subjetividad en la evaluación: La evaluación de la probabilidad y el impacto de los riesgos puede ser subjetiva y variar según la percepción de los evaluadores, lo que podría conducir a una clasificación inexacta de los riesgos.
Falsa sensación de seguridad: La presencia de una Matriz de Riesgos podría llevar a una falsa sensación de control sobre los riesgos, potencialmente ignorando riesgos no identificados o subestimados.
Necesidad de actualización constante: Los riesgos cambian a medida que avanza el proyecto y la matriz necesita ser revisada y actualizada continuamente, lo que puede ser un proceso que consume tiempo.
No captura la interdependencia de riesgos: La matriz típicamente no refleja cómo los riesgos pueden interactuar entre sí, lo que podría llevar a una comprensión incompleta del efecto acumulativo de múltiples riesgos.

Un IA-Manager debe ser metódico al aplicar la matriz de riesgos, teniendo en cuenta que es una herramienta dinámica que ayuda a visualizar y gestionar los riesgos a lo largo del ciclo de vida del proyecto de IA. La clave es no solo identificar y evaluar los riesgos sino también actuar sobre ellos de manera proactiva.

57.3. La simulación Monte Carlo

La simulación de Monte Carlo es una técnica matemática que permite entender el impacto de la incertidumbre y la variabilidad en modelos de predicción complejos, como los utilizados en proyectos de Inteligencia Artificial. Esta técnica utiliza la aleatoriedad para simular resultados de un proceso o sistema que puede no ser fácilmente predecible debido a la intervención de variables aleatorias. Aquí te presento los aspectos más fundamentales a considerar al aplicar la simulación de Monte Carlo en la gestión de proyectos de IA:

1. Modelo de base: Define el modelo o proceso que se desea simular, incluyendo todas las variables relevantes.
2. Distribuciones de probabilidad: Determina qué distribuciones de probabilidad (normal, lognormal, uniforme, etc.) se aplican mejor a las variables inciertas del modelo.
3. Generación de aleatoriedad: Utiliza algoritmos para generar valores aleatorios según las distribuciones de probabilidad establecidas para las variables.
4. Simulaciones múltiples: Ejecuta el modelo muchas veces (miles o incluso millones) con diferentes conjuntos de valores aleatorios para las variables.
5. Análisis de resultados: Recopila y analiza los resultados de las simulaciones para obtener un rango de posibles resultados y la probabilidad de su ocurrencia.
6. Evaluación de riesgos: Identifica los posibles riesgos y resultados adversos a través de la variabilidad en los resultados de la simulación.
7. Toma de decisiones basada en datos: Utiliza los datos recopilados para tomar decisiones informadas sobre el proyecto, considerando los resultados más probables y sus posibles impactos.
8. Identificación de variables críticas: Determina qué variables tienen el mayor impacto en los resultados para focalizar esfuerzos de mitigación y control.
9. Planificación y optimización: Aplica los conocimientos adquiridos para mejorar la planificación del proyecto y optimizar los recursos.
10. Comunicación de incertidumbre: Explica a los stakeholders la naturaleza y el impacto de la incertidumbre en el proyecto.
11. Actualización continua: Actualiza la simulación con nueva información y datos a medida que se van conociendo para refinar las predicciones y mejorar la precisión del modelo.

Ventajas
Manejo de incertidumbre: Permite modelar y entender mejor el efecto de la incertidumbre en sistemas complejos, algo esencial en IA donde los resultados pueden ser altamente impredecibles.
Optimización de decisiones: Ayuda a tomar decisiones más informadas al proporcionar una distribución de probabilidades para diferentes escenarios, lo que facilita la selección de opciones con mayores tasas de éxito.
Flexibilidad: Es aplicable a una amplia gama de problemas y puede integrar una variedad de distribuciones de probabilidad para las variables involucradas, lo que la hace útil en distintos contextos y con distintos tipos de datos.
Identificación de variables críticas: Revela las variables más influyentes en los resultados de un modelo, lo que permite enfocar los esfuerzos de mejora y control donde serán más efectivos.

Desventajas
Complejidad computacional: Requiere de una gran cantidad de iteraciones para producir resultados precisos, lo que puede resultar en un alto consumo de recursos computacionales y tiempo.
Dependencia en la calidad de datos: Los resultados son tan buenos como los datos de entrada. Si los datos son inexactos o las distribuciones de probabilidad no están bien elegidas, los resultados pueden ser engañosos.
Interpretación de resultados: Los datos producidos pueden ser complejos y requieren una interpretación cuidadosa; malentendidos en la interpretación pueden llevar a decisiones equivocadas.

Costo de implementación: Puede ser costoso y requiere software especializado y conocimiento experto para desarrollar y ejecutar las simulaciones adecuadamente, lo que puede no ser factible para todas las organizaciones o proyectos.

En el contexto de la IA, la simulación de Monte Carlo puede ser particularmente útil para probar algoritmos de aprendizaje automático, optimizar hiperparámetros y predecir la performance de modelos bajo diferentes condiciones. Para un IA-Manager, comprender y aplicar correctamente esta técnica puede ser una habilidad valiosa para la gestión eficaz de la incertidumbre y el riesgo en proyectos de IA.

58. Control de gestión

El control de gestión se refiere a las actividades de seguimiento, evaluación y aseguramiento de que el proyecto cumple con sus objetivos, presupuesto y cronograma previstos.

Definición de métricas y KPIs: Establecer indicadores clave de rendimiento específicos para la IA que reflejen los objetivos del proyecto. Esto podría incluir precisión de modelos, tiempo de entrenamiento, latencia en inferencias, y costos operativos.

Monitoreo continuo: Implementar herramientas y procesos para rastrear el progreso del proyecto en tiempo real. Esto implica hacer uso de dashboards de seguimiento de proyectos, registros de errores, y herramientas de reporting automatizado.

Evaluación de riesgos: Identificar y analizar potenciales riesgos que podrían afectar el rendimiento o la entrega del proyecto. Esto incluye riesgos técnicos, como el overfitting de modelos, así como riesgos operacionales y de cumplimiento.

Gestión de calidad: Asegurar que los entregables del proyecto, como los modelos de IA y las aplicaciones asociadas, cumplan con los estándares de calidad establecidos. Esto puede requerir pruebas de validación y verificación rigurosas.

Auditoría y compliance: Verificar que el proyecto adhiere a las regulaciones externas e internas, incluyendo las leyes de protección de datos y estándares éticos en IA.

Reporte financiero: Supervisar y reportar el gasto financiero en comparación con el presupuesto del proyecto. Esto incluye la gestión de costos de recursos, infraestructura de computación y licencias de software.

Gestión de cambios: Tener procesos establecidos para manejar cambios en el proyecto, ya sean en el alcance, cronograma o recursos. Esto ayuda a mantener el proyecto alineado con los objetivos originales a pesar de las modificaciones que puedan surgir.

Comunicación efectiva: Mantener líneas claras de comunicación con todas las partes interesadas del proyecto, incluyendo el equipo de proyecto, la dirección ejecutiva, y los usuarios finales.

Documentación: Mantener una documentación exhaustiva y actualizada del proyecto es esencial para el proceso de control. Esto incluye la documentación del código, los registros de decisiones y las lecciones aprendidas.

Revisión post-proyecto: Al finalizar el proyecto, realizar una revisión para evaluar el desempeño contra los KPIs, identificar lecciones aprendidas y mejorar prácticas para proyectos futuros.

Implementar un sistema de control efectivo en un proyecto de IA requiere una comprensión profunda de la tecnología involucrada, así como habilidades de gestión de proyectos. Es un equilibrio entre la supervisión técnica y la gestión de operaciones y recursos humanos. Como puedes observar, ya desde el principio del libro vengo remarcando siempre, a veces de forma subliminal y otras no tanto, que debes estar bien preparado para enfrentar un proyecto de IA. Tener un certificado no te cualifica para un puesto, solo te califica, por otro lado es la experiencia, el conocimiento y la amplia comprensión sobre un tema lo que te cualifica para desarrollar las actividades.

59. Gestión de calidad

La gestión de calidad en proyectos asegura que el proyecto cumple con los estándares requeridos, tanto técnicos como de negocio. La gestión de calidad en proyectos de IA implica el establecimiento de procesos y criterios que garantizan la excelencia en todas las fases del proyecto. Esta disciplina se centra en tres aspectos principales: la calidad del diseño, la calidad de los datos y la calidad del modelo de IA.

1. Calidad del diseño: Antes de iniciar cualquier proyecto de IA, es fundamental definir los requisitos y especificaciones de manera clara. Esto incluye entender las necesidades del usuario final y cómo la solución de IA se alinea con los objetivos empresariales.

2. Calidad de los datos: Los datos son el corazón de cualquier proyecto de IA. Es esencial asegurar su relevancia, precisión, completitud y representatividad. La gestión de calidad debe abordar la limpieza, preparación y enriquecimiento de datos para alimentar los modelos de IA de manera efectiva.

3. Calidad del modelo de IA: Los modelos deben ser robustos, transparentes y explicables. La gestión de calidad debe incluir la validación y prueba de modelos, evaluando su desempeño y sesgo. Es importante también la monitorización continua para detectar y corregir deriva de modelos o cambios en los patrones de datos.

4. Cumplimiento normativo: En muchos sectores, los proyectos de IA deben cumplir con regulaciones específicas. La gestión de calidad debe asegurar que se siguen los lineamientos legales y éticos, como GDPR en Europa o normativas específicas de la industria.

5. Control de calidad continuo: La calidad debe ser monitoreada a lo largo de todo el ciclo de vida del proyecto. Esto incluye revisiones periódicas, auditorías, y la implementación de mejoras.

6. Gestión de riesgos: Identificar, evaluar y mitigar los riesgos asociados con la calidad de la IA. Esto puede incluir desde el riesgo de sesgo en los datos hasta la posibilidad de fallo en la producción.

7. Feedback y mejora: El ciclo de vida de un proyecto de IA es iterativo. La retroalimentación de los usuarios y las partes interesadas es vital para mejorar continuamente la calidad del proyecto.

8. Documentación y transparencia: Mantener registros detallados de todos los procesos y decisiones facilita la transparencia y es esencial para la trazabilidad y la rendición de cuentas.

Cada uno de estos puntos debe ser integrado en el plan de gestión de calidad del proyecto y revisado regularmente para asegurar que el proyecto sigue en el camino correcto y cumple con los altos estándares exigidos.

59.1. International Organization for Standardization (ISO)

Los estándares ISO son normas internacionales que proporcionan requisitos, especificaciones, directrices o características que pueden ser utilizadas de manera consistente para asegurar que los materiales, productos, procesos y servicios son aptos para su propósito. En la gestión de proyectos de Inteligencia Artificial, hay varios estándares ISO relevantes que se destacan por su importancia. A continuación te presento una lista que he realizado con los que considero son más importantes y debes tener muy en cuenta.

ISO 9001 - Sistemas de gestión de calidad: Este es uno de los estándares más reconocidos y ampliamente implementados en el mundo. Proporciona un marco para la gestión de calidad en todas las áreas de una organización, enfocado en satisfacer las necesidades del cliente y mejorar su satisfacción.

ISO 10006:2017 - Gestión de la calidad en proyectos: Es un estándar específico para la gestión de calidad en proyectos. Proporciona directrices basadas en las prácticas de calidad de ISO 9001, pero adaptadas a las necesidades de la gestión de proyectos. Este estándar es muy útil para los gerentes de proyectos de IA para asegurar que los procesos de gestión de proyectos están alineados con los principios de calidad.

ISO 21500:2012 - Directrices para la gestión de proyectos: Proporciona orientación sobre los conceptos y procesos de la gestión de proyectos que son importantes para, y tienen un impacto en, el desempeño de los proyectos. Este estándar puede ser aplicado a cualquier tipo de proyecto, incluidos los que involucran IA, y es útil para las organizaciones en la coordinación de sus proyectos y procesos con reconocimiento internacional.

ISO 21503 - Gestión de programas: Este estándar complementa a ISO 21500 al proporcionar directrices específicas para la gestión de programas, que es el manejo coordinado de múltiples proyectos relacionados. Es particularmente relevante para los gestores de IA que trabajan en programas complejos que requieren la coordinación de varios proyectos de IA para alcanzar los objetivos estratégicos.

ISO/IEC 27001 - Sistemas de gestión de seguridad de la información: Fundamental para cualquier proyecto que maneje datos, este estándar ayuda a asegurar la seguridad de la información, un aspecto crucial cuando se trabaja con datos sensibles o personales en proyectos de IA.

ISO/IEC 25000 - Sistemas y software de calidad: También conocida como la familia de estándares SQuaRE (Software Product Quality Requirements and Evaluation), esta serie proporciona directrices para la evaluación de la calidad del software y los sistemas de información, incluyendo productos de IA.

ISO 31000 - Gestión de riesgos: Proporciona directrices para la gestión de riesgos que las organizaciones pueden utilizar para identificar, analizar y mitigar los riesgos asociados con sus actividades, incluyendo aquellos en proyectos de IA.

ISO/IEC 2382 - Tecnología de la información - Vocabulario: Ofrece términos y definiciones en el campo de las TI, lo que puede ser útil para establecer una comprensión común en proyectos de IA que frecuentemente emplean terminología especializada.

ISO/IEC 15288 - Sistemas de ingeniería del ciclo de vida del sistema: Este estándar proporciona un marco para la descripción de los procesos de vida útil de los sistemas, incluyendo sistemas de IA, desde la concepción hasta la retirada.

ISO/IEC 12207 - Ingeniería de software: Establece un proceso de ciclo de vida del software y es aplicable a cualquier tipo de software, incluido el desarrollo de IA.

ISO/IEC 38500 - Gobernanza de TI para la organización: Ofrece directrices para la gobernanza efectiva de las TI dentro de las organizaciones, lo cual es aplicable a la gestión de proyectos de IA para asegurar que la TI soporta la organización.

Estos estándares ISO son esenciales porque proporcionan un conjunto de prácticas recomendadas que pueden ayudarte a asegurar que sus proyectos de IA sean seguros, confiables y de alta calidad, asegurando al mismo tiempo que cumplen con los requisitos reglamentarios y satisfacen las expectativas de tu empresa o clientes y otras partes interesadas. Por lo que, si te asocias con estos ISOs y los tienes en cuenta, estarás llevando el proyecto por muy buen camino y asegurando tanto la calidad como un buen futuro al modelo y los recursos.

59.2. Técnicas y métodos para el control de calidad

La gestión de calidad en proyectos de IA implica una variedad de herramientas y métodos para asegurar que el producto final cumple con los requerimientos y estándares deseados. A pesar de que a lo largo del libro hemos estado hablando y mencionando tanto técnicas como herramientas, te ofrezco aquí una lista generalizada, la cual he extendido lo máximo posible para que tengas donde elegir y con la que encuentres herramientas adaptables para cada tipo de proyecto en lo que a gestión de calidad se refiere.

Plan de gestión de calidad: Documento que define las prácticas de calidad, objetivos de calidad, recursos necesarios, responsabilidades, y cronograma para las actividades de calidad relacionadas con el proyecto.

Análisis de requerimientos: Es importante comprender completamente qué es lo que se necesita y esperado del proyecto de IA. Las técnicas de análisis pueden incluir entrevistas, encuestas, talleres y sesiones de brainstorming.

Revisión por pares: Consiste en evaluar el trabajo de un colega de manera crítica para asegurar que cumple con los estándares de calidad antes de que se considere terminado.

Total Quality Management (TQM): Es un enfoque de gestión integral que se centra en la mejora continua en todos los aspectos de la organización con el objetivo de cumplir o superar las expectativas del cliente. En proyectos de IA, TQM implicaría la incorporación de la calidad en cada etapa del proceso de desarrollo y operación.

Pruebas de software y validación de modelos: Incluye una serie de pruebas, como pruebas unitarias, pruebas de integración, pruebas de sistema y pruebas de aceptación del usuario para verificar la funcionalidad y el rendimiento del software de IA.

Checklists (Listas de Comprobación): Son herramientas que aseguran que se sigan todos los pasos necesarios en un proceso. En proyectos de IA, las listas de comprobación pueden ser utilizadas para la revisión de código, configuraciones de modelos, preparación de datos y otros procesos críticos para asegurar que se completan todas las tareas requeridas de manera sistemática y se cumplen los estándares de calidad.

Control estadístico de procesos (SPC): Utiliza métodos estadísticos para monitorear y controlar un proceso para asegurar que opera en su máximo potencial.

Auditorías de calidad: Las auditorías regulares ayudan a verificar que los procesos de gestión de proyectos siguen las prácticas establecidas y los estándares de calidad.

FMEA (Análisis de Modos y Efectos de Falla): Es una metodología proactiva utilizada para identificar todas las posibles fallas en un diseño, un proceso de manufactura o un producto o servicio, evaluando la gravedad, la probabilidad y la detección de fallas para priorizar cuáles requieren atención inmediata. En la IA, puede ser utilizada para anticipar posibles puntos de falla en algoritmos y sistemas de datos.

Six Sigma: Método que utiliza herramientas estadísticas para mejorar la calidad y reduce la variabilidad identificando y eliminando las causas de los defectos.

Kaizen (Mejora continua): Filosofía japonesa centrada en la mejora continua de los procesos empresariales, la eficiencia operativa y la satisfacción del cliente.

Diagramas de Ishikawa (Diagramas de causa y efecto): Herramienta visual utilizada para identificar todas las causas posibles de un problema para descubrir la raíz del mismo.

Benchmarking: Comparar los procesos y rendimiento con las mejores prácticas de la industria para identificar áreas de mejora.

5 Whys: Es una técnica de análisis de problemas que implica preguntar "¿Por qué?" repetidamente (usualmente cinco veces) para llegar a la raíz de un problema. Es útil en proyectos de IA para diagnosticar fallas en los sistemas y para entender las causas fundamentales de los problemas de calidad en los datos, algoritmos y rendimiento del modelo.

Gestión de riesgos: Identificar, analizar y responder a los riesgos del proyecto, lo que incluye la gestión de la calidad como un componente clave.

Revisión de código y análisis estático: Para el software de IA, es crucial que el código sea revisado por otros desarrolladores y que se utilicen herramientas para analizar el código estáticamente, buscando errores o problemas de calidad sin ejecutar el programa.

Data Quality Assurance (Aseguramiento de la Calidad de los Datos): Asegurar la precisión, completitud y confiabilidad de los datos utilizados para entrenar y operar modelos de IA.

Pruebas de usabilidad: Evaluación de cómo los usuarios finales interactúan con el sistema de IA para asegurar que es intuitivo y cumple con sus necesidades.

Cross-validation (Validación cruzada): Técnica utilizada en modelado para evaluar cómo los resultados de un modelo estadístico se generalizarán a un conjunto de datos independiente.

Estas herramientas y métodos no solo te ayudan a mantener la calidad del proyecto de IA, sino que también aseguran la alineación con los objetivos del negocio y la satisfacción del cliente o usuario final. Además, promueven la transparencia y mejoran la confiabilidad y la interpretación de los sistemas de IA.

60. Fases de un proyecto

En la creación y desarrollo de proyectos de Inteligencia Artificial, es crucial atravesar varias etapas preliminares antes de alcanzar un producto final. Estas etapas tempranas sirven para mitigar riesgos, validar la viabilidad técnica y económica, y asegurar que el producto final cumpla con las expectativas y necesidades de los usuarios.
Además, existen varias fases preliminares cruciales antes de lanzar un producto completo. Estas fases son esenciales para validar la viabilidad, funcionalidad y potencial del proyecto. A continuación, te ofrezco una lista con las que considero son las fases más importantes y por lo tanto a

tener en cuenta, y en el orden que considero es más importante que tengas en cuenta a la hora de llevar a cabo tus proyectos.

1. Estudio de viabilidad: Antes de sumergirse en el desarrollo, es esencial evaluar si el proyecto es técnicamente realizable y económicamente viable. Esto implica analizar la disponibilidad de datos, la capacidad tecnológica y los recursos financieros.

2. Proof of Concept (POC): Un POC ayuda a determinar si una idea puede ser llevada a la práctica. En el contexto de la IA, esto puede significar desarrollar un modelo básico para demostrar que la técnica de aprendizaje automático elegida es adecuada para el problema en cuestión.

3. Investigación y Desarrollo (I+D): Esta fase es crucial para explorar y desarrollar nuevas técnicas o algoritmos que podrían ser necesarios para el proyecto. Es un espacio para la innovación y la experimentación.

4. Prototipo: Se construye un modelo más avanzado que el POC, que demuestra más funcionalidades y cómo podría operar el producto en situaciones reales, aunque aún no está listo para un uso amplio.

5. Proyecto piloto: En esta fase, el prototipo se prueba en un entorno operativo real, pero a una escala más pequeña. Esto permite identificar problemas prácticos y ajustar el sistema antes de un despliegue más amplio.

6. Minimum Viable Product (MVP): El MVP es una versión más desarrollada que se lanza al mercado con suficientes características para atraer a los primeros usuarios y proporcionar feedback valioso para futuras mejoras.

7. Alpha y Beta Testing: Estas pruebas implican la implementación del producto en condiciones reales, primero internamente (Alpha) y luego a un grupo externo limitado (Beta), para identificar y corregir fallos.

8. Lanzamiento suave (Soft Launch): Antes del lanzamiento completo, se realiza un soft launch para evaluar la recepción del mercado y realizar ajustes finales basados en un conjunto más amplio de datos y feedback de usuarios.

Como ya puedes observar, la lista te muestra una serie de etapas desde el comienzo del proyecto y cada una de estas etapas es fundamental en el desarrollo de proyectos de Inteligencia Artificial, ya que permiten validar ideas, mejorar continuamente el producto, y asegurar que el lanzamiento final sea exitoso y cumpla con las expectativas del mercado y los usuarios. Ya que no en todos los proyectos tendrás que pasar por todas estas etapas, vamos a entrarnos en la que sí tendrás que desarrollar en cada proyecto, el "POC" (Proof of Concept).

60.1. Proof of Concept (POC)

Al abordar el desarrollo de un Proof of Concept en el ámbito de la Inteligencia Artificial, estamos embarcándonos en un proceso que sirve como un primer paso tangible hacia la realización de una idea o solución basada en IA. Un POC efectivo no solo demuestra la viabilidad técnica de una idea, sino que también proporciona una base sólida para justificar una inversión adicional y desarrollo continuo. Por su importancia y por su temprana aparición entre todos los demás procesos, es por lo que lo voy a elegir para desarrollarlo más a fondo, de esta forma, y si aún no tienes experiencia en proyectos, te podrás hacer una idea más amplia y definida de lo que te espera y como se va a desarrollar, preparándote de esta forma para el momento.

En el proceso de desarrollo de un POC es importante seguir una metodología estructurada que asegure que todas las áreas críticas sean consideradas y evaluadas adecuadamente. Los pasos que vamos a seguir son esenciales para garantizar que el POC cumpla con sus objetivos de manera eficiente y efectiva.

Estos pasos incluyen:
1. **Definir objetivos:** Establecer metas claras y específicas que el POC debe alcanzar.
2. **Seleccionar datos relevantes:** Identificar y preparar los conjuntos de datos necesarios para el POC.
3. **Establecer recursos y herramientas:** Determinar qué recursos humanos, tecnológicos y financieros son necesarios, así como elegir las herramientas y plataformas adecuadas.
4. **Fijar un marco de tiempo:** Definir un cronograma realista para el desarrollo y evaluación del POC.
5. **Gestionar riesgos:** Identificar posibles riesgos y preparar estrategias para mitigarlos.
6. **Establecer criterios de éxito y métodos de evaluación:** Definir cómo se medirá el éxito del POC y qué métodos se utilizarán para evaluar su rendimiento.

Cada uno de estos pasos es vital para el éxito del POC, permitiendo no solo validar la idea central, sino también proporcionar información valiosa para las fases posteriores del proyecto. Una vez que hayas revisado esta introducción, podemos proceder con el desarrollo detallado del primer punto.

60.1.1. Definir objetivos

Definir objetivos claros y medibles es un paso fundamental en el desarrollo de un Proof of Concept (POC), sobre todo en el ámbito de la Inteligencia Artificial, un campo aún inexplorado para la mayoría de las empresas. Los objetivos del POC deben alinearse con las metas globales del proyecto y ser específicos, medibles, alcanzables, relevantes y temporales (criterios SMART. Este punto lo veremos más detalladamente más adelante). A continuación, describo cómo abordar este proceso.

Identificación de necesidades y problemas

Análisis de necesidades: Comprender las necesidades específicas de la empresa o del cliente para las que se está desarrollando la solución de IA. ¿Qué problema o desafío se busca resolver?
Diálogo con Stakeholders: Implicar a todas las partes interesadas para asegurar que sus expectativas y necesidades estén reflejadas en los objetivos del POC.

Establecimiento de objetivos SMART

Specific: Los objetivos deben ser concretos y claros. Por ejemplo, "Demostrar la capacidad del modelo de IA para clasificar imágenes con una precisión del 95%".
Measurable: Debe existir una forma clara de medir el éxito. Esto podría incluir métricas como precisión, tiempo de respuesta, reducción de costes, etc.
Achievable: Los objetivos deben ser realistas dados los recursos y el tiempo disponibles. Es vital ser ambicioso pero también realista.
Relevant: Asegurarse de que los objetivos se alinean con los objetivos más amplios del proyecto y la estrategia de la empresa.
Time-based: Establecer un marco de tiempo claro para alcanzar los objetivos. Esto podría ser al final del período del POC o en hitos específicos durante su desarrollo.

Ejemplos de objetivos para un POC en IA:

- Evaluar la factibilidad técnica de aplicar aprendizaje automático para mejorar la eficiencia en un proceso específico.
- Demostrar la capacidad del modelo para procesar y analizar datos en tiempo real con una precisión determinada.
- Identificar las limitaciones y desafíos de la integración de la solución de IA en la infraestructura existente.

Documentación y comunicación:

- **Documentación Clara:** Todos los objetivos deben ser documentados de manera clara y distribuidos entre todos los miembros del equipo y stakeholders.
- **Feedback y ajuste:** Estar abierto al feedback de los stakeholders y estar dispuesto a ajustar los objetivos si es necesario durante el proceso de desarrollo del POC.

Establecer objetivos claros y bien definidos es esencial para guiar el desarrollo del POC, proporcionando un marco de referencia para tomar decisiones y evaluar el progreso. Una vez definidos los objetivos, el equipo puede proceder con una dirección clara y un propósito definido.

60.1.2. Seleccionar datos relevantes

La calidad y relevancia de los datos son fundamentales para el éxito de cualquier modelo de IA. Este proceso implica varias etapas clave:

Identificación de fuentes de datos

Análisis de fuentes disponibles: Identificar todas las posibles fuentes de datos que podrían ser útiles para el POC. Esto puede incluir bases de datos internas de la empresa, datos generados por usuarios, datos de sensores, datos públicos, entre otros.

Evaluación de calidad y pertinencia: Asegurarse de que los datos son relevantes para el problema que se está abordando y que son de alta calidad en términos de precisión, integridad y actualidad.

Preparación de datos

Limpieza y preprocesamiento: Involucra la eliminación de datos erróneos o irrelevantes, el manejo de valores faltantes y la normalización.

Análisis exploratorio de datos (EDA): Realizar un análisis exploratorio para comprender las características y tendencias en los datos. Esto puede incluir la visualización de datos, el análisis estadístico, y la identificación de patrones o anomalías.

Asegurar la representatividad de los datos

Diversidad y cobertura: Los datos deben ser representativos del entorno en el que se desplegará el modelo de IA. Esto es crucial para evitar sesgos y garantizar que el modelo sea generalizable y fiable.

Conjuntos de datos de entrenamiento y prueba: Dividir los datos en conjuntos de entrenamiento y prueba, asegurando que ambos reflejen la diversidad y los desafíos del problema real.

Cumplimiento legal y ético

Privacidad y protección de datos: Asegurarse de que el manejo de datos cumpla con todas las regulaciones de privacidad y protección de datos aplicables, como el GDPR en Europa.

Consentimiento y anonimización: Si los datos involucran información personal, es crucial obtener el consentimiento adecuado y considerar la anonimización de los datos.

Documentación y gestión de datos

Documentar fuentes y procesos: Mantener un registro detallado de las fuentes de datos, los métodos de preprocesamiento y cualquier decisión relevante tomada durante la selección y preparación de los datos.

Almacenamiento y acceso seguro: Implementar soluciones para el almacenamiento seguro de datos y controlar el acceso a ellos, especialmente si son sensibles o confidenciales.

La selección y preparación adecuada de los datos es un pilar fundamental en el desarrollo de cualquier solución de IA. Una atención cuidadosa a estos aspectos asegurará que el POC se construya sobre una base sólida, permitiendo que el modelo de IA desarrollado sea lo más efectivo y confiable posible.

60.1.3. Establecer recursos y herramientas

Este punto es especialmente importante para ti, sobre todo en el campo de la Inteligencia Artificial. Implica definir y asegurar los recursos humanos, tecnológicos y financieros necesarios, así como seleccionar las herramientas y plataformas adecuadas para el desarrollo y prueba del POC. Dispones de muchas herramientas y plataformas que te ofrecen soluciones que te pueden servir de gran ayuda, pero saber escogerlas es de vital importancia para ti, ya que algunas soluciones por ser gratuitas pueden ser muy limitadas, y por lo tanto pueden poner en riesgo esta etapa y por consiguiente el proyecto. Conocer a fondo el potencial de cada herramienta, sus limitaciones, así como las posibilidades que ofrecen te puede librar de muchos malos e incomodos momentos.

Recursos Humanos
Equipo de proyecto: Identificar y asignar los miembros del equipo con las habilidades necesarias, incluyendo expertos en datos (Data Scientists), ingenieros de software, especialistas en IA, y analistas de negocio.
Formación y desarrollo: Evaluar si el equipo necesita formación adicional específica en herramientas, lenguajes de programación o metodologías relevantes para el proyecto.

Recursos tecnológicos
Hardware y software: Determinar los requisitos de hardware, como servidores y dispositivos de procesamiento de datos, y de software, incluyendo sistemas operativos y herramientas de desarrollo.
Plataformas de IA y herramientas analíticas: Seleccionar las plataformas y herramientas de desarrollo de IA más adecuadas, considerando factores como la escalabilidad, la compatibilidad y el soporte comunitario. Esto puede incluir TensorFlow, PyTorch, scikit-learn, entre otros.

Infraestructura y entorno de desarrollo
Entorno de desarrollo y pruebas: Configurar entornos de desarrollo y pruebas que sean flexibles y replicables, utilizando contenedores o servicios en la nube si es necesario.
Gestión de código y versiones: Utilizar herramientas de gestión de código fuente como Git, y plataformas de colaboración como GitHub o GitLab.

Recursos financieros
Presupuesto: Establecer un presupuesto claro que cubra todos los recursos necesarios, incluyendo personal, tecnología, capacitación y cualquier otro gasto operativo.
Financiación y apoyo: Identificar posibles fuentes de financiación internas o externas si es necesario, y asegurar el apoyo de la dirección o stakeholders relevantes.

Herramientas de colaboración y gestión de proyectos
Herramientas de gestión de proyectos: Adoptar herramientas de gestión de proyectos como Jira, Trello o Asana para planificar, rastrear y gestionar las actividades del proyecto.
Comunicación y colaboración: Facilitar la comunicación dentro del equipo y con otros stakeholders mediante herramientas como Slack, Microsoft Teams o Zoom.

Cumplimiento y seguridad
Cumplimiento regulatorio: Asegurarse de que todas las herramientas y recursos utilizados cumplan con las normativas y leyes aplicables, especialmente en lo que respecta a la privacidad y seguridad de los datos.

Seguridad de la información: Implementar medidas de seguridad adecuadas para proteger los datos y los sistemas utilizados en el proyecto.

Al seleccionar y asegurar los recursos y herramientas adecuados, se crea una base sólida para el desarrollo exitoso del POC. Este paso es esencial para garantizar que el equipo tenga todo lo necesario para llevar a cabo el proyecto de manera eficiente y efectiva.

60.1.4. Fijar un marco de tiempo

El punto 4, "Fijar un marco de tiempo", es un aspecto crítico en la planificación y ejecución de un Proof of Concept (POC) en proyectos de Inteligencia Artificial. Un marco de tiempo bien definido ayuda a gestionar las expectativas, organizar los recursos de manera eficiente y proporcionar hitos claros para el seguimiento del progreso.

Establecimiento de la línea de tiempo general
Duración del POC: Determinar la duración total del POC. Esto suele ser de unas pocas semanas a varios meses, dependiendo de la complejidad del proyecto.
Hitos clave: Identificar y planificar los hitos clave dentro de este período. Esto podría incluir la finalización de la recopilación de datos, el desarrollo inicial del modelo, las fases de prueba, etc.

Planificación detallada
Desglose de tareas: Crear un desglose detallado de todas las tareas necesarias para completar el POC. Esto incluye actividades de preparación de datos, desarrollo de modelos, pruebas y revisiones.
Asignación de tiempo por tarea: Estimar y asignar un tiempo específico para cada tarea, teniendo en cuenta la complejidad y los recursos disponibles.

Flexibilidad y revisión continua
Margen para la incertidumbre: Incluir tiempo adicional para imprevistos o retrasos inesperados, que son comunes en proyectos de IA debido a la naturaleza exploratoria y experimental del campo.
Revisión y ajuste regular: Planificar revisiones periódicas del progreso y estar dispuesto a ajustar el cronograma según sea necesario.

Integración con el cronograma general del proyecto
Alineación con el proyecto mayor: Asegurarse de que el cronograma del POC esté alineado con los plazos generales del proyecto más amplio, especialmente si el POC es parte de un esfuerzo mayor.

Comunicación del marco de tiempo
Claridad con el equipo y Stakeholders: Comunicar claramente el marco de tiempo a todos los miembros del equipo y partes interesadas, asegurando que todos estén alineados y conscientes de los plazos.

Herramientas de planificación y seguimiento: Utilizar herramientas de gestión de proyectos para visualizar y rastrear el cronograma, como diagramas de Gantt o tableros Kanban.

Documentación

Registro de planificación: Mantener documentación detallada de la planificación del tiempo, las decisiones tomadas y cualquier cambio realizado en el cronograma.

Al establecer un marco de tiempo claro y realista, se facilita la gestión eficaz del POC, asegurando que cada fase del proyecto se complete de manera oportuna y que el equipo pueda adaptarse rápidamente a cualquier desafío o cambio en las circunstancias. Un cronograma bien planificado es una herramienta esencial para mantener el proyecto en curso y lograr los objetivos establecidos. Para mantener una estructura en la línea de tiempo del proyecto es importante que sepas organizarte bien, o al menos que te desenvuelvas bien en lo que a organización y control del tiempo se refiere, ya que de otra forma no solo te volverás loco, sino que pondrás en peligro las fechas del proyecto, impidiendo además que otros compañeros y participantes no avancen en sus tareas, retrasando el proyecto aún más.

60.1.5. Gestionar riesgos

La gestión de riesgos implica identificar, evaluar y mitigar los posibles problemas que podrían impactar el desarrollo y éxito del POC. Este proceso es fundamental para asegurar que el proyecto se desarrolle de manera fluida y para minimizar cualquier impacto negativo en los resultados.

Identificación de riesgos

Evaluación técnica: Identificar riesgos relacionados con la tecnología y la implementación de IA, como la selección inadecuada de algoritmos, problemas de calidad de los datos, o limitaciones de hardware y software.

Riesgos de proyecto: Considerar riesgos asociados con la gestión del proyecto, como retrasos en el cronograma, problemas de comunicación, o desviaciones presupuestarias.

Riesgos externos: Tener en cuenta factores externos como cambios en la normativa, problemas de mercado, o situaciones imprevistas (como emergencias sanitarias o desastres naturales).

Evaluación y priorización de riesgos

Análisis de impacto y probabilidad: Evaluar cada riesgo en términos de su probabilidad de ocurrencia y el impacto potencial en el proyecto. Esto ayuda a priorizar los riesgos que requieren mayor atención.

Matriz de riesgos: Crear una matriz de riesgos para visualizar y categorizar los riesgos según su gravedad y probabilidad.

Desarrollo de estrategias de mitigación

Planes de contingencia: Desarrollar planes de acción para los riesgos identificados, definiendo cómo se gestionarán o mitigarán si ocurren.

Reducción y prevención: Implementar medidas para reducir la probabilidad de ocurrencia de riesgos o minimizar su impacto. Esto puede incluir mejorar la calidad de los datos, capacitar al personal, o mejorar la comunicación dentro del equipo.

Monitoreo y revisión continua
Seguimiento regular: Establecer un proceso para el seguimiento regular de los riesgos a lo largo del proyecto, permitiendo una respuesta rápida a cualquier cambio.
Revisión y ajuste de estrategias: Estar preparado para revisar y ajustar las estrategias de mitigación según sea necesario, en respuesta a nuevos riesgos o cambios en el entorno del proyecto.

Documentación y comunicación
Registro de riesgos: Mantener un registro detallado de todos los riesgos identificados, sus evaluaciones y los planes de mitigación asociados.
Comunicación con Stakeholders: Informar a los stakeholders sobre los riesgos significativos y cómo se están gestionando, asegurando la transparencia y fomentando la confianza en el manejo del proyecto.

La gestión efectiva de riesgos en un POC de IA no solo ayuda a prevenir problemas, sino que también asegura que el equipo esté preparado para manejar los desafíos de manera proactiva, manteniendo el proyecto en el camino hacia el éxito.

60.1.6. Establecer criterios de éxito y métodos de evaluación

Los criterios de éxito bien definidos y los métodos de evaluación claros y objetivos permiten medir el rendimiento y la eficacia del POC de manera efectiva. Garantizan que el POC en un proyecto de Inteligencia Artificial cumpla con sus objetivos y aporte valor real.
Definición de criterios de éxito
Alineación con objetivos del POC: Los criterios de éxito deben estar directamente relacionados con los objetivos específicos establecidos en la fase de definición de objetivos. Por ejemplo, si el objetivo es demostrar la precisión de un modelo de IA, el criterio de éxito puede ser alcanzar un cierto porcentaje de precisión en la clasificación de datos.
Cuantificables y medibles: Es importante que estos criterios sean cuantificables para poder evaluarlos objetivamente. Esto puede incluir métricas como la precisión, el tiempo de respuesta, la reducción de costes operativos, etc.

Selección de métodos de evaluación
Métodos cuantitativos: Utilizar métodos estadísticos y métricas de rendimiento como la precisión, la sensibilidad, la especificidad, el F1 Score, entre otros, para evaluar el rendimiento del modelo de IA.
Pruebas y validaciones: Implementar pruebas de validación, incluyendo pruebas A/B o pruebas de usuario, para evaluar la eficacia del POC en condiciones reales o simuladas.
Comparación con benchmarking o estándares de la industria: Comparar los resultados del POC con estándares de la industria o benchmarks para evaluar su competitividad y relevancia.

Proceso de revisión y feedback
Revisión continua: Establecer revisiones regulares durante y después del POC para evaluar el progreso y el cumplimiento de los criterios de éxito.

Recopilación de feedback: Obtener feedback de los usuarios finales, stakeholders y expertos en el tema para una evaluación cualitativa del POC.

Documentación y análisis
Registro detallado: Mantener una documentación detallada de los resultados de las evaluaciones y de cómo se han medido.
Análisis de resultados: Realizar un análisis en profundidad de los resultados para entender no solo si se cumplieron los criterios de éxito, sino también por qué y cómo se pueden aplicar estas lecciones en fases futuras del proyecto.

Ajustes basados en la evaluación
Iteración y mejora: Usar los resultados de la evaluación para hacer ajustes y mejoras en el POC. Esto es fundamental en un enfoque iterativo y ágil, típico en proyectos de IA.

El establecimiento de criterios de éxito claros y la selección de métodos de evaluación adecuados son esenciales para medir de manera efectiva el éxito de un POC en IA. Permiten no solo validar la solución propuesta, sino también proporcionar información valiosa para la mejora continua y la toma de decisiones informadas para futuras fases del proyecto.

Hemos llegado al final de este tema y ya que este punto es tan importante para ti como gestor de proyectos vamos a hacer un resumen lo más corto posible para tener a mano todos los puntos más importantes.

Objetivos principales del POC
Validación de viabilidad técnica: Verificar si la solución propuesta de IA/ML es técnicamente factible.
Evaluación preliminar de resultados: Obtener una primera indicación de los resultados que se pueden esperar del proyecto completo.
Identificación de riesgos y desafíos: Reconocer y planificar cómo abordar posibles obstáculos antes de una implementación a gran escala.
Demostración de valor: Presentar a las partes interesadas cómo la solución de IA puede aportar valor al negocio o proceso.

Ventajas del POC
Reducción de riesgos: Limita la exposición al riesgo al probar la idea en una etapa temprana.
Optimización de recursos: Permite la asignación eficiente de recursos antes de comprometerse con una inversión completa.
Facilita la toma de decisiones: Proporciona datos concretos para fundamentar decisiones estratégicas.
Generación de apoyo y compromiso: Ayuda a ganar el respaldo de las partes interesadas al demostrar el potencial práctico.

Trampas potenciales al llevar a cabo un POC
Expectativas irreales: Establecer metas demasiado ambiciosas o poco claras.

Limitaciones en la selección de datos: Utilizar un conjunto de datos que no refleje la realidad del entorno de producción.
Falta de escalabilidad: No considerar cómo el proyecto se escalará después del POC.
Evaluación de resultados inadecuada: No analizar correctamente los resultados o ignorar los aspectos negativos.

Factores de éxito críticos
Claridad en los objetivos: Definir claramente qué se busca probar o demostrar.
Selección adecuada de datos: Utilizar un conjunto de datos representativo y de calidad.
Compromiso de las partes interesadas: Asegurar el apoyo y la participación activa de todas las partes relevantes.
Gestión efectiva del proyecto: Mantener un enfoque organizado y flexible durante el POC.

Estructura del proceso del POC
Definición de objetivos y métricas de éxito: Establecer qué se quiere lograr y cómo se medirá el éxito.
Selección de herramientas y tecnologías: Elegir las plataformas y herramientas adecuadas para el POC.
Desarrollo y ejecución: Implementar la solución propuesta en un entorno controlado.
Recolección y análisis de datos: Recopilar datos sobre el rendimiento y la efectividad del POC.
Documentación y presentación de resultados: Elaborar informes detallados para las partes interesadas.

Evaluación del POC
Comparación con objetivos originales: Verificar si el POC cumple con los objetivos establecidos.
Análisis de rendimiento y fiabilidad: Evaluar la precisión, eficiencia y consistencia del modelo o solución propuesta.
Viabilidad económica: Considerar los costos involucrados y el retorno de inversión potencial.
Recepción por parte de las partes interesadas: Obtener feedback de usuarios, participantes y tomadores de decisiones.

61. Pasos a seguir para el desarrollo exitoso de un proyecto.

Vamos ahora a profundizar en el desarrollo de proyectos. Para ello os voy a detallar una lista de pasos a seguir para la correcta realización de un proyecto. Es importante añadir que cada profesional tendrá una visión más subjetiva de esta lista y por lo tanto una opinión diferente en lo que al orden y el contenido de los puntos se refiere, por lo que probablemente halla quien considere que faltan puntos, o que algunos puntos no tienen importancia. Yo os ofrezco la lista considerando lo que es más importante para el proyecto y en el orden que considero es el más lógico y óptimo. Finalmente seréis vosotros quienes con la práctica decidáis como abordáis un proyecto de Inteligencia Artificial y como lo ejecutáis. Para elaborar los puntos del desarrollo voy a centrarme principalmente en tres aspectos: los objetivos a conseguir en cada paso, las fases de cada paso, y los métodos más conocidos para realizarlo. Cada paso dentro del desarrollo de un proyecto puede variar según sus necesidades, por eso es muy posible que a lo largo del desarrollo tenga en cuenta aspectos extra que tal vez en otros puntos no tenga en cuenta.

1. Reunión de asesoramiento inicial con la empresa:
- Identificación de las necesidades y objetivos de la empresa.
- Análisis preliminar de la factibilidad del proyecto.
- Presentación de posibles soluciones basadas en IA.

2. Definición de alcance y objetivos del proyecto:
- Establecer metas y objetivos claros.
- Definición de las especificaciones técnicas y funcionales.
- Identificación de posibles limitaciones y restricciones.

3. Construcción del equipo del proyecto:
- Selección de expertos en IA, desarrolladores, Data Scientists, y otros roles relevantes.
- Definición de roles y responsabilidades.

4. Recopilación y análisis de datos:
- Identificación de fuentes de datos.
- Limpieza y preprocesamiento de datos.
- Análisis exploratorio de datos.

5. Diseño del modelo de IA:
- Elección de algoritmos y técnicas adecuadas.
- Diseño de la arquitectura del modelo.
- Establecimiento de métricas de evaluación.

6. Entrenamiento y validación del modelo:
- División de datos en conjuntos de entrenamiento, validación y prueba.
- Entrenamiento del modelo.
- Evaluación y ajuste del modelo.

7. Implementación y despliegue:
- Integración del modelo en la infraestructura de la empresa.
- Despliegue en un entorno de producción.
- Establecimiento de protocolos de monitoreo y mantenimiento.

8. Monitoreo y optimización del modelo:
- Monitoreo del rendimiento del modelo en tiempo real.
- Reentrenamiento y ajuste basado en datos frescos y feedback.

9. Documentación y transferencia de conocimientos:
- Elaboración de documentación técnica y de usuario.
- Formación y capacitación a los usuarios y equipos de la empresa.

10. Presentación final del proyecto a la empresa:
- Demostración del funcionamiento y resultados del modelo.
- Análisis de ROI (retorno de inversión) y beneficios obtenidos.
- Recopilación de feedback y sugerencias para futuras mejoras.

11. Cierre del proyecto y revisión:
- Evaluación del éxito del proyecto en relación a los objetivos establecidos.
- Identificación de lecciones aprendidas.
- Planificación de posibles fases futuras o proyectos relacionados.

Ahora vamos a "destripar" los procesos uno a uno y a realizar una lista detallada de cada proceso. Ten en cuenta que esta lista, y al igual que la anterior, puede ser relativa al igual que subjetiva. Tómala como una orientación y adáptala a tus necesidades según lo necesites. Lo importante aquí es que la uses como un Checklist para que no olvides ningún punto por el camino.

61.1. Reunión de asesoramiento inicial con la empresa

El punto 1, "Reunión de asesoramiento inicial con la empresa", es crítico ya que sienta las bases para el entendimiento mutuo y el éxito del proyecto de Inteligencia Artificial. A continuación, se detalla este paso:

Objetivos a conseguir con este paso
Entendimiento del negocio: Comprender en profundidad la naturaleza del negocio del cliente, su industria, sus procesos clave y los desafíos que enfrenta.
Definición de necesidades: Identificar y documentar las necesidades específicas que la IA debe abordar, lo que puede incluir la automatización de procesos, el análisis de datos, la mejora de decisiones, etc.
Establecimiento de expectativas: Aclarar qué es y qué no es posible con la IA, y establecer expectativas realistas respecto a los resultados, los tiempos y los costos.
Creación de relaciones: Construir confianza y una relación de trabajo con el cliente, asegurando que todas las partes involucradas estén alineadas y comprometidas.
Evaluación preliminar: Realizar una evaluación preliminar de los datos disponibles, la infraestructura tecnológica y los recursos del cliente, para determinar la viabilidad del proyecto.

Las fases de este paso:

1. Preparación:
- Recopilación de información previa sobre la empresa.
- Definición de los participantes clave para la reunión.
- Elaboración de un agenda detallada para la reunión.

2. Ejecución:
- Presentación de los participantes y explicación de sus roles.
- Discusión guiada para entender los objetivos del negocio y sus desafíos.

- Exploración de casos de uso de IA relevantes para el negocio.
- Recopilación de información inicial sobre los datos y sistemas existentes.

3. Evaluación:
- Análisis de la información recopilada durante la reunión.
- Identificación de posibles soluciones de IA y estimación de su impacto.
- Determinación de la viabilidad técnica y económica de las soluciones propuestas.

4. Seguimiento:
- Documentación y resumen de los puntos clave discutidos.
- Comunicación de los próximos pasos y asignación de tareas.
- Establecimiento de un calendario para la siguiente fase del proyecto.

Métodos conocidos para realizarlo
Reuniones cara a cara: Sesiones presenciales que permiten una comunicación directa y la construcción de una relación más sólida con el cliente.
Dinámicas de grupo: Workshops o talleres que involucran actividades interactivas para explorar las necesidades del cliente y generar ideas.
Entrevistas estructuradas: Uso de cuestionarios y entrevistas con preguntas predefinidas para obtener información detallada de los stakeholders.
Análisis DAFO (Debilidades, Amenazas, Fortalezas, Oportunidades): Herramienta estratégica para entender la posición del negocio y el potencial impacto de las soluciones de IA.
Método Canvas de modelo de negocio: Para visualizar los componentes clave del negocio y cómo la IA podría influir en cada uno de ellos.
Prototipos y demostraciones: Presentación de prototipos o demos de IA para ilustrar posibles soluciones y su funcionamiento en un contexto real.

Cada uno de estos métodos puede ayudar a garantizar que la reunión inicial sea productiva y que se establezcan las bases adecuadas para el proyecto de IA. Un consejo que te podría venir muy bien sería prepararte un Briefing adaptado a ti, tanto si eres Freelancer como si estas contratado directamente, el Briefing puede serte de gran ayuda para todo tipo de proyectos, y acostumbrarte a su uso puede ahorrarte tanto tiempo como disgustos.

61.2. Definición de alcance y objetivos del proyecto

El punto 2, "Definición de alcance y objetivos del proyecto" establece las expectativas y los límites dentro de los cuales se desarrollará todo el trabajo futuro. Aunque este punto bien podría y debería realizarse en conjunto con el punto 1 durante la reunión, te lo detallo por separado para que comprendas su importancia.

Objetivos a conseguir con este paso
Claridad en los resultados deseados:
- Definir claramente lo que el proyecto debe lograr.
- Asegurarse de que todos los interesados tengan la misma comprensión y expectativas.

Viabilidad y alcance:
- Determinar qué es y qué no es parte del proyecto.
- Identificar las limitaciones, como tiempo, presupuesto, y recursos.

Priorización:
- Establecer la prioridad de los objetivos y las características del proyecto.
- Alinear los objetivos con los objetivos estratégicos de la empresa.

Medibilidad:
- Crear objetivos medibles para poder rastrear el progreso y el éxito del proyecto.

Fundamentación para la planificación:
- Proporcionar una base para la planificación detallada del proyecto, incluyendo tiempo, presupuesto y asignación de recursos.

Fases de este paso:

1. Recolección de requisitos:
- Recopilación de información detallada de todos los interesados.
- Entrevistas, encuestas, grupos focales y sesiones de lluvia de ideas.

2. Análisis de requisitos:
- Análisis y clasificación de los requisitos recopilados.
- Diferenciación entre requisitos necesarios y deseables.

3. Definición de alcance:
- Creación de una declaración de alcance del proyecto.
- Delimitación de los límites del proyecto.

4. Establecimiento de objetivos:
- Definición de los objetivos SMART (Specific, Measurable, Achievable, Relevant, Time-Bound).
- Alineación con los intereses de la empresa y de los stakeholders.

5. Validación:
- Revisión de la declaración de alcance y los objetivos con todos los interesados.
- Ajustes basados en el feedback recibido.

6. Documentación:
- Documentar todo en un plan de proyecto o en un documento de alcance del proyecto.

Métodos conocidos para realizarlo

Análisis de Stakeholders: Identificar a todas las partes interesadas y entender sus necesidades y expectativas.

Técnica de grupo nominal: Técnica para alcanzar un consenso grupal y priorizar los requisitos o características.

Técnica de enunciado del problema: Describir un problema y sus efectos de manera clara y concisa para entender el problema central y encontrar la solución más adecuada.

Método Delphi: Recopilación de opiniones de expertos de forma iterativa para llegar a un entendimiento común.
Análisis de GAP: Evaluación de la diferencia entre la situación actual y el estado futuro deseado.
Scope-Definition: Establecer los límites y entregables del proyecto. Define lo que estará incluido en el proyecto y lo que estará fuera de alcance, ayudanda a evitar la expansión no controlada del proyecto, conocida como 'scope creep'.
Brainstorming (Lluvia de ideas): Sesiones creativas para generar ideas y soluciones.
Diagramas de afinidad: Organización de ideas y requisitos en grupos basados en su relación o afinidad.
Historias de usuario y épicas en metodologías ágiles:
- Descripción de las características desde la perspectiva del usuario final.
- Utilizado en metodologías ágiles como Scrum o Kanban.

Método MoSCoW: Priorización de requisitos como: Must have, Should have, Could have, y Won't have (en esta ocasión).
SMART: Establece lo objetivos que son Specific, Measurable, Achievable, Relevant y Time-Bound. Esta técnica ayuda a garantizar que los objetivos del proyecto sean claros y realizables dentro de un tiempo específico.
Análisis de impacto: Estudio de cómo los cambios en los requisitos pueden afectar el proyecto.
Prototipado: Creación de versiones iniciales del producto para obtener feedback temprano y validar requisitos y supuestos.
Análisis de coste-beneficio: Evaluación de la relación entre los beneficios esperados y los costes asociados al proyecto.

Al seguir estos pasos y utilizar estos métodos, se puede asegurar que el proyecto de IA esté bien definido y alineado con las necesidades y capacidades de la organización. Esto ayudará a mitigar riesgos, evitar malentendidos y proporcionar una hoja de ruta clara para la ejecución del proyecto que te será tanto de mucho valor como de gran ayuda para el desarrollo del proyecto.

61.2.1. Orquestando el éxito

Al abordar la gestión de proyectos en el ámbito de la Inteligencia Artificial, la claridad en la definición del alcance y los objetivos es fundamental para el éxito. Es aquí donde técnicas especializadas cobran importancia, proporcionando una estructura sólida para guiar a los equipos a través de la complejidad inherente a estos proyectos innovadores.

Comenzaremos explorando la "Problem-Statement-Technik", una metodología que nos ayuda a articular de manera precisa el problema a resolver. Esta técnica asegura que todos los involucrados tengan una comprensión unificada del desafío para desarrollar soluciones de IA efectivas.

Seguidamente, nos adentraremos en la "Scope-Definition". Esta fase es vital para delinear los límites del proyecto, estableciendo qué está incluido y qué no. En el dinámico campo de la IA, tener un alcance bien definido permite gestionar los recursos de manera eficiente y evita el riesgo de desviarse hacia objetivos secundarios que podrían diluir el enfoque del proyecto.

Por último veremos la técnica "SMART", una estrategia para establecer objetivos concretos, medibles, alcanzables, relevantes y temporales. Al aplicar este marco, tú como IA-Manager puedes establecer metas claras que no solo son ambiciosas sino también realistas, garantizando que el equipo se mantenga motivado y en la dirección correcta.

Juntas, estas técnicas forman la columna vertebral de un proceso de gestión de proyectos de IA eficiente, asegurando que cada paso, desde la concepción hasta la ejecución, esté bien fundamentado y alineado con una visión estratégica.

61.2.1.1. Técnica de declaración de problemas

La técnica de declaración de problemas en el ámbito de la gestión de proyectos de Inteligencia Artificial es un método estructurado que ayuda a definir claramente un problema antes de buscar soluciones. Se divide en tres pasos esenciales:

1) Estado actual: En este paso, se describe la situación actual en detalle, identificando y documentando el problema específico que necesita solución. En un proyecto de IA, esto podría implicar reconocer limitaciones en la precisión de un modelo predictivo, problemas de rendimiento en algoritmos existentes, o la falta de integración de sistemas de IA con otras tecnologías en uso. Es importante ser lo más concreto y objetivo posible, utilizando datos y ejemplos específicos para ilustrar el problema.

2) Estado deseado: Aquí se define el estado ideal o el resultado que se desea lograr con la solución del problema. En términos de IA, esto podría significar establecer una meta de precisión para el modelo predictivo, mejorar el rendimiento de los algoritmos para procesar datos en tiempo real, o lograr una integración completa y fluida con otras plataformas tecnológicas. El estado deseado debe ser claro, alcanzable y, preferiblemente, medible.

3) Obstáculos: El último paso implica identificar los obstáculos que impiden pasar del estado actual al estado deseado. Esto puede incluir limitaciones tecnológicas, falta de habilidades especializadas en el equipo, restricciones presupuestarias, o problemas de escalabilidad. Reconocer estos obstáculos es crucial para planificar cómo superarlos y alcanzar los objetivos del proyecto.

La declaración de problemas es una técnica muy efectiva porque obliga al equipo a focalizarse en la raíz del problema antes de comenzar a generar soluciones posibles, asegurando que se entienden completamente todos los aspectos del problema antes de proceder.

61.2.1.2. Scope-Definition

La técnica de "Scope-Definition" define claramente lo que se incluirá en el proyecto (In-Scope) y lo que quedará fuera (Out-of-Scope), estableciendo así límites precisos y evitando malentendidos o cambios en el alcance que podrían afectar los recursos, los plazos y el éxito del proyecto.

In-Scope: Aquí se detallan las funciones, tareas, entregables, y procesos que el proyecto de IA se compromete a realizar y desarrollar. Por ejemplo, si el proyecto es sobre el desarrollo de un algoritmo de recomendación, se especificarán los tipos de datos que se utilizarán, las métricas de éxito, y las funcionalidades específicas que el algoritmo podrá realizar.

Out-of-Scope: Es igualmente importante definir lo que está fuera del alcance del proyecto para gestionar las expectativas y concentrar los esfuerzos en lo que realmente se entregará. Por ejemplo, se puede decidir que la integración con ciertos sistemas externos no será cubierta en el proyecto actual o que ciertos tipos de análisis de datos están fuera del alcance.

Criterios de delimitación: Son las reglas o parámetros que se utilizan para determinar si algo está dentro o fuera del alcance. Estos criterios ayudan a tomar decisiones cuando surgen dudas sobre si una tarea o funcionalidad específica debería ser parte del proyecto. Incluyen la justificación del alcance, la documentación de restricciones, y los criterios para aceptar o rechazar solicitudes adicionales.

Al definir el alcance con la técnica de "Scope-Definition", se deben considerar todos los aspectos técnicos y funcionales del proyecto, así como las limitaciones de tiempo y presupuesto. También es crucial involucrar a todas las partes interesadas en este proceso para asegurar un entendimiento común y una alineación con los objetivos del negocio.

61.2.1.3. SMART

Ya hemos hablado anteriormente de la técnica SMART, pero como puedes comprobar vuelve a aparecer y está siempre presente en tu día a día en la gestión de proyectos. Esta técnica es un método para establecer objetivos y metas de manera efectiva y clara, asegurándose de que sean alcanzables y medibles. SMART es un acrónimo que resume los criterios clave para definir objetivos de proyecto exitosos y es por esto que debes tener la palabra SMART siempre presente.

Specific (Específicos): Los objetivos deben ser claros y precisos. En lugar de tener un objetivo amplio, se debe detallar exactamente lo que se espera alcanzar. Esto implica responder las preguntas: ¿Qué? ¿Quién? ¿Dónde? ¿Cuándo?
Ejemplo: Implementar un sistema de chatbot de servicio al cliente en el sitio web de la empresa antes del final del cuarto trimestre.

Measurable (Medibles): Deben establecerse parámetros para medir el progreso hacia el cumplimiento de cada objetivo. Esto permite seguir de cerca el desarrollo del proyecto y saber cuándo se ha alcanzado la meta. Las preguntas clave son: ¿Cuánto? ¿Cuántos? ¿Cómo sabré cuando se haya cumplido el objetivo?
Ejemplo: Aumentar la tasa de resolución de consultas en primera instancia del chatbot al 75% en seis meses.

Achievable (Alcanzables): Los objetivos deben ser realistas y estar dentro de las capacidades y recursos disponibles. Es importante mantener el equilibrio entre un objetivo desafiante y uno que es prácticamente imposible. Pregúntate: ¿Es posible este objetivo? ¿Cómo puedo lograrlo?
Ejemplo: Capacitar al equipo de IA en el uso de herramientas de procesamiento de lenguaje natural dentro de los próximos tres meses.

Relevant (Relevantes): Los objetivos deben importar para el negocio o la organización y deben alinearse con otras metas relevantes. Deben ser oportunos y pertinentes en el contexto más amplio. Las preguntas pertinentes incluyen: ¿Por qué? ¿Es este el momento adecuado? ¿Está en sintonía con las demás necesidades?
Ejemplo: Desarrollar un algoritmo de recomendación para personalizar las sugerencias de productos, incrementando las ventas cruzadas en un 20% para el próximo año.

Time-Bound (Temporales): Cada objetivo necesita una fecha límite o un marco temporal específico para su realización. Esto crea urgencia y compromiso. Las cuestiones a considerar son: ¿Cuándo? ¿Qué puedo hacer hoy? ¿Qué puedo hacer en seis semanas?
Ejemplo: Completar la fase de pruebas piloto del proyecto de reconocimiento de voz para el call center antes del final del segundo trimestre.

Al aplicar estos criterios, un IA-Manager puede definir con mayor claridad y precisión lo que se quiere lograr en un proyecto de Inteligencia Artificial, estableciendo una estructura que facilita la planificación, ejecución y seguimiento efectivos del proyecto. Cuando te acostumbres a trabajar con estas técnicas todo será más fácil para ti. Genera una rutina en tu día a día para acostumbrarte a tener estos términos siempre cerca de ti. Ten siempre estas definiciones muy presentes y esto agilizará tu rendimiento y efectividad. Una vez que estas técnicas se hallan implementado en tus hábitos profesionales todo fluirá mucho mejor y notarás una gran mejora y en tu día a día así como un aumento de tu motivación en ti mismo, ya que notarás como tus capacidades para gestionar, no solo proyectos de IA, sino cualquier proyecto que te propongas, aumentaran considerablemente.

61.3. Construcción del equipo del proyecto

Construir el equipo de un proyecto de Inteligencia Artificial es un paso crítico que puede determinar el éxito del proyecto. Aquí es importante recordar que el equipo del proyecto va a variar sin duda alguna dependiendo del tipo de proyecto y su envergadura. Por ejemplo, si realizas un proyecto para el sector de la medicina, como por ejemplo una Inteligencia Artificial que sea capaz de reconocer en fotografías de radiografías de pulmones si los pulmones están infectados con neumonía o tuberculosis, entonces sin duda alguna necesitarás también un experto en radiología. Otro ejemplo, si trabajas para una empresa del sector industrial que fabrica motores, y debes desarrollar una Inteligencia Artificial que pueda reconocer con gran detalle errores en la fabricación de los cárteres de los motores, pues sin duda alguna necesitarás incluir en el equipo un ingeniero experto en cárteres.

Objetivos a conseguir con este paso

Formar un equipo competente y multifuncional: El equipo debe tener las habilidades y la experiencia necesarias para cubrir todos los aspectos del desarrollo e implementación de la solución de IA.

Asegurar la alineación de objetivos: Todos los miembros del equipo deben entender y comprometerse con los objetivos del proyecto para trabajar eficientemente hacia una meta común.

Promover la colaboración efectiva: Fomentar un ambiente de trabajo donde se facilite la comunicación y cooperación entre los miembros del equipo.

Maximizar el uso de recursos: Asignar de manera eficiente los recursos humanos disponibles para optimizar el progreso y la productividad del proyecto.

Personas necesarias, posiciones y tareas

IA-Manager (Gerente de proyecto): Coordina el proyecto, gestiona los recursos, y es el enlace entre el equipo y los stakeholders.

Data Scientist (Científico de datos): Analiza y modela grandes conjuntos de datos. Encargado de la creación de algoritmos de Machine Learning.

Machine Learning Engineer (Ingeniero de Machine Learning): Implementa los modelos desarrollados por los científicos de datos en soluciones escalables y eficientes.

Data Engineer (Ingeniero de datos): Prepara la "pipeline" de datos y asegura que los datos estén listos para ser procesados y analizados.

AI Developer (Desarrollador de IA): Codifica la base del software de IA, trabajando en estrecha colaboración con ingenieros de Machine Learning y Data Scientists.

DevOps Specialist (Especialista en DevOps): Asegura la integración y despliegue continuos (CI/CD) de las aplicaciones de IA.

Experto en UX/UI: Diseña la experiencia y la interfaz de usuario para garantizar que la aplicación sea fácil de usar y cumpla con las necesidades del usuario final.

Business Analyst (Analista de negocio): Evalúa los requerimientos del negocio y asegura que la solución de IA se alinee con las necesidades y expectativas empresariales.

AI Ethics Specialist (Especialista en ética de IA): Garantiza que la solución de IA cumpla con los estándares éticos y legales.

Fases de este paso:

1. **Planificación:** Definir las habilidades y roles necesarios basados en los objetivos del proyecto.
2. **Reclutamiento:** Buscar y seleccionar candidatos que cumplan con los criterios definidos.
3. **Evaluación:** Entrevistar a los candidatos para evaluar habilidades técnicas y de trabajo en equipo.
4. **Selección:** Elegir a los candidatos más adecuados para cada posición.
5. **Integración:** Onboarding y entrenamiento para asegurar que todos los miembros del equipo estén al tanto de las políticas, herramientas, y procesos del proyecto.
6. **Desarrollo de equipo:** Actividades de team building para fomentar la cohesión y establecer una buena comunicación.

Métodos conocidos para realizarlo

Modelo Tuckman de formación de equipos: Este modelo describe las fases de formación, conflicto, normalización y desempeño para el desarrollo de equipos.

Metodologías ágiles: Fomentan la colaboración entre equipos multidisciplinarios y la adaptabilidad a lo largo del proyecto.
Reclutamiento basado en competencias: Se enfoca en las habilidades específicas y la experiencia relevante al proyecto de IA.
Análisis de roles de Belbin: Un método para evaluar y balancear los tipos de personalidad y roles de trabajo dentro de un equipo.

Al seguir estos pasos y métodos, podrás construir un equipo efectivo y bien preparado para enfrentar los desafíos únicos que presenta un proyecto de Inteligencia Artificial.

61.3.1. El modelo Tuckman para la formación de equipos

Vamos a ver el modelo Tuckman para la Formación de Equipos de una forma más detallada. Este modelo es uno de los modelos más utilizados a la hora de gestionar equipos. Al igual que sucede con otros puntos que ya hemos tratado a lo largo del libro, el modelo Tuckman es también algo bastante subjetivo. Depende de la interpretación de cada uno, y también relativo porque depende de las necesidades del plan de proyecto. Este modelo lo puedes encontrar con desde cuatro puntos hasta siete y posiblemente con ocho puntos. Yo te explico aquí los más importantes y los cuáles debes tener siempre presente a la hora de formar equipos de trabajo.

El Modelo Tuckman de Formación de Equipos es una teoría desarrollada por Bruce Tuckman en 1965, que explica que los equipos pasan por distintas fases durante su desarrollo. Tuckman identificó originalmente cuatro etapas de desarrollo de grupo: Formación, Tormenta (Conflicto), Normalización y Desempeño. Más tarde, en 1977, añadió una quinta etapa llamada Adyacencia (Disolución).

A continuación, te detallo en resumen una etapa de cinco puntos.

1. Forming (Formación)
Características: Los miembros del equipo se conocen y buscan entender los límites del grupo. Hay dependencia de las figuras de liderazgo para la orientación y dirección. Existe poco acuerdo sobre los objetivos más allá de los proporcionados por el líder. Los procesos son simples y no están claros.
Comportamientos: Los miembros pueden ser ansiosos, curiosos y educados. Se forman las primeras impresiones y la base para la futura dinámica de grupo.
Tareas del líder: Proporcionar dirección y establecer objetivos claros, ayudar a los miembros del equipo a familiarizarse entre sí.

2. Storming (Tormerta)
Características: Los miembros del equipo abordan tareas más difíciles y comienzan a expresar opiniones más fuertes. Surgen conflictos y polarización alrededor de cuestiones interpersonales y tareas. Hay resistencia a la supervisión del grupo y retroalimentación sobre las diferencias.
Comportamientos: Los miembros pueden desafiar la autoridad o las metas del equipo. Los conflictos pueden surgir sobre liderazgo, estructura y poder.

Tareas del líder: Facilitar y mediar conflictos, fomentar la participación, y asegurar que las discusiones no se vuelvan contra productivas.

3. Norming (Normalizando)
Características: Se desarrollan relaciones y el equipo muestra cohesión. Hay un fuerte sentido de identidad de equipo y camaradería. Los roles y las normas de funcionamiento del equipo se aceptan. Los miembros están dispuestos a cambiar sus ideas o acuerdos en beneficio del equipo.
Comportamientos: Se desarrolla confianza entre los miembros del equipo y se establece una estructura más clara.
Tareas del líder: Facilitar la participación y promover el trabajo en equipo, consolidar normas y valores del equipo.

4. Performing (Desempeño)
Características: El equipo trabaja de manera más efectiva hacia los objetivos. Los roles se vuelven flexibles y funcionales, y no hay fricción interpersonal. La estructura del equipo apoya las tareas que se realizan. Hay un enfoque en el logro de metas y la eficiencia en la tarea.
Comportamientos: Los miembros del equipo son autónomos y capaces de manejar la toma de decisiones sin supervisión. La energía del equipo se canaliza hacia la tarea.
Tareas del líder: Delegar tareas y proyectos, desarrollar las capacidades del equipo, y fomentar la autonomía.

5. Adjourning (Adyacencia o Disolución)
Características: El equipo se prepara para disolverse y la atención se dirige hacia la finalización de tareas y reducción de la dependencia. Hay un sentimiento de cierre y la posibilidad de duelo por la finalización del proyecto.
Comportamientos: Los miembros pueden sentir incertidumbre y tristeza por la disolución del equipo. Se celebran los logros y se reconoce el trabajo de todos.
Tareas del líder: Confirmar la finalización de los objetivos, reconocer y celebrar los logros del equipo, y ayudar a los miembros a hacer la transición a nuevos proyectos o roles.

Este modelo es ampliamente utilizado en la gestión de proyectos y desarrollo organizacional para ayudar a los líderes y a los miembros del equipo a comprender su progreso y adaptar sus estrategias y comportamientos para ser más efectivos.

61.4. Recopilación y análisis de datos

Desarrollar el paso de recopilación y análisis de datos en un proyecto de Inteligencia Artificial de la forma es decisivo para una finalización del proyecto positiva, ya que la calidad y estructura de los datos determinarán en gran medida el rendimiento del modelo de IA.

Objetivos a conseguir con este paso
Asegurar la calidad de los datos: Garantizar que los datos son precisos, completos y pertinentes para los objetivos del proyecto.

Entender los datos: Obtener una visión clara de las características de los datos, incluyendo distribuciones, correlaciones y posibles sesgos.
Preparar los datos para el modelado: Transformar los datos en un formato adecuado para su uso en algoritmos de aprendizaje automático.
Establecer una base sólida para el desarrollo de modelos: Asegurarse de que los datos están listos para ser procesados por modelos de IA sin problemas que podrían comprometer la validez de los resultados.

Fases de Este Paso
1. Definición de requisitos de datos:
- Identificar los tipos de datos necesarios.
- Determinar el volumen de datos requerido para resultados confiables.

2. Recopilación de datos:
- Obtener datos de diversas fuentes internas y externas.
- Asegurar que la recolección de datos cumpla con las regulaciones de privacidad y protección de datos.

3. Limpieza de datos:
- Eliminar o corregir registros erróneos o incompletos.
- Tratar valores faltantes y outliers.

4. Análisis exploratorio de datos (EDA):
- Realizar un análisis estadístico descriptivo.
- Visualizar los datos para detectar patrones o anomalías.

5. Preprocesamiento de datos:
- Normalizar o escalar los datos.
- Codificar variables categóricas.
- Generar nuevas características (feature engineering).

6. Integración de datos:
- Combinar datos de diferentes fuentes.
- Resolver problemas de redundancia y consistencia.

7. Reducción de la dimensionalidad:
- Aplicar técnicas para reducir el número de variables de entrada sin perder información importante.

8. División de datos:
- Separar los datos en conjuntos de entrenamiento, validación y prueba.

Métodos conocidos para realizarlo
Limpieza de datos:
- Uso de scripts en lenguajes como Python o R para automatizar la limpieza.

- Aplicación de herramientas de ETL (Extract, Transform, Load) para preparar los datos.

Análisis Exploratorio de Datos (EDA):
- Técnicas de visualización de datos como histogramas, diagramas de caja, y mapas de calor.
- Estadísticas descriptivas como la media, mediana, moda, rango intercuartílico.

Preprocesamiento de datos:
- Transformaciones como estandarización y normalización.
- Codificación one-hot para variables categóricas.

Integración de datos:
- Herramientas de integración de datos como Talend, Informatica PowerCenter.
- Bases de datos y sistemas de gestión de datos para unificar fuentes de datos.

Reducción de la dimensionalidad:
- Análisis de componentes principales (PCA).
- Selección de características mediante métodos como la importancia de características o métodos basados en modelos.

División de datos:
- Técnicas de muestreo estratificado para mantener la distribución de las clases en los diferentes conjuntos.
- Uso de herramientas de Librerías de aprendizaje automático como scikit-learn en Python para dividir los datos.

La implementación de estas fases y métodos debe ser meticulosa y adaptada a las especificidades del proyecto para asegurar que los datos serán un reflejo fiel de la realidad que el modelo de IA intentará aprender y sobre la cual hará predicciones o tomará decisiones.

61.5. Diseño del modelo de IA

El diseño del modelo de la IA es un componente en el ciclo de vida de un proyecto de Inteligencia Artificial. Incluyendo los objetivos, las fases y los métodos conocidos para realizarlo vamos a ver el desarrollo de este paso

Objetivos a conseguir con este paso

Selección de la arquitectura adecuada: Escoger una estructura de modelo que sea apropiada para los datos y el problema específico.

Eficacia y eficiencia: Diseñar un modelo que no solo sea preciso, sino que también sea eficiente en términos de recursos computacionales.

Escalabilidad: Asegurar que el modelo pueda escalar adecuadamente con el aumento de datos o la complejidad de las tareas.

Interpretabilidad: Hacer que el modelo sea lo suficientemente transparente para que las decisiones que tome puedan ser entendidas y justificadas, especialmente en dominios regulados.

Generalización: Diseñar un modelo que funcione bien no sólo en los datos de entrenamiento, sino también en datos nuevos y desconocidos.
Cumplimiento y ética: Asegurarse de que el diseño del modelo cumple con los requisitos legales y éticos pertinentes.

Fases de este paso:
1. Revisión de literatura y precedentes: Investigar modelos existentes y casos de uso similares para complementar y mejorar el diseño.
2. Selección de características: Determinar qué datos son relevantes para el problema y cómo deben ser procesados.
3. Elección de algoritmos: Decidir qué algoritmos son los más adecuados para los objetivos y las características disponibles.
4. Diseño de la arquitectura del modelo: Especificar las capas, neuronas, funciones de activación, etc., en el caso de redes neuronales; o estructuras equivalentes en otros tipos de modelos.
5. Definición de métricas de rendimiento: Establecer cómo se va a medir el éxito del modelo.
6. Prototipado: Crear un prototipo inicial que pueda ser iterado y mejorado.
7. Evaluación preliminar: Realizar una evaluación inicial del modelo para identificar deficiencias y áreas de mejora.

Métodos conocidos para realizarlo
Benchmarking de modelos: Probar varios modelos base para establecer un punto de referencia para el rendimiento.
Validación cruzada: Utilizar técnicas de validación cruzada para evaluar la generalización del modelo.
Optimización de hiperparámetros: Emplear búsqueda en cuadrícula, búsqueda aleatoria o métodos de optimización bayesiana para encontrar la mejor combinación de hiperparámetros.
Pruebas de Concepto (PoC): Construir modelos mínimos viables para validar rápidamente la viabilidad de una solución.
Automatización del diseño de modelos (AutoML): Utilizar herramientas de AutoML para explorar automáticamente varias arquitecturas y configuraciones de modelos.
Diseño de Experimentos (DoE): Aplicar métodos estadísticos para planificar experimentos que puedan testar eficazmente las hipótesis del modelo.
Regularización y técnicas de ensemble: Implementar técnicas de regularización para prevenir el sobreajuste y utilizar métodos de ensemble para mejorar la robustez y el rendimiento del modelo.

El diseño del modelo de IA es un proceso iterativo y a menudo requiere volver a fases anteriores a medida que se recopila nueva información y se realizan ajustes. La colaboración entre expertos en datos, expertos en dominios y partes interesadas es vital para garantizar que el modelo cumpla con los requisitos y expectativas del proyecto.

61.6. Entrenamiento y validación del modelo

Este el paso de entrenamiento y validación de un modelo de Inteligencia Artificial. Aquí se determina la efectividad y la precisión del modelo en tareas del mundo real. De nuevo ten en cuenta que, dependiendo del tipo de proyecto, requerirás una metodología u otra.

Objetivos a conseguir con este paso

Optimizar el rendimiento del modelo: Ajustar los parámetros del modelo para maximizar su capacidad de hacer predicciones precisas sobre datos no vistos.

Prevenir el sobreajuste (overfitting): Asegurarse de que el modelo generalice bien y no memorice los datos de entrenamiento.

Validar la robustez del modelo: Comprobar que el modelo funciona de manera consistente a través de diferentes conjuntos de datos y en diversas condiciones.

Ajustar hiperparámetros: Encontrar el mejor conjunto de hiperparámetros que produce el modelo más efectivo.

Evaluar métricas de desempeño: Utilizar métricas apropiadas para evaluar la calidad del modelo, como precisión, recall, F1 score, AUC-ROC, entre otras dependiendo del tipo de problema (clasificación, regresión, clustering, etc.).

Fases de este paso:

1. División de datos: Separar el conjunto de datos en entrenamiento, validación y pruebas. Esto generalmente se hace de manera aleatoria para asegurar la representatividad.

2. Entrenamiento del modelo: Utilizar el conjunto de entrenamiento para que el modelo aprenda a partir de los datos. Aquí es donde el modelo ajusta sus parámetros internos.

3. Validación del modelo: Usar el conjunto de validación para ajustar los hiperparámetros y realizar una evaluación preliminar del rendimiento del modelo. Esto permite hacer ajustes sin tocar el conjunto de pruebas.

4. Pruebas del modelo: Con el conjunto de pruebas, se evalúa el rendimiento final del modelo. Es crucial que este conjunto no se haya utilizado durante el entrenamiento o la validación.

5. Ajuste fino: Dependiendo de los resultados de las pruebas, puede ser necesario volver a entrenar el modelo con diferentes hiperparámetros o incluso reconsiderar el diseño del modelo.

6. Evaluación final: Una vez que se ha ajustado el modelo, se evalúa utilizando el conjunto de pruebas para obtener una estimación final de cómo funcionará en datos nuevos y no vistos.

Métodos conocidos para realizarlo

Validación cruzada (Cross-validation): Particularmente útil cuando se dispone de un conjunto de datos limitado. El conjunto de datos se divide en "k" partes, y el modelo se entrena y valida "k" veces, cada vez utilizando una parte diferente como conjunto de validación y el resto para el entrenamiento.

Holdout method: Se divide el conjunto de datos en dos subconjuntos, uno para entrenamiento y otro para validación. No es tan robusto como la validación cruzada, pero es más simple y rápido.

Bootstrap: Una técnica de re-muestreo con reemplazo que permite estimar la distribución de una estadística. Se usa para estimar la variabilidad del modelo.

Optimización Bayesiana: Se utiliza para seleccionar el mejor conjunto de hiperparámetros basándose en la probabilidad posterior de que un conjunto de hiperparámetros sea el mejor dado los datos observados.
Grid Search: Se prueba una gama de hiperparámetros y se selecciona el conjunto que proporciona el mejor rendimiento en el conjunto de validación.
Random Search: Similar al Grid Search, pero los hiperparámetros se seleccionan al azar. Es más eficiente cuando se trata de un espacio de búsqueda de alta dimensión.
Early Stopping: Una forma de prevenir el sobreajuste deteniendo el entrenamiento tan pronto como el rendimiento en el conjunto de validación comienza a empeorar.
Regularización (como L1, L2, Dropout): Técnicas para reducir el sobreajuste modificando la función de coste o la arquitectura del modelo durante el entrenamiento.

Cada uno de estos métodos y fases tiene sus propias sutilezas y debe ser seleccionado y ajustado según las necesidades específicas del proyecto y el tipo de datos disponibles.

61.7. Implementación y despliegue

La implementación y despliegue de un modelo de Inteligencia Artificial es una etapa donde se traslada el modelo de un entorno de desarrollo o de prueba a uno de producción, donde será utilizado activamente para realizar las tareas para las que fue diseñado. Esta etapa puede ser compleja y requiere una planificación cuidadosa para asegurar una transición suave y eficiente.

Objetivos a conseguir con este paso
Integración efectiva: El modelo de IA debe integrarse sin problemas con los sistemas existentes y las operaciones comerciales.
Escalabilidad: El modelo y la infraestructura circundante deben ser capaces de escalar para manejar cargas de trabajo crecientes.
Disponibilidad: El modelo debe estar disponible para los usuarios finales con la menor interrupción posible.
Rendimiento: El modelo debe funcionar de acuerdo con las expectativas y métricas definidas durante la fase de entrenamiento y validación.
Seguridad: Implementar el modelo de manera segura para proteger los datos y la infraestructura de posibles amenazas.
Monitoreo y mantenimiento: Establecer sistemas de monitoreo y mantenimiento para garantizar que el modelo continúe funcionando correctamente a lo largo del tiempo.

Fases de este paso:
1. Preparación para el despliegue:
- Revisar y cumplir con los requisitos de seguridad y cumplimiento.
- Preparar la infraestructura de producción, incluyendo servidores, almacenamiento y recursos de red.
- Planificar la estrategia de despliegue, incluyendo el manejo de versiones y rollback si es necesario.

2. Despliegue inicial:
- Lanzar el modelo en un entorno controlado o en modo de prueba para un grupo limitado de usuarios.
- Monitorear el rendimiento del modelo y la infraestructura.
- Corregir errores y realizar ajustes según sea necesario.

3. Despliegue completo:
- Realizar un lanzamiento completo del modelo a todos los usuarios finales.
- Monitorear la carga del sistema y el rendimiento del modelo para asegurar que cumple con los requisitos.

4. Post-despliegue:
- Recopilar comentarios de los usuarios para futuras mejoras.
- Establecer un plan de mantenimiento y actualizaciones periódicas.

Métodos conocidos para realizarlo

Despliegue manual: Realizar todos los pasos de manera manual, adecuado para sistemas más pequeños o menos críticos.

Despliegue automatizado: Utilizar herramientas de CI/CD (Integración Continua/Despliegue Continuo) para automatizar el proceso de despliegue. Ejemplos incluyen Jenkins, GitLab CI, y GitHub Actions.

Contenedores y orquestación:
- Utilizar contenedores, como Docker, para empaquetar y desplegar el modelo y sus dependencias.
- Usar sistemas de orquestación, como Kubernetes, para gestionar y escalar contenedores en producción.

Plataformas como servicio (PaaS): Desplegar el modelo en plataformas en la nube que manejan muchos aspectos de la infraestructura automáticamente, como AWS Elastic Beanstalk, Google App Engine, o Heroku.

Funciones como servicio (FaaS): Implementar el modelo como una función sin servidor en servicios como AWS Lambda o Azure Functions, lo que es ideal para modelos con cargas de trabajo variables y puede ser más rentable.

Microservicios: Descomponer la aplicación en microservicios más pequeños y desplegarlos de manera independiente, lo que facilita la gestión y actualización.

Cada método tiene sus ventajas y desafíos, y la elección depende de varios factores, incluyendo la complejidad del modelo, la infraestructura existente, los requisitos de seguridad y cumplimiento, y las habilidades del equipo de implementación.

61.8. Monitoreo y optimización del modelo

E Monitoreo y optimización del modelo debe asegurar que la solución de Inteligencia Artificial continúe funcionando según lo esperado después de su implementación y se adapte a las condiciones cambiantes o a los nuevos datos.

Objetivos a conseguir con este paso

Mantener la precisión del modelo: Asegurar que el rendimiento del modelo no decaiga con el tiempo debido a la deriva de los datos o cambios en los patrones subyacentes.

Identificar problemas de rendimiento: Detectar y corregir cualquier anomalía o degradación del rendimiento que pueda surgir debido a cambios en las condiciones operativas.

Adaptabilidad: Actualizar y adaptar el modelo para seguir siendo relevante frente a los cambios en las tendencias de los datos y las dinámicas del mercado.

Mejora continua: Optimizar continuamente el modelo para mejorar la eficiencia, reducir costos, y mejorar la precisión y la velocidad de predicción.

Fases de este paso

1. Monitoreo continuo:

- **Recopilación de datos:** Obtener datos de rendimiento en tiempo real.
- **Análisis de desempeño:** Evaluar la precisión del modelo y compararla con los benchmarks establecidos.
- **Detección de deriva de datos:** Monitorear los datos para detectar cambios significativos que puedan afectar al modelo (deriva de concepto y deriva de datos).

2. Diagnóstico:

- **Identificación de problemas:** Determinar las causas de cualquier disminución en el rendimiento o precisión.
- **Evaluación de impacto:** Medir el impacto de los problemas identificados en la operación del modelo.

3. Optimización y ajuste:

- **Ajuste del modelo:** Modificar hiperparámetros o realizar ajustes finos al modelo.
- **Reentrenamiento:** Actualizar el modelo con nuevos datos para corregir la deriva de datos o para mejorar su rendimiento.
- **Pruebas A/B:** Probar cambios en el modelo en un entorno controlado para evaluar su impacto antes de la implementación completa.

4. Implementación de mejoras:

- **Actualización del modelo en producción:** Desplegar la versión mejorada del modelo.
- **Seguimiento post-implementación:** Verificar que las mejoras tengan el efecto deseado en el rendimiento del modelo.

Métodos conocidos para realizarlo

Dashboard de monitoreo: Herramientas de visualización en tiempo real que muestran KPIs (indicadores clave de rendimiento) y alertas cuando el modelo se desvía de su rendimiento esperado.

Pruebas estadísticas: Análisis de estabilidad del modelo a través de pruebas como CUSUM y Page-Hinkley, que detectan cambios significativos en la distribución de los datos.

Reentrenamiento continuo: Técnicas de aprendizaje automático que reentrenan el modelo de forma periódica o basada en gatillos específicos.

Pruebas A/B: Comparar dos o más versiones del modelo en el entorno real para evaluar cuál tiene mejor rendimiento.

Ajuste de hiperparámetros: Uso de técnicas como la búsqueda en cuadrícula (grid search), búsqueda aleatoria (random search) o algoritmos evolutivos para optimizar los hiperparámetros del modelo.
Técnicas de ensemble: Combinar múltiples modelos para mejorar la robustez y el rendimiento general.
Lifelong Learning (Aprendizaje continuo): Implementar modelos que se adaptan continuamente a nuevos datos sin olvidar los conocimientos previos.
Análisis de sensibilidad y atribución: Evaluar qué variables tienen más impacto en las predicciones del modelo y cómo los cambios en estas pueden afectar el rendimiento.

Al seguir estas fases y aplicar estos métodos, se puede asegurar que el modelo de IA sigue siendo eficaz y eficiente a lo largo del tiempo, adaptándose a las necesidades cambiantes del negocio y manteniendo su relevancia y precisión.

61.9. Documentación y transferencia de conocimientos

Debes asegurar que el valor del proyecto de IA se mantenga a lo largo del tiempo y que el equipo de la empresa cliente o para la que trabajas pueda operar y mantener el sistema de manera independiente. Para ello debes realizar la documentación y la transferencia de conocimientos.

Objetivos a conseguir con este paso
Claridad y comprensión: Asegurar que todos los participantes y usuarios finales comprendan el funcionamiento y la lógica del sistema de IA.
Autosuficiencia: Permitir que el equipo de la empresa pueda utilizar, mantener y actualizar el sistema sin asistencia externa.
Escalabilidad y mantenimiento: Facilitar la expansión y el escalado del sistema, así como su mantenimiento continuo.
Cumplimiento y estándares: Garantizar que la documentación cumpla con los estándares de la industria y regulaciones pertinentes.
Continuidad del proyecto: Proveer todos los recursos necesarios para que futuros equipos puedan continuar desarrollando o modificando el sistema.
Formación y desarrollo: Capacitar al personal para mejorar su comprensión y habilidades en el uso de tecnologías de IA.

Fases de este paso
1. Planificación de la documentación:
- Identificar al público objetivo de la documentación.
- Determinar el tipo y alcance de la documentación requerida.

2. Creación de la documentación:
- Documentación técnica: Incluye detalles del diseño del sistema, algoritmos, arquitectura, código fuente, y protocolos de prueba.
- Documentación de usuario: Guías de usuario, manuales de operación, y FAQs.

- Documentación de mantenimiento: Procedimientos de actualización, protocolos de respaldo y recuperación, y guías de solución de problemas.

3. Revisión y mejora:
- Validar la precisión y claridad de la documentación con partes interesadas.
- Realizar mejoras basadas en el feedback.

4. Transferencia de conocimiento:
- Sesiones de formación y talleres.
- Demostraciones prácticas y sesiones de mano a mano.
- Webinars y material de aprendizaje en línea.

5. Evaluación de la transferencia de conocimientos:
- Evaluaciones y pruebas para asegurar la comprensión.
- Encuestas y feedback para mejorar futuras sesiones de formación.

6. Mantenimiento de la documentación:
- Actualizar la documentación para reflejar cualquier cambio o mejora en el sistema.

Métodos conocidos para realizarlo
Formación presencial: Seminarios y talleres que permiten interacción directa y resolución de dudas en tiempo real.
Material de formación digital: Videos, tutoriales interactivos, y e-learning que proporcionan flexibilidad y autoaprendizaje.
Documentación interactiva: Plataformas como Swagger para APIs o Jupyter Notebooks para compartir código y explicaciones.
Mentoría y coaching: Asignar expertos o mentores para proporcionar guía personalizada.
Comunidades de práctica: Crear grupos o foros donde los usuarios pueden compartir experiencias y mejores prácticas.
Q&A y FAQs: Secciones de preguntas y respuestas frecuentes para resolver dudas comunes de manera eficiente.
Knowledge Base o Wiki: Repositorios en línea donde se puede acceder y contribuir a la documentación de manera colaborativa.

Al seguir estos pasos y métodos, podrás asegurarte de realizar una transferencia de conocimientos efectiva y se dota al equipo de la empresa de las herramientas necesarias para operar de manera autónoma y eficiente el sistema de IA.

61.10. Presentación final del proyecto a la empresa

Como amante de las presentaciones considero que este punto es elemental en la gestión de proyectos de cualquier tipo. Aunque aquí podríamos profundizar eternamente el tema, voy a resumirlo, ya que con todo lo que os puedo contar a cerca de este campo puedo escribir un libro. De hecho estoy trabajando ya en uno, el cual he dejado en modo de pausa para darle prioridad a este.

Se titula "PowerPoint ≠ Presentación", y trata precisamente de esto, que es verdaderamente una presentación, como se ejecuta, que técnicas debes usar para ello y como debes cuidar y trabajar en tu lenguaje corporal, además de no creer nunca que tu PowerPoint es la presentación en sí, esto último sería el mayor error que cometerás en tu vida como profesional. Te aconsejo que busques en Youtube el vídeo de Steve Jobs para la presentación del primer IPhone. Es sencillamente una obra maestra.

Objetivos a conseguir con este paso

Demostrar el valor del proyecto: Mostrar cómo el proyecto cumple con los objetivos planteados y proporcionar evidencia tangible del retorno de la inversión (ROI).

Validar la solución de IA: Confirmar que el modelo o sistema de IA funciona según las expectativas en un entorno de producción real.

Transferir conocimientos: Asegurar que la empresa cliente entienda cómo funciona el sistema, cómo se debe usar y cómo puede ser mantenido y actualizado.

Recoger feedback: Obtener impresiones, sugerencias y críticas constructivas de la empresa para futuras mejoras.

Establecer las bases para el cierre del proyecto: Formalizar que los entregables del proyecto han sido completados y están a la satisfacción del cliente, preparando el terreno para el cierre formal del proyecto.

Fases de este paso

1. Preparación de la presentación:

- Recopilación y síntesis de los resultados obtenidos.
- Preparación de materiales visuales, como diapositivas, gráficos y demostraciones.

2. Revisión interna:

- Realizar una presentación interna para el equipo de proyecto.
- Ajustar la presentación en función de la retroalimentación y asegurar que todos los puntos clave están cubiertos.

3. Presentación a la empresa:

- Introducción y recapitulación de los objetivos del proyecto.
- Demostración del funcionamiento del sistema de IA.
- Presentación de resultados, métricas de rendimiento y logros.

4. Sesión de preguntas y respuestas:

- Interactuar con los stakeholders para responder preguntas y aclarar dudas.

5. Recopilación de feedback:

- Usar herramientas o métodos para recoger impresiones de los asistentes.

6. Acuerdos y próximos pasos:

- Establecer cualquier acuerdo final o próximo paso para la entrega o futuras fases del proyecto.

Métodos conocidos para realizarlo

Storytelling: Utilizar una narrativa para contar la historia del proyecto, cómo se ha desarrollado y cómo la solución de IA satisface las necesidades del negocio.
Demostraciones en vivo: Presentar el sistema de IA en acción, mostrando casos de uso reales y cómo resuelve problemas específicos.
Visualizaciones de datos: Emplear gráficos, dashboards y visualizaciones para mostrar el rendimiento del sistema y los beneficios en términos cuantitativos.
Estudios de caso: Presentar estudios de caso donde se muestre la aplicación del sistema y los resultados obtenidos.
Testimonios de usuarios: Incluir comentarios o testimonios de los usuarios que han interactuado con el sistema durante la fase de prueba.
Encuestas y formularios de feedback: Usar herramientas digitales para recoger feedback de manera estructurada durante o después de la presentación.
Documentación y reportes finales: Entregar documentos que detallen el desarrollo y resultados del proyecto, así como guías para su operación y mantenimiento.

La presentación final del proyecto es una oportunidad para no solo cerrar el ciclo del proyecto actual, sino también para establecer la relación para futuros proyectos y colaboraciones.

61.11. Cierre del proyecto y revisión

Aunque lo más probable es que hallas tenido muchos problemas e inconvenientes por el camino, realmente y si has llegado a este punto, es porque tú y tu equipo habéis superado todos los obstáculos y habéis estado a la altura en mayor o menor medida. Ahora, y antes de ponerte a hacer planes para otro proyecto, es el momento para cerrar el proyecto y finalizar esta nueva experiencia que has sumado a tu carrera.

El cierre del proyecto y la revisión son fases en la gestión de proyectos que permiten asegurar que todos los objetivos se han cumplido y proporcionan una oportunidad para aprender de la experiencia y mejorar en proyectos futuros.

Objetivos a conseguir con el cierre del proyecto y revisión

Confirmar la finalización de todos los entregables: Asegurarse de que todos los componentes del proyecto se han completado satisfactoriamente.
Evaluar el cumplimiento de los objetivos del proyecto: Comparar los resultados y entregables del proyecto con los objetivos iniciales para determinar si se han cumplido.
Documentar las lecciones aprendidas: Registrar las experiencias, tanto positivas como negativas, para mejorar la gestión de proyectos futuros.
Realizar una transición adecuada: Facilitar la transferencia de conocimientos y recursos del proyecto al funcionamiento normal de la empresa o a otros proyectos.
Liberar recursos: Desmovilizar y reasignar recursos humanos y materiales que se utilizaron durante el proyecto.

Realizar una revisión post-proyecto: Evaluar la gestión del proyecto, incluido el proceso, la comunicación, la colaboración y la calidad de los entregables.
Proporcionar cierre a los participantes: Reconocer el trabajo y el esfuerzo del equipo y proporcionar una sensación de cierre que permita al equipo pasar a nuevas iniciativas.

Fases del cierre del proyecto y revisión
1. Administración de cierre:
- Verificación de que todas las tareas están completas.
- Confirmación de que se han alcanzado los hitos del proyecto.
- Asegurar que todos los entregables han sido aprobados por el cliente o las partes interesadas.

2. Evaluación del desempeño del proyecto:
- Comparación del rendimiento del proyecto con el plan original.
- Análisis de la gestión del presupuesto, cronograma y calidad.
- Recopilación de métricas de rendimiento y resultados de pruebas.

3. Revisión post-mortem o de lecciones aprendidas:
- Organización de reuniones con el equipo del proyecto para discutir qué fue bien y qué se puede mejorar.
- Documentación de problemas, soluciones y recomendaciones.

4. Cierre financiero:
- Asegurar que todos los pagos y facturas han sido procesados.
- Realizar la contabilidad final del proyecto.

5. Cierre contractual y legal:
- Finalización de todos los contratos con proveedores y socios.
- Resolución de cualquier asunto legal pendiente.

6. Archivado de la documentación del proyecto:
- Asegurar que todos los documentos del proyecto están completos y almacenados correctamente.

7. Comunicación del cierre:
- Informar a todas las partes interesadas sobre la finalización del proyecto.
- Publicar un informe final del proyecto.

Métodos conocidos para realizar el cierre del proyecto y revisión
Revisión Post-Proyecto (PPR): Una PPR es una evaluación que se realiza después de la entrega del proyecto para examinar los éxitos y fracasos, con el fin de mejorar el rendimiento en proyectos futuros.
Reunión de lecciones aprendidas: Un encuentro formal con el equipo del proyecto para discutir y documentar lo que funcionó bien y lo que no.
Encuestas y entrevistas: Utilizar cuestionarios y entrevistas estructuradas con los miembros del equipo y las partes interesadas para obtener una visión más profunda del desempeño del proyecto.

Análisis de varianza: Comparar las metas planificadas con los resultados reales para entender las desviaciones en el costo y el tiempo.
Auditoría de proyecto: Una revisión independiente de los procedimientos y resultados del proyecto para asegurar la conformidad con las políticas y procedimientos de la empresa.
Informe final del proyecto: Un documento que resume el rendimiento del proyecto, incluyendo el análisis de costos, el cronograma, la calidad de los entregables y la satisfacción del cliente o de tu empresa.

Cada uno de estos métodos proporciona diferentes perspectivas y niveles de detalle, y pueden ser utilizados en conjunto para proporcionar una comprensión integral del rendimiento del proyecto y áreas de mejora.

El viaje a través de la gestión y ejecución de un proyecto de Inteligencia Artificial es tanto desafiante como profundamente gratificante. Con cada paso, desde la reunión inicial de asesoramiento hasta la presentación final del proyecto, tú, como profesional en IA, tienes la oportunidad única de no solo modelar el futuro tecnológico, sino también de influir en la dirección estratégica de las organizaciones con las que trabajas.
Cada proyecto es una historia de innovación y superación, donde la creatividad se encuentra con la lógica y donde las ideas audaces son puestas a prueba por el rigor de los datos y la ciencia. Es en la meticulosa preparación de los datos, el cuidadoso diseño del modelo y la persistencia en el entrenamiento y la optimización, donde se revela la verdadera artesanía del experto en IA. Recuerda que cada modelo que construyas, cada análisis que realices y cada estrategia que implementas tiene el potencial de transformar industrias, revitalizar operaciones y mejorar vidas. Es una responsabilidad considerable, pero también es una fuente de gran poder y posibilidades. Por tanto, te invito a que te tomes en serio cada aspecto de tu trabajo, pero que también abraces la posibilidad de cometer errores y aprender de ellos. Estate abierto al cambio y sé adaptativo; la IA es un campo que evoluciona rápidamente y requiere una mente igualmente ágil.
Aspira a la excelencia, pero nunca a expensas de tu ética y valores. En tu búsqueda de soluciones más inteligentes y eficientes, nunca olvides el impacto humano de tu trabajo. La Inteligencia Artificial no es solo una herramienta de negocio, sino una extensión de nuestra propia inteligencia colectiva, y debe usarse para el bien común. Debes concienciar a las personas de esto. Así que, mientras cierras un proyecto y te preparas para el próximo, toma un momento para reflexionar sobre los logros realizados y las lecciones aprendidas. Celebra tus éxitos, aprende de los desafíos y sigue avanzando con curiosidad y determinación. El futuro es brillante para aquellos que tienen el coraje de moldearlo. ¡Adelante con audacia y visión!

62. Aceptación de la Inteligencia Artificial por parte de los empleados

Como hemos estado viendo a lo largo de todo el libro, la era de transformación digital que vivimos, la adopción de tecnologías avanzadas como la Inteligencia Artificial y el Machine Learning no solo están redefiniendo el panorama empresarial, sino también nuestra sociedad y con esto, nuestra vida. Hemos visto, discutido, resumido y profundizado. Estamos viviendo un cambio histórico para toda la humanidad. Estas tecnologías no solo prometen eficiencias operativas y ventajas competitivas, sino que también plantean desafíos únicos, especialmente en términos de aceptación por parte de los empleados. La aceptación de los empleados se convierte en un pilar fundamental para el éxito de cualquier proyecto de IA y ML. Sin el respaldo y la participación activa de quienes forman parte de la organización, incluso las soluciones tecnológicas más innovadoras pueden fallar en alcanzar su máximo potencial.

El cambio hacia sistemas impulsados por IA no es solo una transición tecnológica; es una transformación organizacional que afecta a todas las capas de una empresa. Los empleados, a menudo, pueden sentirse intimidados o preocupados por la integración de estas nuevas tecnologías en su entorno laboral. Preocupaciones como la seguridad laboral, la invasión de la privacidad, la comprensión y el control sobre las nuevas herramientas, y el temor a la obsolescencia de habilidades, son comunes. Por ello, gestionar efectivamente la aceptación de los empleados es tan crítico como la implementación técnica del proyecto.

Para navegar exitosamente en esta transición, las organizaciones deben adoptar un enfoque multifacético. Este enfoque comienza con una comunicación clara y transparente que no solo informa, sino que también educa a los empleados sobre qué es la IA y el ML, cómo funcionan, y qué implican para el futuro de la empresa y para su desarrollo personal y profesional. La capacitación y el desarrollo de habilidades juegan un rol crucial en este proceso, equipando a los empleados con el conocimiento y las herramientas necesarias para interactuar de manera efectiva con las nuevas tecnologías.

Además, la gestión del cambio se convierte en una estrategia clave. Enfrentar la resistencia al cambio, ofrecer apoyo continuo y fomentar una cultura de innovación y experimentación son aspectos fundamentales para construir una atmósfera de confianza y colaboración. La participación activa de los empleados en el proceso de desarrollo y la toma de decisiones no solo aumenta su sensación de control y pertenencia, sino que también enriquece el proyecto con su valiosa perspectiva y experiencia.

Por último, pero no menos importante, está el aspecto ético y de transparencia. En una era donde la privacidad de datos es una preocupación creciente, asegurar a los empleados que se manejarán sus datos de manera ética y segura es vital para ganar su confianza. Más delante vamos a profundizar un poco más en el aspecto ético y legal.

La integración exitosa de la IA y el ML en el entorno laboral depende tanto de la solidez técnica de la solución como de la aceptación y el compromiso de los empleados. Al abordar estos desafíos de manera integral, las organizaciones no solo mejorarán la eficiencia y la efectividad de sus iniciativas de IA, sino que también cultivarán un entorno de trabajo más dinámico, inclusivo y preparado para el futuro.

62.1. Comunicación clara y transparente

La comunicación clara y transparente es la piedra angular para fomentar la aceptación de los empleados en proyectos de Inteligencia Artificial y Machine Learning. Este aspecto es vital no solo para asegurar la comprensión y el respaldo del personal, sino también para alinear las expectativas y desmitificar cualquier inquietud relacionada con estas tecnologías. Desarrollemos en detalle los dos componentes principales de esta comunicación:

Informar sobre objetivos y beneficios
La implementación de IA y ML en el entorno empresarial tiene como objetivo final mejorar los procesos y aumentar la eficiencia, pero su impacto va mucho más allá. Es esencial comunicar claramente cómo estas tecnologías pueden aportar valor no solo a nivel organizacional, sino también al trabajo individual de los empleados. Esto incluye:

- **Mejora de la eficiencia operativa:** Explicar cómo la IA y el ML pueden automatizar tareas repetitivas, liberando así a los empleados de cargas de trabajo monótonas y permitiéndoles concentrarse en tareas más estratégicas y creativas.
- **Toma de decisiones basada en datos:** Destacar cómo estas tecnologías pueden proporcionar insights profundos y análisis predictivos, mejorando la toma de decisiones en todos los niveles de la organización.
- **Personalización y mejora del servicio al cliente:** Demostrar cómo la IA puede ayudar a personalizar la experiencia del cliente, lo que a su vez puede traducirse en una mayor satisfacción del cliente y mejores resultados comerciales.
- **Desarrollo profesional y oportunidades de crecimiento:** Subrayar las oportunidades que surgen para los empleados al aprender y trabajar con tecnologías avanzadas, aumentando así su empleabilidad y progresión profesional.

Desmitificar la IA
La IA y el ML a menudo son percibidos como campos complejos y misteriosos, rodeados de mitos y malentendidos. Una comunicación efectiva debe enfocarse en despejar estos temores y proporcionar una comprensión realista de qué pueden y qué no pueden hacer estas tecnologías:

- **Clarificar conceptos y funcionamientos:** Ofrecer una explicación básica de qué es la IA y el ML, cómo funcionan en términos generales, y qué se puede esperar de ellos en un contexto práctico.
- **Disipar temores sobre la sustitución de empleos:** Abordar la preocupación común de que la IA reemplace empleos humanos, enfatizando cómo la tecnología está diseñada para complementar y enriquecer el trabajo humano, no para reemplazarlo.
- **Destacar limitaciones y retos:** Es crucial ser honesto sobre las limitaciones y desafíos de la IA y el ML, como la necesidad de grandes volúmenes de datos de calidad, los sesgos potenciales en los algoritmos, y la importancia de la supervisión y la intervención humana.
- **Ejemplos prácticos y casos de uso:** Presentar casos de uso reales y ejemplos donde la IA y el ML han tenido un impacto positivo, ayudará a los empleados a visualizar su aplicación y beneficios de manera concreta.

Una comunicación efectiva en proyectos de IA y ML debe ser continua, bidireccional y adaptada a la audiencia. Al informar sobre los objetivos y beneficios, y al mismo tiempo desmitificar estas tecnologías, las organizaciones pueden fomentar un entorno de comprensión, confianza y entusiasmo hacia la integración de la IA y el ML en sus procesos de trabajo.

62.2. Involucramiento de los empleados

El éxito de los proyectos de Inteligencia Artificial y Machine Learning no depende únicamente de la robustez técnica o de la innovación, sino también de la medida en que los empleados se sienten involucrados e integrados en el proceso de desarrollo e implementación. Veamos cómo se puede fomentar este involucramiento efectivo:

Participación en el proceso de desarrollo
Involucrar a los empleados desde las fases iniciales de diseño e implementación es esencial para asegurar que se sientan parte integral del cambio que la IA y el ML traen consigo. Esto se puede lograr a través de:

- **Grupos de trabajo y talleres:** Crear equipos de trabajo o talleres donde los empleados puedan aportar ideas y feedback sobre cómo ven la integración de la IA y el ML en sus áreas de trabajo.
- **Roles de embajadores de la tecnología:** Nombrar a empleados como 'embajadores de la IA' dentro de sus departamentos, para que actúen como enlaces entre el equipo de proyecto y sus colegas, fomentando la comunicación y el intercambio de ideas.
- **Pruebas piloto y prototipos:** Involucrar a los empleados en pruebas piloto o en la evaluación de prototipos les permite experimentar directamente con las nuevas tecnologías y contribuir con sus percepciones y sugerencias para mejoras.
- **Co-creación y colaboración:** Animar a los empleados a participar en la co-creación de soluciones, lo cual puede mejorar la relevancia y la adaptabilidad de la tecnología a las necesidades específicas de la organización.

Recoger feedback continuo
Establecer canales de comunicación efectivos para que los empleados puedan expresar sus opiniones y preocupaciones es fundamental para un proceso de implementación exitoso. Esto incluye:

- **Encuestas y foros de feedback:** Realizar encuestas regulares y mantener foros abiertos donde los empleados puedan compartir sus pensamientos y preocupaciones sobre la IA y el ML.
- **Reuniones regulares y sesiones de Q&A:** Organizar reuniones regulares o sesiones de preguntas y respuestas con los equipos de proyecto para que los empleados puedan obtener actualizaciones, hacer preguntas y proporcionar feedback en tiempo real.
- **Sistemas de sugerencias anónimas:** Implementar sistemas donde los empleados puedan dejar comentarios o sugerencias anónimas, lo cual puede ser particularmente útil para recoger opiniones honestas sobre temas sensibles.
- **Evaluación continua del sentimiento del empleado:** Utilizar herramientas de análisis de sentimiento o realizar evaluaciones periódicas para entender cómo se sienten los empleados sobre la integración de la IA y el ML en la empresa.

Al involucrar activamente a los empleados en el proceso de desarrollo y al recoger continuamente su feedback, las organizaciones no solo aumentan la probabilidad de una implementación exitosa, sino que también fomentan un sentido de propiedad y compromiso entre el personal. Este enfoque participativo conduce a soluciones de IA y ML más adaptadas, aceptadas y efectivas, creando un ambiente de trabajo colaborativo y proactivo hacia la innovación.

62.3. Formación y capacitación en proyectos de IA

Un elemento crucial para la integración exitosa de la Inteligencia Artificial y el Machine Learning en las organizaciones y empresas es la formación y capacitación de los empleados. Esto no solo aumenta la competencia y la confianza en el uso de nuevas tecnologías, sino que también facilita una mayor aceptación y apreciación de sus beneficios. Examinemos cómo se pueden abordar estos aspectos de capacitación:

Capacitación técnica

La capacitación técnica se centra en enseñar a los empleados cómo utilizar las nuevas herramientas y sistemas de IA/ML. Es fundamental para asegurar que puedan manejar eficazmente estas tecnologías en sus tareas diarias. Los componentes clave de esta capacitación incluyen:

- **Sesiones prácticas:** Organizar talleres prácticos donde los empleados puedan interactuar directamente con las nuevas herramientas y sistemas. Estas sesiones deben ser guiadas por expertos que puedan ofrecer asistencia inmediata y resolver dudas.
- **Material de aprendizaje personalizado:** Proveer material de aprendizaje que se adapte a diferentes niveles de habilidad y conocimiento, desde lo básico para principiantes hasta contenido más avanzado para usuarios más experimentados.
- **Formación continua:** Asegurar que la formación sea un proceso continuo para adaptarse a las actualizaciones y mejoras de las herramientas de IA y ML.
- **Soporte y recursos en línea:** Ofrecer recursos en línea, como tutoriales, foros de discusión y líneas de ayuda, para que los empleados puedan acceder a soporte fuera de las sesiones programadas.

Educación sobre IA y ML

Más allá de la capacitación técnica, es importante proporcionar educación general sobre los principios básicos y el potencial de la IA y el ML. Esto ayuda a los empleados a entender el contexto más amplio y el valor estratégico de estas tecnologías. Los aspectos a considerar son:

- **Cursos y talleres:** Ofrecer cursos o talleres que cubran los fundamentos de la IA y el ML, incluyendo cómo funcionan, dónde se aplican y cuáles son sus implicaciones éticas y sociales.
- **Sesiones informativas y conferencias:** Invitar a expertos en IA y ML para que den charlas o conferencias, proporcionando así una perspectiva más amplia y actualizada sobre las tendencias y desarrollos en el campo.
- **Material educativo accesible:** Crear o curar contenido educativo fácilmente accesible, como artículos, videos y podcasts, que los empleados puedan explorar a su propio ritmo.
- **Estudios de caso y ejemplos de la vida real:** Utilizar estudios de caso para mostrar aplicaciones reales y exitosas de IA y ML en la industria, lo que puede inspirar y motivar a los empleados al ver el impacto tangible de estas tecnologías.

La combinación de capacitación técnica práctica y educación general sobre IA y ML es esencial para empoderar a los empleados, no solo para que se sientan cómodos utilizando estas tecnologías, sino también para que comprendan y aprecien su valor y potencial. Al invertir en el desarrollo de habilidades y conocimientos de su fuerza laboral, las organizaciones no solo facilitan una transición más suave hacia sistemas impulsados por IA, sino que también fomentan un entorno de trabajo innovador y orientado al futuro.

62.4. Gestión del cambio

Enfrentar la resistencia al cambio y proporcionar apoyo continuo son aspectos fundamentales para facilitar una transición suave y asegurar la adopción efectiva de estas nuevas tecnologías. Vamos a desarrollar estos puntos con más detalle:

Enfrentar la resistencia al cambio
La resistencia al cambio es un fenómeno natural en cualquier proceso de transformación. Es vital identificar y abordar proactivamente las resistencias relacionadas con la implementación de IA y ML:

- **Comprender las causas de la resistencia:** Realizar encuestas, entrevistas o grupos focales para entender por qué los empleados pueden sentirse reticentes o preocupados respecto a la IA y el ML. Esto puede incluir temores de obsolescencia laboral, falta de confianza en nuevas tecnologías o simplemente incomodidad ante lo desconocido.
- **Comunicación efectiva:** Abordar los miedos y preocupaciones mediante una comunicación abierta y honesta. Es crucial despejar malentendidos y proporcionar información clara sobre cómo la IA y el ML afectarán el trabajo y las oportunidades de los empleados.
- **Involucrar a los líderes y supervisores:** Capacitar a líderes y supervisores para que actúen como agentes de cambio, ofreciendo apoyo y orientación a sus equipos. Ellos pueden desempeñar un papel clave en la motivación y en la disminución de la resistencia al cambio.
- **Celebrar éxitos tempranos:** Demostrar y celebrar los éxitos tempranos de la implementación de IA y ML puede ayudar a construir confianza y mostrar el valor práctico de estas tecnologías.

Apoyo continuo
Proporcionar soporte continuo a los empleados durante el proceso de transición es esencial para mantener la moral y la productividad:

- **Recursos de soporte y asistencia:** Establecer un sistema de soporte donde los empleados puedan obtener ayuda y resolver dudas relacionadas con las nuevas tecnologías. Esto puede incluir líneas de ayuda, soporte técnico y acceso a expertos en IA y ML.
- **Capacitación y reciclaje profesional:** Ofrecer oportunidades continuas de capacitación y desarrollo profesional para que los empleados puedan mejorar sus habilidades y adaptarse a los nuevos requerimientos del trabajo.
- **Monitoreo y retroalimentación:** Implementar un proceso de monitoreo para evaluar cómo se está adaptando la fuerza laboral a la IA y el ML, y recoger feedback regular para mejorar continuamente el proceso de implementación.

- **Fomentar una cultura de aprendizaje y adaptabilidad:** Promover un ambiente de trabajo que valore el aprendizaje continuo, la experimentación y la adaptabilidad, lo que puede ayudar a los empleados a sentirse más cómodos y comprometidos con los cambios constantes.

La gestión del cambio en el contexto de proyectos de IA y ML no solo implica la implementación de nuevas tecnologías, sino también la gestión de las personas afectadas por estos cambios. Al enfrentar proactivamente la resistencia al cambio y proporcionar apoyo continuo, las organizaciones pueden asegurar una transición más armoniosa hacia entornos de trabajo mejorados por la tecnología, manteniendo al mismo tiempo la motivación y el compromiso de sus empleados.

62.5. Demostrar éxito temprano

Una estrategia efectiva para impulsar la adopción y el apoyo de proyectos de Inteligencia Artificial y Machine Learning es demostrar éxito temprano. Mostrar casos de éxito tangibles y compartir logros y mejoras puede construir confianza y entusiasmo en torno a estas tecnologías. Examinemos cómo se pueden lograr y comunicar estos éxitos:

Proyectos piloto o casos de éxito
Los proyectos piloto son una excelente manera de demostrar el potencial y los beneficios de la IA y el ML en un entorno controlado y a pequeña escala:

- **Selección estratégica de proyectos piloto:** Elegir proyectos piloto que tengan un alto potencial de éxito y que sean visibles y relevantes para la organización. Esto podría incluir aplicaciones donde la IA y el ML pueden generar mejoras significativas en eficiencia, precisión o experiencia del cliente.
- **Monitoreo y evaluación cuidadosa:** Asegurarse de monitorear de cerca estos proyectos piloto y evaluar sus resultados de manera objetiva. Esto incluye recoger datos antes y después de la implementación para comparar el rendimiento.
- **Historias de éxito:** Documentar y compartir historias de éxito, destacando cómo la IA y el ML han contribuido a resolver problemas específicos, mejorar procesos o aumentar la eficiencia.

Visibilidad de resultados positivos
Hacer que los resultados positivos sean visibles y comprensibles para toda la organización es crucial para fomentar una actitud positiva hacia la IA y el ML:

- **Comunicación interna activa:** Utilizar canales de comunicación internos, como boletines, intranet, reuniones y eventos de la empresa, para compartir los éxitos y logros de los proyectos de IA y ML.
- **Presentaciones y demostraciones:** Organizar presentaciones o demostraciones donde los equipos puedan mostrar cómo han utilizado la IA y el ML para mejorar sus procesos o resultados.
- **Testimonios y casos reales:** Incluir testimonios de empleados que hayan interactuado directamente con estas tecnologías, destacando su experiencia y los beneficios percibidos.

- **Indicadores de éxito claros:** Presentar indicadores de éxito claros y cuantificables que demuestren el impacto de la IA y el ML. Esto puede incluir métricas como reducción de costos, aumento de la productividad, mejora en la satisfacción del cliente, entre otros.

Demostrar éxito temprano no solo valida la inversión en IA y ML, sino que también actúa como un poderoso catalizador para el cambio positivo, generando un efecto multiplicador en toda la organización. Al ver resultados tangibles y beneficios claros, los empleados son más propensos a abrazar estas tecnologías y a estar abiertos a futuras innovaciones y cambios.

62.6. Ética y transparencia

En la implementación de proyectos de IA y ML, la ética y la transparencia son aspectos fundamentales que deben ser cuidadosamente considerados y gestionados. Estos principios no solo son clave para construir y mantener la confianza de los empleados y de las partes interesadas, sino que también son esenciales para asegurar que las tecnologías se desarrollen y utilicen de manera responsable. Veamos cómo abordar estas cuestiones:

Consideraciones éticas

La ética en IA y ML abarca una variedad de consideraciones importantes, desde cómo se usan los datos hasta cómo se toman decisiones basadas en algoritmos:

- **Transparencia en el uso de datos:** Ser claro sobre qué datos se están recopilando, cómo se están utilizando y con qué propósito. Esto implica informar a los empleados y a las partes interesadas sobre las prácticas de recolección de datos y los objetivos de los proyectos.
- **Explicabilidad de los algoritmos:** Hacer que los algoritmos sean lo más explicables posible, lo que significa que las decisiones tomadas por sistemas de IA deben ser comprensibles para los usuarios finales. Esto es crucial para evitar la "caja negra" en IA, donde las decisiones no pueden ser rastreadas o entendidas.
- **Mitigación de sesgos:** Reconocer y abordar los sesgos potenciales en los algoritmos de IA y ML. Esto incluye la implementación de estrategias para identificar y reducir los sesgos en los conjuntos de datos y en los procesos de modelado.
- **Participación en la toma de decisiones:** Involucrar a los empleados en las discusiones sobre cómo se deberían usar la IA y el ML, especialmente en contextos donde las decisiones algorítmicas pueden afectar significativamente a los individuos o a los procesos de trabajo.

Privacidad y seguridad

Proteger la privacidad y la seguridad de los datos es otro aspecto crítico en la gestión ética de proyectos de IA y ML:

- **Cumplimiento de normativas de privacidad:** Asegurar que todos los proyectos cumplan con las leyes y regulaciones relevantes en materia de privacidad de datos, como el GDPR en Europa. Esto incluye obtener consentimientos necesarios y manejar los datos de manera que respete los derechos de privacidad de los individuos.

- **Medidas de seguridad robustas:** Implementar medidas de seguridad robustas para proteger los datos contra accesos no autorizados, filtraciones o cualquier otro tipo de vulnerabilidad de seguridad.
- **Evaluaciones de riesgo de datos:** Realizar evaluaciones regulares de riesgo para identificar y mitigar potenciales vulnerabilidades en la seguridad de los datos.
- **Formación en seguridad de datos:** Proporcionar formación a los empleados sobre las mejores prácticas en seguridad de datos, incluyendo cómo manejar datos sensibles y cómo identificar y reportar posibles brechas de seguridad.

Abordar las consideraciones éticas y garantizar la privacidad y seguridad de los datos son aspectos fundamentales para el éxito sostenible de cualquier proyecto de IA y ML. Al ser transparentes sobre cómo se utilizan los datos y cómo se toman decisiones basadas en algoritmos, y al asegurar la privacidad y seguridad de esos datos, las organizaciones pueden construir una base sólida de confianza y responsabilidad, esencial para el desarrollo y la implementación ética de tecnologías avanzadas.

62.7. Creación de una cultura de innovación

La creación y fomento de una cultura de innovación es esencial para el éxito a largo plazo de los proyectos de IA y ML. Una cultura que valora y promueve la innovación no solo mejora la adopción de nuevas tecnologías, sino que también impulsa el crecimiento y la evolución continuos de la organización. Vamos a explorar cómo fomentar la experimentación y reconocer y recompensar la innovación:

Fomentar la experimentación

Animar a los empleados a explorar y experimentar con nuevas tecnologías es fundamental para una cultura de innovación vibrante:

- **Espacios de prueba y laboratorios de innovación:** Crear espacios seguros donde los empleados puedan probar nuevas ideas y experimentar con tecnologías de IA y ML sin el temor al fracaso. Esto podría incluir laboratorios de innovación, hackatones, o tiempos asignados para proyectos personales.
- **Proporcionar recursos y herramientas:** Asegurarse de que los empleados tengan acceso a los recursos y herramientas necesarios para experimentar. Esto podría ser desde software y hardware específicos hasta acceso a cursos o talleres sobre las últimas tecnologías y tendencias.
- **Fomentar el pensamiento creativo y la resolución de problemas:** Animar a los empleados a pensar de manera creativa y a utilizar la IA y el ML para resolver problemas de manera novedosa. Esto puede ser incentivado a través de sesiones de brainstorming, talleres de pensamiento de diseño y colaboraciones interdepartamentales.

Reconocer y recompensar la innovación

Establecer un sistema de reconocimiento y recompensas es crucial para motivar a los empleados a adoptar y promover activamente las tecnologías de IA y ML:

- **Sistemas de reconocimiento:** Implementar programas de reconocimiento que destaquen y celebren a los empleados que contribuyen de manera significativa a los proyectos de innovación. Esto podría ser a través de premios, menciones en comunicados internos, o incluso presentaciones destacadas en reuniones de la empresa.
- **Incentivos y recompensas:** Ofrecer incentivos tangibles, como bonificaciones, promociones o beneficios adicionales, para aquellos que demuestren un compromiso excepcional con la innovación y la adopción de nuevas tecnologías.
- **Oportunidades de desarrollo profesional:** Proporcionar oportunidades de desarrollo profesional, como asistir a conferencias, participar en cursos avanzados o liderar nuevos proyectos, como recompensa por las iniciativas innovadoras.
- **Compartir éxitos:** Difundir las historias de éxito y las innovaciones logradas por los empleados a través de canales internos y externos, lo que no solo reconoce el trabajo del empleado, sino que también inspira a otros a seguir su ejemplo.

Fomentar una cultura de innovación donde la experimentación sea alentada y la innovación reconocida y recompensada crea un entorno en el que los empleados se sienten empoderados para explorar nuevas ideas y contribuir activamente al crecimiento y éxito de la organización. Esta cultura no solo facilita la adopción de la IA y el ML, sino que también posiciona a la empresa como un líder en innovación y progreso tecnológico.

63. Roll-Out

El término "Roll-Out" en la gestión de proyectos se refiere a la fase en la que una solución, producto, sistema o servicio se implementa y se pone a disposición de los usuarios finales o se lanza al mercado. En el contexto de proyectos de tecnología, como aquellos que involucran Inteligencia Artificial y Machine Learning, el Roll-Out es el paso que sigue al desarrollo y las pruebas del proyecto. Aquí es donde la solución desarrollada se despliega en un entorno de producción real.

Aspectos clave del Roll-Out en la gestión de proyectos incluyen:

1. **Planificación cuidadosa:** Esto implica definir la estrategia de Roll-Out, incluyendo la cronología, los recursos necesarios y los protocolos para la transición.
2. **Comunicación con las partes interesadas:** Mantener informados a todos los involucrados, incluyendo a los equipos internos, clientes y usuarios finales, sobre cuándo y cómo se llevará a cabo el Roll-Out.
3. **Formación y soporte:** Asegurar que los usuarios finales reciban la formación necesaria para utilizar el nuevo sistema o producto y que exista un soporte adecuado durante y después del Roll-Out.
4. **Implementación gradual o por fases:** En muchos casos, el Roll-Out se realiza de manera gradual o por fases, especialmente en proyectos grandes o complejos, para minimizar el riesgo y permitir ajustes basados en el feedback inicial.
5. **Monitoreo y resolución de problemas:** Vigilar de cerca el desempeño del producto o sistema durante el Roll-Out para identificar y resolver rápidamente cualquier problema que surja.

6. Recopilación de feedback y ajustes: Recopilar feedback de los usuarios y realizar ajustes necesarios para mejorar la experiencia y el rendimiento del sistema o producto.
7. Evaluación del éxito del Roll-Out: Medir el éxito del Roll-Out en base a criterios predefinidos, como la adopción del usuario, el rendimiento del sistema y la satisfacción del cliente.

63.1. Desafíos y soluciones

En la implementación de proyectos de IA y ML existen varios desafíos que deben ser gestionados cuidadosamente. A pesar de que, y desde mi punto de vista, siempre hay un grupo de desafíos estándar que tendrás que tener en cuenta si o si en cada proyecto, ten muy en cuenta que cada proyecto te ofrecerá sus propios desafíos y tu tendrás que buscarles solución a todos esos restos para asegurar el éxito de tu proyecto.
Aquí te presento algunos de estos desafíos, junto con sus posibles soluciones:

1. Preocupaciones de seguridad y privacidad
Desafío: La implementación de IA y ML a menudo implica manejar grandes volúmenes de datos, algunos de los cuales pueden ser sensibles o personales, generando preocupaciones en cuanto a seguridad y privacidad.
Solución: Establecer políticas y prácticas de seguridad de datos robustas, cumplir con las regulaciones de privacidad de datos como el GDPR, y realizar auditorías y pruebas de seguridad regularmente.

2. Gestión de riesgos y planificación de contingencias
Desafío: Los proyectos de IA y ML pueden enfrentar riesgos técnicos, operativos y de mercado.
Solución: Realizar análisis de riesgos detallados y desarrollar planes de contingencia para los escenarios identificados. Implementar un enfoque de desarrollo ágil puede ayudar a adaptarse rápidamente a los cambios y desafíos.

3. Limitaciones presupuestarias y de tiempo
Desafío: Los proyectos a menudo tienen restricciones de tiempo y presupuesto que pueden limitar su alcance o calidad.
Solución: Establecer prioridades claras, gestionar las expectativas de manera realista y aplicar metodologías de gestión de proyectos que optimicen los recursos y el tiempo, como métodos ágiles o Lean.

4. Gestión de partes interesadas
Desafío: Diferentes partes interesadas pueden tener expectativas y objetivos divergentes, lo que puede conducir a conflictos o malentendidos.
Solución: Mantener una comunicación constante y transparente con todas las partes interesadas, y asegurarse de que sus expectativas y necesidades sean comprendidas y consideradas en el proceso de toma de decisiones.

5. Escalabilidad y mantenimiento
Desafío: Garantizar que los sistemas de IA y ML sean escalables y mantenibles a largo plazo.

Solución: Diseñar sistemas con la escalabilidad en mente desde el principio, utilizando arquitecturas modulares y tecnologías escalables. Además, planificar el mantenimiento continuo y la actualización de los sistemas.

6. Evaluación y retroalimentación
Desafío: Evaluar de manera efectiva el rendimiento de los sistemas de IA y ML y recopilar feedback útil para mejoras futuras.
Solución: Establecer métricas de rendimiento claras desde el inicio y utilizar herramientas de análisis de datos para evaluar el rendimiento del sistema. Además, recoger y analizar el feedback de los usuarios de manera regular para identificar áreas de mejora.

Cada uno de estos desafíos requiere un enfoque estratégico y considerado para asegurar el éxito de los proyectos de IA y ML. Al abordar proactivamente estos problemas y desarrollar soluciones robustas, las organizaciones puedes maximizar el potencial y alcanzar tus objetivos de manera efectiva.

MÓDULO 8

Bias

Módulo 8 – Bias en la Inteligencia Artificial

64. Introducción a las Bias

Esta es una de las secciones más cruciales y trascendentales a las que te tienes que enfrentar, por eso lo he dejado como el último módulo. A lo largo del libro hemos visto y aprendido todo lo relacionado con la Inteligencia Artificial, Machine Learning, algoritmos, métodos y hemos estado analizando situaciones en muy diferentes tipos de aplicaciones donde implementar la Inteligencia Artificial y algoritmos de ML. En nuestro oficio como IA-Manager es imperativo que comprendamos y abordemos las implicaciones éticas, sociales y legales que surgen con su implementación, especialmente en el ámbito empresarial. Por eso, y tras toda esta información, considero que ahora es el mejor momento para charlar y examinar el tema de las Bias. Porque así, y ahora, podemos juzgar mejor la importancia de estas en la sociedad y su relación con la Inteligencia Artificial.

Analicemos primero el significado de la palabra "Bias". Bias se refiere a una inclinación o prejuicio hacia o contra un individuo, grupo o concepto. En el contexto de la IA, estos sesgos se traducen en decisiones o predicciones injustas o inexactas que un sistema puede tomar debido a la información con la que fue entrenado. Si bien estos sesgos pueden surgir de manera inadvertida, sus consecuencias pueden ser profundamente perjudiciales, reforzando estereotipos, perpetuando desigualdades y, en general, tomando decisiones que no reflejan una interpretación justa y equitativa de la realidad.

64.1. ¿De dónde provienen estos sesgos?

Principalmente, las Bias en la IA derivan de los datos con los que se entrenan los modelos. Si los datos de entrenamiento reflejan, aunque sea de manera no intencionada, prejuicios o estereotipos existentes, el modelo también los reflejará. Por ejemplo, si un sistema de IA se entrena con imágenes de líderes empresariales y la mayoría de estas imágenes son de hombres, el sistema puede inferir erróneamente que los líderes empresariales suelen ser hombres.

64.2. Implicaciones y repercusiones

Las consecuencias de las Bias en la IA van más allá de simples errores. Pueden tener impactos significativos en la vida de las personas. Imagina un sistema de IA encargado de la selección de personal que, debido a sesgos en sus datos de entrenamiento, favorece a candidatos de un determinado género, raza o background socioeconómico. Estas decisiones pueden afectar la diversidad en el lugar de trabajo, perpetuar desigualdades y limitar oportunidades.

64.3. El papel del IA-Manager

Como IA-Managers, nuestro papel no será solo implementar y gestionar proyectos de IA, sino también garantizar que estos sistemas se desarrollen y utilicen de manera ética y justa. Esto implica ser conscientes de las Bias potenciales, implementar prácticas para detectar y corregir estos sesgos, y promover una cultura de responsabilidad y transparencia en torno al uso de la IA. Mientras celebramos los logros y las posibilidades que la IA nos ofrece, es esencial que también abordemos sus desafíos con la seriedad que merecen. Las Bias en la IA no son solo un problema técnico, sino también social, ético y legal. Al enfrentar estos desafíos de frente, no solo creamos sistemas de IA más precisos y efectivos, sino que también aseguramos que reflejen y respeten los valores y principios que todos compartimos.

65. Bias e IA: un recorrido más detallado

65.1. Definición y tipos de Bias

Al abordar el vasto tema de las Bias, es fundamental comenzar por definir qué entendemos por "Bias". En esencia, un sesgo es una inclinación o prejuicio, ya sea a favor o en contra, hacia un grupo particular, individuo o concepto. En el contexto de la IA, este prejuicio puede infiltrarse en nuestros modelos y algoritmos, llevándolos a tomar decisiones que no son del todo justas ni precisas. Es vital entender que el sesgo puede surgir en cualquier etapa, desde la recolección de datos hasta la interpretación de resultados. Además, es esencial clasificar los sesgos, tales como sesgo de selección, sesgo de confirmación, sesgo cultural, entre otros, para entender sus diversas manifestaciones y orígenes.

65.2. Historia y ejemplos

A lo largo de la historia reciente, hemos visto varios casos en los que los sesgos en la IA han llevado a decisiones y resultados desfavorables. Estos ejemplos reales, que van desde sistemas de reconocimiento facial que no detectan adecuadamente ciertos tonos de piel hasta algoritmos de contratación que favorecen a un género sobre otro, sirven como recordatorios contundentes de las repercusiones tangibles de las Bias. Analizar estos casos en detalle no solo nos proporciona una comprensión clara de los problemas, sino que también nos motiva a abordar y prevenir tales incidentes en el futuro.

65.3. Identificación de Bias

Una vez que comprendemos la naturaleza y las manifestaciones de los sesgos, el siguiente paso es aprender a identificarlos. Esto implica una revisión cuidadosa de los conjuntos de datos y la evaluación de los modelos de IA para detectar patrones y tendencias problemáticas. Herramientas analíticas y técnicas estadísticas, como pruebas de imparcialidad y validación, pueden ser esenciales en esta fase. Además, es crucial inculcar un sentido de curiosidad y escepticismo saludable, animando a los profesionales a cuestionar y escudriñar los datos y resultados continuamente.

65.4. Mitigación de Bias

Identificar un problema es solo la mitad de la solución. Una vez detectados los sesgos, es imperativo tomar medidas para mitigarlos. Esto podría incluir técnicas como el reequilibrio de conjuntos de datos, donde se ajustan las proporciones de datos para representar mejor a toda la población, o la implementación de técnicas de aprendizaje imparcial que ajustan los algoritmos para reducir el sesgo. La mitigación es un proceso continuo y requiere un compromiso constante para garantizar que nuestras soluciones de IA sean justas y equitativas.

65.5. Aspectos éticos y sociales

Más allá de la tecnología y las técnicas, es esencial reflexionar sobre las implicaciones más amplias de las Bias en la IA. ¿Cómo afectan estos sesgos a las comunidades marginadas? ¿Qué dice sobre nuestra sociedad cuando permitimos que la tecnología perpetúe estereotipos y prejuicios? Estas reflexiones éticas y sociales son cruciales para comprender el alcance total del problema y para fomentar una cultura de desarrollo de IA que priorice la justicia y la igualdad.

65.6. Regulaciones y legislación

Dada la creciente preocupación por las Bias en la IA, varios países y organizaciones están tomando medidas para abordar el problema a nivel legal. Familiarizarse con estas leyes y regulaciones es esencial para cualquier profesional de la IA, y en este caso para ti, como IA-Manager y experto en Inteligencia Artificial. La ley no solo garantiza el cumplimiento, sino que también proporciona una estructura y directrices sobre cómo abordar y prevenir las Bias.

65.7. Responsabilidad y transparencia

En el corazón de la lucha contra las Bias en la IA está el principio de responsabilidad. Es esencial que los desarrolladores, científicos de datos y líderes de la industria asuman la responsabilidad de sus sistemas y decisiones. Además, la transparencia en cómo funcionan los modelos, cómo se toman las decisiones y cómo se pueden auditar y cuestionar estos procesos es fundamental para construir sistemas de IA en los que la sociedad pueda confiar.

65.8. Evaluación y feedback

La educación es un proceso bidireccional. Mientras se imparte conocimiento sobre Bias y cómo abordarlos, es crucial obtener retroalimentación de los estudiantes y profesionales. Las evaluaciones periódicas, tanto formales como informales, pueden ayudar a identificar áreas de mejora y ajustar el enfoque pedagógico según sea necesario. Esto, por ejemplo, se aplica a los Chatbots de un servicio de atención al cliente. Con el feedback de los clientes puedes tomar medidas para mejorar el modelo y evitar estos problemas. Con estas soluciones puedes evitar la perdida de clientes, manteniendo e incluso aumentando la confianza, y mostrar siempre el interés debido a estos aspectos.

65.9. Proyecto práctico

La teoría es esencial, pero la práctica consolida el aprendizaje. Una buena idea sería asignar proyectos prácticos donde los estudiantes y aprendices de la empresa trabajen con datos reales y modelos de IA, identificando y mitigando Bias, les ofrece una experiencia invaluable y ayuda a la empresa de cara al futuro a desarrollar y mantener esta mentalidad en entre los empleados. Esta experiencia práctica no solo refuerza la comprensión del tema, sino que también prepara a los participantes de estos proyectos para enfrentar desafíos similares tanto durante el trabajo, como en el mundo real.

65.10. Reflexión final y conclusión

Para concluir el tema, es esencial tomarse un momento para reflexionar sobre lo aprendido. Resaltar la importancia de estar siempre alerta a las Bias, de ser proactivos en su identificación y mitigación, y de ser defensores de la justicia y la equidad en el campo de la IA. Esta reflexión final sirve como un llamado a la acción para todos los futuros profesionales en el campo.

MÓDULO 9

Ética y derechos

Módulo 9 – La ética y la ley dentro del ámbito de la Inteligencia Artificial

66. La ética y su relación con la Inteligencia Artificial

Este tema, al igual que sucedió con el tema de las Bias, es tan sensible e importante que hay que dedicarle un módulo completo. La ética en relación con la Inteligencia Artificial, especialmente para un IA-Manager, quien no solo necesita entender los aspectos técnicos y administrativos de los proyectos de IA, sino también las implicaciones éticas, se convierte en una piedra angular de su formación y práctica profesional. Un IA-Manager competente debe poder abordar no solo los principios fundamentales de la ética en IA, como la transparencia, la equidad, la responsabilidad y el respeto por la privacidad, sino también cómo estos principios se traducen en decisiones cotidianas en el desarrollo y gestión de proyectos de IA. Por eso es importante que analicemos casos reales y se discutan escenarios hipotéticos para prepararte para los desafíos éticos que inevitablemente enfrentarás. Es importante que puedas desenvolverte en este campo, ya que tendrás que equipar a los diferentes miembros del equipo y partes externas de tus proyectos con un entendimiento profundo y una sensibilidad hacia las cuestiones éticas, para no solo mejorar la calidad y sostenibilidad de tus proyectos de IA, sino porque esto también contribuye al desarrollo de una tecnología más justa y humana.

Con el poderoso potencial del Machine Learning recibimos una gran responsabilidad: garantizar que la IA se desarrolle y aplique de manera ética y responsable. Esta es una tarea primordial para ti, que no solo liderarás proyectos de IA, sino que también moldearás el futuro de su implementación en la sociedad.
La ética en IA no es un mero complemento a su funcionalidad técnica; es el pilar que sostiene la integridad y sostenibilidad de su aplicación. En un mundo donde las máquinas pueden tomar decisiones que afectan vidas humanas, la ética guía el desarrollo de IA para que estas decisiones sean justas, transparentes y beneficiosas para todos. La ética en IA aborda cuestiones fundamentales: ¿Cómo podemos garantizar que los sistemas de IA actúen en el mejor interés de la humanidad? ¿Cómo evitamos que la IA perpetúe o incluso intensifique las desigualdades sociales? ¿Cómo protegemos la privacidad y los derechos individuales en una era dominada por algoritmos que procesan datos personales?

Para un IA-Manager, comprender estos desafíos éticos es crucial. No se trata solo de liderar proyectos que cumplan con los requisitos técnicos y comerciales, sino también de asegurar que estos proyectos respeten y promuevan los principios éticos fundamentales. Esto implica una comprensión profunda de cómo la tecnología de IA interactúa con los valores humanos, la normativa social y las implicaciones legales. Los expertos en IA deben estar equipados para navegar en este complejo panorama, equilibrando la innovación tecnológica con las consideraciones éticas, morales y legislativas.

Además, la ética en IA no es estática; evoluciona con la sociedad, la tecnología y las comprensiones filosóficas. Esto significa que los IA-Managers deben estar en un proceso constante de aprendizaje y adaptación, manteniéndose al tanto de los últimos desarrollos, debates y normativas en este campo dinámico. Deben ser líderes no solo en la implementación de proyectos, sino también en la promoción de un enfoque ético en toda la industria de la IA. La ética en Inteligencia Artificial se refiere a los principios y valores que guían el desarrollo y uso de la tecnología de IA. Es fundamental porque la IA tiene el poder de influir significativamente en la sociedad, la economía y la vida personal.

Principios éticos en IA

Transparencia: Los sistemas de IA deben ser transparentes en sus operaciones y decisiones. Esto significa que los usuarios deben poder entender cómo y por qué una IA llega a ciertas conclusiones o decisiones.

Justicia y equidad: La IA debe ser diseñada y operada de manera justa. Esto implica evitar sesgos discriminatorios y asegurar que la tecnología sea accesible e inclusiva para todos los grupos de la sociedad.

Responsabilidad y rendición de cuentas: Debe existir claridad sobre quién es responsable de las decisiones tomadas por los sistemas de IA. Esto incluye mecanismos para la rendición de cuentas en casos de errores o daños causados por la IA.

Respeto a la privacidad y autonomía: La IA debe respetar la privacidad de las personas y no infringir sus derechos a la autonomía personal. Esto implica cuidado en el manejo de datos personales y consentimiento informado en su uso.

Seguridad y fiabilidad: Los sistemas de IA deben ser seguros y confiables. Deben funcionar de manera predecible y sin causar daño involuntario a los usuarios o a la sociedad.

Fundamentos éticos

Humanismo: La IA debe ser desarrollada y utilizada con el objetivo de mejorar el bienestar humano y nunca para su detrimento.

Derechos humanos: La IA debe alinearse con los principios universales de los derechos humanos, asegurando que su implementación no vulnere estos derechos.

Sostenibilidad: La IA debe contribuir al desarrollo sostenible, considerando su impacto ambiental y social a largo plazo.

Consideraciones prácticas en la gestión de proyectos de IA

Análisis de impacto ético: Realizar un análisis de impacto ético en las etapas tempranas de un proyecto de IA, evaluando cómo la tecnología afectará a los usuarios y a la sociedad.

Inclusión de expertos en ética: Involucrar a expertos en ética en el equipo de proyecto para guiar el desarrollo y la implementación de la IA.

Formación continua: Mantener una formación continua en ética para los desarrolladores y gestores de proyectos de IA para estar al tanto de las nuevas cuestiones éticas que surgen con el avance de la tecnología.

Analicemos algunos ejemplos.

Sesgo en algoritmos de contratación: Los sistemas de IA utilizados en los procesos de reclutamiento y selección pueden perpetuar sesgos inconscientes, llevando a la discriminación en la contratación basada en género, edad, etnia u otros factores.

Discriminación en la aplicación de la ley: Aborda el problema de la discriminación en la aplicación de la ley. Este es un área crítica donde los sistemas de IA, como los algoritmos de predicción de delitos, pueden perpetuar o amplificar sesgos existentes, lo que lleva a injusticias en la aplicación de la ley.

Influencia en el sistema educativo: La IA aplicada en la educación, como los sistemas de aprendizaje adaptativo, podría llevar a una educación estandarizada que no considera las necesidades individuales de los estudiantes o perpetúa métodos educativos obsoletos.

Violaciones de privacidad (Caso Cambridge Analytica): Se refiere a las violaciones de la privacidad, ilustradas con el caso de Cambridge Analytica. Este caso pone de relieve cómo la recopilación y el uso indebido de datos personales por parte de sistemas de IA pueden tener consecuencias graves para la privacidad y la autonomía de los individuos.

Sistemas de armas autónomos: Se centra en los sistemas de armas autónomas. Este es un tema altamente controvertido, ya que implica el uso de IA en contextos militares, planteando preguntas sobre la moralidad y los límites éticos en la guerra.

Control y vigilancia masiva: La utilización de sistemas de IA para el monitoreo y la vigilancia masiva plantea serios problemas éticos relacionados con la invasión de la privacidad y el control social.

Decisiones injustas y discriminatorias en el sector financiero: Examina decisiones injustas y discriminatorias en el sector financiero. Los sistemas de IA pueden, sin la debida consideración ética, llevar a decisiones sesgadas en áreas como créditos y seguros, afectando desproporcionadamente a ciertos grupos.

Impacto ambiental de la IA: El uso extensivo de recursos computacionales para entrenar modelos de IA avanzados tiene un impacto ambiental significativo, especialmente en términos de consumo energético y huella de carbono, esto tarde o temprano, tendrá un impacto enorme en la sociedad el cual podría cambiar el mundo tal y como lo conocemos radicalmente.

Reconocimiento facial y deepfakes: Discute los problemas éticos relacionados con el reconocimiento facial y los deepfakes. Estas tecnologías plantean serios desafíos en términos de privacidad, consentimiento y la propagación de información falsa.

Sesgo en servicios médicos y de salud: Los sistemas de IA en la atención médica pueden reflejar o exacerbar sesgos existentes en el diagnóstico o tratamiento, afectando la calidad de la atención para ciertos grupos de pacientes.

Desplazamiento laboral: Trata sobre el desplazamiento laboral causado por la IA. La automatización y la IA están reemplazando algunos trabajos, planteando preguntas sobre el impacto en el empleo y la economía.

Automatización y desigualdad económica: La automatización impulsada por la IA puede aumentar la desigualdad económica al concentrar la riqueza y el poder en manos de aquellos que controlan estas tecnologías.

Manipulación y abuso: Se refiere a la manipulación y el abuso a través de la IA. Esto incluye cómo la IA puede ser utilizada para influir indebidamente en las personas, ya sea a través de publicidad dirigida, noticias falsas o manipulación de opiniones.

Ética en la publicidad dirigida: El uso de IA para crear publicidad altamente dirigida puede llevar a la manipulación del comportamiento del consumidor y a la invasión de la privacidad.

Estos ejemplos resaltan la necesidad de una reflexión ética profunda y la implementación de salvaguardias para mitigar estos riesgos. Es fundamental para los profesionales de la IA, especialmente los IA-Managers, ser conscientes de estos desafíos y abordarlos de manera proactiva en el diseño y gestión de sistemas de IA.

La ética en IA no es solo una cuestión teórica, sino un aspecto esencial y práctico en la gestión de proyectos de IA. Un IA-Manager debe estar equipado para abordar estas cuestiones, asegurando que la tecnología se desarrolle y utilice de manera que beneficie a la sociedad respetando los principios éticos fundamentales. Cuando te encuentres trabajando en un proyecto de IA siempre habrá alguien que tenga una opinión muy fuera de lo que marca la ética, y si ese alguien tiene una posición en altos cargos, puede ser que te de muchos quebraderos de cabeza. De igual forma es tu deber concienciar a las personas, y yo creo que no solo a las que tengan que ver algo con tus proyectos, para que comprendan la necesidad de respetar y tolerar estas pautas morales y legales, no solo por el bien del proyecto, sino porque además es algo que influye directamente a toda la sociedad. Este es un punto en el que debemos mantenernos unidos, ser tolerantes y respetar la opinión de los demás, así como sus deseos, por ejemplo, a la privacidad.

Veamos ahora el campo del marco legal.

67. La Ley y su relación con la Inteligencia Artificial

El tema del marco legal en relación con la Inteligencia Artificial abarca varios aspectos legales clave que son fundamentales para el desarrollo y la implementación de sistemas de IA. Estos aspectos se centran en garantizar que la IA se utilice de manera segura, justa y responsable. A medida que la IA se integra más profundamente en nuestras vidas, su interacción con el marco legal se vuelve cada vez más importante y compleja. La necesidad de un marco legal robusto y adaptable para la IA es crucial, no solo para fomentar la innovación y el desarrollo tecnológico, sino también para proteger los derechos individuales y mantener la seguridad y el bienestar social.

El marco legal de la IA abarca una variedad de aspectos, cada uno de los cuales presenta sus propios desafíos y oportunidades. Estos aspectos incluyen la protección de datos personales, donde leyes como el Reglamento General de Protección de Datos (RGPD) de la Unión Europea establecen directrices estrictas para el manejo de datos personales. La cuestión de los derechos de autor en la era de la IA también es un tema complejo, planteando preguntas sobre la originalidad y la autoría en las obras generadas por sistemas de IA. Además, la responsabilidad legal en situaciones donde los sistemas de IA causan daños o errores es un área de gran interés, especialmente en aplicaciones como los vehículos autónomos.

La seguridad informática y la lucha contra la discriminación son también componentes esenciales del marco legal de la IA. Es fundamental que los sistemas de IA sean seguros y que no perpetúen sesgos discriminatorios, garantizando un uso justo y equitativo. Paralelamente, la implementación de estándares técnicos y procesos de certificación se hace necesaria para asegurar la calidad y confiabilidad de estos sistemas.

Por último, aspectos como los controles de exportación y la regulación de aplicaciones específicas de IA destacan la necesidad de considerar el potencial uso de estas tecnologías en contextos sensibles y su regulación adecuada en campos específicos como la salud o el transporte.

El marco legal de la IA requiere un equilibrio cuidadoso entre el fomento de la innovación tecnológica y la protección de la sociedad y los derechos individuales. Pasemos a ver los puntos más importantes que debes tener en cuenta.

Protección de datos: En países como Alemania, la protección de datos personales es un aspecto legal crítico en el manejo de la IA. Se enfatiza la necesidad de transparencia en la recolección y uso de datos, asegurando el consentimiento informado de los individuos y la protección de su privacidad. La legislación, como el Reglamento General de Protección de Datos (RGPD) de la Unión Europea, establece directrices estrictas para el manejo de datos personales, incluyendo su procesamiento, almacenamiento y transferencia.

Derechos de autor: Este aspecto aborda la protección de las creaciones originales en el contexto de la IA. Existen complejidades legales en cuanto a quién posee los derechos de autor de las obras generadas por IA, así como el uso de material protegido por derechos de autor en los conjuntos de datos utilizados para entrenar sistemas de IA. Esto plantea preguntas sobre la originalidad y la autoría en la era de la IA.

Responsabilidad: La responsabilidad legal en el contexto de la IA es un tema crítico, especialmente en sistemas autónomos como los vehículos autónomos. Se discute quién es responsable en casos de errores o daños causados por sistemas de IA: ¿el desarrollador, el operador, el usuario o el propio sistema de IA? Las leyes deben adaptarse para abordar estas nuevas formas de interacción y responsabilidad.

Seguridad informática, Anti-discriminación: La seguridad de los sistemas de IA es de suma importancia, y las leyes de seguridad informática aplican a estos sistemas. Además, las leyes contra la discriminación son fundamentales para prevenir que los sistemas de IA perpetúen o intensifiquen sesgos discriminatorios, garantizando que se utilicen de manera justa y equitativa.

Estándares técnicos y certificación: La implementación de estándares técnicos y procesos de certificación puede ser necesaria para asegurar la calidad, seguridad y fiabilidad de los sistemas de IA. Esto incluye la conformidad con las normativas nacionales e internacionales, asegurando que los sistemas de IA sean robustos y confiables.

Controles de exportación, regulación de aplicaciones específicas: Algunas tecnologías de IA pueden estar sujetas a controles de exportación debido a su potencial uso en aplicaciones sensibles, como la defensa o la seguridad nacional. Además, ciertas aplicaciones de IA, como en el ámbito de la salud o el transporte, pueden requerir regulaciones específicas para garantizar su uso seguro y efectivo.

Analicemos aquí también algunos ejemplos.

Violación de la privacidad de datos: Se refiere a las preocupaciones sobre cómo la IA puede infringir las leyes de protección de datos al recopilar, almacenar y procesar información personal sin el consentimiento adecuado.

Manipulación a través de IA en publicidad y medios: La utilización de IA para crear publicidad hiperpersonalizada o noticias falsas (fake news), lo que plantea preguntas sobre la manipulación de la opinión pública y la integridad de la información.

Automatización y responsabilidad legal: La cuestión de quién es responsable cuando un sistema de IA comete un error o causa daño. Por ejemplo, en el caso de accidentes involucrando vehículos autónomos, ¿quién es legalmente responsable, el fabricante del vehículo, el desarrollador del software de IA, o el usuario del vehículo?

Violaciones de derechos de autor: Esto implica el uso de obras protegidas por derechos de autor (como textos, imágenes y música) en la formación de sistemas de IA sin la debida autorización, lo que plantea problemas legales significativos.

Bias y discriminación en la toma de decisiones: Cómo los sesgos en los datos de entrenamiento pueden llevar a que la IA tome decisiones discriminatorias, por ejemplo, en procesos de contratación o en la concesión de créditos, lo que puede violar leyes antidiscriminación.

Derecho al olvido en el uso de datos para el entrenamiento de IA: Se trata de la tensión entre el derecho de las personas a tener sus datos personales eliminados y la necesidad de utilizar estos datos para entrenar sistemas de IA.

Uso de IA en vigilancia y control social: Los desafíos legales y éticos asociados con el uso de tecnologías de IA para vigilancia masiva, que pueden infringir los derechos a la privacidad y libertad individual, especialmente en regímenes autoritarios.

El marco legal en torno a la IA es un campo en constante evolución, que busca equilibrar la innovación y el desarrollo tecnológico con la protección de los derechos individuales, la seguridad y el bienestar social. Para nosotros, expertos en IA, es crucial estar al tanto de estas cuestiones legales y asegurar que sus proyectos cumplan con todas las leyes y regulaciones pertinentes.

★★★★★

Espero de corazón que el libro te haya gustado. Si es así, si el libro te ha gustado, o tal vez que ha ayudado a comprender mejor la IA, si tal vez incluso ha despertado tu curiosidad por aprender Inteligencia Artificial, entonces te pido que escribas una reseña.

Sabías que según las estadísticas el 67% de los clientes escribe una reseña tras una experiencia positiva, mientras que el 40% lo hace después de una experiencia negativa. Esto y según mis propios estudios es totalmente erróneo, y es al revés. Los clientes satisfechos apenas escriben reseñas, mientras que los descontentos incluso la escriben prácticamente al momento. Igualmente, el 93% de los consumidores lee reseñas en línea antes de decidirse por una compra. Mientras que un estudio indica que el 55% de las opiniones en internet son falsas, algo que, según muchos reportajes de investigación, el porcentaje de reseñas falsas es mucho mayor. Sin embargo, el 94% de los consumidores evita un producto o una empresa debido a críticas negativas.

Tu reseña tiene mucho valor, y esto me puede ayudar enormemente a seguir escribiendo.

★★★★★

Agradecimientos

Queridos lectores,

Al cerrar este libro, quiero tomar un momento para expresarte mi más sincero agradecimiento por haberme acompañado en este viaje a través de las páginas de "AI-Manager - The AI-Manager´s handbook".

Vuestro interés y dedicación para explorar el mundo de la Inteligencia Artificial y la gestión de proyectos de IA no solo reflejan una búsqueda de conocimiento, sino también un compromiso hacia un futuro donde la tecnología y la humanidad coexisten en armonía.

Espero sinceramente que este libro no solo haya enriquecido tu entendimiento sobre la Inteligencia Artificial y el Machine Learning, sino que también te haya proporcionado una nueva perspectiva sobre el papel vital que un IA-Manager desempeña en este emocionante campo, y hoy día tan importante. Nuestra responsabilidad va más allá de los algoritmos y los datos; se extiende a las consideraciones éticas, al respeto por las leyes y, sobre todo, al impacto que nuestras decisiones tienen en el mundo.

Como IA-Manager y experto en IA, mi objetivo ha sido compartir contigo no solo el conocimiento técnico, sino también las experiencias y reflexiones acumuladas a lo largo de mi carrera. Si este libro ha aportado algo a tu desarrollo profesional o personal, considero mi misión cumplida.

Agradezco a cada uno de mis lectores por su valioso tiempo y por permitirme ser parte de su viaje en el aprendizaje y la aplicación de la Inteligencia Artificial. Espero que continúen explorando, aprendiendo y liderando en este campo fascinante, siempre con curiosidad y responsabilidad.

Con gratitud y mis mejores deseos,

Juan García
CEO, Experto en IA, Manager de IA y IBM Especialista Avanzado en Aprendizaje Automático
SMART &PRO AI
DEEP ATHENA

RONDA DE PREGUNTAS

Pon a prueba tu conocimiento

Preguntas

1. ¿Cuál de las siguientes opciones describe mejor el "Machine Learning" (ML)?
a) Un subcampo de la Inteligencia Artificial que se centra en el desarrollo de sistemas capaces de aprender automáticamente de los datos.
b) Un enfoque de programación que se basa únicamente en reglas fijas y lógica.
c) Una rama de la ciencia de datos que se enfoca en estadísticas avanzadas.
d) Un conjunto de algoritmos específicos para el procesamiento de imágenes y videos.

2. ¿Qué representa el término "Datos Desestructurados" en el contexto de la IA?
a) Datos que están organizados en un formato tabular o de base de datos.
b) Información que se presenta en un formato no estándar, como texto libre, imágenes, o videos.
c) Datos recopilados de sensores IoT en tiempo real.
d) Conjuntos de datos que contienen principalmente números y fechas.

3. En el contexto del Aprendizaje profundo (Deep Learning), ¿qué es una Red Neuronal Convolucional (CNN)?
a) Un tipo de red neuronal diseñado para procesar datos en forma de gráficos.
b) Una red neuronal artificial especializada en el procesamiento y análisis de datos secuenciales.
c) Un tipo de red neuronal que se utiliza principalmente para tareas de clasificación y detección en imágenes y videos.
d) Una red neuronal que se utiliza para procesar datos de texto y lenguaje natural.

4. ¿Qué es el "Aprendizaje por Reforzamiento" (Reinforcement Learning)?
a) Un tipo de aprendizaje automático donde los modelos se entrenan para tomar decisiones secuenciales.
b) Una técnica de aprendizaje supervisado que utiliza etiquetas para entrenar modelos.
c) Un método que se enfoca en agrupar datos sin etiquetar en categorías distintas.
d) Un proceso que involucra redes neuronales profundas para el análisis de texto.

5. ¿Cuál es un ejemplo de aplicación del "Internet of Things" (IoT)?
a) Sistemas de recomendación en plataformas de streaming de video.
b) Reconocimiento de voz en asistentes virtuales.
c) Algoritmos para clasificar correos electrónicos como spam.
d) Modelos de predicción de precios de acciones.

6. ¿Qué técnica de visualización se utiliza comúnmente para entender la correlación entre características en Machine Learning?
a) Gráficos de dispersión (Scatter Plots).
b) Histogramas.
c) Mapas de calor (Heatmaps).
d) Diagramas de flujo.

7. En el contexto de proyectos de IA, ¿qué representa el "Análisis SWOT"?

a) Un método para evaluar la seguridad y privacidad de los datos.

b) Una técnica para identificar las fortalezas, debilidades, oportunidades y amenazas de un proyecto.

c) Un enfoque para determinar el ROI (Retorno de Inversión) de un proyecto de IA.

d) Una metodología para la gestión de recursos humanos en proyectos de IA.

8. ¿Qué aborda el módulo sobre "Bias en la Inteligencia Artificial" en el libro?

a) Estrategias para aumentar la eficiencia de los algoritmos de IA.

b) Métodos para integrar la IA en aplicaciones de software.

c) La identificación, mitigación y comprensión de los sesgos en los sistemas de IA.

d) Técnicas avanzadas de programación en Python para IA.

9. ¿Qué es "TinyML"?

a) Una librería para desarrollar modelos de Machine Learning en servidores de alto rendimiento.

b) El campo de aplicación de modelos de aprendizaje automático en dispositivos con recursos limitados.

c) Un subcampo del ML dedicado exclusivamente al análisis de textos pequeños.

d) Una técnica de optimización para grandes modelos de IA.

10. ¿Qué propósito tiene el "Project Management" en proyectos de IA?

a) Proporcionar herramientas de codificación y desarrollo de software.

b) Gestionar, planificar y supervisar el desarrollo efectivo de proyectos de IA.

c) Enseñar los fundamentos de la programación en IA.

d) Implementar soluciones de seguridad cibernética en proyectos de IA.

11. ¿Qué es un "Data Warehouse" en el contexto de Big Data?

a) Una base de datos distribuida que almacena grandes cantidades de datos en tiempo real.

b) Un sistema de almacenamiento que organiza y almacena datos históricos para análisis y consulta.

c) Una herramienta para la visualización y el análisis de datos en tiempo real.

d) Un método para transferir datos entre diferentes plataformas y sistemas.

12. En Machine Learning, ¿qué describe mejor a un "Árbol de Decisión"?

a) Un modelo de red neuronal utilizado para el análisis de series temporales.

b) Una estructura de datos que representa decisiones y sus posibles consecuencias.

c) Un algoritmo de optimización para seleccionar características.

d) Un método de encriptación de datos.

13. ¿Cuál es un ejemplo de "Aprendizaje Supervisado"?

a) Clasificación de correos electrónicos como spam o no spam.

b) Agrupación de clientes en segmentos basados en patrones de compra.

c) Identificación de patrones en datos sin etiquetar.

d) Creación de modelos predictivos sin datos de entrenamiento previos.

14. ¿Qué representa "k-Nearest-Neighbours-Algorithmus" (k-NN) en Machine Learning?
a) Un método para reducir la dimensión de los datos.
b) Un algoritmo de clasificación y regresión basado en la proximidad de los datos de muestra.
c) Una técnica para el análisis de series temporales.
d) Un enfoque para el procesamiento de lenguaje natural.

15. ¿Qué es "Business Intelligence" (BI)?
a) El uso de software para automatizar tareas empresariales rutinarias.
b) El análisis y presentación de datos para ayudar en la toma de decisiones empresariales.
c) Un sistema operativo utilizado en las empresas.
d) Una técnica de Machine Learning aplicada a los negocios.

16. En el contexto de la IA, ¿qué es el "Procesamiento de Lenguaje Natural" (NLP)?
a) La automatización de procesos de negocios mediante algoritmos de IA.
b) La simulación de la interacción humana por computadoras.
c) La habilidad de una computadora para entender, interpretar y generar lenguaje humano.
d) Un tipo de algoritmo de aprendizaje supervisado.

17. ¿Qué describe mejor a la "Cuantización" en el contexto de TinyML?
a) La conversión de un modelo de Machine Learning a una versión más pequeña y eficiente.
b) La segmentación de un mercado en diferentes grupos de consumidores.
c) Un método para aumentar la precisión de los modelos de IA.
d) La creación de un conjunto de datos para entrenar modelos de IA.

18. ¿Cuál es un desafío común en el desarrollo de proyectos de IA?
a) Encontrar una ubicación adecuada para servidores de datos.
b) Gestionar la ética y la privacidad de los datos.
c) Elegir el color y diseño de la interfaz de usuario.
d) Determinar el precio de los productos de IA.

19. ¿Qué técnica se utiliza en "Text Mining" para dividir un texto en palabras o frases significativas?
a) Normalización de datos.
b) Segmentación de oraciones y tokenización de palabras.
c) Análisis de regresión.
d) Algoritmos de clustering.

20. ¿Qué es una "Red Neuronal Artificial" (ANN)?
a) Un tipo de hardware especializado para el procesamiento de IA.
b) Un modelo computacional basado en la estructura y funciones del cerebro humano.
c) Un sistema de almacenamiento para grandes cantidades de datos.
d) Una herramienta de software para el desarrollo de aplicaciones móviles.

21. ¿Qué es TensorFlow Lite en el contexto de TinyML?
a) Un lenguaje de programación para desarrollo de aplicaciones móviles.
b) Una versión reducida de TensorFlow diseñada para dispositivos con recursos limitados.
c) Un software de análisis de datos para grandes empresas.
d) Una herramienta para visualizar modelos de Machine Learning.

22. ¿Cuál es el propósito principal de un "Gemelo Digital" en IoT?
a) Duplicar digitalmente un dispositivo físico para mejorar su seguridad.
b) Crear una copia de seguridad digital de la información en un dispositivo IoT.
c) Simular y analizar el comportamiento de un dispositivo físico en un entorno virtual.
d) Desarrollar una interfaz de usuario más atractiva para dispositivos IoT.

23. ¿Qué describe mejor la "Segmentación de Imagen" en el procesamiento de imágenes?
a) La conversión de imágenes en texto utilizando OCR.
b) La clasificación de imágenes en diferentes categorías.
c) La división de una imagen en partes o regiones significativas.
d) Mejorar la resolución y calidad de una imagen digital.

24. ¿Cuál es un ejemplo de aplicación de la "Inteligencia Artificial" en el Departamento de Recursos Humanos?
a) Diseñar la página web de la empresa.
b) Analizar y predecir tendencias del mercado.
c) Automatizar el proceso de selección y reclutamiento.
d) Gestionar las redes sociales de la empresa.

25. ¿En qué consiste la "Evaluación y validación en el mundo real" en el contexto de proyectos de IA?
a) Desarrollar una estrategia de marketing para productos de IA.
b) Probar y ajustar los modelos de IA en entornos y situaciones reales.
c) Realizar un análisis financiero del proyecto de IA.
d) Diseñar la interfaz de usuario para aplicaciones de IA.

26. ¿Qué papel juega el "Análisis de Sentimientos" en el Procesamiento de Lenguaje Natural?
a) Mejorar la seguridad y privacidad de las comunicaciones.
b) Identificar y clasificar las emociones expresadas en un texto.
c) Aumentar la velocidad de procesamiento del texto.
d) Traducir automáticamente entre diferentes idiomas.

27. ¿Qué es un "Data Lake" en el contexto de Big Data?
a) Un método para encriptar grandes volúmenes de datos.
b) Un sistema centralizado para gestionar las operaciones de la empresa.
c) Un almacenamiento que permite guardar grandes cantidades de datos en su forma nativa.
d) Una herramienta de visualización de datos en tiempo real.

28. ¿Cómo contribuye la "Reducción de Dimensiones" en el análisis de datos de Machine Learning?
a) Incrementando la seguridad de los datos.
b) Mejorando la interpretación y visualización de los datos.
c) Aumentando la cantidad de datos disponibles para análisis.
d) Creando copias de seguridad de los datos.

29. ¿Qué es "Edge Computing" en el contexto de IoT?
a) Un protocolo de comunicación para dispositivos IoT.
b) El procesamiento de datos cerca de la fuente de datos, como en dispositivos IoT.
c) Una tecnología de almacenamiento de datos en la nube.
d) Un lenguaje de programación para desarrollar aplicaciones IoT.

30. ¿Qué describe mejor la "Generación del Lenguaje Natural" (NLG) en NLP?
a) La traducción de texto entre diferentes idiomas.
b) La capacidad de una computadora para generar texto humanoide.
c) Un algoritmo para clasificar textos en categorías.
d) Una técnica para proteger la privacidad del texto.

31. ¿Cuál es un desafío común en la implementación de modelos de IA en TinyML?
a) La necesidad de conexión a internet de alta velocidad constante.
b) Las limitaciones de memoria y capacidad de procesamiento de los dispositivos.
c) Encontrar suficientes datos para entrenar los modelos.
d) La elección del color y diseño de la interfaz gráfica.

32. En el contexto de la IA, ¿qué es un "modelo de transferencia de aprendizaje"?
a) Un modelo que se entrena desde cero para cada nueva tarea.
b) Un modelo preentrenado adaptado a una nueva tarea o conjunto de datos.
c) Un modelo que utiliza exclusivamente aprendizaje supervisado.
d) Un modelo diseñado para tareas de procesamiento de lenguaje natural.

33. ¿Qué beneficio principal ofrece el "Procesamiento de Datos en el Borde" (Edge Processing) en IoT?
a) Incrementa la velocidad de internet en los dispositivos IoT.
b) Reduce la latencia y el ancho de banda necesario al procesar datos localmente.
c) Aumenta la resolución y calidad de las imágenes capturadas por dispositivos IoT.
d) Mejora la interfaz de usuario de los dispositivos IoT.

34. ¿Qué describe mejor a la "Regresión Lineal" en el contexto de Machine Learning?
a) Un algoritmo para crear redes neuronales artificiales.
b) Un método para clasificar datos en categorías discretas.
c) Una técnica para predecir un valor numérico continuo basado en una o más variables independientes.
d) Un enfoque para segmentar imágenes digitales.

35. En el ámbito de la IA, ¿qué es "CMSIS-NN"?
a) Un marco de trabajo para el desarrollo de aplicaciones de IA en dispositivos móviles.
b) Una Librería de redes neuronales para microcontroladores ARM Cortex-M.
c) Un sistema operativo específicamente diseñado para IA.
d) Una herramienta de visualización de datos para proyectos de IA.

36. ¿Qué caracteriza a un "Proyecto de IA Ágil" bajo el marco de trabajo Scrum?
a) La necesidad de una planificación detallada y un diseño exhaustivo antes de iniciar el proyecto.
b) La implementación de prácticas de desarrollo de software tradicionales.
c) El desarrollo iterativo y el enfoque en la adaptabilidad a los cambios.
d) El uso exclusivo de aprendizaje no supervisado.

37. ¿Cuál es el propósito de la "Normalización de Datos" en el preprocesamiento de Machine Learning?
a) Asegurar que todos los datos estén en el mismo idioma.
b) Convertir todos los tipos de datos en formatos de texto.
c) Escalar los datos para que estén dentro de un rango específico y comparables.
d) Crear copias de seguridad de los datos.

38. ¿Qué es un "Clúster" en el contexto del Machine Learning?
a) Un grupo de computadoras utilizadas para entrenar modelos de IA.
b) Una colección de datos con características similares agrupados juntos.
c) Un tipo específico de red neuronal artificial.
d) Una técnica para acelerar el procesamiento de datos.

39. ¿Qué es un "Árbol Aleatorio" (Random Forest)?
a) Un algoritmo que genera decisiones aleatorias para predecir resultados.
b) Un modelo basado en la combinación de múltiples árboles de decisión para mejorar la precisión.
c) Una técnica de visualización de datos en 3D.
d) Un método para segmentar automáticamente una base de datos.

40. ¿Qué describe mejor el "Análisis de Componentes Principales" (PCA) en la reducción de dimensionalidad?
a) Un algoritmo para aumentar la cantidad de características en un conjunto de datos.
b) Una técnica para identificar y eliminar características irrelevantes de los datos.
c) Un método para transformar las características de los datos en componentes principales de menor dimensión.
d) Una herramienta para la visualización de datos en tiempo real.

41. ¿Qué describe mejor a "Scatter Plots" (Diagramas de dispersión) en el contexto de visualización en Machine Learning?
a) Gráficos que muestran la relación entre dos variables numéricas mediante puntos en un plano.
b) Diagramas que representan las frecuencias de las categorías de datos.
c) Gráficos que ilustran la jerarquía entre diferentes clases de datos.
d) Diagramas utilizados para representar redes neuronales y sus conexiones.

42. ¿Cuál es la función principal de "Google Colab" en el desarrollo de proyectos de IA?
a) Proporcionar una plataforma de almacenamiento en la nube para grandes conjuntos de datos.
b) Ofrecer un entorno de desarrollo integrado (IDE) basado en la nube para Python.
c) Servir como un sistema operativo especializado para aplicaciones de IA.
d) Actuar como una base de datos en línea para algoritmos de aprendizaje automático.

43. ¿Qué es una "Red Neuronal Recurrente" (RNN)?
a) Un tipo de red neuronal especializada en el procesamiento de datos en secuencia.
b) Una red neuronal que se entrena exclusivamente con datos no estructurados.
c) Una estructura de red neuronal utilizada para análisis de imágenes.
d) Un algoritmo para optimizar la eficiencia energética en redes neuronales.

44. ¿Cuál es el objetivo de la "Tokenización de Palabras" en el Procesamiento de Lenguaje Natural?
a) Traducir palabras de un idioma a otro.
b) Dividir texto en palabras o frases más pequeñas y manejables para su análisis.
c) Corregir la ortografía y gramática en textos.
d) Incrementar la velocidad de procesamiento del texto.

45. ¿Qué implica el concepto de "Aprendizaje Continuo y Adaptativo en el Edge" en TinyML?
a) La habilidad de los modelos de IA para aprender y adaptarse en tiempo real en dispositivos de borde.
b) El proceso de actualizar continuamente los modelos de IA en la nube.
c) La necesidad de formación constante para desarrolladores de TinyML.
d) El uso de algoritmos de IA que se adaptan a diferentes tipos de hardware.

46. ¿Qué describe mejor el "Análisis SWOT" en la gestión de proyectos de IA?
a) Una técnica para medir el retorno de la inversión (ROI) de un proyecto.
b) Una metodología para la planificación estratégica que evalúa fortalezas, debilidades, oportunidades y amenazas.
c) Un sistema para la gestión de la calidad en proyectos de IA.
d) Una herramienta para la asignación de recursos en proyectos de IA.

47. ¿En qué consiste el método "Waterfall" (Cascada) en la gestión de proyectos de IA?
a) Un enfoque iterativo y flexible para el desarrollo de proyectos.
b) Un proceso secuencial donde cada fase depende de la entrega de la fase anterior.
c) Un método que enfatiza la adaptabilidad y la retroalimentación continua.
d) Una técnica basada en el uso de IA para la toma de decisiones en proyectos.

48. ¿Qué es una "Matriz de Correlación" en el análisis de datos?
a) Una herramienta para identificar relaciones entre variables categóricas.
b) Un diagrama que muestra la relación entre los costos y los beneficios de un proyecto.
c) Una tabla que mide la relación lineal entre dos o más variables numéricas.
d) Un gráfico que representa la eficiencia de diferentes algoritmos de IA.

49. ¿Cuál es la función de "Pandas" en el procesamiento de datos para IA?
a) Una Librería de Python utilizada para el análisis y manipulación de datos.
b) Un lenguaje de programación especializado en estadísticas y análisis de datos.
c) Un software de visualización de datos en 3D.
d) Una herramienta para la creación de redes neuronales artificiales.

50. ¿En qué se enfoca el Project management en proyectos de Inteligencia Artificial?
a) Exclusivamente en el desarrollo de software y algoritmos de IA.
b) En la gestión integral del proyecto, incluyendo planificación, ejecución y revisión.
c) Solamente en la fase de implementación y despliegue de modelos de IA.
d) Únicamente en la evaluación del impacto ético de los proyectos de IA.

51. ¿Qué papel juegan las "Redes Neuronales Convolucionales" (CNN) en el procesamiento de imágenes?
a) Optimizar la velocidad de internet para el envío de imágenes.
b) Reducir el tamaño dc los archivos de imagen para su almacenamiento.
c) Clasificar, identificar y procesar imágenes para el reconocimiento de patrones.
d) Traducir texto contenido en imágenes a diferentes idiomas.

52. ¿Qué es un "Framework Ágil" en el contexto de la gestión de proyectos de IA?
a) Un conjunto de prácticas para la planificación detallada de proyectos a largo plazo.
b) Una metodología que enfatiza la adaptabilidad, el trabajo en equipo y la entrega continua.
c) Un sistema para la automatización completa de proyectos de IA.
d) Una herramienta específica de programación para el desarrollo de IA.

53. ¿Cómo contribuye el "Text PreProcessing" en el Procesamiento de Lenguaje Natural?
a) Mejorando la seguridad de los datos de texto.
b) Traduciendo textos automáticamente entre diferentes idiomas.
c) Preparando y limpiando texto para mejorar la eficiencia del análisis.
d) Conectando diferentes dispositivos IoT mediante texto.

54. ¿Qué es "Scrum" en el contexto de gestión de proyectos?
a) Una técnica de análisis de datos en proyectos de IA.
b) Un marco de trabajo ágil para la gestión de proyectos que promueve iteración rápida, adaptabilidad y feedback.
c) Un software especializado en la automatización de tareas de gestión.
d) Un modelo de red neuronal utilizado en proyectos de IA.

55. ¿Qué describe mejor a la "Poda" en el contexto de optimización de modelos de Machine Learning?
a) La adición de más capas y neuronas a una red neuronal.
b) El proceso de eliminar partes innecesarias de un modelo para mejorar su eficiencia.
c) Incrementar la cantidad de datos utilizados para entrenar un modelo.
d) La técnica de dividir un conjunto de datos en subconjuntos más pequeños.

56. ¿Cuál es la función de un "Chatbot" impulsado por IA?
a) Facilitar el análisis de grandes volúmenes de datos.
b) Proporcionar interacción automatizada y en tiempo real con usuarios mediante procesamiento de lenguaje natural.
c) Mejorar la conectividad entre diferentes dispositivos IoT.
d) Visualizar datos de manera interactiva.

57. ¿Qué implica el "Análisis de Regresión" en Machine Learning?
a) Un método para clasificar datos en diferentes categorías.
b) Una técnica para predecir el valor de una variable dependiente basada en una o más variables independientes.
c) El proceso de segmentar un conjunto de datos en varios grupos.
d) Una estrategia para aumentar la velocidad de los cálculos en modelos de IA.

58. En términos de "Big Data", ¿qué es "Data Mining"?
a) El proceso de almacenar grandes cantidades de datos en la nube.
b) La práctica de extraer patrones significativos y conocimientos de grandes conjuntos de datos.
c) La técnica de encriptar datos para su seguridad.
d) La tarea de convertir datos brutos en gráficos y visualizaciones.

59. ¿Qué es una "Métrica de Evaluación"?
a) Un algoritmo utilizado para entrenar modelos de IA.
b) Una medida para evaluar el rendimiento y la precisión de un modelo de IA.
c) Una herramienta para la gestión de proyectos de IA.
d) Un tipo de software utilizado para el desarrollo de aplicaciones de IA.

60. ¿Qué describe mejor el "Deep Learning"?
a) Una técnica para procesar grandes cantidades de datos rápidamente.
b) El uso de redes neuronales profundas para modelar y resolver problemas complejos.
c) Una estrategia para mejorar la seguridad de los sistemas de IA.
d) Un método para la visualización avanzada de datos.

61. ¿Qué es una "API"?
a) Un conjunto de reglas para aumentar la eficiencia de los algoritmos de IA.
b) Una herramienta para la visualización avanzada de datos de IA.
c) Una Interfaz de Programación de Aplicaciones que permite la interacción entre diferentes programas de software.
d) Un software que protege los datos utilizados en aplicaciones de IA.

62. ¿En qué consiste la "Visualización de Datos" en el análisis de Machine Learning?
a) Procesar y transformar datos en modelos de IA.
b) Representar datos mediante gráficos y diagramas para facilitar su comprensión.
c) Convertir datos de texto en voz.
d) Comprimir datos para optimizar el almacenamiento.

63. ¿Qué es el "Aprendizaje Semi-Supervisado"?
a) Un método que utiliza únicamente datos etiquetados.
b) Un enfoque que combina una pequeña cantidad de datos etiquetados con una gran cantidad de datos no etiquetados.
c) Un tipo de aprendizaje que no requiere ningún tipo de datos etiquetados.
d) El uso de algoritmos para enseñar a los modelos a aprender por sí mismos sin intervención humana.

64. ¿Cuál es el objetivo principal del "Procesamiento de Imágenes" en IA?
a) Mejorar la calidad visual de las imágenes digitales.
b) Almacenar y organizar grandes cantidades de imágenes.
c) Analizar y extraer información útil de imágenes digitales.
d) Transferir imágenes digitales a través de diferentes dispositivos.

65. ¿Qué describe mejor a "XGBoost"?
a) Una técnica para el procesamiento de lenguaje natural.
b) Un algoritmo de "Gradient Boosting" optimizado para rendimiento y eficiencia.
c) Un método para la visualización interactiva de datos.
d) Un framework para el desarrollo de aplicaciones de IA.

66. ¿Cómo se utiliza la "Realidad Aumentada" en proyectos de IA?
a) Para crear interfaces de usuario más intuitivas para aplicaciones de IA.
b) Como un método para aumentar la velocidad de los algoritmos de IA.
c) Para combinar elementos virtuales con el mundo real, mejorando las interacciones y aplicaciones de IA.
d) Para almacenar y analizar datos generados por aplicaciones de IA.

67. ¿Qué implica el concepto de "IA Explicable" (Explainable AI)?
a) La capacidad de un sistema de IA para funcionar sin internet.
b) La habilidad de un sistema de IA para explicar sus procesos y decisiones de manera comprensible para los humanos.
c) Un sistema de IA que puede programarse a sí mismo.
d) La utilización de IA para explicar fenómenos naturales.

68. ¿Qué es un "Sistema Basado en Reglas" en la IA?
a) Un enfoque de IA que utiliza redes neuronales profundas.
b) Un sistema de IA que toma decisiones basado en un conjunto predefinido de reglas.
c) Un método para aumentar la seguridad en aplicaciones de IA.
d) Un algoritmo de IA utilizado para la planificación financiera.

69. ¿En qué consiste la "Optimización de Hiperparámetros" en Machine Learning?
a) Ajustar los parámetros de un algoritmo para mejorar su rendimiento y precisión.
b) Reducir el número de variables en un modelo de IA.
c) Aumentar la velocidad de procesamiento de un modelo de IA.
d) Cambiar el tipo de datos utilizados en un modelo de IA.

70. ¿Qué es "Natural Language Generation" (NLG) en el contexto de NLP?
a) Un método para la traducción automática entre diferentes idiomas.
b) La creación automática de texto comprensible y coherente por parte de una computadora.
c) Una técnica para mejorar la comprensión del lenguaje humano por parte de las computadoras.
d) Un algoritmo para detectar y corregir errores gramaticales en textos.

71. ¿Qué es "Overfitting"?
a) Un modelo que es demasiado simple para capturar la complejidad de los datos.
b) Un modelo que se ha ajustado excesivamente a los datos de entrenamiento y no generaliza bien a nuevos datos.
c) La capacidad de un modelo para procesar grandes cantidades de datos rápidamente.
d) Un método para incrementar la velocidad de entrenamiento de un modelo de IA.

72. ¿En qué consiste la técnica de "Clustering"?
a) Dividir un conjunto de datos en subconjuntos basados en similitudes.
b) Predecir valores futuros a partir de datos históricos.
c) Clasificar datos en categorías predefinidas.
d) Reducir el número de características en un conjunto de datos.

73. ¿Qué es la "Cuantización de Modelos" en TinyML?
a) Convertir un modelo de IA en una aplicación móvil.
b) Reducir el tamaño y la complejidad de un modelo de IA para su uso en dispositivos con recursos limitados.
c) Aumentar la precisión de los modelos de IA.
d) Comprimir datos de entrenamiento para modelos de IA.

74. ¿Cuál es la función principal de las "Librerías de Visualización de Datos" en Python, como Matplotlib o Seaborn?
a) Procesar y analizar grandes volúmenes de datos.
b) Crear representaciones gráficas de datos para su análisis e interpretación.
c) Desarrollar aplicaciones de IA.
d) Almacenar y organizar grandes conjuntos de datos.

75. ¿Qué es un "Chatbot Conversacional"?
a) Un sistema que analiza grandes volúmenes de conversaciones en línea.
b) Un programa que utiliza IA para imitar conversaciones humanas de manera realista.
c) Una herramienta para traducir automáticamente conversaciones entre diferentes idiomas.
d) Un dispositivo que graba y transcribe conversaciones.

76. ¿Qué implica el término "Big Data"?
a) La utilización de IA para resolver problemas complejos.
b) Conjuntos de datos extremadamente grandes que requieren técnicas avanzadas de análisis.
c) Datos que son demasiado grandes para ser procesados por computadoras tradicionales.
d) El proceso de convertir grandes volúmenes de datos en información útil.

77. ¿Cómo se aplica la "Regresión Logística"?
a) Para realizar predicciones de valores continuos.
b) Como un método de clasificación para predecir la probabilidad de una categoría binaria.
c) Para agrupar datos en clusters basados en similitudes.
d) Como una técnica de reducción de dimensionalidad.

78. ¿Qué es "Transfer Learning"?
a) Mover datos de un servidor a otro.
b) Utilizar un modelo entrenado en una tarea para realizar otra tarea relacionada.
c) Cambiar el enfoque de un proyecto de IA a otro campo.
d) Traducir automáticamente el lenguaje de programación de un modelo de IA.

79. ¿Qué papel juega el "Aprendizaje Reforzado" en el desarrollo de sistemas de IA?
a) Programar sistemas de IA para funcionar sin supervisión humana.
b) Entrenar modelos de IA mediante recompensas y penalizaciones para aprender comportamientos específicos.
c) Mejorar la seguridad de los sistemas de IA.
d) Acelerar el proceso de entrenamiento de modelos de IA.

80. ¿En qué consiste el "Minado de Texto" en el Procesamiento de Lenguaje Natural?
a) Traducir textos de un idioma a otro automáticamente.
b) Extraer información útil y patrones de grandes volúmenes de texto.
c) Corregir errores gramaticales y ortográficos en textos.
d) Convertir voz a texto en aplicaciones de IA.

81. ¿Qué se entiende por "Bias" en Machine Learning?
a) Una técnica para aumentar la velocidad de los algoritmos de IA.
b) Un error sistemático que hace que un modelo sea injusto o parcial.
c) La capacidad de un modelo para procesar diferentes tipos de datos.
d) Un método para mejorar la seguridad de los modelos de IA.

82. ¿En qué consiste el "Análisis de Componentes Principales" (PCA) en la reducción de dimensionalidad?
a) Aumentar el número de variables en un modelo para mejorar su precisión.
b) Reducir la cantidad de características de un conjunto de datos manteniendo la mayor cantidad de información posible.
c) Dividir un conjunto de datos en diferentes categorías basadas en sus características.
d) Mejorar la visualización de los datos mediante gráficos avanzados.

83. ¿Qué describe mejor a un "Algoritmo Genético"?
a) Un método basado en la evolución biológica para resolver problemas de optimización.
b) Un algoritmo utilizado para el análisis genético en medicina.
c) Una técnica de aprendizaje supervisado en Machine Learning.
d) Un sistema para generar automáticamente código de programación.

84. ¿Cuál es el propósito de la "Segmentación de Clientes" en el análisis de datos?
a) Reducir el número de clientes para enfocarse en un grupo objetivo.
b) Clasificar a los clientes en grupos basados en características similares para una mejor focalización de marketing.
c) Aumentar la base de clientes al identificar nuevos mercados.
d) Evaluar la satisfacción del cliente mediante encuestas.

85. ¿Cómo se aplica la "Detección de Anomalías" en Machine Learning?
a) Para identificar patrones comunes en un conjunto de datos.
b) Para encontrar irregularidades o patrones inusuales en los datos que pueden indicar problemas.
c) Para clasificar datos en categorías predefinidas.
d) Para predecir futuras tendencias basadas en datos históricos.

86. ¿Qué es "K-Means Clustering" en Machine Learning?
a) Un algoritmo de regresión para predecir valores numéricos.
b) Un método de aprendizaje supervisado para clasificación.
c) Un algoritmo de clustering que divide un conjunto de datos en K grupos distintos.
d) Una técnica para aumentar la eficiencia de los modelos de IA.

87. ¿En qué consiste el "Minado de Datos" (Data Mining)?
a) En la extracción de grandes cantidades de datos de internet.
b) En el proceso de convertir datos crudos en formatos más manejables.
c) En la práctica de descubrir patrones y conocimientos en grandes conjuntos de datos.
d) En el almacenamiento seguro de grandes volúmenes de datos.

88. ¿Qué es un "Modelo Ensemble"?
a) Un único modelo que se utiliza para diferentes tipos de tareas de IA.
b) Un método para combinar múltiples modelos para mejorar la precisión de las predicciones.
c) Un modelo que se especializa en una sola tarea.
d) Un tipo de red neuronal utilizada en el aprendizaje profundo.

89. ¿Qué describe mejor a la "Tokenización" en el Procesamiento de Lenguaje Natural?
a) Traducir automáticamente texto entre diferentes idiomas.
b) Convertir voz a texto.
c) Dividir texto en unidades más pequeñas, como palabras o frases, para su análisis.
d) Corregir automáticamente la gramática en textos.

90. ¿Cuál es la función principal de "TensorFlow" en el desarrollo de aplicaciones de IA?
a) Servir como una base de datos para algoritmos de aprendizaje automático.
b) Proporcionar un entorno para el análisis estadístico avanzado.
c) Ofrecer una plataforma para el desarrollo y entrenamiento de modelos de Machine Learning.
d) Actuar como un sistema operativo para dispositivos de IA.

91. ¿Qué es la "Inteligencia Artificial Explicable" (Explainable AI o XAI)?
a) Un sistema de IA que puede incrementar automáticamente su inteligencia.
b) IA diseñada para explicar sus decisiones y procesos de una manera que los humanos puedan entender.
c) Un tipo de IA que se enfoca exclusivamente en resolver problemas complejos.
d) Una IA que puede auto-repararse ante errores o fallas.

92. ¿En qué consiste el "Aprendizaje profundo" (Deep Learning)?
a) En el uso de grandes cantidades de datos para mejorar el rendimiento de los algoritmos.
b) En el empleo de redes neuronales con muchas capas para modelar problemas complejos.
c) En el desarrollo de algoritmos que aprenden rápidamente con mínima intervención humana.
d) En la creación de modelos de IA que pueden enseñar a otros modelos.

93. ¿Qué es un "Sistema de Recomendación" en Machine Learning?
a) Un algoritmo para mejorar la precisión de otros modelos de IA.
b) Un sistema que proporciona sugerencias personalizadas a los usuarios basado en sus preferencias y datos históricos.
c) Una herramienta para recomendar los mejores algoritmos de IA para distintos tipos de datos.
d) Un dispositivo que recomienda la mejor configuración para sistemas de IA.

94. ¿Qué papel juegan las "Métricas de Evaluación"?
a) Determinar la cantidad de datos necesarios para entrenar un modelo.
b) Medir y evaluar el rendimiento y la precisión de un modelo.
c) Aumentar la velocidad a la que un modelo de IA aprende de los datos.
d) Reducir el tamaño de los modelos de IA para que sean más eficientes.

95. ¿En qué consiste la "Inferencia Bayesiana"?
a) En el cálculo de probabilidades de eventos futuros basado en eventos pasados.
b) En la creación de modelos predictivos basados exclusivamente en datos históricos.
c) En el uso de teoremas para resolver problemas complejos de IA.
d) En la predicción de resultados utilizando la teoría de la decisión.

96. ¿Qué es "PyTorch"?
a) Una base de datos especializada para proyectos de IA.
b) Un entorno de desarrollo integrado (IDE) para la programación de IA.
c) Una Librería de software para el desarrollo de aplicaciones de Machine Learning y Deep Learning.
d) Un protocolo de comunicación para sistemas de IA.

97. ¿Cómo se utiliza la "Segmentación Semántica" en el procesamiento de imágenes?
a) Para comprimir imágenes y reducir su tamaño de archivo.
b) Para dividir una imagen en regiones que representan diferentes categorías semánticas.
c) Para mejorar la resolución y calidad de imágenes digitales.
d) Para traducir texto contenido en imágenes a diferentes idiomas.

98. ¿Qué es un "Modelo de Regresión"?
a) Un algoritmo utilizado para clasificar datos en categorías.
b) Un modelo que predice la relación entre variables independientes y una variable dependiente.
c) Un sistema para la detección automática de anomalías en los datos.
d) Una técnica para la visualización de datos en 3D.

99. ¿En qué consiste el "Aprendizaje Automático Supervisado"?
a) En el entrenamiento de modelos utilizando únicamente datos no etiquetados.
b) En el uso de algoritmos que pueden aprender y mejorar sin intervención humana.
c) En el entrenamiento de modelos con datos etiquetados para predecir resultados.
d) En el desarrollo de sistemas de IA que no requieren datos para aprender.

100. ¿Qué es una "Red Neuronal Recurrente" (RNN)?
a) Una red diseñada para el procesamiento de datos de series temporales.
b) Un tipo de red neuronal utilizado exclusivamente para el procesamiento de imágenes.
c) Una red neuronal que se entrena a sí misma sin datos de entrada.
d) Un modelo de IA utilizado para la toma de decisiones financieras.

101. ¿Qué es una "Máquina de Soporte Vectorial" (SVM)?
a) Un algoritmo para la detección automática de anomalías.
b) Un modelo de IA que se especializa en la traducción de idiomas.
c) Un algoritmo de clasificación y regresión que busca el hiperplano óptimo para separar diferentes clases.
d) Una herramienta para visualizar grandes conjuntos de datos en múltiples dimensiones.

102. ¿En qué consiste el "Procesamiento de Lenguaje Natural" (NLP)?
a) En la creación de sistemas que pueden entender e interpretar el lenguaje humano.
b) En la traducción automática de texto entre diferentes idiomas.
c) En el análisis estadístico de grandes volúmenes de texto.
d) En la generación automática de voz a partir de texto.

103. ¿Qué implica el término "Aprendizaje No Supervisado"?
a) Entrenar modelos utilizando únicamente datos etiquetados.
b) La capacidad de un modelo para aprender sin intervención humana.
c) El uso de algoritmos que aprenden de datos sin etiquetar para encontrar patrones o estructuras.
d) Un método para programar algoritmos de IA para realizar tareas específicas.

104. ¿Qué es "La Ley de Moore" en el contexto de la tecnología y la IA?
a) Una regla que predice el doblamiento de la capacidad de procesamiento de los chips cada dos años.
b) Una ley que regula el uso ético de la IA.
c) Una teoría que describe el aumento exponencial del volumen de datos.
d) Un principio que establece limitaciones en el desarrollo de la Inteligencia Artificial.

105. ¿Qué describe mejor a los "Modelos de IA Híbridos"?
a) Sistemas que combinan IA y procesamiento manual.
b) Modelos que utilizan tanto aprendizaje supervisado como no supervisado.
c) La integración de diferentes tipos de modelos y técnicas de IA en un solo sistema.
d) Modelos de IA que pueden funcionar tanto en hardware como en software.

106. ¿En qué consiste la "Optimización de Parámetros" en el entrenamiento de modelos de Machine Learning?
a) Seleccionar el mejor algoritmo para un problema específico de IA.
b) Ajustar los parámetros de un modelo para maximizar su rendimiento.
c) Reducir el número de variables utilizadas en un modelo de IA.
d) Aumentar la velocidad de procesamiento de un modelo de IA.

107. ¿Qué es el "Aprendizaje por Transferencia" (Transfer Learning) en IA?
a) La capacidad de un modelo para adaptarse a diferentes tipos de tareas de IA.
b) Transferir datos de un modelo a otro para mejorar su rendimiento.
c) Utilizar conocimientos adquiridos en una tarea para resolver problemas en otra área relacionada.
d) Cambiar el enfoque de un proyecto de IA a otro campo.

108. ¿Qué papel juega la "Reducción de Dimensionalidad" en el análisis de datos?
a) Incrementar la cantidad de características en un conjunto de datos.
b) Disminuir el número de variables en un conjunto de datos para simplificar los modelos de IA.
c) Dividir un conjunto de datos en subconjuntos más pequeños.
d) Mejorar la precisión de los modelos de IA.

109. ¿Qué es una "Función de Activación" en una red neuronal?
a) Un algoritmo que decide qué neuronas se activarán en la siguiente capa de la red.
b) Una técnica para acelerar el entrenamiento de redes neuronales.
c) Un método para conectar diferentes redes neuronales.
d) Una operación matemática que determina la salida de una neurona.

110. ¿En qué consiste el "Aprendizaje Federado" en Machine Learning?
a) Un método de aprendizaje donde varios modelos se entrenan de forma independiente.
b) Un enfoque de aprendizaje donde múltiples dispositivos colaboran en el entrenamiento de un modelo sin compartir datos.
c) La combinación de datos de diferentes fuentes para entrenar un modelo de IA.
d) Un sistema de IA que se auto-entrena con datos de múltiples fuentes en tiempo real.

RESPUESTAS

Respuestas

1. Respuesta correcta: a) Un subcampo de la Inteligencia Artificial que se centra en el desarrollo de sistemas capaces de aprender automáticamente de los datos.
Explicación: El Machine Learning es un subcampo de la IA que permite a los sistemas aprender y mejorar a partir de la experiencia sin ser explícitamente programados.

2. Respuesta correcta: b) Información que se presenta en un formato no estándar, como texto libre, imágenes, o videos.
Explicación: Los datos desestructurados son aquellos que no tienen un formato fijo o estructurado, como textos, imágenes y videos.

3. Respuesta correcta: c) Un tipo de red neuronal que se utiliza principalmente para tareas de clasificación y detección en imágenes y videos.
Explicación: Las CNN son redes neuronales especializadas en procesar datos visuales, usadas comúnmente en la clasificación y detección de imágenes.

4. Respuesta correcta: a) Un tipo de aprendizaje automático donde los modelos se entrenan para tomar decisiones secuenciales.
Explicación: El Aprendizaje por Reforzamiento se centra en cómo los agentes deben tomar decisiones para maximizar alguna noción de recompensa acumulativa.

5. Respuesta correcta: b) Reconocimiento de voz en asistentes virtuales.
Explicación: El IoT implica conectar dispositivos cotidianos a Internet, y el reconocimiento de voz en asistentes virtuales es un ejemplo común de esto.

6. Respuesta correcta: c) Mapas de calor (Heatmaps).
Explicación: Los mapas de calor son útiles para visualizar la correlación entre múltiples variables, a menudo usados en análisis de datos de Machine Learning.

7. Respuesta correcta: b) Una técnica para identificar las fortalezas, debilidades, oportunidades y amenazas de un proyecto.
Explicación: El Análisis SWOT es una herramienta estratégica utilizada para evaluar estos cuatro aspectos críticos de un proyecto.

8. Respuesta correcta: c) La identificación, mitigación y comprensión de los sesgos en los sistemas de IA.
Explicación: El módulo sobre sesgos en IA se centra en cómo identificar y reducir los prejuicios y sesgos en los algoritmos y sistemas de IA.

9. Respuesta correcta: b) El campo de aplicación de modelos de aprendizaje automático en dispositivos con recursos limitados.
Explicación: TinyML se refiere al despliegue de modelos de Machine Learning eficientes en dispositivos de bajo consumo y con recursos limitados.

10. Respuesta correcta: b) Gestionar, planificar y supervisar el desarrollo efectivo de proyectos de IA.
Explicación: El Project Management en IA implica la gestión integral del proceso de desarrollo, desde la planificación hasta la ejecución y revisión de proyectos de IA.

11. Respuesta correcta: b) Un sistema de almacenamiento que organiza y almacena datos históricos para análisis y consulta.
Explicación: Un Data Warehouse es una plataforma de almacenamiento de datos diseñada para analizar y consultar grandes cantidades de datos históricos.

12. Respuesta correcta: b) Una estructura de datos que representa decisiones y sus posibles consecuencias.
Explicación: Un Árbol de Decisión es un modelo de ML que representa gráficamente decisiones y sus posibles resultados o consecuencias.

13. Respuesta correcta: a) Clasificación de correos electrónicos como spam o no spam.
Explicación: El aprendizaje supervisado implica entrenar un modelo con datos etiquetados, como clasificar correos electrónicos en categorías predefinidas.

14. Respuesta correcta: b) Un algoritmo de clasificación y regresión basado en la proximidad de los datos de muestra.
Explicación: k-NN es un algoritmo simple y efectivo que clasifica o predice basándose en la proximidad o similitud con los datos de muestra más cercanos.

15. Respuesta correcta: b) El análisis y presentación de datos para ayudar en la toma de decisiones empresariales.
Explicación: Business Intelligence se refiere a tecnologías y estrategias utilizadas para el análisis de datos de negocios, ayudando en la toma de decisiones.

16. Respuesta correcta: c) La habilidad de una computadora para entender, interpretar y generar lenguaje humano.
Explicación: El NLP permite a las computadoras procesar e interactuar con el lenguaje humano, incluyendo comprensión y generación de texto.

17. Respuesta correcta: a) La conversión de un modelo de Machine Learning a una versión más pequeña y eficiente.
Explicación: La cuantización en TinyML implica reducir el tamaño del modelo y su complejidad para adaptarse a dispositivos con recursos limitados.

18. Respuesta correcta: b) Gestionar la ética y la privacidad de los datos.
Explicación: Uno de los desafíos clave en los proyectos de IA es asegurar la ética y proteger la privacidad de los datos utilizados y generados.

19. Respuesta correcta: b) Segmentación de oraciones y tokenización de palabras.
Explicación: En el minado de texto, esta técnica divide el texto en unidades más pequeñas, como palabras o frases, para su análisis.

20. Respuesta correcta: b) Un modelo computacional basado en la estructura y funciones del cerebro humano.
Explicación: Las ANNs son sistemas computacionales que imitan la forma en que los cerebros humanos procesan la información, utilizadas en una variedad de aplicaciones de IA.

21. Respuesta correcta: b) Una versión reducida de TensorFlow diseñada para dispositivos con recursos limitados.
Explicación: TensorFlow Lite es una versión ligera de TensorFlow, optimizada para ejecutar modelos de Machine Learning en dispositivos con recursos limitados, como móviles y dispositivos IoT.

22. Respuesta correcta: c) Simular y analizar el comportamiento de un dispositivo físico en un entorno virtual.
Explicación: Un "Gemelo Digital" en IoT es una réplica digital de un dispositivo o sistema físico que permite la simulación, análisis y control remoto.

23. Respuesta correcta: c) La división de una imagen en partes o regiones significativas.
Explicación: La segmentación de imagen es un proceso de procesamiento de imágenes que divide una imagen en múltiples segmentos o regiones para facilitar su análisis.

24. Respuesta correcta: c) Automatizar el proceso de selección y reclutamiento.
Explicación: En el Departamento de RRHH, la IA puede automatizar y optimizar el proceso de selección y reclutamiento de personal, mejorando la eficiencia.

25. Respuesta correcta: b) Probar y ajustar los modelos de IA en entornos y situaciones reales.
Explicación: La evaluación y validación en el mundo real implica probar los modelos de IA en condiciones reales para asegurar su eficacia y precisión.

26. Respuesta correcta: b) Identificar y clasificar las emociones expresadas en un texto.
Explicación: El análisis de sentimientos en NLP se enfoca en identificar y clasificar opiniones o emociones expresadas en textos para entender mejor las reacciones y actitudes.

27. Respuesta correcta: c) Un almacenamiento que permite guardar grandes cantidades de datos en su forma nativa.
Explicación: Un Data Lake es un sistema de almacenamiento masivo que permite almacenar grandes volúmenes de datos en su formato original para análisis futuros.

28. Respuesta correcta: b) Mejorando la interpretación y visualización de los datos.
Explicación: La reducción de dimensiones en Machine Learning ayuda a simplificar los datos, facilitando su interpretación y visualización, sin perder información relevante.

29. Respuesta correcta: b) El procesamiento de datos cerca de la fuente de datos, como en dispositivos IoT.
Explicación: Edge Computing se refiere al procesamiento de datos cerca del lugar donde se generan (por ejemplo, en dispositivos IoT), reduciendo la latencia y el uso de ancho de banda.

30. Respuesta correcta: b) La capacidad de una computadora para generar texto humanoide.
Explicación: La Generación del Lenguaje Natural es un subcampo del NLP que se centra en la capacidad de las máquinas para crear texto que parece haber sido escrito por humanos.

31. Respuesta correcta: b) Las limitaciones de memoria y capacidad de procesamiento de los dispositivos.
Explicación: En TinyML, un desafío clave es adaptar modelos de IA a dispositivos con recursos limitados como memoria y capacidad de procesamiento.

32. Respuesta correcta: b) Un modelo preentrenado adaptado a una nueva tarea o conjunto de datos.
Explicación: El aprendizaje por transferencia implica tomar un modelo ya entrenado y adaptarlo a una nueva tarea relacionada, aprovechando el conocimiento previo.

33. Respuesta correcta: b) Reduce la latencia y el ancho de banda necesario al procesar datos localmente.
Explicación: El procesamiento de datos en el borde (Edge Processing) en IoT implica analizar los datos en el lugar donde se generan, reduciendo la latencia y el uso de ancho de banda.

34. Respuesta correcta: c) Una técnica para predecir un valor numérico continuo basado en una o más variables independientes.
Explicación: La regresión lineal es un método estadístico para predecir un valor numérico continuo a partir de una o más variables independientes.

35. Respuesta correcta: b) Una Librería de redes neuronales para microcontroladores ARM Cortex-M.
Explicación: CMSIS-NN es una Librería de redes neuronales optimizada para microcontroladores ARM Cortex-M, usada en aplicaciones de TinyML.

36. Respuesta correcta: c) El desarrollo iterativo y el enfoque en la adaptabilidad a los cambios.
Explicación: En un proyecto de IA ágil bajo Scrum, se enfatiza el desarrollo iterativo, permitiendo la adaptabilidad y flexibilidad frente a los cambios durante el proyecto.

37. Respuesta correcta: c) Escalar los datos para que estén dentro de un rango específico y comparables.
Explicación: La normalización de datos en Machine Learning implica ajustar la escala de los datos para que todas las características contribuyan equitativamente al modelo.

38. Respuesta correcta: b) Una colección de datos con características similares agrupados juntos.
Explicación: En Machine Learning, un clúster se refiere a un grupo de datos que son similares entre sí y diferentes de los datos en otros grupos.

39. Respuesta correcta: b) Un modelo basado en la combinación de múltiples árboles de decisión para mejorar la precisión.
Explicación: El método de Random Forest combina múltiples árboles de decisión para formar un modelo más robusto y preciso.

40. Respuesta correcta: c) Un método para transformar las características de los datos en componentes principales de menor dimensión.
Explicación: El Análisis de Componentes Principales (PCA) reduce la dimensión de los datos transformándolos en un nuevo conjunto de variables (componentes principales) que son una combinación lineal de las originales.

41. Respuesta correcta: a) Gráficos que muestran la relación entre dos variables numéricas mediante puntos en un plano.
Explicación: Los Scatter Plots o diagramas de dispersión son utilizados para visualizar la relación o correlación entre dos variables numéricas.

42. Respuesta correcta: b) Ofrecer un entorno de desarrollo integrado (IDE) basado en la nube para Python.
Explicación: Google Colab proporciona un entorno de codificación en Python en la nube, especialmente útil para el desarrollo y experimentación en proyectos de IA.

43. Respuesta correcta: a) Un tipo de red neuronal especializada en el procesamiento de datos en secuencia.
Explicación: Las Redes Neuronales Recurrentes (RNN) son adecuadas para tareas relacionadas con datos secuenciales, como el lenguaje hablado o escrito.

44. Respuesta correcta: b) Dividir texto en palabras o frases más pequeñas y manejables para su análisis.
Explicación: La tokenización en NLP implica dividir el texto en unidades más pequeñas, como palabras o frases, para facilitar su procesamiento y análisis.

45. Respuesta correcta: a) La habilidad de los modelos de IA para aprender y adaptarse en tiempo real en dispositivos de borde.
Explicación: El aprendizaje continuo y adaptativo en TinyML se refiere a la capacidad de los modelos de IA de aprender y adaptarse en tiempo real en dispositivos edge o de borde.

46. Respuesta correcta: b) Una metodología para la planificación estratégica que evalúa fortalezas, debilidades, oportunidades y amenazas.
Explicación: El análisis SWOT es una herramienta de planificación estratégica utilizada para evaluar las Fortalezas, Debilidades, Oportunidades y Amenazas en proyectos, incluyendo los de IA.

47. Respuesta correcta: b) Un proceso secuencial donde cada fase depende de la entrega de la fase anterior.
Explicación: El método Waterfall es un enfoque de gestión de proyectos que sigue un proceso secuencial y lineal, donde cada fase comienza solo después de completar la anterior.

48. Respuesta correcta: c) Una tabla que mide la relación lineal entre dos o más variables numéricas.
Explicación: Una matriz de correlación es una herramienta que muestra cómo están relacionadas linealmente diferentes variables numéricas entre sí.

49. Respuesta correcta: a) Una Librería de Python utilizada para el análisis y manipulación de datos.
Explicación: Pandas es una Librería de Python ampliamente utilizada en análisis de datos, ofreciendo estructuras de datos y herramientas para manipular y analizar grandes conjuntos de datos.

50. Respuesta correcta: b) En la gestión integral del proyecto, incluyendo planificación, ejecución y revisión.
Explicación: El projectmanagement en IA se centra en la gestión total del proyecto, abarcando desde la planificación y ejecución hasta la monitorización y revisión del proyecto.

51. Respuesta correcta: c) Clasificar, identificar y procesar imágenes para el reconocimiento de patrones.
Explicación: Las CNN son un tipo de red neuronal profunda especializada en el procesamiento y análisis de imágenes, utilizada ampliamente en el reconocimiento de patrones.

52. Respuesta correcta: b) Una metodología que enfatiza la adaptabilidad, el trabajo en equipo y la entrega continua.
Explicación: Los marcos de trabajo ágiles en la gestión de proyectos de IA promueven la flexibilidad, la colaboración y la entrega continua de valor.

53. Respuesta correcta: c) Preparando y limpiando texto para mejorar la eficiencia del análisis.
Explicación: El preprocesamiento de texto en NLP implica limpiar y preparar el texto (como eliminar ruido o normalizar palabras) para mejorar el procesamiento y análisis posterior.

54. Respuesta correcta: b) Un marco de trabajo ágil para la gestión de proyectos que promueve iteración rápida, adaptabilidad y feedback.
Explicación: Scrum es un marco de trabajo ágil que se centra en la gestión iterativa y adaptable de proyectos, con un fuerte énfasis en el feedback regular.

55. Respuesta correcta: b) El proceso de eliminar partes innecesarias de un modelo para mejorar su eficiencia.
Explicación: La poda en Machine Learning se refiere a la eliminación de componentes no esenciales de un modelo, como neuronas o capas, para mejorar su eficiencia y rendimiento.

56. Respuesta correcta: b) Proporcionar interacción automatizada y en tiempo real con usuarios mediante procesamiento de lenguaje natural.
Explicación: Los chatbots impulsados por IA utilizan el procesamiento de lenguaje natural para interactuar de manera automática y en tiempo real con los usuarios, ofreciendo respuestas y asistencia.

57. Respuesta correcta: b) Una técnica para predecir el valor de una variable dependiente basada en una o más variables independientes.
Explicación: El análisis de regresión en Machine Learning es un método estadístico utilizado para predecir el valor de una variable dependiente a partir de variables independientes.

58. Respuesta correcta: b) La práctica de extraer patrones significativos y conocimientos de grandes conjuntos de datos.
Explicación: Data Mining implica analizar grandes volúmenes de datos para descubrir patrones, tendencias y relaciones significativas.

59. Respuesta correcta: b) Una medida para evaluar el rendimiento y la precisión de un modelo de IA.
Explicación: Las métricas de evaluación en Machine Learning son herramientas utilizadas para medir y evaluar el rendimiento de un modelo, como su precisión, sensibilidad y especificidad.

60. Respuesta correcta: b) El uso de redes neuronales profundas para modelar y resolver problemas complejos.
Explicación: Deep Learning, un subcampo de Machine Learning, implica el uso de redes neuronales con múltiples capas (profundas) para modelar y resolver problemas complejos, especialmente aquellos relacionados con grandes cantidades de datos.

61. Respuesta correcta: c) Una Interfaz de Programación de Aplicaciones que permite la interacción entre diferentes programas de software.
Explicación: Una API en desarrollo de software facilita la interacción entre distintos programas, permitiendo que sistemas y aplicaciones se comuniquen y compartan funciones o datos.

62. Respuesta correcta: b) Representar datos mediante gráficos y diagramas para facilitar su comprensión.
Explicación: La visualización de datos en Machine Learning implica el uso de gráficos y diagramas para representar datos de manera que sean más fáciles de entender y analizar.

63. Respuesta correcta: b) Un enfoque que combina una pequeña cantidad de datos etiquetados con una gran cantidad de datos no etiquetados.
Explicación: El aprendizaje semi-supervisado utiliza tanto datos etiquetados (en menor cantidad) como no etiquetados, aprovechando las ventajas de ambos enfoques.

64. Respuesta correcta: c) Analizar y extraer información útil de imágenes digitales.
Explicación: El procesamiento de imágenes en IA se centra en el análisis de imágenes para extraer información relevante, como en tareas de reconocimiento o clasificación.

65. Respuesta correcta: b) Un algoritmo de "Gradient Boosting" optimizado para rendimiento y eficiencia.
Explicación: XGBoost es un algoritmo de Machine Learning que utiliza técnicas de Gradient Boosting, conocido por su eficiencia, rendimiento y capacidad para manejar grandes conjuntos de datos.

66. Respuesta correcta: c) Para combinar elementos virtuales con el mundo real, mejorando las interacciones y aplicaciones de IA.
Explicación: La realidad aumentada en proyectos de IA se usa para superponer información o elementos virtuales en el mundo real, enriqueciendo la experiencia del usuario.

67. Respuesta correcta: b) La habilidad de un sistema de IA para explicar sus procesos y decisiones de manera comprensible para los humanos.
Explicación: La IA explicable se refiere a sistemas de IA diseñados para proporcionar explicaciones claras y comprensibles sobre cómo y por qué toman ciertas decisiones o acciones.

68. Respuesta correcta: b) Un sistema de IA que toma decisiones basado en un conjunto predefinido de reglas.
Explicación: Un sistema basado en reglas en IA utiliza un conjunto específico de reglas lógicas para tomar decisiones o realizar análisis, basándose en entradas definidas.

69. Respuesta correcta: a) Ajustar los parámetros de un algoritmo para mejorar su rendimiento y precisión.
Explicación: La optimización de hiperparámetros en Machine Learning implica ajustar los parámetros clave de un modelo (como la tasa de aprendizaje) para mejorar su efectividad y eficiencia.

70. Respuesta correcta: b) La creación automática de texto comprensible y coherente por parte de una computadora.
Explicación: Natural Language Generation (NLG) es un proceso en el que las computadoras generan automáticamente texto natural y comprensible, a menudo utilizado en sistemas de respuesta automática o generación de informes.

71. Respuesta correcta: b) Un modelo que se ha ajustado excesivamente a los datos de entrenamiento y no generaliza bien a nuevos datos.
Explicación: Overfitting ocurre cuando un modelo de Machine Learning aprende los detalles y el ruido de los datos de entrenamiento hasta el punto de que afecta negativamente su rendimiento en datos nuevos.

72. Respuesta correcta: a) Dividir un conjunto de datos en subconjuntos basados en similitudes.
Explicación: Clustering en Machine Learning es un método de aprendizaje no supervisado que agrupa datos en conjuntos o clusters basándose en su similitud o proximidad.

73. Respuesta correcta: b) Reducir el tamaño y la complejidad de un modelo de IA para su uso en dispositivos con recursos limitados.
Explicación: La cuantización de modelos en TinyML implica reducir el tamaño y la complejidad del modelo para que pueda ejecutarse en dispositivos con recursos limitados, como microcontroladores.

74. Respuesta correcta: b) Crear representaciones gráficas de datos para su análisis e interpretación.
Explicación: Las librerías de visualización de datos en Python, como Matplotlib y Seaborn, se utilizan para crear gráficos y diagramas que facilitan el análisis y la interpretación de los datos.

75. Respuesta correcta: b) Un programa que utiliza IA para imitar conversaciones humanas de manera realista.
Explicación: Los chatbots conversacionales son programas impulsados por IA diseñados para simular la manera en que los humanos conversan, respondiendo de manera realista a las entradas del usuario.

76. Respuesta correcta: b) Conjuntos de datos extremadamente grandes que requieren técnicas avanzadas de análisis.
Explicación: Big Data se refiere a conjuntos de datos que son tan grandes o complejos que las técnicas de procesamiento de datos tradicionales son inadecuadas para manejarlos eficientemente.

77. Respuesta correcta: b) Como un método de clasificación para predecir la probabilidad de una categoría binaria.
Explicación: La regresión logística es una técnica estadística en Machine Learning utilizada para la clasificación binaria, es decir, predecir la probabilidad de que una observación pertenezca a una de dos categorías.

78. Respuesta correcta: b) Utilizar un modelo entrenado en una tarea para realizar otra tarea relacionada.
Explicación: El Transfer Learning en IA implica tomar un modelo desarrollado para una tarea específica y reutilizarlo en una segunda tarea relacionada, ajustándolo según sea necesario.

79. Respuesta correcta: b) Entrenar modelos de IA mediante recompensas y penalizaciones para aprender comportamientos específicos.
Explicación: El aprendizaje reforzado se basa en el uso de recompensas y penalizaciones para guiar a los modelos de IA a aprender comportamientos específicos a través de la prueba y el error.

80. Respuesta correcta: b) Extraer información útil y patrones de grandes volúmenes de texto.
Explicación: El minado de texto en Procesamiento de Lenguaje Natural se centra en extraer información, patrones y conocimientos relevantes de grandes cantidades de texto.

81. Respuesta correcta: b) Un error sistemático que hace que un modelo sea injusto o parcial.
Explicación: El "bias" en Machine Learning se refiere a un sesgo sistemático en los datos o en el algoritmo que puede llevar a resultados parciales o injustos.

82. Respuesta correcta: b) Reducir la cantidad de características de un conjunto de datos manteniendo la mayor cantidad de información posible.
Explicación: El Análisis de Componentes Principales (PCA) es una técnica de reducción de dimensionalidad que transforma las características originales de un conjunto de datos en nuevas características (componentes principales) que retienen la mayor cantidad de información.

83. Respuesta correcta: a) Un método basado en la evolución biológica para resolver problemas de optimización.
Explicación: Los algoritmos genéticos son técnicas de optimización y búsqueda basadas en los principios de la genética y la selección natural.

84. Respuesta correcta: b) Clasificar a los clientes en grupos basados en características similares para una mejor focalización de marketing.
Explicación: La segmentación de clientes en análisis de datos implica agrupar a los clientes en categorías basadas en características comunes para dirigir esfuerzos de marketing de manera más efectiva.

85. Respuesta correcta: b) Para encontrar irregularidades o patrones inusuales en los datos que pueden indicar problemas.
Explicación: La detección de anomalías en Machine Learning se utiliza para identificar puntos de datos, eventos o observaciones que se desvían significativamente de la mayoría de los datos, lo que puede indicar un problema.

86. Respuesta correcta: c) Un algoritmo de clustering que divide un conjunto de datos en K grupos distintos.
Explicación: K-Means es un algoritmo popular de clustering no supervisado que agrupa datos en un número predefinido de clusters (K) basándose en sus características.

87. Respuesta correcta: c) En la práctica de descubrir patrones y conocimientos en grandes conjuntos de datos.
Explicación: El minado de datos (Data Mining) implica analizar grandes conjuntos de datos para descubrir patrones ocultos, correlaciones y otros conocimientos útiles.

88. Respuesta correcta: b) Un método para combinar múltiples modelos para mejorar la precisión de las predicciones.
Explicación: Los modelos ensemble en Machine Learning combinan las predicciones de varios modelos base para mejorar la robustez y precisión del modelo final.

89. Respuesta correcta: c) Dividir texto en unidades más pequeñas, como palabras o frases, para su análisis.
Explicación: La tokenización en el procesamiento de lenguaje natural es el proceso de dividir texto en piezas más pequeñas (tokens), como palabras o frases, para facilitar su análisis posterior.

90. Respuesta correcta: c) Ofrecer una plataforma para el desarrollo y entrenamiento de modelos de Machine Learning.
Explicación: TensorFlow es una Librería de software de código abierto desarrollada por Google para el desarrollo y entrenamiento de modelos de Machine Learning y Deep Learning.

91. Respuesta correcta: b) IA diseñada para explicar sus decisiones y procesos de una manera que los humanos puedan entender.
Explicación: La Inteligencia Artificial Explicable (XAI) se refiere a sistemas de IA diseñados para que sus procesos de toma de decisiones sean transparentes y comprensibles para los humanos.

92. Respuesta correcta: b) En el empleo de redes neuronales con muchas capas para modelar problemas complejos.
Explicación: El Aprendizaje profundo (Deep Learning) utiliza redes neuronales profundas, con múltiples capas ocultas, para modelar y resolver problemas complejos, especialmente en el campo de la percepción y el reconocimiento.

93. Respuesta correcta: b) Un sistema que proporciona sugerencias personalizadas a los usuarios basado en sus preferencias y datos históricos.
Explicación: Los sistemas de recomendación en Machine Learning analizan datos y preferencias de los usuarios para proporcionar sugerencias personalizadas, como productos, servicios o contenidos.

94. Respuesta correcta: b) Medir y evaluar el rendimiento y la precisión de un modelo.
Explicación: Las métricas de evaluación en Machine Learning son herramientas usadas para medir y evaluar el rendimiento de un modelo, como su precisión, sensibilidad y especificidad.

95. Respuesta correcta: a) En el cálculo de probabilidades de eventos futuros basado en eventos pasados.
Explicación: La inferencia bayesiana en estadísticas y Machine Learning utiliza el teorema de Bayes para actualizar la probabilidad de una hipótesis a medida que se disponga de más evidencia o información.

96. Respuesta correcta: c) Una Librería de software para el desarrollo de aplicaciones de Machine Learning y Deep Learning.
Explicación: PyTorch es una Librería popular de software de código abierto que se utiliza para desarrollar aplicaciones de Machine Learning y Deep Learning, conocida por su flexibilidad y facilidad de uso.

97. Respuesta correcta: b) Para dividir una imagen en regiones que representan diferentes categorías semánticas.
Explicación: La segmentación semántica en el procesamiento de imágenes se utiliza para dividir una imagen en partes o regiones, cada una de las cuales corresponde a una categoría semántica distinta.

98. Respuesta correcta: b) Un modelo que predice la relación entre variables independientes y una variable dependiente.
Explicación: Los modelos de regresión en Machine Learning se utilizan para predecir el valor de una variable dependiente basándose en una o más variables independientes.

99. Respuesta correcta: c) En el entrenamiento de modelos con datos etiquetados para predecir resultados.
Explicación: El aprendizaje automático supervisado implica entrenar modelos utilizando conjuntos de datos etiquetados, donde cada ejemplo de entrenamiento incluye una entrada y la salida correspondiente.

100. Respuesta correcta: a) Una red diseñada para el procesamiento de datos de series temporales.
Explicación: Las Redes Neuronales Recurrentes (RNN) son adecuadas para trabajar con datos secuenciales o series temporales, como el lenguaje hablado o escrito, ya que pueden procesar secuencias de información manteniendo un estado interno.

101. Respuesta correcta: c) Un algoritmo de clasificación y regresión que busca el hiperplano óptimo para separar diferentes clases.
Explicación: Las Máquinas de Soporte Vectorial (SVM) son algoritmos de Machine Learning utilizados para la clasificación y regresión que buscan encontrar el hiperplano óptimo para separar clases en un espacio de características.

102. Respuesta correcta: a) En la creación de sistemas que pueden entender e interpretar el lenguaje humano.
Explicación: El Procesamiento de Lenguaje Natural (NLP) se refiere a la capacidad de las máquinas para comprender y procesar el lenguaje humano, incluyendo tareas como el análisis de texto y la generación de lenguaje natural.

103. Respuesta correcta: c) El uso de algoritmos que aprenden de datos sin etiquetar para encontrar patrones o estructuras.
Explicación: El Aprendizaje No Supervisado implica utilizar algoritmos para aprender de datos sin etiquetar y descubrir patrones o estructuras en los datos por sí mismos, sin una supervisión explícita.

104. Respuesta correcta: a) Una regla que predice el doblamiento de la capacidad de procesamiento de los chips cada dos años.
Explicación: La Ley de Moore predice que la capacidad de procesamiento de los chips se duplicará aproximadamente cada dos años, lo que ha sido una tendencia en la industria de la tecnología.

105. Respuesta correcta: c) La integración de diferentes tipos de modelos y técnicas de IA en un solo sistema.
Explicación: Los Modelos de IA Híbridos se refieren a la combinación de diferentes enfoques y técnicas de Inteligencia Artificial en un solo sistema para mejorar su rendimiento y capacidad.

106. Respuesta correcta: b) Ajustar los parámetros de un modelo para maximizar su rendimiento.
Explicación: La Optimización de Parámetros implica ajustar los valores de los parámetros de un modelo de Machine Learning para mejorar su rendimiento y precisión en la tarea específica.

107. Respuesta correcta: c) Utilizar conocimientos adquiridos en una tarea para resolver problemas en otra área relacionada.
Explicación: El Aprendizaje por Transferencia implica utilizar conocimientos o modelos entrenados en una tarea para ayudar a resolver problemas en otra tarea relacionada, lo que puede acelerar el entrenamiento y mejorar el rendimiento.

108. Respuesta correcta: b) Disminuir el número de variables en un conjunto de datos para simplificar los modelos de IA.
Explicación: La Reducción de Dimensionalidad implica reducir el número de variables o características en un conjunto de datos para simplificar los modelos de IA y mejorar su eficiencia sin perder información crítica.

109. Respuesta correcta: d) Una operación matemática que determina la salida de una neurona.
Explicación: Una Función de Activación en una red neuronal es una función matemática que determina la salida de una neurona en función de sus entradas ponderadas, lo que introduce no linealidad en la red y permite aprender relaciones más complejas.

110. Respuesta correcta: b) Un enfoque de aprendizaje donde múltiples dispositivos colaboran en el entrenamiento de un modelo sin compartir datos.
Explicación: El Aprendizaje Federado es un enfoque en el que múltiples dispositivos colaboran en el entrenamiento de un modelo de IA sin compartir sus datos brutos, lo que preserva la privacidad de los datos mientras se mejora el modelo.

GLOSARIO

Glosario

Realizar un glosario de todo lo relacionado con el Machine Learning y la Inteligencia Artificial es un trabajo de mastodonte. Para que te hagas una idea, imagínate el océano pacífico. Imagina el rincón más alejado del océano. Es un día nublado y hay tormenta. Imagínate flotando en mitad de las aguas agitadas. De pronto una ola te sumerge, y sumergido, suspendido en las oscuras y frías aguas del océano, observas como un megalodón se acerca a ti. Pues así es como yo me siento ahora que tengo que abordar el hecho de realizar un glosario. El glosario de IA y ML es inmenso. Es un monstruo que no puedes controlar. Si te enfrentas a él de lleno solo puedes perder. Por este motivo y teniendo en cuenta que supongo que muchos de los términos que he mencionado anteriormente en el libro ya los tienes claros, voy a centrarme primero en los más importantes y segundo en aquellos que por no poder profundizar en otros aspectos de la IA y el ML no hemos tocado, pero que, sin duda alguna, y si te conviertes en un buen IA-Manager, tarde o temprano tendrás que enfrentarte a ellos.

A

A/B Testing: Pruebas A/B es un método de comparación de dos versiones de una página web, aplicación o producto para determinar cuál de ellas tiene un mejor rendimiento.

Accuracy: Precisión es una medida que evalúa qué tan cercanas son las predicciones de un modelo de aprendizaje automático a los valores reales.

Activation Function: Función de activación es una función matemática que se aplica a la salida de una neurona en una red neuronal artificial para determinar su activación o respuesta.

Adaptive Learning: Aprendizaje adaptativo se refiere a sistemas de Inteligencia Artificial que se ajustan automáticamente para personalizar el aprendizaje basándose en las respuestas y necesidades individuales del usuario.

Adversarial Attack: Ataque adversario es una técnica utilizada para engañar a los modelos de aprendizaje automático, introduciendo pequeñas pero intencionadas alteraciones en los datos de entrada.

Adversarial Learning: Aprendizaje adversario es un enfoque en el aprendizaje automático donde se utilizan modelos generativos para crear ejemplos de entrenamiento que pueden mejorar la robustez de los modelos.

Agent-Based Modeling: Modelado basado en agentes es una clase de modelado computacional que simula las interacciones de agentes autónomos (individuos o entidades) para evaluar sus efectos en el sistema como un todo.

Agile Methodology: Metodología Ágil es un enfoque para la gestión de proyectos, especialmente en el desarrollo de software, que enfatiza la flexibilidad, la colaboración continua y la adaptabilidad a los cambios.

AI Deployment: Implementación de IA es el proceso de poner en funcionamiento un sistema de Inteligencia Artificial en un entorno real.

AI Documentation: Documentación de IA se refiere a la creación y mantenimiento de registros y documentación relacionados con el desarrollo y uso de sistemas de Inteligencia Artificial.

AI Ethics Evaluation: Evaluación ética de IA implica evaluar si un sistema de Inteligencia Artificial cumple con estándares éticos y morales establecidos.

AI Ethics: Ética de la IA es el estudio y la promoción de prácticas éticas en el campo de la Inteligencia Artificial, incluida la consideración de cuestiones como la privacidad, la equidad y la transparencia.

AI Frameworks: Marcos de trabajo de IA son conjuntos de herramientas y Librerías que facilitan el desarrollo de aplicaciones de Inteligencia Artificial.

AI Manager: Gerente de IA es una persona responsable de supervisar y garantizar la ética y la responsabilidad en proyectos de Inteligencia Artificial.

AI Monitoring: Monitoreo de IA es la supervisión continua de un sistema de Inteligencia Artificial para garantizar su rendimiento y precisión.

AI Project: Proyecto de IA es un esfuerzo organizado para desarrollar sistemas o aplicaciones basados en Inteligencia Artificial para lograr objetivos específicos.

AI Quality Control: Control de calidad de IA es el proceso de asegurar que los sistemas de Inteligencia Artificial funcionen de manera precisa y confiable.

AI Regulations: Regulaciones de la IA se refieren a las leyes y regulaciones gubernamentales que rigen el desarrollo y uso de tecnologías de Inteligencia Artificial.

AI Risk Analysis: Análisis de riesgos de IA es la evaluación de posibles riesgos y desafíos asociados con el desarrollo y uso de tecnologías de Inteligencia Artificial.

AI Team: Equipo de IA es el grupo de profesionales que colaboran en el desarrollo y implementación de soluciones de Inteligencia Artificial en un proyecto.

Algorithm: Es un conjunto de reglas o instrucciones definidas y no ambiguas ordenadas secuencialmente que se ejecutan para realizar una tarea o resolver un problema.

Algorithmic Bias: Sesgo algorítmico es la tendencia de un sistema de Inteligencia Artificial a generar resultados sesgados debido a suposiciones erróneas en el proceso de aprendizaje automático o en los datos utilizados para entrenarlo.

Algorithmic Efficiency: Eficiencia algorítmica se refiere a la evaluación de la velocidad y la utilización de recursos en la ejecución de un algoritmo.

Alpha Testing: Pruebas Alfa es una fase de prueba de software en la que se evalúa una versión temprana del producto por un grupo limitado, usualmente dentro de la organización que lo desarrolla.

Ambient Intelligence: Inteligencia ambiental es un entorno donde los dispositivos tecnológicos trabajan en conjunto para asistir a las personas de manera intuitiva y no intrusiva.

Analytics: Analítica se refiere al proceso de explorar y analizar grandes conjuntos de datos para descubrir patrones, tendencias y obtener información valiosa.

Anchor Node: Nodo ancla es un punto de referencia fijo utilizado en varios algoritmos de redes para ayudar en la localización y mapeo de redes.

Annotated Data: Datos anotados son aquellos que han sido etiquetados con información adicional, como etiquetas o comentarios, para facilitar su análisis o procesamiento en tareas de aprendizaje automático.

Anomaly Detection System: Sistema de detección de anomalías es un sistema diseñado para identificar patrones o elementos atípicos en un conjunto de datos que no se ajustan al comportamiento normal esperado.

Anomaly Detection: Detección de anomalías es el proceso de identificar datos o patrones inusuales que no se ajustan al comportamiento esperado en un conjunto de datos.

API (Application Programming Interface): Interfaz de Programación de Aplicaciones es un conjunto de protocolos y herramientas para construir software y aplicaciones, que permite la comunicación entre diferentes sistemas de software.

API Gateway: Gateway de API es un punto de gestión que se sitúa entre un conjunto de APIs y sus usuarios, facilitando funciones como seguridad, monitoreo y control de tráfico.

Apprenticeship Learning: Aprendizaje por aprendizaje es un método en el que un sistema de Inteligencia Artificial aprende observando y emulando las acciones de un experto humano o un sistema experto.

Architectural Pattern: Patrón arquitectónico se refiere a un conjunto de prácticas de diseño de software que solucionan problemas comunes de arquitectura en el desarrollo de software.

ARIMA Model (Autoregressive Integrated Moving Average): Modelo ARIMA es un modelo estadístico utilizado para analizar y predecir datos temporales, integrando componentes autoregresivos y de promedio móvil.

Artificial Creativity: Creatividad artificial se refiere a la capacidad de un sistema de Inteligencia Artificial para generar ideas, soluciones o trabajos artísticos novedosos e innovadores.

Artificial General Intelligence (AGI): Inteligencia Artificial General es un tipo de Inteligencia Artificial que tiene la capacidad de comprender, aprender y aplicar su inteligencia a una amplia gama de tareas, al nivel de la inteligencia humana.

Artificial Intelligence (AI): Inteligencia Artificial (IA) es el campo de la informática que se enfoca en desarrollar sistemas y programas de computadora capaces de realizar tareas que normalmente requieren inteligencia humana, como el aprendizaje, la toma de decisiones y el procesamiento de lenguaje natural.

Artificial Neural Network (ANN): Red Neuronal Artificial es un modelo computacional basado en la estructura y funciones del cerebro humano, utilizado para simular la forma en que los humanos aprenden y procesan la información.

Aspect-Oriented Programming: Programación orientada a aspectos es un paradigma de programación que permite separar preocupaciones transversales en una estructura de programa, mejorando así la modularidad.

Association Rules: Reglas de asociación son técnicas en minería de datos para descubrir cómo los elementos en un conjunto de datos están asociados entre sí.

Asymmetric Data: Datos asimétricos son aquellos en los que hay un desequilibrio significativo en la cantidad de datos disponibles para diferentes categorías o clases.

Asynchronous Learning: Aprendizaje asíncrono se refiere a un formato de educación donde los estudiantes no están obligados a estar en línea al mismo tiempo y pueden acceder al material de aprendizaje en cualquier momento.

Attribute Selection: Selección de atributos es el proceso de identificar y seleccionar aquellas características o atributos que son más relevantes o útiles para un modelo predictivo en el aprendizaje automático.

Attribute: Atributo es una propiedad o característica de un objeto que se utiliza en análisis de datos y modelado.

Augmented Data: Datos aumentados son datos que han sido modificados o ampliados, generalmente mediante técnicas de Inteligencia Artificial, para mejorar los procesos de entrenamiento de modelos de aprendizaje automático.

Augmented Reality (AR): Realidad Aumentada es una tecnología que superpone información digital en el entorno físico del usuario, ampliando así su percepción de la realidad.

Autoencoder: Autoencoder es un tipo de red neuronal artificial utilizada para aprender representaciones eficientes (codificaciones) de datos no etiquetados.

AutoML (Automated Machine Learning): Aprendizaje automático automatizado es un enfoque que utiliza software y algoritmos para automatizar tareas de construcción, entrenamiento y selección de modelos de aprendizaje automático.

Autonomous Systems: Sistemas autónomos son sistemas capaces de realizar tareas y tomar decisiones sin intervención humana, a menudo basados en tecnologías de Inteligencia Artificial.

AWS Machine Learning: AWS Machine Learning se refiere a los servicios y herramientas de aprendizaje automático ofrecidos por Amazon Web Services, que permiten el desarrollo y despliegue de modelos de aprendizaje automático en la nube.

Azure Machine Learning: Azure Machine Learning es un servicio en la nube de Microsoft que proporciona herramientas para desarrollar, entrenar y desplegar modelos de aprendizaje automático.

B

Backdoor in AI: Puerta trasera en Inteligencia Artificial se refiere a un mecanismo oculto en un sistema o software que permite a un usuario obtener acceso no autorizado o controlar el sistema de manera clandestina.

Backpropagation: Retropropagación es un algoritmo utilizado en el entrenamiento de redes neuronales para ajustar los pesos de las conexiones en función del error en la salida.

Bag of Words (BoW): Bolsa de palabras es una técnica de procesamiento de lenguaje natural que representa un texto como un conjunto de palabras sin considerar su orden ni su estructura gramatical.

Bagging (Bootstrap Aggregating): Bagging es una técnica de conjunto que combina múltiples modelos de aprendizaje automático entrenados en diferentes subconjuntos de datos para mejorar la precisión y reducir la varianza.

Balanced Dataset: Conjunto de datos equilibrado hace referencia a un conjunto de datos en el que las clases o categorías están representadas de manera uniforme o proporcional, evitando sesgos en el entrenamiento de modelos.

Bandit Algorithms: Algoritmos bandido son utilizados en el aprendizaje automático para problemas de decisión secuencial, donde se debe equilibrar la exploración de nuevas opciones y la explotación de las ya conocidas.

Baseline Model: Modelo base es un modelo simple y a menudo utilizado como punto de referencia para comparar el rendimiento de modelos de aprendizaje automático más avanzados.

Batch Learning: Aprendizaje por lotes es un método de entrenamiento de modelos de aprendizaje automático donde el sistema aprende a partir de todo el conjunto de datos disponible en una sola iteración.

Batch Normalization: Normalización por lotes es una técnica utilizada en el entrenamiento de redes neuronales que estandariza las entradas a una capa para cada mini-lote, lo que ayuda a mejorar la velocidad, el rendimiento y la estabilidad del entrenamiento.

Batch Size: Tamaño del lote se refiere al número de ejemplos de entrenamiento que se utilizan en cada iteración del proceso de entrenamiento de una red neuronal.

Bayesian Inference: Inferencia bayesiana es un método de inferencia estadística en el que se actualiza la probabilidad de una hipótesis a medida que se disponen de más evidencias o información.

Bayesian Network: Red bayesiana es un modelo gráfico probabilístico que representa relaciones de dependencia entre variables mediante un grafo acíclico dirigido.

Bayesian Optimization: Optimización bayesiana es una estrategia para la optimización de funciones costosas que utiliza el teorema de Bayes para dirigir la búsqueda a fin de encontrar el mínimo o máximo de una función.

Beam Search: Búsqueda por haz es un algoritmo heurístico que explora un grafo expandiendo los nodos más prometedores, limitando el número de nodos considerados y manteniendo un equilibrio entre el rendimiento y la calidad de la solución.

Behavioral Cloning: Clonación de comportamiento se refiere a una técnica en Inteligencia Artificial donde un modelo aprende a imitar o replicar el comportamiento de un agente, generalmente a través del aprendizaje supervisado.

Belief Network: Red de creencias es otro nombre para las redes bayesianas, que son modelos gráficos que representan relaciones de dependencia probabilística entre un conjunto de variables.

Benchmarking in AI: Benchmarking en Inteligencia Artificial implica evaluar y comparar el rendimiento de diferentes algoritmos, modelos o sistemas usando un conjunto estándar de tareas o datos.

Best-first Search: Búsqueda del mejor primero es un algoritmo de búsqueda que explora un grafo seleccionando el nodo más prometedor según una regla específica o una función heurística.

Bias: Se refiere a la tendencia de un algoritmo a favorecer ciertos resultados sobre otros. En aprendizaje automático, un sesgo puede llevar a modelos que ignoran aspectos importantes de los datos.

Bias Correction: Corrección de sesgo es el proceso de ajustar los métodos de estimación en estadísticas y aprendizaje automático para reducir los sesgos en los resultados.

Bias-Variance Trade-off: Compensación entre sesgo y varianza se refiere al equilibrio necesario entre reducir el sesgo de un modelo (para que se ajuste bien a los datos) y reducir su varianza (para que sea robusto frente a datos nuevos).

Biclustering: Biclustering es una técnica de minería de datos que permite agrupar simultáneamente filas y columnas de una matriz, útil para encontrar patrones correlacionados en datos de alta dimensión.

Bidirectional Encoder Representations from Transformers (BERT): Representaciones codificadoras bidireccionales de transformadores es un modelo de procesamiento de lenguaje natural basado en transformadores, conocido por su capacidad para capturar contextos bidireccionales en textos.

Bidirectional LSTM (BiLSTM): LSTM bidireccional es una variante de las redes neuronales LSTM que procesa la información en ambas direcciones (hacia adelante y hacia atrás), capturando mejor las dependencias en secuencias de datos.

Big Data: Gran cantidad de datos que supera la capacidad de manejo de las herramientas de bases de datos tradicionales. Se caracteriza por su volumen, velocidad, variedad y veracidad.

Binary Classification: Es un tipo de clasificación donde solo hay dos posibles resultados. Se utiliza comúnmente para problemas donde la respuesta es sí/no o verdadero/falso.

Binary Cross-Entropy: Entropía cruzada binaria es una función de pérdida utilizada en problemas de clasificación binaria en aprendizaje automático, que mide la diferencia entre las distribuciones de probabilidad verdaderas y las predichas.

Binary Decision Diagram (BDD): Diagrama de decisión binaria es una estructura de datos que se utiliza para representar funciones booleanas, permitiendo la manipulación eficiente de complejas funciones lógicas.

Binary Encoding: Codificación binaria es una forma de representar datos categorizando cada elemento en dos estados distintos, generalmente 0 y 1, para su uso en modelos computacionales.

Binary Search Tree (BST): Árbol de búsqueda binaria es una estructura de datos que organiza los elementos de manera que facilita la búsqueda rápida, inserción y eliminación de elementos.

Binning: Binning o discretización es el proceso de convertir variables continuas en categorías discretas, comúnmente usado en el preprocesamiento de datos para el análisis.

Bioinformatics in AI: Bioinformática en Inteligencia Artificial se refiere al uso de técnicas de IA para analizar y entender los datos biológicos, especialmente en áreas como genómica y proteómica.

Bio-inspired Algorithms: Algoritmos bioinspirados son aquellos que imitan procesos biológicos para resolver problemas complejos, como los algoritmos genéticos o de optimización de enjambre.

Biometric Authentication in AI: Autenticación biométrica en Inteligencia Artificial se refiere al uso de características físicas o conductuales únicas de individuos (como huellas dactilares o reconocimiento facial) para verificar su identidad.

Bitwise Operations in AI: Operaciones a nivel de bits en Inteligencia Artificial se refieren al uso de operaciones lógicas binarias para manipular bits o conjuntos de bits, útiles en ciertas operaciones de bajo nivel.

Bivariate Analysis: Análisis bivariado en estadística y machine learning se refiere al análisis de dos variables para determinar relaciones y correlaciones entre ellas.

Black Box Model: Modelo de caja negra es un tipo de modelo en Inteligencia Artificial y aprendizaje automático cuyos procesos internos de toma de decisiones o inferencia no son transparentes o son difíciles de interpretar.

Black-box Optimization: Optimización de caja negra es un enfoque en la optimización de algoritmos donde la estructura interna del problema a optimizar no se conoce o no se tiene en cuenta durante el proceso.

Bleeding-edge Technology: Tecnologías que están en la frontera del desarrollo tecnológico. Suelen ser innovadoras pero potencialmente menos estables o probadas.

Blind Source Separation: Separación ciega de fuentes es una técnica que intenta recuperar señales independientes a partir de mezclas de estas sin información sobre el proceso de mezcla.

Blind Spot in AI: Punto ciego en Inteligencia Artificial se refiere a situaciones o aspectos que un sistema de IA no puede identificar, entender o procesar adecuadamente, a menudo debido a limitaciones en los datos o en el algoritmo.

Blob Detection: Detección de manchas es un proceso en visión por computadora que identifica regiones en una imagen que difieren en propiedades, como el brillo o el color, en comparación con áreas circundantes.

Blockchain in AI: Uso de la tecnología blockchain para mejorar la seguridad, la transparencia y la descentralización en aplicaciones de Inteligencia Artificial.

Bloom Filter: Filtro de Bloom es una estructura de datos probabilística que se utiliza para probar si un elemento es parte de un conjunto, siendo eficiente en espacio pero permitiendo un cierto grado de errores de tipo falso positivo.

Blue Ocean Strategy in AI: Estrategia del océano azul en Inteligencia Artificial se refiere a la creación de mercados en áreas de poca o ninguna competencia, explorando nuevas aplicaciones de la IA.

Blueprint in AI: Plano en Inteligencia Artificial se refiere a la representación detallada del diseño o estructura de un sistema de IA, incluyendo componentes, algoritmos y su interacción.

Boltzmann Distribution: Distribución de Boltzmann es una distribución de probabilidad que se utiliza en física y ciencias de la computación para describir las probabilidades de diferentes estados en un sistema en equilibrio térmico.

Boltzmann Machine: Un tipo de red neuronal estocástica que puede aprender una distribución de probabilidad sobre sus conjuntos de entradas.

Boolean Logic in AI: Lógica booleana en Inteligencia Artificial se refiere al uso de lógica basada en valores binarios (verdadero/falso) para la toma de decisiones y el procesamiento en sistemas de IA.

Boosting: Una técnica de conjunto utilizada para mejorar la precisión de los modelos de aprendizaje automático. Consiste en combinar múltiples modelos débiles para formar un modelo fuerte.

Bootstrap Method: Método de remuestreo es una técnica estadística que permite estimar propiedades de una muestra, como la media o la varianza, re-muestreando con reemplazo de la muestra original.

Bot: Un bot es un programa informático que realiza tareas automáticas y puede ser mejorado con capacidades de Inteligencia Artificial para tareas más complejas, como la interacción con usuarios o la toma de decisiones.

Bottleneck Features: Características de cuello de botella son aquellas que representan puntos críticos en un modelo de aprendizaje automático, donde la reducción de dimensiones o la compresión de la información ocurre.

Bounded Rationality in AI: Racionalidad limitada en Inteligencia Artificial se refiere a la idea de que en la toma de decisiones, la capacidad de procesamiento de la información del agente de IA es limitada por diversos factores como el tiempo y el costo computacional.

Bounding Box: En el procesamiento de imágenes y visión por computadora, es un rectángulo que se utiliza para delimitar la ubicación de un objeto dentro de una imagen.

Box Plot: Diagrama de caja es un método gráfico utilizado en estadística para representar la distribución de un conjunto de datos a través de su cuartiles, destacando la mediana y los valores atípicos.

Brain-Computer Interface (BCI): Interfaz cerebro-computadora es un sistema que facilita una comunicación directa entre el cerebro y un dispositivo externo, utilizándose en campos como la medicina, la robótica y la investigación en IA.

Branch and Bound: Branch and Bound es un algoritmo utilizado en la optimización y la toma de decisiones, que divide el problema en subproblemas más pequeños (ramas) y los resuelve de manera eficiente.

Breadth-first Search: Un algoritmo de búsqueda para árboles y grafos que explora todos los nodos a una profundidad dada antes de pasar a la siguiente.

Broad Learning System: Sistema de aprendizaje amplio es un enfoque en el aprendizaje automático que busca integrar y procesar información de una amplia gama de fuentes o características para mejorar el rendimiento del modelo.

Broadband Networks: Redes de telecomunicaciones que pueden transportar múltiples tipos de señales y tráfico de datos a alta velocidad.

Broker in AI: Un sistema o servicio que actúa como intermediario en el procesamiento o intercambio de información en aplicaciones de Inteligencia Artificial.

Brownian Motion in AI: Movimiento browniano en Inteligencia Artificial se refiere a un tipo de movimiento aleatorio, a menudo utilizado en modelos y simulaciones que incorporan elementos de aleatoriedad o incertidumbre.

Brute Force Algorithm: Algoritmo de fuerza bruta es un método de solución de problemas que consiste en probar todas las posibles combinaciones o caminos hasta encontrar una solución, si

Buffer: Un buffer en el contexto de la Inteligencia Artificial y el aprendizaje automático se refiere a un espacio de almacenamiento temporal utilizado para guardar datos que están siendo procesados o transmitidos.

Business Intelligence (BI): Inteligencia de negocios es un conjunto de tecnologías y procesos que ayudan a las empresas a analizar datos para tomar decisiones informadas.

Byzantine Fault Tolerance in AI: Tolerancia a fallas bizantinas en Inteligencia Artificial se refiere a la capacidad de un sistema de continuar funcionando correctamente incluso cuando algunos de sus componentes fallan o actúan de manera maliciosa.

C

Capacity: Capacidad se refiere a la habilidad de un modelo de aprendizaje automático para capturar y representar complejidades en los datos, lo que afecta su potencial para aprender patrones.

Capsule Network: Red de cápsulas es un tipo de red neuronal artificial donde grupos de neuronas forman lo que se llama cápsulas, y estas cápsulas permiten al modelo detectar características jerárquicas en los datos.

Categorical Data: Datos categóricos son variables que contienen etiquetas o categorías sin un orden inherente, como género, nacionalidad o colores.

Categorical Encoding: Codificación categórica es el proceso de convertir variables categóricas en un formato que puede ser fácilmente interpretado por algoritmos de aprendizaje automático, típicamente números.

Causal Inference: Inferencia causal es el proceso de determinar la relación causal entre variables, es decir, cómo una variable afecta a otra.

Centroid: Centroide es el punto central en un grupo de puntos, comúnmente utilizado en métodos de clustering como el k-means.

Chatbot: Chatbot es un programa de computadora diseñado para interactuar con usuarios humanos a través de conversaciones en lenguaje natural, generalmente en línea.

Checkpointing: El guardado de puntos de control es una técnica en el entrenamiento de modelos de aprendizaje automático donde se guardan estados intermedios del modelo, lo que permite reanudar el entrenamiento o recuperarse de fallos.

Churn Prediction: Predicción de abandono es el uso de modelos de aprendizaje automático para identificar clientes que probablemente dejen de usar un servicio o producto.

Class Imbalance: Desbalance de clases se refiere a situaciones en las que las clases en un conjunto de datos de clasificación están distribuidas de manera desigual.

Classification: Clasificación es una técnica de aprendizaje supervisado donde el objetivo es predecir la categoría o clase a la que pertenece una entrada.

Clean Data: Datos limpios se refieren a datos que han sido procesados y refinados, eliminando errores, inconsistencias y datos irrelevantes.

Clickstream Analysis: Análisis de secuencias de clics es el proceso de recopilar, analizar y reportar datos acerca de los clics de los usuarios en un sitio web o aplicación, para entender su comportamiento.

Closed-Loop System: Sistema de bucle cerrado es un tipo de sistema de control en el que la acción del sistema está basada en la retroalimentación de sus resultados.

Cloud AI: IA en la nube se refiere al uso de servicios de Inteligencia Artificial alojados en infraestructuras de computación en la nube.

Cloud Computing: Computación en la nube se refiere a la utilización de recursos de computación, como servidores, almacenamiento y aplicaciones, a través de Internet, proporcionados por servicios externos.

Cluster Analysis: Análisis de clústeres es el proceso de agrupar un conjunto de objetos de manera que los objetos en el mismo grupo sean más similares entre sí que con los de otros grupos.

Clustering: Agrupamiento es una técnica de aprendizaje no supervisado que se utiliza para identificar patrones y agrupar datos similares en categorías o clústeres.

Code Generation: Generación de código es la capacidad de un sistema de Inteligencia Artificial para generar automáticamente código fuente basado en especificaciones o ejemplos dados.

Cognitive Architecture: Arquitectura cognitiva es un marco teórico que busca explicar cómo los componentes de la Inteligencia Artificial y los sistemas cognitivos humanos interactúan y se organizan para producir comportamientos inteligentes.

Cognitive Computing: Computación cognitiva es un enfoque de la Inteligencia Artificial que busca imitar el funcionamiento del cerebro humano, integrando el aprendizaje automático, el razonamiento, la comprensión del lenguaje natural, la interacción humano-computadora y más.

Collaborative Filtering: Filtrado colaborativo es una técnica utilizada en sistemas de recomendación para predecir las preferencias de un usuario basándose en las preferencias de muchos usuarios.

Collaborative Learning: Aprendizaje colaborativo en IA es cuando múltiples modelos o agentes aprenden y mejoran juntos, compartiendo conocimientos o experiencias.

Collective Intelligence: Inteligencia colectiva se refiere a la capacidad de un grupo de individuos o sistemas para colaborar y trabajar juntos para mejorar la toma de decisiones o resolver problemas.

Collinearity: Colinealidad se refiere a una relación lineal entre dos o más variables explicativas en un modelo de regresión, lo que puede causar problemas en la estimación de los coeficientes.

Color Detection: Detección de color es la capacidad de un sistema de visión por computadora para identificar y clasificar colores en imágenes o videos.

Combinatorial Optimization: Optimización combinatoria es el proceso de búsqueda de la mejor solución de un problema donde la solución debe ser seleccionada de un conjunto finito de soluciones posibles.

Command-and-Control Interface: Interfaz de comando y control se refiere a un sistema de interacción con la computadora donde el usuario da instrucciones explícitas que el sistema ejecuta.

Commonsense Reasoning: Razonamiento de sentido común es la capacidad de un sistema de Inteligencia Artificial para hacer suposiciones y conclusiones basadas en el conocimiento general del mundo.

Community Detection: Detección de comunidades es un proceso en análisis de redes sociales y grafos que identifica grupos de nodos que están más densamente conectados entre sí que con otros nodos de la red.

Comparative Analysis: Análisis comparativo en IA implica comparar diferentes algoritmos, modelos o técnicas para determinar cuál funciona mejor en un contexto específico.

Competitive Learning: Aprendizaje competitivo es un tipo de aprendizaje no supervisado donde las neuronas de una red compiten entre sí para activarse en respuesta a un conjunto de entradas.

Complex Event Processing: Procesamiento de eventos complejos es la técnica de procesar y analizar flujos de datos en tiempo real para identificar patrones, correlaciones y eventos significativos.

Component Analysis: Análisis de componentes es el proceso de descomponer un conjunto de datos en partes o componentes para entender mejor su estructura y dinámicas.

Computational Creativity: Creatividad computacional se refiere al uso de sistemas de Inteligencia Artificial para generar ideas, conceptos o artefactos que son novedosos y valiosos.

Computational Linguistics: Lingüística computacional es el estudio de cómo las computadoras pueden ser usadas para comprender y manipular el lenguaje humano.

Computational Neuroscience: Neurociencia computacional es el estudio de cómo el cerebro procesa la información a través de modelos y simulaciones computacionales.

Computer Vision: El campo de la Inteligencia Artificial que entrena a las computadoras para interpretar y comprender el mundo visual. Utiliza imágenes digitales, reconocimiento de patrones y aprendizaje profundo.

Concept Drift: Deriva de concepto es un fenómeno en aprendizaje automático donde la relación entre los datos de entrada y la variable de salida cambia con el tiempo, afectando el rendimiento del modelo.

Conditional Probability: Probabilidad condicional es la probabilidad de que ocurra un evento, dado que otro evento ya ha ocurrido.

Conditional Random Field: Campo aleatorio condicional es un modelo estadístico utilizado en el procesamiento de lenguaje natural y reconocimiento de patrones, que modela la dependencia contextual entre secuencias de elementos.

Confidence Interval: Intervalo de confianza es un rango de valores, derivado de los datos de la muestra, que probablemente contiene el valor de un parámetro desconocido de la población.

Confusion Matrix: Matriz de confusión es una herramienta que permite la visualización del rendimiento de un algoritmo de clasificación, mostrando el número de predicciones correctas e incorrectas divididas por clase.

Conjoint Analysis: Análisis conjunto es una técnica estadística utilizada en investigación de mercados para determinar cómo las personas valoran diferentes características de un producto o servicio.

Connected Car: Coche conectado se refiere a vehículos equipados con tecnologías de internet y sensores, que permiten la comunicación con otros dispositivos, vehículos y servicios.

Consensus Algorithms: Algoritmos de consenso son métodos utilizados en sistemas distribuidos, como blockchain, para lograr acuerdo entre los nodos en la red.

Constrained Optimization: Optimización con restricciones es una rama de la optimización donde se buscan soluciones dentro de un conjunto definido por restricciones o limitaciones.

Constraint Satisfaction Problem: Problema de satisfacción de restricciones es un paradigma de resolución de problemas donde se deben encontrar valores para variables que satisfagan una serie de restricciones.

Content Curation: Curación de contenido en IA se refiere al uso de algoritmos para seleccionar, organizar y presentar contenido digital relevante y personalizado para los usuarios.

Content-Based Filtering: Filtrado basado en contenido es una técnica utilizada en sistemas de recomendación que sugiere ítems similares a aquellos que un usuario ha preferido en el pasado, basándose en las características de los ítems.

Context-Aware Computing: Computación consciente del contexto es el diseño de sistemas que pueden reconocer y adaptarse a su entorno o situación.

Contextual Bandits: Bandidos contextuales es un enfoque en aprendizaje por refuerzo donde un modelo aprende a elegir acciones basándose en el contexto actual y recompensas pasadas.

Continuous Data: Datos continuos son variables que pueden tomar cualquier valor dentro de un rango, como la edad, la temperatura o el peso.

Continuous Integration: Integración continua es una práctica de desarrollo de software donde los cambios de código se integran frecuentemente en un repositorio central, seguido por pruebas automáticas.

Continuous Learning: Aprendizaje continuo se refiere a sistemas de aprendizaje automático que constantemente se actualizan y aprenden de nuevos datos sin olvidar lo aprendido anteriormente.

Control Theory: Teoría de control es un campo interdisciplinario que se ocupa del comportamiento de sistemas dinámicos con entradas, y cómo modificar el comportamiento del sistema a través de retroalimentación.

Convex Optimization: Optimización convexa es un subcampo de la optimización matemática que estudia el problema de minimizar una función convexa sobre un conjunto convexo.

Convolution: Convolución es una operación matemática que combina dos funciones para producir una tercera función, representando la manera en que una forma se modifica por otra. En el contexto de las redes neuronales, especialmente en las CNN, se refiere a la operación que mezcla los datos de entrada con un conjunto de pesos, o kernel, para producir una característica.

Convolutional Neural Network (CNN): Un tipo de red neuronal artificial utilizada en el reconocimiento y procesamiento de imágenes, que se caracteriza por su capacidad para detectar patrones y características en las imágenes, como bordes, texturas y formas.

Coreference Resolution: Resolución de correferencia es un proceso en procesamiento de lenguaje natural que identifica cuando diferentes palabras o frases se refieren al mismo objeto o entidad.

Correlation Coefficient: Coeficiente de correlación es una medida que indica el grado de relación lineal entre dos variables.

Cosine Similarity: Similitud del coseno es una métrica utilizada para medir qué tan similares son dos documentos o vectores en términos del ángulo entre ellos, independientemente de su tamaño.

Cost Function: Función de costo es una fórmula utilizada para medir el error o la diferencia entre la salida prevista por un modelo de aprendizaje automático y la salida real.

Counterfactual Thinking: Pensamiento contrafactual se refiere a la capacidad de un sistema de Inteligencia Artificial para considerar alternativas hipotéticas a eventos o situaciones dadas.

Coupled Model: Modelo acoplado se refiere a un sistema de Inteligencia Artificial donde múltiples modelos o componentes trabajan juntos, interactuando y afectando el comportamiento de los demás.

Covariate Shift: Desplazamiento de covariable es un fenómeno en el aprendizaje automático donde la distribución de las variables independientes cambia entre los datos de entrenamiento y los datos de prueba, pero la relación entre las entradas y la salida se mantiene.

Creative AI: IA creativa se refiere a sistemas de Inteligencia Artificial diseñados para realizar tareas que normalmente requerirían creatividad humana, como la creación de arte, música o literatura.

Credit Scoring: El scoring crediticio es el uso de modelos estadísticos para evaluar la solvencia crediticia de un solicitante de crédito.

Critical Path Analysis: Análisis de ruta crítica es una técnica de gestión de proyectos que identifica las tareas que son críticas para completar el proyecto en el tiempo más corto posible.

Cross-Domain Learning: Aprendizaje entre dominios se refiere a la capacidad de un modelo de aprendizaje automático para aplicar conocimientos aprendidos en un dominio o tarea a otro diferente.

Cross-Validation: Validación cruzada es una técnica utilizada para evaluar el rendimiento de un modelo de aprendizaje automático dividiendo los datos en conjuntos de entrenamiento y prueba múltiples.

Crowdsourcing: Crowdsourcing en IA se refiere al uso de una gran cantidad de personas, generalmente a través de Internet, para entrenar, probar o mejorar modelos de Inteligencia Artificial.

Cryptanalysis: Criptoanálisis es el estudio de cómo romper sistemas criptográficos, entendiendo sus debilidades y explotándolas para descifrar mensajes sin conocer la clave secreta.

Cryptocurrency Mining: Minería de criptomonedas se refiere al proceso de usar recursos computacionales para verificar y registrar transacciones en una blockchain, obteniendo como recompensa criptomonedas.

Cubic Spline: Spline cúbico es un tipo de interpolación utilizada en el procesamiento de datos y gráficos computacionales, que utiliza polinomios cúbicos para crear curvas suaves.

CUDA (Compute Unified Device Architecture): CUDA es una plataforma y API de computación paralela desarrollada por Nvidia para permitir un aumento significativo del rendimiento computacional mediante el uso de GPUs.

Cultural Algorithm: Algoritmo cultural es un tipo de algoritmo evolutivo en Inteligencia Artificial que simula la evolución cultural, donde los individuos aprenden y adaptan su comportamiento basándose en un conjunto compartido de creencias y conocimientos.

Curriculum Learning: Aprendizaje por currículo es una técnica en la que un modelo de aprendizaje automático es entrenado gradualmente, comenzando con tareas fáciles y aumentando la dificultad a medida que mejora su rendimiento.

Curse of Dimensionality: La maldición de la dimensionalidad se refiere a los diversos problemas que surgen al analizar y organizar datos en espacios de alta dimensión.

Custom Model: Modelo personalizado es un modelo de aprendizaje automático diseñado específicamente para un conjunto de datos o problema particular, a diferencia de los modelos genéricos o preentrenados.

Customization: Personalización en IA se refiere al ajuste de sistemas, aplicaciones o modelos de Inteligencia Artificial para satisfacer las necesidades y preferencias específicas de los usuarios o tareas.

Cyber-Physical System: Sistema ciberfísico es un sistema en el que los componentes de ingeniería y computacionales están interconectados, permitiendo la interacción entre el mundo físico y el mundo de la computación.

Cybersecurity: Ciberseguridad en IA se refiere al uso de técnicas de Inteligencia Artificial para proteger sistemas y redes contra ciberataques, detectando, previniendo y respondiendo a amenazas.

Cyclic Learning Rate: Tasa de aprendizaje cíclica es una técnica en el entrenamiento de redes neuronales donde la tasa de aprendizaje se ajusta periódicamente en un ciclo, lo que puede ayudar a mejorar la convergencia y evitar quedarse atascado en mínimos locales.

Cython: Cython es una extensión de Python diseñada para dar mayor velocidad a la ejecución de código Python, permitiendo la integración de C y C++ para optimización de rendimiento.

D

Data Augmentation: Aumento de datos es una técnica utilizada para incrementar la cantidad de datos generando nuevas muestras a partir de las existentes mediante técnicas como rotación, traslación o ruido.

Data Cleansing: Limpieza de datos es el proceso de detectar y corregir registros incorrectos, incompletos o irrelevantes de un conjunto de datos.

Data Clustering: Agrupación de datos es el proceso de agrupar un conjunto de objetos de tal manera que los objetos en el mismo grupo (clúster) sean más similares entre sí que con los de otros grupos.

Data Federation: Federación de datos es una técnica de gestión de datos donde se recopila y agrega información de diferentes fuentes para presentar una vista unificada de los datos.

Data Fusion: Fusión de datos es la integración de datos provenientes de múltiples fuentes para producir datos más consistentes, precisos y útiles.

Data Governance: Gobernanza de datos se refiere al conjunto de procesos y políticas que aseguran la calidad, disponibilidad, integridad y seguridad de los datos en una organización.

Data Imbalance: Desbalance de datos se refiere a una situación en la que las clases en un conjunto de datos de clasificación no están igualmente representadas, lo que puede sesgar el rendimiento del modelo.

Data Integration: Integración de datos es el proceso de combinar datos de diferentes fuentes para proporcionar una vista unificada de estos datos.

Data Labeling: Etiquetado de datos es el proceso de asignar etiquetas o categorías a conjuntos de datos, especialmente importante en el aprendizaje supervisado.

Data Lake: Lago de datos es un sistema de almacenamiento que permite guardar grandes cantidades de datos en su formato natural. Es útil para almacenar datos no estructurados y semi-estructurados.

Data Munging: Transformación de datos es un término informal para la limpieza y preparación de datos en bruto para su análisis.

Data Normalization: Normalización de datos es una técnica utilizada para cambiar los valores de las columnas numéricas en un conjunto de datos para usar una escala común, sin distorsionar las diferencias en los rangos de valores.

Data Partitioning: Particionamiento de datos es la división de un conjunto de datos en partes más pequeñas y manejables para procesamiento o análisis.

Data Pipeline: Canalización de datos se refiere a un conjunto de operaciones de procesamiento de datos organizadas secuencialmente, generalmente automatizadas, que involucran la extracción, transformación y carga de datos.

Data Profiling: Perfilado de datos es el proceso de examinar los datos disponibles en una fuente de datos y recopilar estadísticas o informaciones sumarias sobre esos datos.

Data Quality: Calidad de datos se refiere a la condición de un conjunto de datos, incluyendo factores como precisión, completitud, confiabilidad y relevancia.

Data Replication: Replicación de datos es el proceso de copiar datos de una ubicación a otra para aumentar la disponibilidad y la redundancia.

Data Science: Ciencia de datos es un campo interdisciplinario que utiliza métodos científicos, procesos, algoritmos y sistemas para extraer conocimientos y percepciones de datos en diversas formas.

Data Scrubbing: Limpieza de datos avanzada es un proceso detallado para corregir o eliminar datos corruptos o inexactos de una base de datos.

Data Segmentation: Segmentación de datos es el proceso de dividir una base de datos en subconjuntos de datos más pequeños y manejables, a menudo basado en ciertos criterios o características.

Data Stream: Flujo de datos se refiere a una secuencia de datos enviados continuamente, generalmente en tiempo real, como en aplicaciones de monitoreo o análisis en vivo.

Data Streaming: Transmisión de datos se refiere al proceso de enviar y recibir datos de forma continua, a menudo utilizada en aplicaciones que requieren datos en tiempo real.

Data Synchronization: Sincronización de datos es el proceso de mantener la coherencia y la uniformidad de los datos entre múltiples bases de datos, sistemas o dispositivos.

Data Transformation: Transformación de datos es el proceso de cambiar el formato, la estructura o los valores de los datos para adaptarlos a un propósito específico.

Data Visualization: Visualización de datos es la representación gráfica de información y datos. Al usar elementos visuales como gráficos, gráficos y mapas, la visualización de datos proporciona una manera accesible de ver y entender tendencias, patrones y outliers en los datos.

Data Warehouse: Almacén de datos es un sistema de almacenamiento de datos diseñado para facilitar el análisis y la generación de informes.

Data Wrangling: Manipulación de datos es el proceso de limpiar, estructurar y enriquecer datos en bruto en un formato deseado para un análisis más fácil y eficiente.

Decision Analysis: Análisis de decisiones es el estudio de cómo las personas toman decisiones, particularmente en el contexto de sistemas complejos y con incertidumbre.

Decision Analysis: Análisis de decisiones es la disciplina que se ocupa de identificar, evaluar y elegir entre alternativas basándose en sus valores esperados.

Decision Support Systems (DSS): Sistemas de apoyo a la decisión son sistemas informáticos que ayudan en la toma de decisiones empresariales o de gestión utilizando datos y modelos analíticos.

Deconvolutional Networks: Redes de deconvolución son redes neuronales que se utilizan para realizar tareas de deconvolución, comúnmente aplicadas en el análisis de imágenes.

Deep Autoencoder: Autoencoder profundo es un tipo de red neuronal utilizada para el aprendizaje no supervisado. Es efectivo para aprender representaciones compactas y eficientes de los datos.

Deep Belief Network (DBN): Red de Creencia Profunda es un tipo de red neuronal artificial compuesta por múltiples capas de unidades estocásticas y se utiliza para el aprendizaje no supervisado y supervisado.

Deep Embedding: Incrustación profunda es una técnica de aprendizaje automático que utiliza redes neuronales para transformar datos en un espacio de menor dimensión, facilitando tareas como la clasificación o la agrupación.

Deep Fakes: Falsificaciones profundas son imágenes, audios o videos sintéticos generados utilizando técnicas de Inteligencia Artificial, en particular redes neuronales profundas, para crear representaciones falsas pero convincentes de personas reales.

Deep Feature Synthesis: Síntesis de características profundas es un método automático para construir nuevas características a partir de datos relacionados, comúnmente usado en el aprendizaje automático para mejorar el rendimiento del modelo.

Deep Neural Network (DNN): Red Neuronal Profunda es una red neuronal con múltiples capas ocultas entre la entrada y la salida, lo que permite modelar relaciones complejas en los datos.

Deep Q-Network (DQN): Red Profunda de Q-aprendizaje es un algoritmo de aprendizaje por refuerzo profundo que combina redes neuronales con un algoritmo de Q-aprendizaje.

Deep Transfer Learning: Aprendizaje profundo por transferencia es una técnica en la que un modelo desarrollado para una tarea se reutiliza como punto de partida para un modelo en una segunda tarea.

Denoising: Desruido es una técnica utilizada en el procesamiento de datos y señales para eliminar el ruido y mejorar la calidad de los datos.

Density-Based Clustering: Agrupamiento basado en densidad es un tipo de algoritmo de clustering que forma clústeres basándose en la densidad de los puntos de datos, permitiendo la identificación de formas y tamaños de clústeres arbitrarios.

Dependency Injection: Inyección de dependencia es un patrón de diseño de software que implementa la inversión de control para resolver dependencias de manera flexible y desacoplada.

Dependency Parsing: Análisis de dependencias es un enfoque en el procesamiento del lenguaje natural que busca establecer relaciones gramaticales entre palabras en una oración.

Deployment: Despliegue es el proceso de poner un modelo de aprendizaje automático o una aplicación en un entorno de producción, donde puede ser utilizado por los usuarios finales o sistemas integrados.

Deterministic Model: Modelo determinista es un modelo matemático o computacional en el que los mismos datos de entrada siempre producirán el mismo resultado de salida.

Differential Evolution: Evolución diferencial es un método de optimización que se basa en la combinación de soluciones existentes para crear nuevas soluciones candidatas, especialmente útil para la optimización sobre espacios de búsqueda continuos.

Differential Privacy: Privacidad diferencial es un enfoque para asegurar la privacidad de los datos que permite a los investigadores obtener información útil de bases de datos que contienen información personal, sin revelar los datos individuales.

Digital Twin: Gemelo digital es una representación virtual de un objeto o sistema físico, utilizada para simulaciones y análisis.

Dimensional Modelling: Modelado dimensional es una técnica de diseño de base de datos utilizada en data warehousing que organiza los datos en dimensiones y hechos, facilitando el análisis y la generación de informes.

Dimensionality Curse: Maldición de la dimensionalidad se refiere a los diversos problemas que surgen al trabajar con datos de alta dimensión, como la dificultad en la visualización y el aumento de la complejidad computacional.

Directed Acyclic Graph (DAG): Grafo acíclico dirigido es una estructura de datos que se utiliza para representar dependencias y jerarquías, donde cada arista va de un nodo a otro sin formar ciclos.

Directed Graph: Grafo dirigido es un conjunto de nodos conectados por aristas, donde cada arista tiene una dirección asociada, indicando una relación de un solo sentido entre dos nodos.

Discrete Data: Datos discretos son datos que tienen valores contables, como el número de objetos o eventos, y que no pueden ser subdivididos de manera significativa.

Discrete Optimization: Optimización discreta es una rama de la optimización involucrada en la búsqueda de la mejor solución de un problema donde las variables de decisión son discretas o categóricas.

Discriminant Analysis: Análisis discriminante es un método estadístico utilizado para encontrar una combinación lineal de características que mejor separa dos o más clases de objetos o eventos.

Discriminant Function Analysis: Análisis de función discriminante es una técnica estadística que se utiliza para analizar la diferencia entre dos o más grupos de objetos o eventos.

Discriminative Model: Modelo discriminativo es un tipo de modelo de aprendizaje automático que modela la dependencia de una variable objetivo sobre las características observadas.

Discriminative Training: Entrenamiento discriminativo es un enfoque en aprendizaje automático donde se enfoca en maximizar la distinción entre diferentes categorías o clases durante el entrenamiento.

Distributed Artificial Intelligence (DAI): Inteligencia Artificial Distribuida es el estudio de cómo las redes de agentes autónomos pueden trabajar juntas para realizar tareas complejas.

Distributed Computing: Computación distribuida es un modelo en el que los componentes de un sistema de software están ubicados en diferentes redes de computadoras, pero se comunican y coordinan sus acciones mediante el paso de mensajes.

Distributed Data Processing: Procesamiento distribuido de datos se refiere al procesamiento de datos a través de múltiples nodos de computación distribuidos, lo que permite manejar grandes volúmenes de datos de manera eficiente.

Distributed Database: Base de datos distribuida es una base de datos que está distribuida en múltiples computadoras o ubicaciones, ya sea físicamente o en una red.

Distributed Ledger Technology (DLT): Tecnología de libro mayor distribuido es una base de datos digital que se consensua y se actualiza en múltiples sitios, instituciones o geografías.

Docker Containers: Contenedores Docker son unidades estándar de software que empaquetan el código y todas sus dependencias, lo que permite que la aplicación se ejecute rápidamente y de manera confiable en diferentes entornos informáticos.

Docker: Docker es una plataforma de software que proporciona virtualización a nivel del sistema operativo, también conocida como contenerización, facilitando el despliegue y la gestión de aplicaciones.

Document Classification: Clasificación de documentos es el proceso de asignar una categoría o etiqueta a un documento basándose en su contenido, comúnmente utilizado en el procesamiento de lenguaje natural.

Document Embedding: Incrustación de documentos es la representación de documentos como vectores en un espacio de características, facilitando tareas como la comparación de similitud y clasificación.

Domain Adaptation: Adaptación de dominio es un campo en aprendizaje automático donde se busca adaptar un modelo entrenado en un dominio a otro diferente pero relacionado.

Domain Adaptation: Adaptación de dominio es una técnica en aprendizaje automático donde un modelo entrenado en un dominio (conjunto de datos) se adapta para ser efectivo en otro dominio relacionado.

Domain Knowledge: Conocimiento del dominio se refiere al entendimiento especializado o experiencia en un área específica, como la medicina, la ingeniería o la economía, que se aplica en la resolución de problemas con IA.

Double Deep Q-Network (DDQN): Red Doble Profunda de Q-aprendizaje es una mejora del algoritmo Deep Q-Network que reduce el sesgo en la estimación de valores Q en aprendizaje por refuerzo.

Dropout Regularization: Regularización por abandono es una técnica para prevenir el sobreajuste en redes neuronales, donde aleatoriamente se "apagan" neuronas durante el entrenamiento.

Dropout: Dropout es una técnica de regularización en redes neuronales que implica desactivar aleatoriamente un subconjunto de neuronas durante el entrenamiento para prevenir el sobreajuste.

Dynamic Learning Rate: Tasa de aprendizaje dinámica se refiere a la adaptación de la tasa de aprendizaje en un algoritmo de aprendizaje automático durante el entrenamiento para mejorar la convergencia.

Dynamic Neural Network: Red neuronal dinámica es un tipo de red neuronal que puede cambiar su estructura y funcionamiento durante el tiempo de ejecución, lo que permite adaptarse a diferentes tipos de datos o tareas.

Dynamic Programming: Programación dinámica es un método algorítmico para resolver problemas complejos descomponiéndolos en subproblemas más simples, a menudo utilizado en optimización y en problemas de decisión secuencial.

Dynamic Programming: Programación dinámica es un método de solución de problemas que descompone un problema en subproblemas más simples, almacenando los resultados de los subproblemas para evitar cálculos repetitivos.

Dynamic Time Warping (DTW): Ajuste Dinámico de Tiempo es un algoritmo para medir la similitud entre dos secuencias temporales que pueden variar en velocidad.

E

Embedding: Incorporación es una representación de datos en un espacio de menor dimensión, típicamente utilizada para transformar datos categóricos o textuales en vectores en un espacio continuo.

Early Fusion: Fusión temprana es una técnica en el procesamiento de múltiples tipos de datos donde la combinación de datos ocurre antes del proceso de modelado.

Early Stopping: Parada temprana es una técnica para detener el entrenamiento de un modelo de aprendizaje automático antes de que este se sobreajuste, basándose en el rendimiento en un conjunto de validación.

Edge Computing: Computación en el borde es una arquitectura de red donde el procesamiento de datos se realiza lo más cerca posible de la fuente de datos, reduciendo la latencia y el uso del ancho de banda.

Efficiency: Eficiencia en el contexto de machine learning se refiere a la capacidad de un algoritmo para minimizar los recursos computacionales, como tiempo y memoria, mientras mantiene un rendimiento adecuado.

Eigendecomposition: Descomposición en valores propios es una técnica matemática donde una matriz se descompone en sus eigenvectores y eigenvalores, utilizada en métodos como PCA.

Eigenvalue: Valor propio es un concepto en álgebra lineal que representa un valor especial asociado a una transformación lineal de un eigenvector, importante en técnicas como PCA.

Eigenvector: Eigenvector en el contexto de machine learning es un vector que no cambia su dirección bajo una transformación lineal, utilizado en métodos como análisis de componentes principales (PCA).

Elastic Net: Red elástica es un método de regularización en modelos de regresión que combina las propiedades de L1 (lasso) y L2 (ridge) para mejorar la selección de características y la robustez del modelo.

Elastic Search: Búsqueda elástica es un motor de búsqueda basado en Lucene que proporciona una distribución escalable de búsquedas en tiempo real.

Elasticity: Elasticidad en sistemas de computación en la nube se refiere a la capacidad de un sistema para adaptarse a cambios en la carga de trabajo, escalando los recursos arriba o abajo según sea necesario.

Element-wise Operation: Operación elemento a elemento es una operación que se aplica independientemente a cada elemento de un array o matriz en la programación y en el procesamiento de datos.

Embedded System: Sistema embebido es un sistema computacional diseñado para realizar una función específica dentro de un sistema mayor, a menudo con restricciones de hardware y software.

Embedding Dimension: Dimensión de incorporación es el tamaño del espacio de características en el que se representan los datos, como en un vector de incorporación.

Embedding Layer: Capa de incorporación es una capa en redes neuronales utilizada para convertir datos categóricos en vectores densos y significativos, especialmente en procesamiento de lenguaje natural.

Embedding Matrix: Matriz de incorporación es una matriz en redes neuronales utilizada para convertir identificadores de tokens o palabras en vectores de características.

Embedding Space: Espacio de incorporación es un espacio de representación donde los datos categóricos o textuales son representados como vectores en un espacio vectorial continuo.

Embedding Vector: Vector de incorporación es un vector de baja dimensión en el que se representa un objeto o palabra, capturando aspectos semánticos y contextuales.

Empirical Risk Minimization: Minimización del riesgo empírico es una estrategia en aprendizaje automático que busca minimizar el error sobre el conjunto de entrenamiento, asumiendo que esto llevará a un bajo error en datos no vistos.

Encoder-Decoder Model: Modelo codificador-decodificador es una estructura de red neuronal utilizada en tareas como traducción automática, donde el codificador procesa la entrada y el decodificador genera la salida.

End-to-End Learning: Aprendizaje de extremo a extremo es un enfoque en machine learning donde un modelo se entrena para manejar una tarea completa de principio a fin, en lugar de dividirla en subprocesos.

Ensemble Averaging: Promedio de conjunto es una técnica de ensemble learning donde las predicciones de múltiples modelos se promedian para obtener una predicción final.

Ensemble Blending: Mezcla de conjunto es una técnica en aprendizaje automático donde las predicciones de varios modelos se combinan usando métodos estadísticos para mejorar la precisión.

Ensemble Diversity: Diversidad de conjunto se refiere a la variedad entre los modelos individuales en un método de ensemble, lo cual es crucial para mejorar el rendimiento del modelo global.

Ensemble Forecasting: Pronóstico de conjunto es el uso de múltiples modelos predictivos para obtener una mejor estimación o predicción que con un solo modelo.

Ensemble Methods: Métodos de conjunto son técnicas que combinan varios algoritmos de aprendizaje automático para obtener un mejor rendimiento predictivo que el que se podría obtener de cualquiera de los algoritmos individuales.

Ensemble Pruning: Poda de conjunto es el proceso de seleccionar un subconjunto de modelos en un ensemble para mejorar la eficiencia y a veces el rendimiento.

Ensemble Reduction: Reducción de conjunto es la técnica de disminuir el número de modelos en un ensemble para simplificar el modelo sin sacrificar significativamente el rendimiento.

Ensemble Stacking: Apilamiento de conjunto es una técnica de ensemble learning donde las predicciones de varios modelos se utilizan como entrada para un nuevo modelo, que luego hace la predicción final.

Ensemble Techniques: Técnicas de conjunto son métodos en aprendizaje automático que combinan las predicciones de varios modelos base para mejorar la estabilidad y la precisión de las predicciones.

Ensemble Voting: Votación de conjunto es una técnica de ensemble learning donde las predicciones de varios modelos se combinan basándose en una estrategia de votación.

Entity Extraction: Extracción de entidades es el proceso de identificar automáticamente términos importantes como nombres de personas, lugares y organizaciones en textos.

Entity Recognition: Reconocimiento de entidades es el proceso de identificar y clasificar palabras clave en un texto en categorías predefinidas, como nombres de personas, organizaciones o lugares.

Entropy Coding: Codificación de entropía es una técnica de compresión de datos que asigna códigos a símbolos basándose en su frecuencia de ocurrencia.

Entropy: Entropía en el contexto de machine learning es una medida de la impureza o incertidumbre en un conjunto de datos, comúnmente utilizada en algoritmos como árboles de decisión.

Environment in Reinforcement Learning: Entorno en aprendizaje por refuerzo es el espacio en el que un agente toma decisiones y recibe retroalimentación a través de recompensas o penalizaciones.

Epoch: Época es una iteración completa sobre el conjunto de datos de entrenamiento durante el proceso de entrenamiento de un modelo de aprendizaje automático.

Epochal Learning: Aprendizaje por épocas es un método de entrenamiento en machine learning donde el entrenamiento se divide en épocas, permitiendo ajustes iterativos en el aprendizaje del modelo.

Epoch-based Training: Entrenamiento basado en épocas es una estrategia de entrenamiento en la que un modelo es expuesto a todo el conjunto de datos para un número determinado de veces o épocas.

Epsilon-Greedy Algorithm: Algoritmo épsilon-ávido es una política de selección de acciones en aprendizaje por refuerzo que equilibra la exploración y la explotación mediante la selección aleatoria de acciones con una probabilidad épsilon.

Error Backpropagation: Retropropagación del error es un método utilizado en redes neuronales para ajustar los pesos de la red de manera eficiente mediante la propagación del error desde la salida hacia las capas anteriores.

Error Gradient: Gradiente de error es un vector que indica la dirección en la que una función de pérdida aumenta más rápidamente, utilizado en el proceso de optimización de los modelos de aprendizaje automático.

Error Rate: Tasa de error es una medida del número de errores cometidos por un modelo de aprendizaje automático, generalmente expresada como un porcentaje.

Euclidean Distance: Distancia euclidiana es una medida de la distancia "real" entre dos puntos en un espacio euclidiano, utilizada en diversos algoritmos de machine learning.

Evaluation Function: Función de evaluación es una función que proporciona una medida del rendimiento o calidad de una solución en algoritmos de optimización y aprendizaje automático.

Evaluation Metrics: Métricas de evaluación son medidas utilizadas para evaluar el rendimiento de un modelo de aprendizaje automático, como precisión, recall y F1-score.

Event-Driven Architecture: Arquitectura basada en eventos es un patrón de diseño de software donde el flujo de la aplicación es determinado por eventos o cambios de estado.

Evolutionary Algorithm: Algoritmo evolutivo es un método de optimización que simula la evolución biológica, como la selección natural y la genética, para resolver problemas complejos.

Evolutionary Computation: Computación evolutiva es un conjunto de algoritmos inspirados en la evolución biológica, como algoritmos genéticos, que se utilizan para resolver problemas de optimización.

Exception Handling: Manejo de excepciones es una práctica en programación que identifica, captura y maneja errores o condiciones excepcionales que ocurren durante la ejecución de un programa.

Exhaustive Search: Búsqueda exhaustiva es un método de solución de problemas que implica probar sistemáticamente todas las posibles soluciones hasta encontrar la correcta o la mejor.

Experience Replay: Repetición de experiencia es una técnica en aprendizaje por refuerzo que almacena experiencias pasadas para reutilizarlas en el entrenamiento, lo que mejora la eficiencia y la estabilidad del aprendizaje.

Expert Knowledge: Conocimiento experto se refiere al uso de información y conocimientos especializados en un campo específico dentro de un modelo de aprendizaje automático o sistema de IA.

Expert System: Sistema experto es una aplicación de la Inteligencia Artificial que simula el juicio y el comportamiento de un experto humano en un campo específico.

Explainable AI (XAI): IA explicable se refiere a técnicas y métodos en Inteligencia Artificial que hacen que los resultados y el funcionamiento de los modelos de IA sean comprensibles por los humanos.

Explanatory Variable: Variable explicativa es una variable que se cree influye o determina otra variable, a menudo usada en modelos de regresión.

Exploratory Analysis: Análisis exploratorio es un enfoque inicial en el análisis de datos para descubrir patrones, identificar anomalías, probar hipótesis y verificar suposiciones.

Exploratory Data Analysis (EDA): Análisis exploratorio de datos es un enfoque para analizar conjuntos de datos para resumir sus características principales, a menudo con métodos visuales.

Exponential Decay: Decaimiento exponencial en el contexto de machine learning se refiere a una disminución gradual de una cantidad, como la tasa de aprendizaje, a lo largo del tiempo.

Exponential Smoothing: Suavizado exponencial es una técnica de análisis de series temporales que utiliza ponderaciones exponencialmente decrecientes para suavizar datos.

Extended Reality (XR): Realidad extendida es un término que abarca todas las formas de realidad combinada, incluyendo realidad aumentada (AR), realidad virtual (VR) y realidad mixta (MR).

External Data: Datos externos son datos que no se originan dentro del sistema o modelo en estudio, pero que pueden ser integrados para mejorar el análisis o el rendimiento del modelo.

External Validity: Validez externa se refiere a la medida en que los resultados de un estudio pueden generalizarse a situaciones y a la población fuera del entorno del estudio.

Extreme Learning Machine (ELM): Máquina de aprendizaje extremo es un tipo de red neuronal artificial que entrena sus neuronas de forma rápida y eficiente, y se utiliza principalmente en tareas de clasificación y regresión.

Extreme Value Theory: Teoría de valores extremos es un área de estadística que se ocupa del estudio de eventos raros o extremos y su impacto en la modelización y análisis de datos.

F

False Negative: Falso negativo es cuando un modelo de aprendizaje automático incorrectamente predice la clase negativa para un caso que es verdaderamente positivo.

F1 Score: Puntuación F1 es una medida de la precisión de un modelo de clasificación, que considera tanto la precisión como la recuperación para proporcionar un equilibrio entre estas dos métricas.

False Positive: Falso positivo es cuando un modelo de aprendizaje automático incorrectamente predice la clase positiva para un caso que es verdaderamente negativo.

Fault Tolerance: Tolerancia a fallos es la capacidad de un sistema, especialmente en redes y sistemas distribuidos, de continuar funcionando correctamente en caso de fallos de uno o más de sus componentes.

Feature Drift: Deriva de características se refiere a los cambios en las propiedades estadísticas de las variables de un modelo predictivo a lo largo del tiempo, lo que puede afectar su rendimiento.

Feature Fusion: Fusión de características es el proceso de combinar múltiples características o fuentes de datos para mejorar el rendimiento de un modelo de aprendizaje automático.

Feature Importance: Importancia de las características es una técnica que identifica cuáles son las variables más influyentes en la predicción de un modelo de aprendizaje automático.

Feature Normalization: Normalización de características es el proceso de ajustar la escala de las características de los datos de entrada para que tengan una distribución común, usualmente con una media de cero y una desviación estándar de uno.

Feature Scaling: Escalado de características es el proceso de transformar las características de los datos de entrada para que estén dentro de un rango específico, como entre 0 y 1 o entre -1 y 1.

Feature Space: Espacio de características es el entorno multidimensional en el que cada dimensión representa una característica de los datos, utilizado para visualizar y analizar relaciones entre datos.

Feature Vector: Vector de características es un conjunto de atributos numéricos que representan alguna característica de un objeto, usado en modelos de aprendizaje automático.

Federated Database System: Sistema de base de datos federado es un tipo de sistema de gestión de bases de datos que coordina y maneja la consulta y el acceso a datos distribuidos en múltiples bases de datos, pero tratados como un único sistema.

Feedback Control: Control de retroalimentación se refiere a un sistema o proceso que ajusta su comportamiento en función de la diferencia entre la salida deseada y la salida medida.

Feedback Loop: Bucle de retroalimentación es un proceso o ciclo donde la salida de un sistema se retroalimenta como entrada, posiblemente influenciando la salida futura.

Feedback Network: Red de retroalimentación es un tipo de red neuronal donde las salidas de una capa pueden reingresar como entrada, creando un bucle de retroalimentación.

Feedforward Neural Network: Red neuronal feedforward es un tipo de red neuronal artificial donde las conexiones entre los nodos no forman ciclos, típicamente utilizada en tareas de clasificación y regresión.

Field Programmable Gate Array (FPGA): Array de puertas programables en campo es un dispositivo semiconductor que se puede programar después de su fabricación para llevar a cabo diversas tareas de procesamiento y operaciones lógicas.

Filter Method: Método de filtro en selección de características es una técnica que evalúa y selecciona variables de entrada independientemente del modelo, generalmente basándose en medidas estadísticas.

Fine-Grained Classification: Clasificación de grano fino se refiere a la tarea de clasificar dentro de categorías muy específicas y detalladas, a menudo dentro de una categoría general más grande.

Fine-Tuning: Ajuste fino es el proceso de realizar pequeñas modificaciones a un modelo de aprendizaje automático preentrenado para adaptarlo a un conjunto de datos o tarea específica.

Finite State Machine: Máquina de estados finitos es un modelo de computación que representa un conjunto limitado de estados y las transiciones entre estos estados, comúnmente utilizado en el diseño de software y sistemas electrónicos.

First-Order Derivative: Derivada de primer orden en matemáticas y análisis de datos se refiere a la tasa de cambio instantánea de una función en un punto específico, útil en optimización y análisis de tendencias.

First-Order Logic: Lógica de primer orden es un conjunto de principios formales para realizar razonamientos deductivos, donde se pueden expresar relaciones y cuantificaciones sobre objetos.

Fisher Score: Puntuación de Fisher es una medida estadística que se utiliza para evaluar la importancia de las características en clasificación y selección de variables.

Fisher's Linear Discriminant: Discriminante lineal de Fisher es un método utilizado para encontrar una combinación lineal de características que separan mejor dos o más clases.

Fixed-Point Arithmetic: Aritmética de punto fijo es un método para representar números que tienen una cantidad fija de dígitos después del punto decimal, utilizado en sistemas donde la aritmética de punto flotante no es práctica.

Flatten Layer: Capa de aplanamiento en redes neuronales convierte una matriz multidimensional de características en un vector unidimensional.

Flatten: Aplanar en procesamiento de datos y aprendizaje automático se refiere a la conversión de una estructura de datos multidimensional en una estructura unidimensional, como convertir una matriz en un vector.

Flip-Flop: Flip-flop es un circuito electrónico que puede mantener un estado binario y se utiliza en la construcción de memoria y sistemas de procesamiento de datos.

Floating Point Operations Per Second (FLOPS): Operaciones de punto flotante por segundo es una medida del rendimiento de una computadora, especialmente importante en cálculos intensivos como los realizados en aprendizaje profundo.

Flood Fill Algorithm: Algoritmo de llenado por inundación es un método utilizado para determinar áreas conectadas en gráficos o imágenes digitales.

Flood Fill: Rellenado por inundación es una técnica en procesamiento de imágenes y gráficos computacionales para determinar y modificar áreas con color o intensidad similar.

Flowchart: Diagrama de flujo es una representación gráfica de un proceso o algoritmo, utilizada para planificar, documentar y analizar sistemas y programas.

Focal Loss: Pérdida focal es una función de pérdida diseñada para abordar el desequilibrio de clases en problemas de clasificación, dando más peso a ejemplos difíciles.

Fog Computing: Computación en la niebla es un paradigma que extiende la computación en la nube a la periferia de la red, facilitando el procesamiento de datos más cerca de donde se generan.

Forward Propagation: Propagación hacia adelante es el proceso de pasar las entradas a través de una red neuronal para obtener una salida, parte esencial del entrenamiento y uso de redes neuronales.

Fourier Transform: Transformada de Fourier es una herramienta matemática que transforma una señal en el dominio del tiempo a una representación en el dominio de la frecuencia.

Frame of Reference: Marco de referencia en el procesamiento de datos y aprendizaje automático se refiere al contexto o conjunto de suposiciones bajo el cual se analiza o interpreta un conjunto de datos.

Free Software: Software libre se refiere a software que otorga a los usuarios la libertad de ejecutar, copiar, distribuir, estudiar, cambiar y mejorar dicho software.

Fully Connected Layer: Capa completamente conectada en una red neuronal es aquella en la que cada neurona está conectada a todas las neuronas de la capa anterior y la siguiente.

Function Approximation: Aproximación de funciones es el proceso de encontrar una función que se aproxime lo más posible a un conjunto de datos o a una función objetivo, común en problemas de regresión.

Function Overloading: Sobrecarga de funciones en programación se refiere a la capacidad de tener varias funciones con el mismo nombre pero diferentes implementaciones o argumentos en un lenguaje de programación.

Funnel Analysis: Análisis de embudo es una metodología utilizada para entender y visualizar el flujo y la conversión de usuarios a través de una serie de pasos o eventos, comúnmente usado en análisis de datos y marketing.

Fuzzy Logic: Lógica difusa es un enfoque para el razonamiento que admite grados de verdad, en lugar de la lógica booleana tradicional que solo admite verdadero o falso.

Fuzzy Matching: Coincidencia difusa es un proceso que encuentra coincidencias aproximadas o parciales para una cadena de texto, útil en tareas como la corrección de errores de escritura.

Fuzzy Search: Búsqueda difusa es una técnica de búsqueda que encuentra coincidencias que son aproximadas o parcialmente similares a la cadena de búsqueda, en lugar de coincidencias exactas.

Fuzzy Set: Conjunto difuso es un concepto matemático que representa un conjunto de elementos con grados de pertenencia que no son necesariamente totalmente verdaderos o falsos, utilizado en lógica difusa.

Fuzzy System: Sistema difuso es un sistema que utiliza lógica difusa para tratar con razonamiento aproximado y ambigüedad, aplicado en control automático, toma de decisiones y otros sistemas inteligentes.

G

Game Theory: Teoría de juegos es un campo de estudio que se centra en el análisis de estrategias y decisiones en situaciones de competencia o conflicto, con aplicaciones en economía, ciencias sociales y teoría de la decisión.

Gated Recurrent Unit (GRU): Unidad recurrente con compuertas es un tipo de red neuronal recurrente que utiliza mecanismos de compuertas para controlar el flujo de información, siendo eficiente en tareas de modelado de secuencias como el procesamiento del lenguaje natural.

Gaussian Distribution: Distribución gaussiana, también conocida como distribución normal, es una distribución de probabilidad continua que se caracteriza por su campana de Gauss y se utiliza comúnmente en estadísticas y aprendizaje automático.

Gaussian Mixture Model (GMM): Modelo de mezcla gaussiana es una técnica probabilística para el modelado de subpoblaciones dentro de un conjunto de datos global, asumiendo que los datos se distribuyen como una mezcla de varias distribuciones gaussianas.

Gaussian Process: Proceso gaussiano es un enfoque utilizado en machine learning para predecir la distribución de probabilidades de un fenómeno modelado como una serie de observaciones gaussianas.

Generalization: Generalización es la capacidad de un modelo de aprendizaje automático de rendir bien en nuevos datos no vistos, es decir, datos que no fueron parte del conjunto de entrenamiento.

Generalized Linear Models (GLM): Modelos lineales generalizados son una extensión de los modelos de regresión lineal tradicionales que permiten que la variable dependiente tenga una distribución de probabilidad diferente de la normal.

Generative Adversarial Network (GAN): Red generativa adversaria es un tipo de arquitectura de redes neuronales que consta de un generador y un discriminador que compiten entre sí, utilizada para generar datos realistas.

Generative Model: Modelo generativo es un tipo de modelo de aprendizaje automático que tiene la capacidad de generar nuevos datos que se asemejan a un conjunto de datos existente.

Generative Pre-trained Transformer (GPT): Transformer pre-entrenado generativo es una arquitectura de modelo de lenguaje basada en transformers que ha sido pre-entrenada en grandes cantidades de texto para tareas de generación de texto.

Generative Topographic Map (GTM): Mapa topográfico generativo es un modelo probabilístico utilizado en el análisis y visualización de datos de alta dimensión, que representa datos complejos en un espacio de baja dimensión.

Genetic Algorithm: Algoritmo genético es un método de optimización inspirado en la evolución biológica que utiliza conceptos como la selección natural, la mutación y la reproducción para encontrar soluciones óptimas en problemas complejos.

Genetic Drift: Deriva genética es un proceso aleatorio en la evolución de poblaciones que puede llevar a cambios en la frecuencia de alelos en una población debido al azar.

Genetic Programming: Programación genética es una técnica de algoritmos genéticos donde los programas de computadora son los "individuos" que evolucionan. Se utiliza para resolver problemas optimizando y evolucionando programas.

Geometric Deep Learning: Aprendizaje profundo geométrico es una rama del aprendizaje profundo que extiende los métodos estándar para analizar y procesar datos estructurados en forma de grafos, mallas y manifolds.

Geospatial Analysis: Análisis geoespacial se refiere al uso de técnicas analíticas y de datos para analizar información geográfica y espacial.

Gibbs Sampling: Muestreo de Gibbs es una técnica para generar muestras de distribuciones de probabilidad complejas, utilizada especialmente en el muestreo de distribuciones de Bayes.

Gini Impurity: Impureza de Gini es una medida utilizada en los árboles de decisión para cuantificar qué tan a menudo un elemento elegido al azar sería etiquetado incorrectamente si se etiquetara aleatoriamente según la distribución de etiquetas en el conjunto.

Global Max Pooling: Agregación máxima global es una operación utilizada en redes neuronales convolucionales para extraer la característica más relevante de un mapa de características.

Global Optimization: Optimización global se refiere al proceso de encontrar la mejor solución posible o un óptimo global en presencia de múltiples óptimos locales en un problema de optimización.

GloVe (Global Vectors for Word Representation): GloVe es un modelo de aprendizaje no supervisado para obtener representaciones vectoriales de palabras, capturando de manera efectiva las relaciones semánticas y sintácticas.

Goodness of Fit: Bondad de ajuste es una medida estadística que indica qué tan bien un modelo se ajusta a los datos observados.

GPU (Graphics Processing Unit): Unidad de procesamiento de gráficos es un hardware especializado utilizado para acelerar cálculos en aplicaciones de aprendizaje automático y procesamiento de gráficos.

Gradient Boosting: Reforzamiento de gradiente es una técnica de aprendizaje automático que combina múltiples modelos débiles para mejorar la precisión de las predicciones.

Gradient Clipping: Recorte de gradiente es una técnica utilizada para evitar que los gradientes de los parámetros de una red neuronal sean demasiado grandes durante el entrenamiento, lo que puede ayudar a evitar problemas de explosión de gradientes.

Gradient Descent: Descenso de gradiente es un algoritmo de optimización utilizado para ajustar los parámetros de un modelo de aprendizaje automático minimizando gradualmente una función de pérdida.

Graph Convolutional Network (GCN): Red convolucional de grafos es un tipo de red neuronal diseñada para aprender representaciones de nodos en grafos al propagar información a través de vecinos cercanos.

Graph Neural Network (GNN): Red neuronal de grafos es un tipo de red neuronal diseñada para procesar datos representados en forma de grafos, capturando las relaciones entre nodos y aristas.

Graph Theory: Teoría de grafos es un campo de las matemáticas y la informática que estudia las propiedades y aplicaciones de los grafos, estructuras compuestas de nodos (o vértices) conectados por aristas.

Gray Box Testing: Prueba de caja gris es un enfoque de prueba de software que combina elementos de las pruebas de caja negra (donde se desconoce la estructura interna) y las pruebas de caja blanca (donde se conoce la estructura interna) para evaluar un programa.

Grayscale: Escala de grises se refiere a una representación de imágenes en la que se utilizan tonos de gris para representar niveles de intensidad en lugar de colores.

Greedy Algorithm: Algoritmo voraz es un enfoque de solución de problemas que toma la mejor decisión posible en cada pequeño paso con la esperanza de encontrar el óptimo global.

Greedy Layer-Wise Training: Entrenamiento voraz por capas es una técnica para entrenar redes neuronales profundas en la que cada capa es entrenada de manera independiente y luego se apilan secuencialmente.

Green Computing: Informática ecológica se refiere a prácticas y tecnologías que buscan minimizar el impacto ambiental de la computación, incluyendo el uso eficiente de la energía y la reducción de desechos electrónicos.

Grid Search: Búsqueda en cuadrícula es una técnica de optimización utilizada para encontrar la combinación óptima de hiperparámetros para un modelo de aprendizaje automático al evaluar sistemáticamente todas las posibles combinaciones en una cuadrícula predefinida.

Grid World: Mundo en cuadrícula es un entorno de prueba utilizado en el campo de la Inteligencia Artificial y el aprendizaje por refuerzo para evaluar algoritmos de toma de decisiones en un espacio de acciones discretas.

Ground Truth: Verdad fundamental es el término utilizado para referirse a la información precisa o los datos reales en comparación con los datos inferidos o predichos por un modelo de aprendizaje automático.

Group Testing: Prueba de grupo es una estrategia para identificar rápidamente características o elementos en grandes poblaciones utilizando pruebas que agrupan múltiples muestras.

H

Hadamard Product: Producto de Hadamard es una operación de elemento por elemento entre matrices o tensores, que se utiliza en diversas operaciones en redes neuronales.

Hamming Distance: Distancia de Hamming es una medida de la diferencia entre dos secuencias de igual longitud, contando el número de posiciones en las que los elementos difieren.

Hashing: Hashing es una técnica que asigna datos de entrada a un valor fijo de longitud fija, lo que puede ser útil para acelerar la búsqueda y comparación de datos.

Heuristic: Heurística es una estrategia o regla general utilizada para encontrar soluciones aproximadas en problemas de optimización cuando no es posible una búsqueda exhaustiva.

Hidden Layer: Capa oculta es una capa intermedia de neuronas en una red neuronal que no es una capa de entrada ni una capa de salida, utilizada para aprender representaciones más complejas.

Hierarchical Clustering: Agrupamiento jerárquico es un método de agrupamiento que organiza los datos en una jerarquía de grupos anidados en lugar de asignarlos a un solo grupo.

Hinge Loss: Pérdida de bisagra es una función de pérdida utilizada en problemas de clasificación, especialmente en máquinas de vectores de soporte (SVM), para medir la distancia entre las predicciones y los objetivos.

HMM (Hidden Markov Model): Modelo de Markov oculto es un modelo estadístico utilizado para modelar secuencias de datos, donde se asume que existe un proceso oculto que genera las observaciones.

Hyperparameter: Hiperparámetro es un parámetro de configuración de un modelo de aprendizaje automático que no se aprende automáticamente del conjunto de datos y debe ser ajustado antes del entrenamiento.

Hypothesis Testing: Prueba de hipótesis es un proceso estadístico utilizado para determinar si una afirmación sobre una población es respaldada por la evidencia proporcionada por una muestra de datos.

Handling Missing Data: Manejo de datos faltantes se refiere a las estrategias y técnicas utilizadas para tratar con valores faltantes o incompletos en un conjunto de datos durante el análisis y el modelado de machine learning.

Hard Margin SVM: Un tipo de Máquina de Soporte Vectorial (SVM) que busca encontrar un hiperplano de separación que maximice el margen entre las clases de datos y no permita errores de clasificación.

Hardware: Hardware es la parte física de un sistema informático, que incluye componentes como procesadores, memoria, unidades de almacenamiento y dispositivos de entrada y salida.

Hash Collision: Ocurre cuando dos entradas diferentes generan el mismo valor hash en una función hash, lo que puede causar problemas en la integridad de los datos.

Hash Function: Función hash es un algoritmo que toma una entrada (o 'mensaje') y la transforma en una cadena de caracteres fija de longitud fija, que representa de manera única la entrada original.

Hashing: La transformación de datos en una cadena de caracteres de longitud fija mediante una función hash.

Heterogeneous Data: Un conjunto de datos que contiene muestras o ejemplos con características diversas y variadas.

Heteroscedasticity: Heterocedasticidad se refiere a la propiedad en la que la varianza de los errores en un modelo estadístico no es constante en todos los niveles de una variable independiente, lo que puede afectar la calidad de la regresión.

Heuristic: Heurística es una técnica o regla general que se utiliza en la toma de decisiones y la resolución de problemas, a menudo como una aproximación rápida o un enfoque práctico cuando no se dispone de una solución exacta.

Hidden Layer: Capa oculta es una capa intermedia en una red neuronal artificial que se encuentra entre la capa de entrada y la capa de salida. Las neuronas en esta capa realizan cálculos y transformaciones para aprender representaciones más abstractas de los datos de entrada.

Hierarchical Clustering: Agrupamiento jerárquico es un enfoque de agrupamiento que organiza los datos en una estructura de árbol jerárquica.

Hierarchical Model: Modelo jerárquico es un enfoque en estadísticas y aprendizaje automático que representa relaciones anidadas o jerárquicas entre variables, lo que permite modelar estructuras complejas en los datos.

Hierarchical Reinforcement Learning: Aprendizaje por refuerzo jerárquico es un enfoque en el aprendizaje por refuerzo donde se organizan múltiples niveles de políticas de control para resolver problemas más complejos de manera jerárquica.

High Bias: Sesgo alto es una situación en la que un modelo de aprendizaje automático tiene un alto error en la predicción de datos de entrenamiento debido a una simplificación excesiva.

High Variance: Varianza alta se refiere a una situación en la que un modelo de aprendizaje automático es altamente sensible a pequeñas variaciones en los datos de entrenamiento y, por lo tanto, no generaliza bien a nuevos datos.

High-Dimensional Data: Datos de alta dimensionalidad se refiere a conjuntos de datos que tienen un gran número de características o dimensiones, lo que puede plantear desafíos en el análisis y la visualización.

Hinge Loss: Pérdida de bisagra es una función de pérdida utilizada en algoritmos de aprendizaje automático, como máquinas de vectores de soporte (SVM), que penaliza los errores de clasificación de manera no lineal.

Holdout Validation: Un enfoque de validación de modelos en el que un conjunto de datos se divide en un conjunto de entrenamiento y un conjunto de prueba para evaluar el rendimiento del modelo.

Homogeneous Data: Datos homogéneos se refieren a un conjunto de datos en el que todas las muestras o ejemplos tienen características similares o pertenecen a la misma categoría.

Homoscedasticity: Homocedasticidad se refiere a la propiedad en la que la varianza de los errores en un modelo estadístico es constante en todos los niveles de una variable independiente, lo que es importante en la regresión lineal.

Human-AI Interaction: La interacción entre humanos y sistemas de Inteligencia Artificial, que puede incluir tareas de colaboración, comunicación y control.

Human-in-the-Loop (HITL): Humanos en el ciclo es un enfoque en el aprendizaje automático donde se involucra a los humanos para ayudar en la toma de decisiones o corrección de errores en el proceso de entrenamiento o inferencia del modelo.

Hyperdimensional Computing: Un enfoque de procesamiento de datos que utiliza vectores de alta dimensionalidad para representar y operar con información.

Hyperparameter Grid Search: Una técnica de optimización de hiperparámetros en la que se especifica un conjunto de valores para cada hiperparámetro y se evalúa el rendimiento del modelo para todas las combinaciones posibles.

Hyperparameter Optimization: Optimización de hiperparámetros es el proceso de búsqueda de los mejores valores de hiperparámetros para un modelo de aprendizaje automático con el fin de maximizar su rendimiento predictivo.

Hyperparameter Search: El proceso de explorar y ajustar los hiperparámetros de un modelo de aprendizaje automático para encontrar la configuración óptima que maximice el rendimiento del modelo.

Hyperparameter Space: Espacio de hiperparámetros es el conjunto de todos los posibles valores que pueden tomar los hiperparámetros de un modelo de aprendizaje automático.

Hyperparameter Tuning: Ajuste de hiperparámetros es el proceso de encontrar los valores óptimos de los hiperparámetros de un modelo de aprendizaje automático para mejorar su rendimiento.

Hyperparameter: Hiperparámetro es un parámetro de un modelo de aprendizaje automático que no se aprende directamente a partir de los datos, sino que se ajusta antes de entrenar el modelo y afecta su rendimiento.

Hyperplane: En el contexto de algoritmos de clasificación, es un espacio dimensional de una dimensión menos que el espacio de entrada que se utiliza para separar clases en problemas de clasificación lineal.

Hypothesis: Hipótesis es una afirmación o suposición que se utiliza en el proceso de prueba de hipótesis para determinar si es respaldada por la evidencia empírica.

I

Image Recognition: Reconocimiento de imágenes es la capacidad de un sistema de Inteligencia Artificial para identificar y clasificar objetos en imágenes o videos.

Image Segmentation: Segmentación de imágenes es el proceso de dividir una imagen en regiones o segmentos con características similares.

Imbalanced Data: Datos desequilibrados se refieren a conjuntos de datos en los que una clase está sobrerrepresentada en comparación con otras, lo que puede afectar el rendimiento del modelo.

Impact Analysis: Análisis de impacto es la evaluación de cómo un modelo de aprendizaje automático afectará a un sistema o proceso existente.

Imputation: Imputación es el proceso de rellenar valores faltantes en conjuntos de datos, generalmente utilizando estadísticas como la media o la mediana.

Incremental Deployment: Implementación incremental es la práctica de lanzar nuevas versiones de un modelo de aprendizaje automático gradualmente, en lugar de reemplazarlo por completo.

Incremental Learning: Aprendizaje incremental es un enfoque en el que un modelo se actualiza continuamente a medida que se reciben nuevos datos.

Inductive Learning: Aprendizaje inductivo es un enfoque de aprendizaje automático en el que se infieren reglas generales a partir de ejemplos específicos.

Inference Accuracy: Medida de cuán precisas son las predicciones de un modelo de aprendizaje automático.

Inference API: Interfaz de programación de aplicaciones que permite a otros sistemas interactuar con un modelo de aprendizaje automático para hacer predicciones.

Inference Batch Size: Número de ejemplos procesados simultáneamente durante la inferencia.

Inference Bias: Sesgo de inferencia se refiere a la tendencia de un modelo de aprendizaje automático a hacer predicciones inexactas o parciales debido a la falta de representación de ciertos grupos de datos.

Inference Engine: Motor de inferencia es una parte de los sistemas de Inteligencia Artificial que se encarga de razonar y tomar decisiones basadas en datos y reglas.

Inference Error: Error de inferencia es la diferencia entre la predicción realizada por un modelo de aprendizaje automático y el valor real.

Inference Hardware: Dispositivos diseñados para acelerar el proceso de inferencia de modelos de aprendizaje automático.

Inference Latency: Latencia de inferencia se refiere al tiempo que tarda una solicitud de inferencia en ser procesada y recibir una respuesta.

Inference Layer: Una parte de una red neuronal que realiza cálculos para hacer predicciones.

Inference Mode: Modo de inferencia es la configuración en la que un modelo de aprendizaje automático se utiliza para hacer predicciones en lugar de entrenarse.

Inference Optimization: Proceso de mejorar la eficiencia y velocidad de las predicciones de un modelo de aprendizaje automático.

Inference Pipeline: Tubería de inferencia es una secuencia de pasos o procesos que se aplican para hacer predicciones utilizando un modelo de aprendizaje automático.

Inference Server: Componente que maneja solicitudes de inferencia y coordina la ejecución de modelos de aprendizaje automático.

Inference Time: Tiempo de inferencia se refiere al tiempo que tarda un modelo de aprendizaje automático en hacer predicciones una vez que ha sido entrenado.

Inference Uncertainty: Incertidumbre de inferencia se refiere a la falta de confianza en las predicciones realizadas por un modelo de aprendizaje automático.

Inference: Inferencia se refiere al proceso de hacer predicciones o conclusiones basadas en datos y modelos de aprendizaje automático.

Inferential Statistics: Estadísticas inferenciales son técnicas estadísticas utilizadas para sacar conclusiones o hacer predicciones sobre una población basadas en muestras de datos.

Information Retrieval: Recuperación de información es el proceso de encontrar y obtener datos relevantes de un conjunto más grande de información.

In-memory Analytics: Análisis de datos realizado directamente en la memoria para un rendimiento más rápido.

In-memory Cache: Técnica que almacena datos en la memoria para un acceso rápido y reducir la latencia.

In-Memory Computing: Computación en memoria se refiere a la técnica de almacenar y procesar datos en la memoria principal de un sistema en lugar de en discos o almacenamiento tradicional.

In-Memory Database: Base de datos en memoria es un sistema de gestión de bases de datos que almacena datos en la memoria principal para un acceso rápido.

Innovative: Innovador se refiere a algo que introduce nuevas ideas, métodos o tecnologías.

Input Data: Datos proporcionados a un modelo de aprendizaje automático para realizar predicciones o entrenamiento.

Input Layer: Capa de entrada es la primera capa de una red neuronal que recibe los datos de entrada.

Instance Segmentation: Técnica de identificar y delimitar objetos individuales en una imagen.

Instance: Instancia se refiere a un ejemplo o elemento individual en un conjunto de datos.

Instance-based Learning: Enfoque en el que se toman decisiones basadas en ejemplos específicos en lugar de reglas abstractas.

Integrated Development Environment (IDE): Entorno de desarrollo integrado es una herramienta que proporciona un conjunto completo de herramientas para desarrollar, depurar y probar software.

Interaction Design: Creación de interfaces de usuario y experiencias intuitivas y efectivas.

Interactive Machine Learning: Aprendizaje automático interactivo se refiere a un enfoque en el que los usuarios pueden interactuar y dar retroalimentación al modelo durante el proceso de entrenamiento.

Internet of Things (IoT): Internet de las cosas es la interconexión de dispositivos físicos con la capacidad de recopilar y transmitir datos a través de Internet.

Interpretability Toolkit: Conjunto de recursos y herramientas para ayudar a comprender y explicar modelos de aprendizaje automático.

Interpretability: Interpretabilidad se refiere a la capacidad de entender y explicar el funcionamiento de un modelo de aprendizaje automático, especialmente en aplicaciones críticas.

IoT Devices: Dispositivos de IoT son objetos físicos que están conectados a la red y pueden recopilar y transmitir datos.

IoT Edge Computing: Computación en el borde de IoT es el procesamiento de datos en dispositivos de IoT en lugar de enviarlos a la nube, lo que permite una respuesta más rápida y un menor consumo de ancho de banda.

Iteration: Ciclo repetitivo de entrenamiento o procesamiento de datos en un modelo de aprendizaje automático.

Iterative Algorithm: Algoritmo iterativo es un método que resuelve un problema mediante iteraciones repetidas hasta que se cumple una condición de parada.

J

J48 Algorithm: El algoritmo J48 es una implementación en Java del algoritmo C4.5, que es un algoritmo de árbol de decisión utilizado en la minería de datos y el aprendizaje automático para la clasificación de datos.

Jaccard Index: El índice de Jaccard, similar a la similitud de Jaccard, mide la similitud entre conjuntos de muestras y se usa en clasificación y recuperación de información, así como en el análisis de agrupaciones en aprendizaje automático.

Jaccard Similarity: Similitud de Jaccard es una métrica que mide la similitud entre dos conjuntos mediante la intersección y la unión de elementos en los conjuntos.

Jacobian Matrix: La matriz Jacobiana es una matriz de todas las primeras derivadas parciales de un vector-valued función. En el aprendizaje automático, es fundamental en el cálculo de gradientes, especialmente en redes neuronales y algoritmos de optimización.

Jacobian Regularization: La regularización Jacobiana es una técnica en aprendizaje profundo para estabilizar el entrenamiento de redes neuronales, ajustando la complejidad del modelo para evitar el sobreajuste y mejorar la generalización.

Jaro-Winkler Distance: La distancia de Jaro-Winkler es una medida de similitud entre dos cadenas de caracteres, utilizada en tareas de procesamiento de lenguaje natural para medir la distancia entre palabras o frases, importante en aplicaciones de IA como la corrección ortográfica y la búsqueda difusa.

Java Database Connectivity (JDBC): JDBC es una API para el lenguaje de programación Java, que define cómo un cliente puede acceder a una base de datos. Es esencial en aplicaciones de IA para el manejo y análisis de grandes volúmenes de datos.

Java Machine Learning Library (Java-ML): Java-ML es una colección de algoritmos de machine learning implementados en Java, diseñada para ser fácil de usar y extensible, útil en aplicaciones de IA que requieren implementaciones rápidas y eficientes de algoritmos comunes.

Java Parallel Processing Framework: Este marco en Java permite la ejecución paralela de procesos, crucial en aplicaciones de IA para manejar eficientemente tareas computacionalmente intensivas, como el entrenamiento de modelos de machine learning.

Java Virtual Machine (JVM): Máquina Virtual de Java es un motor que proporciona un entorno de ejecución para ejecutar aplicaciones Java, relevante en Inteligencia Artificial y machine learning por su capacidad para ejecutar programas escritos en Java de manera eficiente y segura.

Java: Java es un lenguaje de programación orientado a objetos ampliamente utilizado en el desarrollo de aplicaciones de software, incluyendo sistemas de Inteligencia Artificial y machine learning.

JavaBeans: JavaBeans son componentes de software reutilizables en Java, utilizados para encapsular muchos objetos en una sola unidad. En Inteligencia Artificial, pueden facilitar la integración y manejo de componentes complejos.

JAX (Just Another Extension): JAX es un conjunto de Librerías y herramientas para la programación diferenciable y el cálculo tensorial en Python, comúnmente utilizado en proyectos de aprendizaje automático y redes neuronales profundas.

Jena Framework: El framework Jena es una Librería Java de código abierto para desarrollar aplicaciones de web semántica, incluyendo soporte para RDF, SPARQL y OWL. Es útil en proyectos de IA para manejar datos semánticos y ontologías.

Jensen's Inequality: La desigualdad de Jensen es un teorema en matemáticas que relaciona el valor de una función convexa aplicada al promedio de un conjunto de puntos con el promedio de la función aplicada a esos puntos, utilizado en estadísticas y teoría de la información.

Jensen-Shannon Distance: La distancia de Jensen-Shannon es una medida de la similitud entre dos distribuciones de probabilidad basada en la entropía. Se utiliza en machine learning y análisis de datos para comparar distribuciones y detectar patrones.

JGraphT: JGraphT es una Librería Java para la creación y manipulación de gráficos (estructuras de datos), útil en IA y machine learning para algoritmos que involucran análisis de redes, gráficos y rutas.

JIT (Just-In-Time) Compilation: Compilación Just-In-Time se refiere a una técnica de optimización en tiempo de ejecución donde el código se compila en el último momento para mejorar el rendimiento, a menudo utilizado en entornos de machine learning para acelerar la ejecución de algoritmos.

JIT Compilation for Neural Networks: La compilación JIT para redes neuronales se refiere a la optimización en tiempo de ejecución de redes neuronales, compilando partes del modelo sobre la marcha para mejorar el rendimiento y la eficiencia en aplicaciones de IA.

JIT Compiler for Python: Un compilador JIT para Python, como PyPy, aumenta la eficiencia de ejecución de scripts de Python, lo cual es beneficioso en proyectos de IA y machine learning que utilizan Python como su principal lenguaje de programación.

JIT Compiler: El compilador JIT (Just-In-Time) es un enfoque de compilación que convierte el código de un lenguaje de programación a código máquina en tiempo de ejecución para mejorar la eficiencia. Es relevante en entornos de IA para optimizar el rendimiento de algoritmos.

JIT Learning: El aprendizaje JIT (Just-In-Time) en Inteligencia Artificial se refiere a sistemas que adaptan y ajustan sus algoritmos en tiempo real, basándose en la retroalimentación instantánea o los cambios en los datos de entrada, mejorando la eficiencia y precisión del aprendizaje automático.

JIT Optimization: La optimización JIT se refiere a técnicas que mejoran el rendimiento del código al compilarlo durante la ejecución, en lugar de antes. En IA, esto puede acelerar la ejecución de algoritmos intensivos en cálculos.

Job Queue: Una cola de trabajos es una estructura de datos utilizada para gestionar y ordenar trabajos o tareas en sistemas informáticos. En entornos de IA, facilita la gestión eficiente de tareas de aprendizaje automático y procesamiento de datos.

Job Scheduling: La programación de trabajos se refiere a la asignación de recursos computacionales para ejecutar trabajos en sistemas informáticos, un componente crucial en entornos de IA para manejar eficientemente las cargas de trabajo de aprendizaje automático.

Johnson-Lindenstrauss Lemma: El lema de Johnson-Lindenstrauss es un resultado en la teoría de la dimensión que proporciona una forma de reducir la dimensionalidad de los datos mientras se preserva la estructura de las distancias, útil en algoritmos de aprendizaje automático que manejan grandes volúmenes de datos.

Join Operation: La operación de unión en bases de datos y procesamiento de datos se refiere a combinar filas de dos o más tablas basándose en una columna relacionada, un concepto importante en el preprocesamiento de datos para aplicaciones de machine learning.

Joint Entropy: Entropía Conjunta es una medida en teoría de la información que cuantifica la incertidumbre asociada con un conjunto de variables aleatorias, importante en el análisis de dependencia e información mutua en modelos de machine learning.

Joint Learning: El aprendizaje conjunto se refiere a entrenar simultáneamente varios modelos o partes de un modelo en IA, lo que puede mejorar la eficiencia y efectividad del aprendizaje al compartir representaciones o conocimientos entre tareas relacionadas.

Joint Probability Distribution: Distribución conjunta de probabilidad describe la probabilidad conjunta de ocurrencia de múltiples variables aleatorias en un modelo estadístico.

JSON (JavaScript Object Notation): JSON es un formato ligero de intercambio de datos, fácil de leer y escribir para humanos, y fácil de analizar y generar para máquinas, comúnmente utilizado en aplicaciones de Inteligencia Artificial para el intercambio de datos.

JSON Schema: El esquema JSON es una especificación para definir la estructura de documentos JSON, útil en proyectos de IA y machine learning para validar y documentar los formatos de datos utilizados en la comunicación entre sistemas y componentes.

JSON-LD (JSON for Linked Data): JSON-LD es un método para codificar datos vinculados utilizando JSON. En IA, permite integrar datos de diversas fuentes de manera más eficiente y es crucial para operaciones de web semántica.

Julia Language: Julia es un lenguaje de programación de alto nivel y alto rendimiento utilizado en la computación científica, con creciente popularidad en campos como la Inteligencia Artificial y el machine learning, debido a su rapidez y capacidad de manejo de datos.

Jump Diffusion Model: El modelo de salto-difusión es un modelo matemático que representa un proceso estocástico, el cual es útil en finanzas cuantitativas y en ciertos tipos de modelos predictivos en machine learning.

Jupyter Notebook: Cuaderno de Jupyter es una aplicación web interactiva que permite la creación y ejecución de documentos que contienen código, texto enriquecido y visualizaciones.

K

Kaggle: Kaggle es una plataforma en línea que alberga competiciones de ciencia de datos y aprendizaje automático, donde los investigadores y los aficionados pueden acceder a conjuntos de datos y resolver problemas complejos.

Kappa Statistic: Estadística Kappa es una medida de acuerdo entre dos o más evaluadores, que se utiliza para evaluar la consistencia de la clasificación en tareas de aprendizaje automático.

Keras: Keras es una Librería de redes neuronales de código abierto escrita en Python, diseñada para facilitar la experimentación rápida con redes neuronales profundas.

Kernel Density Estimation (KDE): Estimación de Densidad Kernel es un método no paramétrico para estimar la función de densidad de probabilidad de una variable aleatoria, útil para el análisis de datos y visualización.

Kernel Method: Método del Núcleo se refiere a un conjunto de algoritmos de aprendizaje automático que utilizan funciones de núcleo para transformar datos en un espacio dimensional superior para facilitar la clasificación o regresión.

Kernel Regularization: Regularización de Núcleo en el aprendizaje automático implica el uso de técnicas para evitar el sobreajuste al ajustar la complejidad del modelo, especialmente en métodos que utilizan kernels.

Kernel Trick: Truco del núcleo es una técnica utilizada en máquinas de vectores de soporte (SVM) para transformar datos en un espacio dimensional superior sin calcular explícitamente todas las características.

Kernel: Un núcleo es una función utilizada en procesos de cálculo que transforma los datos antes del procesamiento, especialmente en métodos como SVM. Es fundamental para aplicar el "Kernel Trick".

Key Feature: Característica Clave se refiere a una variable o atributo significativo en un conjunto de datos que juega un papel importante en el análisis y modelado en el aprendizaje automático.

Key Point Detection: Detección de Puntos Clave en visión por computadora, se refiere a la identificación de puntos de interés específicos dentro de las imágenes, que son útiles para tareas como el reconocimiento de objetos y el seguimiento de movimiento.

Key Value Store: Almacenamiento de Valor Clave es un tipo de base de datos no relacional que utiliza un método simple de clave-valor para almacenar datos, lo que es útil para ciertas aplicaciones de big data y aprendizaje automático.

Keyframe: Fotograma Clave en animación y video, se refiere a un marco específico que define un punto de inicio o finalización para una transición o animación. En el contexto de la visión por computadora, se utiliza para identificar marcos importantes en secuencias de video.

K-fold Cross Validation: Validación Cruzada K-fold es una técnica en aprendizaje automático para evaluar la capacidad de generalización de un modelo, dividiendo los datos en 'K' grupos y utilizando cada uno como un conjunto de prueba en algún momento.

K-Means Clustering: Agrupamiento K-Means es un algoritmo de aprendizaje automático no supervisado que divide un conjunto de datos en clústeres basados en similitud.

K-means++: K-means++ es una variante del algoritmo K-means que mejora la fase de inicialización para elegir los centros iniciales de los clústeres de manera más efectiva, reduciendo la probabilidad de converger a un óptimo local.

Knapsack Problem: Problema de la Mochila es un problema de optimización combinatoria, donde se debe seleccionar un número de elementos con diferentes pesos y valores para incluir en una mochila, maximizando el valor total sin exceder el peso máximo.

K-Nearest Neighbors (KNN): K-Vecinos Más Cercanos es un algoritmo de aprendizaje supervisado que clasifica un nuevo punto de datos basándose en la mayoría de votos de sus 'K' vecinos más cercanos.

Knockout Experiment: Experimento Knockout es un método utilizado en bioinformática y genómica computacional, donde se 'elimina' un gen para observar los efectos en el fenotipo, lo cual es útil para comprender las funciones genéticas.

Knowledge Base: Base de Conocimiento es un almacén de información estructurada, como hechos y reglas, que un sistema de Inteligencia Artificial puede utilizar para resolver problemas y tomar decisiones.

Knowledge Discovery: Descubrimiento de Conocimiento es el proceso de encontrar patrones, tendencias y correlaciones útiles en grandes conjuntos de datos para ayudar en la toma de decisiones y previsión.

Knowledge Engineering: Ingeniería del Conocimiento es el campo que implica la creación de sistemas de Inteligencia Artificial que emulan la toma de decisiones y el razonamiento humanos, mediante el uso de bases de conocimiento y reglas lógicas.

Knowledge Extraction: Extracción de Conocimiento es el proceso de descubrir patrones y relaciones en grandes conjuntos de datos, a menudo utilizando técnicas como el análisis de datos y el aprendizaje automático.

Knowledge Graph Embedding: Incrustación de Grafo de Conocimiento es una técnica para transformar los nodos, aristas y relaciones de un grafo de conocimiento en representaciones vectoriales de baja dimensión, facilitando su uso en tareas de aprendizaje automático.

Knowledge Graph: Grafo de Conocimiento es una base de datos estructurada que utiliza una red de nodos interconectados para integrar datos dispersos, permitiendo un análisis más eficaz y la extracción de conocimiento.

Knowledge Representation: Representación del Conocimiento se refiere a métodos para estructurar y organizar información de manera que las máquinas puedan procesarla, entenderla y simular el razonamiento humano.

Knowledge Transfer: Transferencia de Conocimiento en el aprendizaje automático se refiere al proceso de mejorar el aprendizaje en una nueva tarea a través de la transferencia de conocimientos de una tarea relacionada previamente aprendida.

Knowledge-Based System: Sistema Basado en Conocimiento es un programa que razona y utiliza una base de conocimiento para resolver problemas específicos de dominio, aplicando reglas y lógicas para simular el juicio humano.

Kolmogorov Complexity: Complejidad de Kolmogorov mide la cantidad de información requerida para describir un objeto, como una cadena de texto, y se utiliza en teoría de la información y algoritmos de compresión.

Krylov Subspace: Subespacio de Krylov es un concepto matemático utilizado en métodos iterativos para resolver sistemas de ecuaciones lineales, y tiene aplicaciones en algoritmos numéricos en aprendizaje automático.

Kullback-Leibler Divergence: Divergencia de Kullback-Leibler es una medida de la diferencia entre dos distribuciones de probabilidad, que se utiliza en el entrenamiento de modelos generativos.

Kurtosis Risk: Riesgo de Curtosis se refiere al riesgo que surge de la forma no normal de la distribución de rendimientos en finanzas, particularmente la presencia de colas pesadas en la distribución.

Kurtosis: Curtosis es una medida estadística que describe la forma de la distribución de los datos, en particular, el grado de agudeza o aplanamiento en la distribución.

L

L1 Regularization: Regularización L1 es similar a L2, pero penaliza la suma absoluta de los pesos del modelo, lo que puede conducir a modelos más dispersos.

L2 Regularization: Regularización L2 es una técnica utilizada para reducir la complejidad del modelo y evitar el sobreajuste penalizando los pesos con grandes magnitudes.

Label Encoding: Codificación de etiquetas es un proceso de conversión de etiquetas categóricas en números, lo que facilita su uso en algoritmos de machine learning.

Label Propagation: Propagación de Etiquetas es un método de aprendizaje semisupervisado que utiliza la estructura de los datos no etiquetados para propagar las etiquetas a través del conjunto de datos.

Label Smoothing: Suavizado de etiquetas es una técnica utilizada en el entrenamiento de modelos de clasificación que consiste en suavizar las etiquetas verdaderas para hacer que el modelo sea más robusto a errores de clasificación.

Label: Etiqueta es un término utilizado en el aprendizaje supervisado para referirse al valor de salida correcto o deseado para una instancia de entrada durante el entrenamiento.

Lambda Architecture: Arquitectura Lambda es un marco de trabajo para el procesamiento de grandes cantidades de datos que combina el procesamiento en tiempo real con el procesamiento de lotes.

Latent Dirichlet Allocation (LDA): Asignación latente de Dirichlet es un modelo de temas utilizado en procesamiento de lenguaje natural para descubrir temas ocultos en un conjunto de documentos.

Latent Factor Model: Modelo de Factor Latente es un tipo de modelo predictivo que intenta explicar observaciones mediante la inferencia de variables latentes no observadas, comúnmente utilizado en sistemas de recomendación.

Latent Semantic Analysis (LSA): Análisis Semántico Latente es una técnica en el procesamiento del lenguaje natural para analizar las relaciones entre un conjunto de documentos y los términos que contienen, identificando patrones en el uso de palabras.

Latent Variable: Variable latente es una variable no observada en un modelo estadístico que se utiliza para capturar información oculta en los datos.

Layer: Capa se refiere a una colección de neuronas en una red neuronal artificial. Cada capa puede tener una función específica y contribuir de manera diferente al procesamiento de los datos.

Lazy Learning: Aprendizaje perezoso se refiere a algoritmos de aprendizaje automático que retrasan el procesamiento de los datos hasta el momento en que se realiza una predicción, a diferencia del aprendizaje ansioso que construye un modelo general a partir del conjunto de datos antes de hacer predicciones.

L-BFGS (Limited-memory Broyden–Fletcher–Goldfarb–Shanno): L-BFGS es un algoritmo de optimización para resolver problemas de optimización no lineales con un gran número de variables, utilizándose en métodos de entrenamiento de modelos de aprendizaje automático.

Lead Scoring: Puntuación de Prospectos es una técnica en marketing y ventas que utiliza algoritmos de aprendizaje automático para predecir la probabilidad de que un cliente potencial se convierta en un cliente real.

Leaky ReLU: ReLU con fuga es una función de activación en las redes neuronales que permite que pase una pequeña cantidad de valor negativo cuando la entrada es menor que cero, lo que ayuda a mitigar el problema de neuronas inactivas.

Learning Curve: Curva de aprendizaje representa el progreso del aprendizaje de un modelo en términos de rendimiento en el conjunto de entrenamiento y el conjunto de validación a medida que aumenta la cantidad de datos de entrenamiento.

Learning Rate: Tasa de aprendizaje es un hiperparámetro que controla cuánto se ajusta el modelo en respuesta al error estimado cada vez que los pesos del modelo se actualizan.

Leave-One-Out Cross-Validation: Validación cruzada "deja uno fuera" es un método de validación cruzada donde se usa un solo dato como conjunto de prueba y el resto como conjunto de entrenamiento, repitiendo el proceso para cada dato en el conjunto.

Levenshtein Distance: Distancia de Levenshtein es una métrica utilizada para medir la diferencia entre dos secuencias, como la cantidad mínima de ediciones necesarias para transformar una secuencia en otra.

Lift: Elevación es una medida en minería de datos y análisis predictivo que indica cuánto mejor es un modelo de clasificación en predecir una clase en comparación con una predicción aleatoria.

LightGBM: LightGBM es un framework de aprendizaje automático eficiente basado en gradient boosting que utiliza algoritmos basados en árboles y es eficaz para grandes conjuntos de datos.

Linear Discriminant Analysis (LDA): Análisis Discriminante Lineal es un método estadístico utilizado para encontrar una combinación lineal de características que mejor separa dos o más clases de objetos o eventos.

Linear Regression: Regresión lineal es un enfoque estadístico para modelar la relación entre una variable dependiente y una o más variables independientes, asumiendo que la relación es lineal.

Linearly Separable: Separable Linealmente es una propiedad de un conjunto de puntos que indica que existe un hiperplano que puede separar dos clases de puntos sin errores.

Link Analysis: Análisis de enlaces es el estudio de cómo los elementos en una red están conectados entre sí, comúnmente utilizado en análisis de redes sociales, clasificación de páginas web, etc.

Local Outlier Factor (LOF): Factor de Atípico Local es un algoritmo para la detección de anomalías que calcula la desviación local de la densidad de un punto con respecto a sus vecinos.

Locally Weighted Learning: Aprendizaje Ponderado Local es una técnica de aprendizaje automático que pondera los puntos de datos según su distancia a un punto de consulta, enfocándose más en los puntos cercanos para hacer predicciones.

Logistic Regression: Regresión logística es un algoritmo de clasificación que se utiliza para predecir la probabilidad de que una instancia pertenezca a una clase específica.

Logit Function: Función Logit es una función utilizada para transformar las probabilidades en un rango de valores que puede extenderse de menos infinito a infinito, comúnmente utilizada en la regresión logística.

Log-Loss (Logarithmic Loss): Pérdida logarítmica es una métrica utilizada para evaluar la calidad de las predicciones de modelos de clasificación.

Lookahead Optimizer: Optimizador de Anticipación es un método de optimización en el entrenamiento de redes neuronales que anticipa la dirección futura del gradiente para hacer ajustes más informados en los pesos del modelo.

Loss Function: Función de pérdida es una función utilizada en el aprendizaje automático para medir la diferencia entre la salida predicha por el modelo y la salida real. Sirve para guiar el proceso de entrenamiento del modelo.

LSTM (Long Short-Term Memory): Memoria a corto y largo plazo es un tipo de red neuronal recurrente diseñada para recordar información durante periodos extensos, lo que la hace útil para tareas que involucran secuencias temporales.

M

Machine Learning (ML): Aprendizaje automático es una rama de la Inteligencia Artificial que se enfoca en el desarrollo de algoritmos que permiten a las computadoras aprender y mejorar su rendimiento en tareas específicas a partir de datos.

Manifold Learning: Aprendizaje de variedades es un enfoque de reducción de dimensionalidad que asume que los datos se encuentran en una variedad de baja dimensión inmersa en un espacio de alta dimensión.

Marginal Probability: Probabilidad marginal es la probabilidad de un evento o conjunto de eventos, sin tener en cuenta los efectos de otras variables. Es importante en el análisis estadístico y en el aprendizaje automático.

Markov Decision Process (MDP): Proceso de decisión de Markov es un enfoque matemático para modelar la toma de decisiones en situaciones donde los resultados son parcialmente aleatorios y parcialmente bajo el control de un tomador de decisiones.

Matrix Factorization: Factorización de matrices es una técnica usada para descomponer una matriz en productos de matrices. Es ampliamente utilizada en sistemas de recomendación y para la reducción de dimensionalidad.

Maximum Likelihood Estimation (MLE): Estimación de máxima verosimilitud es un método para estimar los parámetros de un modelo estadístico, maximizando la probabilidad de que el modelo produzca los datos observados.

Mean Squared Error (MSE): Error cuadrático medio es una métrica común para evaluar la precisión de un modelo de regresión, calculando el promedio de los cuadrados de las diferencias entre los valores predichos y los valores reales.

Message Passing Interface (MPI): Interfaz de paso de mensajes es una especificación para la comunicación entre nodos en un sistema de computación distribuida, comúnmente utilizada en el cálculo de alto rendimiento y en aplicaciones de aprendizaje automático a gran escala.

Meta-Learning: Meta-aprendizaje se refiere al proceso de mejorar el aprendizaje de un algoritmo de machine learning. Implica que el algoritmo aprende de experiencias previas para realizar tareas futuras más eficientemente.

Mining Data Streams: Minería de flujos de datos es el proceso de extracción de patrones útiles de flujos de datos continuos y rápidos, como datos de sensores en tiempo real o transacciones financieras.

Mixture Models: Modelos de mezclas son modelos estadísticos que asumen que los datos provienen de una combinación de varias distribuciones de probabilidad. Son útiles en el análisis de datos heterogéneos.

Model Aggregation: Agregación de modelos es un proceso en el aprendizaje federado y en otros enfoques distribuidos donde múltiples modelos entrenados de manera independiente son combinados para mejorar el rendimiento o la robustez.

Model Calibration: Calibración de modelos implica ajustar las salidas de un modelo de clasificación para que las probabilidades pronosticadas reflejen mejor la realidad, lo cual es crucial en aplicaciones donde la interpretación de probabilidades es importante.

Model Checkpointing: Puntos de control de modelos es una técnica utilizada durante el entrenamiento de modelos de machine learning para guardar periódicamente el estado del modelo, lo que permite reanudar el entrenamiento desde ese punto en caso de interrupciones.

Model Compression: Compresión de modelos es la técnica de reducir el tamaño de un modelo de machine learning sin perder significativamente en precisión, lo que es crucial para su implementación en dispositivos con recursos limitados.

Model Consistency: Consistencia de modelos se refiere a la capacidad de un modelo de machine learning para producir resultados coherentes y estables a lo largo del tiempo o en diferentes subconjuntos de datos.

Model Deployment: Implementación de modelos se refiere al proceso de llevar un modelo de aprendizaje automático desde el entorno de desarrollo a un entorno de producción.

Model Distillation: Destilación de modelos es una técnica para transferir el conocimiento de un modelo grande y complejo (profesor) a un modelo más pequeño y eficiente (estudiante), preservando la precisión tanto como sea posible.

Model Drift: Deriva del modelo ocurre cuando el modelo de machine learning ya no es representativo de los datos actuales debido a cambios en el entorno subyacente, lo que puede llevar a una disminución en el rendimiento del modelo.

Model Ensemble: Conjunto de modelos se refiere al método de combinar múltiples modelos de aprendizaje automático para mejorar la precisión y la robustez de las predicciones.

Model Evaluation: Evaluación del modelo es el proceso de medir el rendimiento de un modelo de aprendizaje automático utilizando métricas como precisión, recall, F1-score, entre otras.

Model Explainability: Explicabilidad de modelos es el estudio de cómo hacer que los procesos y decisiones de un modelo de machine learning sean comprensibles para los humanos, lo cual es crucial para la confianza y la adopción en aplicaciones sensibles.

Model Fidelity: Fidelidad de modelos se refiere a la precisión con la que un modelo simplificado o explicativo representa el comportamiento del modelo original, siendo importante en la interpretación de modelos complejos.

Model Fine-Tuning: Ajuste fino de modelos es el proceso de realizar pequeñas modificaciones a un modelo preentrenado para adaptarlo mejor a una tarea específica o conjunto de datos.

Model Generalization: Generalización de modelos se refiere a la capacidad de un modelo de aprendizaje automático para realizar predicciones precisas en datos no vistos, además de los datos de entrenamiento.

Model Governance: Gobernanza de modelos es el conjunto de prácticas y políticas destinadas a asegurar que los modelos de machine learning se desarrollen y utilicen de manera responsable, ética y conforme a las regulaciones.

Model Inference: Inferencia de modelos es el proceso de usar un modelo entrenado para hacer predicciones, generalmente en nuevos datos no vistos durante el entrenamiento.

Model Interpretability: Interpretabilidad del modelo se refiere a la capacidad de entender y explicar cómo un modelo de machine learning toma sus decisiones, lo cual es crucial para la confiabilidad y la transparencia en aplicaciones críticas.

Model Monitoring: Monitoreo de modelos es el proceso continuo de rastrear y evaluar el rendimiento de un modelo de machine learning en producción, para detectar y abordar problemas como la deriva de modelos o cambios en los patrones de datos.

Model Optimization: Optimización de modelos es el proceso de ajustar y mejorar un modelo de machine learning para alcanzar el mejor rendimiento posible, a menudo mediante la modificación de hiperparámetros o la estructura del modelo.

Model Overfitting: Se refiere a un modelo de aprendizaje automático que aprende demasiado bien los detalles y el ruido en los datos de entrenamiento hasta el punto de que perjudica su rendimiento en nuevos datos.

Model Personalization: Personalización de modelos es el ajuste de un modelo de machine learning para adaptarse mejor a las preferencias o características individuales de un usuario o grupo de usuarios.

Model Pruning: Poda de modelos es una técnica para simplificar modelos de machine learning, eliminando pesos o neuronas que tienen poco impacto en las predicciones, para mejorar la eficiencia y reducir la complejidad.

Model Registry: Registro de modelos es un sistema para gestionar y rastrear diferentes versiones y configuraciones de modelos de machine learning a lo largo del ciclo de vida de desarrollo.

Model Robustness: Robustez del modelo describe la capacidad de un modelo de machine learning para mantener su rendimiento cuando se enfrenta a datos nuevos o perturbados, lo que es importante para la fiabilidad y la seguridad de los sistemas de IA.

Model Selection: Selección de modelos es el proceso de elegir entre diferentes modelos o configuraciones de modelos en machine learning, basándose en su rendimiento en un conjunto de datos de validación.

Model Serving Framework: Marco de servicio de modelos es una plataforma o conjunto de herramientas que facilita la implementación, el alojamiento y la gestión de modelos de machine learning en entornos de producción.

Model Serving: Servicio de modelos se refiere a la implementación y puesta en funcionamiento de modelos de machine learning en un entorno de producción, permitiendo su uso en aplicaciones reales.

Model Tracking: Rastreo de modelos es el proceso de registrar y documentar las diferentes etapas de desarrollo de un modelo de machine learning, incluyendo experimentos, pruebas y modificaciones.

Model Tuning: Ajuste de modelos es el proceso de optimizar los parámetros de un modelo de machine learning para mejorar su rendimiento en un conjunto de datos específico.

Model Underfitting: Ocurre cuando un modelo de aprendizaje automático no puede capturar la estructura subyacente de los datos y, por lo tanto, no puede realizar predicciones precisas.

Model Validation: Validación de modelos es el proceso de evaluar y confirmar que un modelo de aprendizaje automático funciona correctamente y se generaliza bien a nuevos datos.

Moment Matching: Igualación de momentos es una técnica estadística utilizada para estimar los parámetros de una distribución de probabilidad, haciendo coincidir los momentos estadísticos de la distribución con los de los datos.

Monte Carlo Methods: Métodos de Monte Carlo son un conjunto de algoritmos que dependen de la repetición de muestreos aleatorios para obtener resultados numéricos y son usados en diversas aplicaciones como optimización y simulación.

Monte Carlo Tree Search (MCTS): Búsqueda de árbol de Monte Carlo es un algoritmo para tomar decisiones óptimas en algunos entornos, especialmente en juegos de estrategia como el Go y el ajedrez.

Multi-Class Classification: Clasificación multiclase es un problema de machine learning donde se clasifican las instancias en tres o más clases. El modelo debe predecir una sola etiqueta de un conjunto de categorías.

Multi-Layer Perceptron (MLP): Perceptrón de múltiples capas es una red neuronal artificial compuesta por al menos tres capas de nodos: una capa de entrada, una o más capas ocultas y una capa de salida. Es útil para problemas complejos de clasificación y regresión.

Multi-Task Learning: Aprendizaje multitarea es un enfoque en machine learning donde un modelo es entrenado simultáneamente en múltiples tareas relacionadas, lo que puede mejorar el rendimiento en tareas individuales.

Mutual Information: Información mutua es una medida de la cantidad de información que una variable aleatoria contiene sobre otra, y se utiliza en el análisis de características y en la selección de modelos.

N

Naive Bayes Classifier: Clasificador Bayes ingenuo es un modelo probabilístico simple basado en aplicar el teorema de Bayes con supuestos de independencia entre los predictores.

Named Entity Recognition (NER): Reconocimiento de entidades nombradas es una tarea de procesamiento de lenguaje natural que busca identificar y clasificar elementos clave en el texto, como nombres de personas, organizaciones, ubicaciones, etc.

Narrow AI: IA estrecha se refiere a sistemas de Inteligencia Artificial diseñados y entrenados para realizar una tarea específica o un conjunto limitado de tareas, a diferencia de la IA general que imitaría la inteligencia humana en un sentido más amplio.

Nash Equilibrium: Equilibrio de Nash, proveniente de la teoría de juegos, es un concepto que puede aplicarse en IA para modelar y analizar situaciones de toma de decisiones entre múltiples agentes.

Natural Deduction: Deducción natural es un enfoque en la lógica formal que intenta reflejar el proceso ordinario de razonamiento lógico, y puede ser utilizado en sistemas de IA para inferencias lógicas.

Natural Language Annotation: Anotación de lenguaje natural es el proceso de etiquetar elementos en texto con información lingüística, como partes del discurso o entidades nombradas, utilizado en el procesamiento del lenguaje natural.

Natural Language Generation (NLG): Generación de lenguaje natural es el proceso de generar texto en lenguaje humano de manera automática a partir de datos o información.

Natural Language Generation Template: Plantilla de generación de lenguaje natural es un método utilizado en NLG para generar texto basado en plantillas predefinidas, que se rellenan con datos o información específica.

Natural Language Interaction: Interacción de lenguaje natural es la comunicación entre humanos y sistemas de computadora utilizando el lenguaje humano hablado o escrito.

Natural Language Processing (NLP): Un campo de la Inteligencia Artificial que se enfoca en la interacción entre computadoras y el lenguaje humano, intentando que las computadoras comprendan, interpreten y manipulen el lenguaje humano.

Natural Language Query: Consulta de lenguaje natural se refiere a la capacidad de un sistema para interpretar y procesar preguntas o comandos formulados en lenguaje humano natural.

Natural Language Understanding (NLU): Comprensión del lenguaje natural es la capacidad de una máquina para comprender y extraer significado del lenguaje humano.

Negative Reinforcement: Reforzamiento negativo en el aprendizaje automático y la Inteligencia Artificial se refiere a un método de entrenamiento donde se reduce una respuesta negativa o indeseada para aumentar la frecuencia de un comportamiento deseado.

Negative Sampling: Muestreo negativo es una técnica para mejorar la eficiencia del entrenamiento de modelos en grandes conjuntos de datos seleccionando solo una pequeña muestra de los ejemplos negativos.

Nested Cross-Validation: Validación cruzada anidada es una técnica de evaluación de modelos que involucra varias rondas de validación cruzada para una estimación más robusta del rendimiento del modelo.

Nesterov Accelerated Gradient: Gradiente acelerado de Nesterov es una técnica de optimización para redes neuronales que acelera el método del gradiente descendente, mejorando la convergencia en el entrenamiento de modelos.

Network Topology: Topología de red se refiere a la disposición o estructura de una red, especialmente en el contexto de redes neuronales y sistemas informáticos.

Neural Architecture Search: Búsqueda de arquitectura neuronal es un proceso automatizado para encontrar la mejor arquitectura de red neuronal para una tarea específica.

Neural Network Pruning: Poda de red neuronal es el proceso de eliminar unidades o conexiones innecesarias en una red neuronal para reducir su complejidad y mejorar la eficiencia sin sacrificar el rendimiento.

Neural Network Weight Initialization: Inicialización de pesos de red neuronal es el proceso de asignar valores iniciales a los pesos en una red neuronal antes de comenzar el entrenamiento, lo cual puede afectar significativamente su convergencia y rendimiento.

Neural Network: Es un modelo computacional diseñado para imitar la manera en que el cerebro humano analiza y procesa la información. Se utiliza en aprendizaje automático y en la investigación del cerebro y el sistema nervioso.

Neural Style Transfer: Transferencia de estilo neural es una técnica que utiliza redes neuronales para aplicar el estilo artístico de una imagen a otra, manteniendo el contenido de la segunda imagen.

Neuroevolution: Neuroevolución es una metodología en aprendizaje automático que utiliza algoritmos evolutivos para optimizar redes neuronales, particularmente su arquitectura y pesos.

Neuro-Fuzzy Systems: Sistemas neuro-difusos combinan las técnicas de las redes neuronales y la lógica difusa para modelar sistemas complejos, aprovechando la capacidad de aprendizaje de las redes neuronales y el razonamiento difuso para manejar la incertidumbre.

Neuroinformatics: Neuroinformática es la disciplina que combina la informática con las neurociencias, enfocándose en el desarrollo de herramientas y algoritmos para analizar y modelar datos neuronales.

Neuro-Linguistic Programming: Programación neuro-lingüística es una aproximación pseudocientífica que relaciona patrones de lenguaje y comportamiento para modelar y cambiar comportamientos humanos, aunque su aplicación en IA es limitada y controvertida.

Neuro-Symbolic AI: IA neuro-simbólica combina elementos de redes neuronales (aprendizaje profundo) con representaciones simbólicas de conocimiento, buscando aprovechar las ventajas de ambos enfoques.

N-Gram: N-Gram es una secuencia contigua de n elementos de un texto o discurso dado. Se utiliza en modelos de lenguaje y análisis de texto.

NLP Pipeline: Pipeline de NLP es un conjunto de pasos secuenciales o procesos en el procesamiento del lenguaje natural, que incluyen tareas como tokenización, análisis sintáctico, reconocimiento de entidades, entre otros.

Node Embedding: Incrustación de nodos en grafos y redes se refiere a la representación de nodos en un espacio vectorial de baja dimensión, facilitando tareas como la clasificación de nodos y la predicción de enlaces.

Node: Nodo en el contexto de las redes neuronales se refiere a una unidad de procesamiento básica, similar a las neuronas en el cerebro humano.

Noise Reduction: Reducción de ruido es el proceso de eliminar ruido innecesario o interferencias de los datos para mejorar la calidad de los modelos de aprendizaje automático o de procesamiento de señales.

Noise: Ruido en el contexto de IA y aprendizaje automático se refiere a las variaciones aleatorias o irrelevantes en los datos que pueden afectar el rendimiento y la precisión de los modelos.

Nominal Data: Datos nominales son datos que representan categorías sin un orden inherente o jerarquía, como los nombres de colores o etiquetas de clases.

Non-Convex Optimization: Optimización no convexa se ocupa de problemas de optimización donde la función objetivo no es convexa, presentando desafíos adicionales en términos de encontrar el óptimo global.

Non-Deterministic Algorithm: Algoritmo no determinista es un tipo de algoritmo en el que pueden existir múltiples posibles resultados para una misma entrada, a menudo utilizado en contextos donde el azar o la probabilidad juegan un papel.

Nonlinear Dynamics: Dinámica no lineal en IA se refiere al estudio de sistemas que no siguen una relación lineal, lo cual es importante en la modelización de fenómenos complejos.

Non-Linear Regression: Regresión no lineal se refiere a los modelos de regresión que establecen una relación no lineal entre las variables independientes y la variable dependiente.

Non-Parametric Models: Modelos no paramétricos se refieren a modelos que no asumen una forma fija o predefinida para la relación entre variables, permitiendo una mayor flexibilidad en el análisis de datos.

Non-Uniform Memory Access (NUMA): Acceso a memoria no uniforme es una arquitectura de computadoras que permite a un procesador acceder a la memoria local más rápidamente que a la memoria no local, lo que puede ser relevante en sistemas de IA de alto rendimiento.

Normalization: Normalización es el proceso de ajustar y escalar los datos para que tengan un rango común, a menudo necesario en el preprocesamiento de datos para técnicas de aprendizaje automático.

O

Object Detection: Detección de objetos es la capacidad de un sistema de Inteligencia Artificial para identificar y localizar objetos específicos en imágenes o videos.

Objective Function: Función objetivo es la función que un algoritmo de aprendizaje automático intenta optimizar durante el entrenamiento. Puede ser una función de pérdida, ganancia o costo, dependiendo del contexto específico.

Objective Optimization: Optimización de objetivos es el proceso de encontrar la mejor solución o configuración de parámetros para una función objetivo específica en aprendizaje automático y optimización.

Occam's Razor: Navaja de Occam en IA se refiere al principio que sugiere que, entre dos modelos con un rendimiento similar, se debe preferir el más simple.

Offline Learning: Aprendizaje fuera de línea es un método de aprendizaje automático donde el modelo se entrena con un conjunto de datos fijo y no se actualiza con nuevos datos a medida que llegan.

One-Class Classification: Clasificación de una clase es un tipo de problema en aprendizaje automático donde el objetivo es identificar si una instancia pertenece a una clase específica o no, sin tener clases de comparación.

One-Hot Encoding: Codificación one-hot es una técnica de representación de datos en la que cada categoría se representa como un vector binario en el que solo una posición está activa.

One-vs-All Classification: Clasificación uno contra todos es una estrategia utilizada para enfrentar problemas de clasificación multiclase, donde se entrena un clasificador por cada clase contra todas las demás.

Online Algorithm: Algoritmo en línea se refiere a un tipo de algoritmo que procesa los datos de entrada en el orden en que llegan, sin acceso a todo el conjunto de datos de antemano.

Online Experimentation: Experimentación en línea es el proceso de probar y validar modelos de IA en un entorno en tiempo real, donde los datos y las interacciones son continuos y dinámicos.

Online Feature Selection: Selección de características en línea es un método donde las características relevantes para un modelo de aprendizaje automático se seleccionan de forma continua a medida que se reciben nuevos datos.

Online Learning: Aprendizaje en línea es un método de aprendizaje automático donde el modelo se actualiza continuamente a medida que recibe nuevos datos.

Ontology: Ontología en el contexto de IA se refiere a una representación estructurada de conocimiento que define las relaciones entre diferentes conceptos y entidades.

Open Set Recognition: Reconocimiento de conjunto abierto es una tarea en la que el sistema debe identificar si una entrada pertenece a una categoría conocida o desconocida.

Operationalization: Operacionalización es el proceso de definir una tarea de modelado de manera clara y detallada, incluyendo la especificación de datos, métricas y objetivos.

Operator Overloading: Sobrecarga de operadores es una técnica de programación en la que los operadores comunes se redefinen o se les da una funcionalidad adicional, lo cual puede ser relevante en la creación de algoritmos de aprendizaje automático.

Opportunistic Learning: Aprendizaje oportunista es un enfoque en el que el modelo de aprendizaje automático se adapta y aprende de cualquier fuente de datos disponible, aprovechando oportunidades de aprendizaje a medida que surgen.

Optimal Policy: Política óptima se refiere a la estrategia o conjunto de decisiones que maximiza la recompensa o minimiza el costo en problemas de aprendizaje por refuerzo.

Optimal Transport: Transporte óptimo es un concepto matemático utilizado en aprendizaje automático para medir la distancia o la discrepancia entre diferentes distribuciones de probabilidad.

Optimization Landscape: Paisaje de optimización es una representación del espacio de soluciones de un problema de optimización, que muestra cómo varía el rendimiento del modelo en función de diferentes configuraciones de parámetros.

Optimization: Optimización se refiere al proceso de hacer un sistema o modelo más efectivo, eficiente o adecuado ajustando sus parámetros y estructuras.

Oracle Complexity: Complejidad del oráculo se refiere a la cantidad de información o asesoramiento necesario de un oráculo en algoritmos teóricos de aprendizaje automático para alcanzar un rendimiento óptimo.

Oracle Learning: Aprendizaje de oráculo es un enfoque teórico en aprendizaje automático donde un "oráculo" (una fuente idealizada de información perfecta) se utiliza para guiar o mejorar el proceso de aprendizaje.

Ordinal Encoding: Codificación ordinal es una técnica para convertir variables categóricas con un orden inherente en representaciones numéricas que mantienen esa relación de orden.

Ordinal Regression: Regresión ordinal es una técnica de aprendizaje automático utilizada para predecir una variable dependiente con orden inherente, pero sin una escala continua.

Orthogonal Learning: Aprendizaje ortogonal es un enfoque que busca aprender características o representaciones que son estadísticamente independientes o no correlacionadas.

Orthogonalization: Ortogonalización en aprendizaje automático se refiere al proceso de hacer que diferentes componentes o funciones de un modelo sean estadísticamente independientes o no correlacionados.

Oscillation Reduction: Reducción de oscilación se refiere a técnicas utilizadas para estabilizar el proceso de aprendizaje en algoritmos de aprendizaje automático, especialmente en redes neuronales.

Outlier Analysis: Análisis de valores atípicos es el proceso de identificar y examinar los datos que se desvían significativamente del comportamiento o tendencias generales en un conjunto de datos.

Outlier Detection: Detección de anomalías es la identificación de observaciones raras o sospechosas en los datos que pueden ser resultado de errores o eventos inusuales.

Out-of-Bag Error: Error fuera de bolsa es una estimación del error de predicción en métodos de ensamble, como los bosques aleatorios, calculada usando los datos que no fueron seleccionados para el entrenamiento de un submodelo específico.

Out-of-Core Learning: Aprendizaje fuera del núcleo se refiere a técnicas de aprendizaje automático que manejan datos que son demasiado grandes para caber en la memoria principal de una computadora.

Out-of-Distribution Detection: Detección de datos fuera de distribución es la identificación de datos que son significativamente diferentes de los datos de entrenamiento del modelo.

Out-of-Sample Prediction: Predicción fuera de muestra se refiere a la evaluación del rendimiento de un modelo de aprendizaje automático en un conjunto de datos que no se utilizó durante su entrenamiento.

Output Encoding: Codificación de salida es el proceso de transformar la salida de un modelo de aprendizaje automático en un formato específico, adecuado para la tarea en cuestión, como la clasificación o la regresión.

Output Layer: Capa de salida es la última capa de una red neuronal que proporciona el resultado final del procesamiento de la red.

Output Regularization: Regularización de salida es una técnica para imponer restricciones en la capa de salida de un modelo, con el fin de reducir la complejidad del modelo o mejorar su generalización.

Overfitting Avoidance: Evitación del sobreajuste es el conjunto de técnicas utilizadas para prevenir que un modelo de aprendizaje automático se ajuste excesivamente a los datos de entrenamiento, lo cual podría perjudicar su rendimiento en datos nuevos.

Overfitting Correction: Corrección del sobreajuste es el conjunto de técnicas destinadas a ajustar un modelo de aprendizaje automático que se ha ajustado excesivamente a los datos de entrenamiento, mejorando así su capacidad de generalización.

Overfitting: Sobreajuste es un fenómeno en el aprendizaje automático en el que un modelo se ajusta demasiado a los datos de entrenamiento y tiene un rendimiento deficiente en datos nuevos.

Overlap Coefficient: Coeficiente de solapamiento es una medida estadística que indica el grado en que dos muestras o conjuntos se superponen o coinciden.

Overlap Score: Puntuación de solapamiento es una métrica utilizada para evaluar el grado en que dos conjuntos de datos o clasificaciones se solapan o coinciden.

Overlapping Classes: Clases solapadas se refieren a situaciones en aprendizaje automático donde varias clases tienen características similares, lo que hace que su separación sea un desafío.

Overparameterization: Sobreparametrización se refiere a un modelo de aprendizaje automático que tiene más parámetros de los necesarios, lo que puede llevar a un sobreajuste.

Overparameterized Model: Modelo sobreparametrizado es un modelo que tiene un número excesivo de parámetros en comparación con la cantidad de datos disponibles, lo que puede llevar a problemas de sobreajuste.

Ownership Learning: Aprendizaje de propiedad es un enfoque en aprendizaje automático que se enfoca en identificar y atribuir la propiedad o la fuente de los datos o patrones aprendidos.

P

Parallel Computing: Computación paralela se refiere al uso simultáneo de múltiples recursos computacionales para resolver problemas complejos de forma más eficiente.

Parameter Tuning: Ajuste de parámetros se refiere al proceso de selección de los valores óptimos para los parámetros de un modelo de aprendizaje automático para mejorar su rendimiento.

Partial Dependence Plot: Gráfico de dependencia parcial es una herramienta de visualización para mostrar la relación entre una característica específica y el resultado predicho por el modelo, manteniendo constantes las otras características.

Particle Swarm Optimization: Optimización por enjambre de partículas es un algoritmo de optimización basado en la inteligencia de enjambre que simula el comportamiento social de los animales, como los pájaros y los peces, para encontrar soluciones óptimas.

Part-of-Speech Tagging: Etiquetado de parte del discurso es el proceso de asignar etiquetas a palabras en un texto, como sustantivo, verbo, adjetivo, etc., generalmente utilizado en el procesamiento del lenguaje natural.

Pathfinding: Búsqueda de caminos es un algoritmo de Inteligencia Artificial utilizado para encontrar la ruta más corta o más eficiente entre dos puntos.

Pattern Recognition: Reconocimiento de patrones se refiere a la capacidad de un sistema para identificar patrones y regularidades en los datos.

Perceptron: Perceptrón es un tipo de red neuronal artificial y algoritmo de aprendizaje supervisado que puede utilizarse para clasificar entradas.

Performance Metric: Métrica de rendimiento es una medida cuantitativa utilizada para evaluar la eficacia y calidad de un modelo de aprendizaje automático.

Permutation Feature Importance: Importancia de características por permutación es un método para evaluar la importancia de las diferentes características en un modelo predictivo basado en el cambio en el rendimiento del modelo cuando los valores de una característica se permutan al azar.

Permutation Testing: Prueba de permutación es una técnica estadística no paramétrica que se utiliza para determinar la significancia estadística de un resultado.

Persistent Homology: Homología persistente es un método de topología de datos utilizado en análisis de datos para detectar estructuras y patrones a diferentes escalas.

Personalization: Personalización se refiere al uso de algoritmos de aprendizaje automático para adaptar productos, servicios o contenidos a las preferencias individuales de los usuarios.

Pipeline: Pipeline en aprendizaje automático se refiere a una serie de pasos de procesamiento de datos y modelado, organizados secuencialmente, que se utilizan para automatizar flujos de trabajo.

Platt Scaling: Escalado de Platt es una técnica de calibración de probabilidades en modelos de clasificación para producir estimaciones de probabilidad más precisas.

Point Estimation: Estimación puntual es un tipo de estimación estadística que utiliza un único valor para estimar un parámetro desconocido de una población.

Poisson Distribution: Distribución de Poisson es una distribución de probabilidad que describe el número de eventos que ocurren en un intervalo fijo de tiempo o espacio, bajo ciertas condiciones.

Policy Gradient: Gradiente de política en aprendizaje por refuerzo es una técnica que ajusta la política de decisión de un agente directamente, a fin de maximizar una medida de rendimiento a largo plazo.

Polynomial Regression: Regresión polinómica es un tipo de análisis de regresión en el que la relación entre la variable independiente y la variable dependiente se modela como un polinomio.

Pooling Layer: Capa de agrupamiento es una parte de la red neuronal convolucional que reduce la dimensionalidad de los datos y resalta las características más importantes.

Positive Predictive Value: Valor predictivo positivo es una métrica que mide la proporción de verdaderos positivos entre todas las predicciones positivas realizadas por un modelo.

Posterior Probability: Probabilidad posterior es la probabilidad revisada de un evento dado, después de tomar en cuenta nueva información o evidencia.

Precision: Precisión en aprendizaje automático es una métrica que mide la proporción de identificaciones positivas verdaderas entre todas las identificaciones positivas (verdaderas y falsas).

Precision-Recall Curve: Curva precisión-recall es una representación gráfica de la relación entre la precisión y la recuperación en problemas de clasificación.

Precision-Recall Trade-off: Compensación entre precisión y recuperación se refiere al equilibrio entre la precisión y la capacidad de un modelo de clasificación para recuperar todas las muestras relevantes.

Predictive Analytics: Utiliza datos, estadísticas y algoritmos de aprendizaje automático para identificar la probabilidad de resultados futuros basados en datos históricos.

Predictive Modelling: Modelado predictivo se refiere al uso de estadísticas y algoritmos de aprendizaje automático para predecir resultados futuros basándose en datos históricos.

Predictor Variable: Variable predictora es una variable independiente en un modelo estadístico o de aprendizaje automático, utilizada para predecir el valor de la variable dependiente.

Preprocessing: Preprocesamiento en aprendizaje automático se refiere al proceso de preparación y limpieza de los datos antes de alimentarlos a un algoritmo de aprendizaje.

Pre-trained Model: Modelo pre-entrenado se refiere a un modelo de aprendizaje automático que ha sido entrenado previamente en un gran conjunto de datos y puede ser utilizado o adaptado para tareas específicas.

Principal Component Analysis (PCA): Análisis de componentes principales es una técnica de reducción de dimensionalidad que encuentra las direcciones principales de variabilidad en un conjunto de datos.

Probabilistic Graphical Model: Modelo gráfico probabilístico es un marco que representa variables y sus dependencias condicionales mediante un grafo, utilizado en estadísticas y aprendizaje automático.

Probabilistic Model: Modelo probabilístico es un tipo de modelo estadístico que utiliza probabilidades para hacer predicciones y tomar decisiones.

Processing Unit: Unidad de procesamiento se refiere a un componente de hardware, como una CPU o GPU, utilizado para realizar cálculos y procesar datos en aplicaciones de Inteligencia Artificial.

Product Recommendation System: Sistema de recomendación de productos es un tipo de sistema de recomendación que sugiere productos a los usuarios basándose en sus preferencias y comportamientos anteriores.

Programmatic AI: Inteligencia Artificial programática se refiere a sistemas de IA diseñados para realizar tareas específicas basadas en reglas y lógica programada.

Projection: Proyección en el aprendizaje automático se refiere al proceso de transformar datos en un espacio de menor dimensión, a menudo para simplificar el análisis.

Prototype Model: Modelo prototipo en Inteligencia Artificial se refiere a un modelo inicial o versión preliminar de un sistema o algoritmo, utilizado para probar y refinar conceptos.

Proximity Measure: Medida de proximidad es una métrica utilizada para determinar la similitud o la distancia entre dos entidades o puntos de datos.

Pruning: Poda es una técnica utilizada en árboles de decisión y redes neuronales para eliminar nodos o conexiones innecesarias y simplificar el modelo.

Pseudocode: Pseudocódigo es una descripción de alto nivel y comprensible para humanos de un algoritmo de programación, que utiliza convenciones estructurales de lenguajes de programación reales, pero es más fácil de leer.

P-value: Valor P en estadística es una medida que indica la probabilidad de obtener un resultado al menos tan extremo como el observado, asumiendo que la hipótesis nula es cierta.

Python: Python es un lenguaje de programación de alto nivel, ampliamente utilizado en el desarrollo de algoritmos de Inteligencia Artificial y aprendizaje automático debido a su simplicidad y flexibilidad.

PyTorch: PyTorch es un marco de trabajo de aprendizaje profundo y computación tensorial, popular para la investigación y el desarrollo en Inteligencia Artificial.

Q

Quadratic Discriminant Analysis: Análisis discriminante cuadrático es un método estadístico que se utiliza para clasificar y separar conjuntos de datos en diferentes categorías basándose en sus características.

Quadratic Programming: Programación cuadrática es un tipo de problema de optimización matemática en el que la función objetivo es cuadrática y las restricciones son lineales, utilizada en optimización y machine learning.

Qualitative Analysis: Análisis cualitativo es la evaluación de elementos no numéricos como texto, imágenes y sonidos, utilizado en el procesamiento del lenguaje natural y el análisis de sentimientos.

Quality Assurance: Aseguramiento de calidad se refiere a las prácticas y procesos utilizados para garantizar que los productos o servicios cumplan con los estándares de calidad.

Quality Function Deployment (QFD): Despliegue de la función de calidad es una técnica utilizada para transformar las necesidades del usuario en especificaciones de diseño, relevante en el desarrollo de software y sistemas inteligentes.

Quality Metric: Métrica de calidad es una medida cuantitativa utilizada para evaluar la calidad de un modelo o proceso en Inteligencia Artificial y machine learning.

Quality of Service (QoS): Calidad de servicio es un conjunto de tecnologías y políticas para gestionar el tráfico de red y garantizar el rendimiento óptimo de diferentes aplicaciones y servicios.

Quantile Regression: Regresión de cuantiles es un tipo de regresión estadística que estima la mediana o cuantiles de una distribución, útil en el análisis de datos y predicciones.

Quantitative Analysis: Análisis cuantitativo es el proceso de examinar datos numéricos y realizar cálculos estadísticos para obtener información y tomar decisiones.

Quantitative Research: Investigación cuantitativa se refiere al análisis sistemático de fenómenos mediante la recolección y análisis de datos numéricos, común en estudios de machine learning y estadística.

Quantization: Cuantización en procesamiento de señales y machine learning se refiere a la reducción del número de bits que representan una señal, a menudo utilizado en la compresión de datos y redes neuronales profundas.

Quantum Annealing: Recocido cuántico es un método para encontrar el mínimo global de una función objetivo, utilizado en la computación cuántica para resolver problemas de optimización complejos.

Quantum Computing: Computación cuántica es un paradigma de computación que utiliza principios de la mecánica cuántica para realizar cálculos avanzados.

Quantum Machine Learning: Aprendizaje automático cuántico combina los principios de la computación cuántica con algoritmos de aprendizaje automático para procesar y analizar datos a una escala y velocidad superiores.

Quantum Neural Network: Red neuronal cuántica es un modelo de red neuronal que utiliza conceptos de la computación cuántica, buscando mejorar el rendimiento y la eficiencia en el procesamiento de datos.

Quartic Polynomial: Polinomio cuártico es una ecuación polinómica de cuarto grado, relevante en algoritmos de regresión y análisis matemático en IA.

Quasi-Experiment: Cuasiexperimento es un diseño de investigación que no utiliza asignación aleatoria, común en la investigación en ciencias sociales y comportamentales, aplicable también en IA para estudios de impacto.

Quasi-Newton Methods: Métodos cuasi-Newton son técnicas de optimización para encontrar mínimos o máximos de funciones, ampliamente utilizados en algoritmos de aprendizaje automático.

Quasi-Real-Time Processing: Procesamiento cuasi en tiempo real se refiere a sistemas que procesan datos con una pequeña latencia, importante en aplicaciones donde la respuesta rápida es crucial pero no instantánea.

Quaternion Neural Network: Red neuronal de cuaterniones es una red que utiliza números de cuaterniones en sus operaciones, proporcionando ventajas en el procesamiento de señales y gráficos 3D.

Query Expansion: Expansión de consulta es el proceso de modificar y ampliar las consultas de búsqueda para mejorar la recuperación de información en bases de datos y motores de búsqueda.

Query Language: Lenguaje de consulta es un lenguaje de programación utilizado para realizar consultas en bases de datos y sistemas de información.

Query Optimization: Optimización de consultas es el proceso de mejorar el rendimiento de las consultas en bases de datos y sistemas de recuperación de información.

Query Processing: Procesamiento de consultas es el conjunto de operaciones que un sistema de bases de datos realiza para ejecutar consultas y recuperar los datos solicitados.

Query Understanding: Comprensión de consulta se refiere a la capacidad de un sistema para interpretar y procesar las consultas de los usuarios, crucial en motores de búsqueda y sistemas de recomendación.

Queue Management System: Sistema de gestión de colas se utiliza para controlar el flujo y la espera en las colas, importante en la optimización de sistemas y en la modelación de tráfico de red.

Queue Theory: Teoría de colas es el estudio matemático de las líneas de espera o colas, que es fundamental para modelar procesos de servicio y sistemas informáticos.

Queueing Network: Red de colas es un modelo matemático que representa una red de colas interconectadas, importante en el estudio del rendimiento de sistemas informáticos y telecomunicaciones.

Quick Response Code (QR Code): Código de respuesta rápida (Código QR) es un tipo de código de barras bidimensional que puede almacenar información y es ampliamente utilizado en aplicaciones de realidad aumentada y marketing.

Quiescent State: Estado de reposo en sistemas informáticos y redes se refiere a un estado en el que el sistema está inactivo o en un bajo nivel de actividad, importante en el análisis de rendimiento y seguridad.

Quine: Quine es un programa informático que toma ninguna entrada y produce una copia de su propio código fuente como salida, interesante en el estudio de la teoría de la computación y la Inteligencia Artificial.

R

Random Forest: Bosque aleatorio es un algoritmo de aprendizaje automático de conjunto que combina múltiples árboles de decisión para mejorar el rendimiento y la generalización.

Random Initialization: Inicialización aleatoria se refiere al proceso de establecer los pesos y sesgos iniciales de una red neuronal de manera aleatoria, lo cual es un paso crítico para empezar el entrenamiento de la red.

Random Variable: Variable aleatoria es un concepto estadístico utilizado en aprendizaje automático para denotar una variable cuyos valores dependen de los resultados de un fenómeno aleatorio.

Randomized Algorithms: Algoritmos que incorporan un elemento de aleatoriedad en su lógica o proceso, utilizados en diversas aplicaciones de machine learning para mejorar el rendimiento y la eficiencia.

Ranking Algorithms: Algoritmos de clasificación son utilizados en el aprendizaje automático para ordenar o clasificar un conjunto de elementos en una lista basada en ciertos criterios o características.

Ranking Loss: Pérdida de clasificación en modelos de aprendizaje automático, utilizada para medir la eficacia con la que un modelo clasifica y ordena conjuntos de elementos.

RapidMiner: Una plataforma de software para análisis de datos, machine learning y minería de datos, ampliamente utilizada para tareas de análisis predictivo y modelado.

Rate of Learning: Tasa de aprendizaje en el contexto del aprendizaje automático se refiere a la velocidad con la que un modelo de aprendizaje automático ajusta sus parámetros durante el entrenamiento.

Ray Tracing: Técnica de renderizado que simula el camino de la luz para generar imágenes realistas, utilizada en gráficos por computadora y en simulaciones en Inteligencia Artificial.

Real-Time Processing: Procesamiento en tiempo real es el análisis y la toma de decisiones instantánea sobre datos conforme se reciben, lo cual es esencial en aplicaciones de Inteligencia Artificial que requieren respuestas rápidas.

Recall (in Machine Learning): Recuperación en aprendizaje automático es una métrica que mide la capacidad de un modelo para identificar correctamente todas las instancias relevantes dentro de un conjunto de datos.

Recommendation System: Sistema de recomendación es un tipo de sistema de información que proporciona sugerencias personalizadas a los usuarios, comúnmente utilizado en plataformas de streaming, comercio electrónico, etc.

Recurrent Convolutional Neural Network: Red neuronal que combina las características de las redes neuronales recurrentes y convolucionales, adecuada para procesar datos secuenciales con un componente espacial.

Recurrent Layer: Capa recurrente se refiere a una capa en una red neuronal recurrente donde las conexiones entre las neuronas forman ciclos, permitiendo procesar y aprender de secuencias de datos.

Recurrent Neural Network (RNN): Una clase de redes neuronales donde las conexiones entre nodos forman un ciclo. Esto les permite exhibir un comportamiento temporal dinámico y son adecuadas para tareas como el reconocimiento de voz o el análisis de series temporales.

Redundant Features: Características redundantes se refieren a aquellos atributos en un conjunto de datos que no aportan información adicional o útil para el modelo de aprendizaje automático.

Regression Analysis: Análisis de regresión es una técnica estadística utilizada en aprendizaje automático para modelar y analizar la relación entre variables, especialmente para predecir el valor de una variable en función de otras.

Regression Coefficient: Coeficiente de regresión es un valor que representa la relación entre la variable dependiente y una de las variables independientes en el análisis de regresión.

Regularization: Regularización es una técnica utilizada en el aprendizaje automático para reducir el sobreajuste mediante la adición de términos de penalización a la función de costo.

Reinforcement Learning Agent: Agente de aprendizaje por refuerzo es una entidad que toma acciones en un entorno para maximizar una recompensa o objetivo específico.

Reinforcement Learning Environment: Entorno de aprendizaje por refuerzo es el contexto o el espacio en el que un agente de aprendizaje por refuerzo opera e interactúa para aprender y tomar decisiones.

Reinforcement Learning Policy: Política de aprendizaje por refuerzo es una estrategia que determina cómo un agente de aprendizaje por refuerzo toma decisiones en un entorno.

Reinforcement Learning: Aprendizaje por refuerzo es un enfoque de Machine Learning en el que un agente aprende a tomar decisiones óptimas a través de la interacción con un entorno.

Relational Database: Base de datos relacional es un tipo de base de datos que utiliza un modelo relacional para organizar y almacenar datos, lo que es importante en aplicaciones de Inteligencia Artificial que involucran el manejo de grandes volúmenes de datos.

Relational Machine Learning: Aprendizaje automático que se enfoca en modelos que pueden aprender de datos estructurados en forma relacional, como bases de datos.

ReLU (Rectified Linear Unit): Unidad Lineal Rectificada es una función de activación comúnmente utilizada en redes neuronales, que introduce no linealidad y mejora el entrenamiento al acelerar la convergencia.

Representation Learning: Aprendizaje de representación es el proceso en el aprendizaje automático donde un sistema aprende automáticamente a identificar y representar las características o atributos importantes de los datos.

Reservoir Computing: Un enfoque para procesar señales temporales y espaciales en redes neuronales, particularmente útil en tareas de predicción y clasificación.

Residual Networks (ResNets): Redes Residuales son una arquitectura de red neuronal profunda que utiliza conexiones de salto para evitar el problema de desvanecimiento de gradiente, mejorando así el rendimiento en tareas de aprendizaje profundo.

Resource Allocation: Proceso de asignar recursos óptimamente en sistemas de Inteligencia Artificial, especialmente en ambientes con recursos limitados o restricciones.

Restricted Boltzmann Machine (RBM): Máquina de Boltzmann Restringida es un tipo de red neuronal estocástica que se utiliza para aprender la distribución de probabilidad de un conjunto de entradas.

Robot Operating System (ROS): Sistema Operativo de Robots es un marco flexible para escribir software para robots, proporcionando servicios de hardware abstractos, controladores de dispositivos, Librerías, visualizadores, herramientas de mensajería, etc.

Robotics: El campo de la ingeniería que se centra en el diseño, construcción, operación y uso de robots, a menudo incorporando sistemas de Inteligencia Artificial para mejorar la autonomía y las capacidades de los robots.

Robust Machine Learning: Aprendizaje automático que se centra en crear modelos que sean resistentes a errores, perturbaciones o variaciones en los datos de entrada.

Root Mean Square Error (RMSE): Error Cuadrático Medio Raíz es una medida comúnmente utilizada para evaluar la diferencia entre valores predichos y valores observados en modelos de regresión y otros modelos predictivos.

S

Self-Organizing Maps (SOMs): Mapas auto-organizativos son una técnica de aprendizaje no supervisado que produce una representación de baja dimensión de los datos de entrada, preservando las propiedades topológicas.

Self-Supervised Learning: Aprendizaje auto-supervisado es una técnica de aprendizaje automático donde el sistema genera sus propias etiquetas a partir de los datos para entrenarse.

Semi-Parametric Models: Modelos semi-paramétricos son modelos estadísticos que combinan componentes paramétricos y no paramétricos, ofreciendo flexibilidad en la modelización de datos.

Semi-Supervised Learning: Aprendizaje semisupervisado es un enfoque que combina datos etiquetados y no etiquetados para entrenar modelos de aprendizaje automático.

Sensitivity Analysis: Análisis de sensibilidad es el estudio de cómo las variaciones en las salidas de un modelo pueden ser atribuidas a variaciones en sus entradas.

Sentiment Analysis: Análisis de sentimiento es el proceso de determinar la actitud o emoción expresada en un texto, como positiva, negativa o neutral.

Sequence-to-Sequence Models (Seq2Seq): Modelos de secuencia a secuencia son redes neuronales que convierten secuencias de entrada en secuencias de salida, utilizadas en tareas como la traducción automática.

Sequential Decision Making: Toma de decisiones secuencial se refiere a la toma de decisiones en situaciones donde las decisiones sucesivas deben considerar el estado cambiante del sistema o del entorno.

Sequential Model: Modelo secuencial es un tipo de modelo en aprendizaje profundo que se construye capa por capa, donde cada capa recibe información solo de la capa anterior.

Shallow Learning: Aprendizaje superficial se refiere a técnicas de aprendizaje automático que no involucran redes neuronales profundas y suelen tener una o pocas capas de procesamiento.

Siamese Networks: Redes siamesas son un tipo especial de redes neuronales que se utilizan para comparar la similitud entre dos entradas distintas.

Signal Processing: Procesamiento de señales se refiere al análisis, modificación y síntesis de señales como sonido, imágenes y datos biológicos.

Simulated Annealing: Recocido simulado es una técnica de optimización probabilística que intenta evitar quedarse atrapada en mínimos locales simulando el proceso de calentamiento y enfriamiento de los materiales.

Simulated Reality: Realidad simulada es el uso de simulaciones basadas en computadora para crear entornos virtuales realistas para entrenamiento, educación o entretenimiento.

Single-Shot Multibox Detector (SSD): Detector de múltiples cajas en una sola toma es un método para la detección de objetos en imágenes que permite identificar y localizar múltiples objetos en una sola pasada de la red.

Skip-gram Model: Modelo skip-gram es un enfoque en procesamiento de lenguaje natural que se usa para predecir el contexto de una palabra en una oración.

Sliding Window Technique: Técnica de ventana deslizante se utiliza en procesamiento de señales y análisis de tiempo-serie para dividir los datos en segmentos superpuestos para su análisis.

Social Network Analysis: Análisis de redes sociales es el proceso de investigar estructuras sociales mediante el uso de redes y teoría de grafos.

Soft Computing: Computación suave es un enfoque de computación que tolera la imprecisión y la incertidumbre, utilizando técnicas como las redes neuronales, la lógica difusa y los algoritmos genéticos.

Softmax Function: Función softmax se utiliza en clasificación multiclase en aprendizaje automático para convertir los valores de un vector en probabilidades.

Sparse Autoencoders: Autoencoders dispersos son una variante de autoencoders que se entrenan para aprender representaciones eficientes de los datos, donde la mayoría de las activaciones son cero.

Sparse Coding: Codificación dispersa es un método en aprendizaje automático para encontrar una representación dispersa de los datos de entrada.

Sparse Data: Datos dispersos se refiere a conjuntos de datos donde la mayoría de los elementos son cero o no presentan información relevante, común en áreas como el procesamiento de lenguaje natural.

Spatial Analysis: Análisis espacial es el estudio y análisis de datos que tienen una componente geográfica, aplicándose en campos como la geolocalización y la cartografía.

Spectral Analysis: Análisis espectral es el análisis de cómo diferentes frecuencias contribuyen a una señal, comúnmente usado en procesamiento de señales.

Spectral Clustering: Agrupamiento espectral es una técnica de agrupamiento en aprendizaje automático que utiliza las propiedades de los espectros (valores propios) de matrices para agrupar datos.

Spiking Neural Networks (SNNs): Redes neuronales pulsantes son un tipo de redes neuronales artificiales que imitan más de cerca el comportamiento de las neuronas biológicas, donde la información es transmitida por medio de pulsos discretos.

Stacked Autoencoders: Autoencoders apilados son una red de autoencoders en la que la salida de cada capa se utiliza como entrada para la siguiente, para aprender características más complejas.

Standardization: Estandarización en el procesamiento de datos implica reescalar las características para que tengan una media de cero y una desviación estándar de uno.

State Space Models: Modelos de espacio de estados son modelos matemáticos que describen un sistema dinámico en términos de sus variables de estado y entradas.

Statistical Learning Theory: Teoría del aprendizaje estadístico es un marco teórico para el aprendizaje automático que se enfoca en comprender y mejorar el rendimiento de los algoritmos de aprendizaje desde una perspectiva estadística.

Stochastic Gradient Descent (SGD): Descenso del gradiente estocástico es una variante del algoritmo de descenso del gradiente que utiliza muestras aleatorias para actualizar los parámetros de un modelo.

Stochastic Processes: Procesos estocásticos son procesos que evolucionan en el tiempo de manera aleatoria, y son fundamentales en el modelado estadístico y en la teoría de probabilidades.

Stream Processing: Procesamiento de flujo se refiere a la tecnología utilizada para procesar y analizar flujos de datos en tiempo real.

Structured Data: Datos estructurados son aquellos que están organizados en un formato definido, facilitando su almacenamiento, búsqueda y análisis, como en bases de datos.

Structured Prediction: Predicción estructurada es un tipo de problema en aprendizaje automático donde las predicciones implican estructuras complejas como árboles o grafos, en lugar de valores o etiquetas simples.

Structured Query Language (SQL): Lenguaje de consulta estructurada es un lenguaje de programación utilizado para gestionar y manipular bases de datos relacionales.

Subset Selection: Selección de subconjuntos es un proceso en el análisis de datos y estadística para seleccionar un subconjunto de variables o características relevantes para un modelo.

Subspace Learning: Aprendizaje de subespacios es un enfoque en aprendizaje automático que busca encontrar un subespacio de menor dimensión dentro del espacio de características donde los datos pueden ser más fácilmente analizados y clasificados.

Supervised Learning: Un tipo de aprendizaje automático donde se entrena a un modelo a partir de datos que ya contienen las respuestas, es decir, los datos de entrada están etiquetados con la respuesta correcta.

Support Vector Machine (SVM): Máquina de vectores de soporte es un algoritmo de aprendizaje automático que se utiliza para problemas de clasificación y regresión al encontrar un hiperplano óptimo que separa las clases.

Swarm Intelligence: Inteligencia de enjambre se refiere a sistemas que imitan el comportamiento colectivo de grupos de organismos, como las colonias de hormigas o bancos de peces, para resolver problemas complejos.

Symbolic AI: Inteligencia Artificial simbólica es un enfoque de IA que utiliza la manipulación de símbolos y reglas lógicas para simular el razonamiento humano, en contraste con los enfoques basados en datos y aprendizaje automático.

Synthetic Data: Datos sintéticos son datos generados artificialmente, a menudo mediante algoritmos, que pueden ser utilizados para entrenar modelos de aprendizaje automático en situaciones donde los datos reales son escasos o confidenciales.

System Identification: Identificación de sistemas es un método en control automático y procesamiento de señales para construir modelos matemáticos de sistemas dinámicos basados en datos observados.

T

Tanh (Hyperbolic Tangent): Tangente hiperbólica es una función de activación utilizada en redes neuronales. Transforma los valores de entrada en un rango entre -1 y 1, ayudando a gestionar el problema de los gradientes que desaparecen en el entrenamiento de redes profundas.

T-distributed Stochastic Neighbor Embedding (t-SNE): t-SNE es una técnica de reducción de la dimensionalidad que es particularmente efectiva para la visualización de conjuntos de datos de alta dimensión. Ayuda a interpretar y visualizar los datos agrupándolos en un espacio de menor dimensión.

Tensor: En el contexto de la Inteligencia Artificial, un tensor es una estructura de datos que generalmente representa una matriz multidimensional. Son fundamentales en el aprendizaje profundo, ya que redes neuronales trabajan con tensores para procesar datos e información.

Tensors Flow: TensorFlow es una Librería de software de código abierto para cálculos numéricos usando gráficos de flujo de datos. Es ampliamente utilizada en aprendizaje profundo y otras aplicaciones de Inteligencia Artificial.

Text Classification: Clasificación de texto es el proceso de asignar etiquetas o categorías a textos en función de su contenido. Se utiliza en aplicaciones como filtrado de spam, análisis de sentimientos y categorización de documentos.

Text Generation: Generación de texto es la creación automática de texto legible y coherente por parte de máquinas. Se emplea en chatbots, generación de contenido automático y asistentes virtuales.

Text Mining: Minería de texto es el proceso de extraer información relevante y patrones de grandes conjuntos de datos de texto. Utiliza técnicas de procesamiento de lenguaje natural, estadísticas y aprendizaje automático.

Text Summarization: Resumen de texto es el proceso de crear un resumen conciso y coherente de un texto más extenso. Se usa para extraer información clave de documentos, artículos y libros.

Text-to-Speech (TTS): Texto a voz es una tecnología que convierte texto en habla. Utiliza el procesamiento de lenguaje natural y modelos de aprendizaje automático para generar voz que suena natural a partir de texto escrito.

Thompson Sampling: Muestreo de Thompson es una técnica en aprendizaje por refuerzo y optimización de procesos. Se utiliza para equilibrar la exploración y explotación al tomar decisiones basadas en un entendimiento probabilístico de las recompensas.

Thresholding: Umbralización es una técnica en procesamiento de imágenes y visión por computadora donde se seleccionan píxeles basados en un rango de intensidad. Se utiliza para simplificar la representación visual y facilitar el análisis posterior.

Time Complexity: Complejidad temporal se refiere a la cantidad de tiempo que toma un algoritmo para ejecutarse en función del tamaño de la entrada. Es crucial para evaluar la eficiencia de los algoritmos en la Inteligencia Artificial.

Time Series Analysis: Análisis de series temporales es el estudio de datos secuenciales a lo largo del tiempo para identificar patrones y tendencias.

Time Series Forecasting: Pronóstico de series temporales es el proceso de predecir valores futuros en una secuencia de datos en función de su historial temporal.

TinyML: Aprendizaje automático en dispositivos pequeños es una tecnología que permite ejecutar modelos de aprendizaje automático en dispositivos con recursos limitados, como microcontroladores.

Tokenization: Tokenización es el proceso de dividir texto en partes más pequeñas, llamadas tokens. Es un paso crucial en el procesamiento de lenguaje natural para la preparación de datos, análisis y modelado.

Topic Extraction: Extracción de temas es el proceso de identificar y extraer temas o conceptos clave de un texto. Es fundamental en el procesamiento de lenguaje natural para análisis de contenido y descubrimiento de información.

Topic Modeling: Modelado de temas es un tipo de análisis estadístico que identifica patrones y temas recurrentes en un conjunto de datos de texto. Es común en el procesamiento de lenguaje natural para descubrir estructuras ocultas en colecciones de documentos.

Topological Data Analysis: Análisis topológico de datos es un enfoque que estudia la forma de los datos utilizando técnicas de topología. Ayuda a entender la estructura y las características intrínsecas de los conjuntos de datos complejos.

Training Epoch: Época de entrenamiento es un término en aprendizaje automático que se refiere a una iteración completa del algoritmo de aprendizaje sobre todo el conjunto de datos de entrenamiento. Las épocas son importantes para ajustar y mejorar el rendimiento de los modelos.

Training Set: Conjunto de entrenamiento es un subconjunto de datos utilizados para entrenar modelos en el aprendizaje automático. Los modelos aprenden a hacer predicciones o tomar decisiones basadas en este conjunto de datos.

Transfer Entropy: Entropía de transferencia es una medida en teoría de la información que cuantifica la cantidad de información transferida de una serie temporal a otra. Se utiliza en el análisis de series temporales y sistemas complejos para entender las interacciones y dependencias.

Transfer Learning: Un enfoque en el aprendizaje automático donde un modelo desarrollado para una tarea se reutiliza como punto de partida para un modelo en una segunda tarea. Es especialmente popular en el campo del aprendizaje profundo debido a la cantidad de tiempo y recursos que se requieren para entrenar un modelo profundo desde cero.

Transformer Models: Modelos transformadores son un tipo de arquitectura de aprendizaje profundo utilizada principalmente en procesamiento de lenguaje natural. Son conocidos por su capacidad para manejar secuencias de datos, como texto, de manera más efectiva que las arquitecturas anteriores.

Transformer Networks: Redes transformadoras son una arquitectura avanzada en aprendizaje profundo, especialmente efectiva en el procesamiento de secuencias, como en traducción automática y generación de texto.

Tree-Based Models: Modelos basados en árboles son métodos de aprendizaje supervisado que utilizan estructuras de árbol para la toma de decisiones. Incluyen árboles de decisión, bosques aleatorios y boosting de árboles, y son ampliamente usados por su facilidad de interpretación y eficacia en muchas tareas.

True Positive, True Negative, False Positive, False Negative: Verdadero positivo, verdadero negativo, falso positivo y falso negativo son términos utilizados en la clasificación para describir los resultados de un modelo. Indican la precisión de las predicciones del modelo en comparación con los valores reales.

Truncated SVD (Singular Value Decomposition): Descomposición en valores singulares truncada es una técnica de reducción de dimensionalidad. Es similar a PCA, pero está diseñada para trabajar con matrices dispersas y es común en el análisis de texto y procesamiento de lenguaje natural.

Trustworthy AI: Inteligencia Artificial confiable se refiere a sistemas de IA diseñados para ser éticos, transparentes y justos. Este concepto abarca la creación de IA que es segura, respeta la privacidad y es responsable en sus decisiones y acciones.

Tuple: En programación, una tupla es una colección de elementos que es inmutable (no se puede modificar una vez creada) y puede contener elementos de diferentes tipos. En Python, las tuplas son comunes para agrupar datos y resultados.

Turing Test: Prueba de Turing es un criterio propuesto por Alan Turing para evaluar la inteligencia de una máquina. Si un humano interactúa con la máquina y no puede distinguir si está hablando con un humano o una máquina, se dice que la máquina ha pasado la prueba.

Two-Stage Learning: Aprendizaje en dos etapas es un enfoque en aprendizaje automático donde el proceso de aprendizaje se divide en dos fases distintas, como pre-entrenamiento y ajuste fino, para mejorar la eficiencia y eficacia del modelo.

Type Inference: Inferencia de tipos es el proceso de determinar automáticamente los tipos de datos en lenguajes de programación, lo cual es útil en el desarrollo de herramientas de Inteligencia Artificial y aprendizaje automático para garantizar la corrección del código.

U

Ubiquitous Computing: Computación ubicua en IA se refiere a la integración de la Inteligencia Artificial en dispositivos y entornos cotidianos, permitiendo interacciones más naturales y contextuales.

Ultra-Low Power AI: IA de ultra-bajo consumo se refiere al desarrollo y uso de sistemas de Inteligencia Artificial que requieren muy poca energía, adecuados para dispositivos móviles o de Internet de las Cosas (IoT).

Unbiased Estimator: Estimador no sesgado es un término en estadísticas y aprendizaje automático que describe un estimador cuyo valor esperado es igual al parámetro real que intenta estimar.

Uncertainty Principle: Principio de incertidumbre en IA es un concepto que refleja la idea de que no siempre es posible tener certeza total en las predicciones o resultados generados por un modelo de Inteligencia Artificial.

Uncertainty Quantification: Cuantificación de la incertidumbre en IA es la práctica de evaluar y expresar la incertidumbre asociada con los resultados y predicciones de los modelos de Inteligencia Artificial.

Underfitting: Subajuste es un problema en el aprendizaje automático en el que un modelo es demasiado simple para representar adecuadamente los datos y no logra un buen rendimiento.

Under-specification: Subespecificación en diseño de modelos se refiere a la situación en la que un modelo de aprendizaje automático no está suficientemente definido o restringido, llevando a resultados ambiguos o inestables.

U-Net Architecture: Arquitectura U-Net en aprendizaje profundo es un tipo de red neuronal convolucional diseñada específicamente para tareas de segmentación de imágenes.

Unified Modeling Language (UML): Lenguaje de Modelado Unificado (UML) en IA es una metodología estándar para modelar sistemas de software, incluyendo aquellos que incorporan componentes de Inteligencia Artificial y aprendizaje automático.

Unified Threat Management (UTM): Gestión Unificada de Amenazas (UTM) en IA es la integración de múltiples funciones de seguridad, como antivirus, firewall y prevención de intrusiones, utilizando sistemas inteligentes para mejorar la seguridad de la información.

Uniform Distribution: Distribución uniforme en IA se refiere a una distribución de probabilidad donde todos los eventos tienen la misma probabilidad de ocurrir, comúnmente usada en la inicialización de parámetros de modelos de aprendizaje automático.

Unimodal Distribution: Distribución unimodal en análisis de datos se refiere a una distribución que tiene un solo pico o modo, comúnmente analizado en estadísticas y aprendizaje automático.

Unit Testing: Pruebas unitarias en IA se refiere a la práctica de probar individualmente los componentes o módulos de un sistema de Inteligencia Artificial para asegurarse de que funcionan correctamente.

Univariate Analysis: Análisis univariado es el análisis de datos que se concentra en una sola variable para describir su distribución, centralidad y dispersión.

Universal Approximation Theorem: Teorema de Aproximación Universal se refiere a la capacidad de las redes neuronales de una sola capa oculta de aproximarse a cualquier función continua, dadas suficientes neuronas en la capa oculta.

Unlabeled Data: Datos no etiquetados en aprendizaje automático son datos que no tienen etiquetas o anotaciones asignadas, utilizados en métodos de aprendizaje no supervisado.

Unstructured Data: Datos desestructurados son datos que no siguen una estructura predefinida, como texto sin formato, imágenes o audio.

Unsupervised Anomaly Detection: Detección de anomalías no supervisada es un proceso de identificación de patrones inusuales o raros en los datos sin etiquetar, utilizando técnicas de aprendizaje automático no supervisado.

Unsupevrvised Clustering Algorithms: Algoritmos de agrupamiento no supervisado son métodos utilizados en aprendizaje automático para agrupar automáticamente los datos en conjuntos o clústeres basados en similitudes, sin la necesidad de etiquetas previas.

Unsupervised Data Reduction: Reducción de datos no supervisada es una técnica de aprendizaje automático para simplificar y reducir la cantidad de datos, manteniendo la mayor cantidad de información relevante posible, sin usar etiquetas o supervisión externa.

Unsupervised Feature Learning: Aprendizaje de características no supervisado es una técnica en la que un modelo aprende a identificar características útiles o patrones en datos no etiquetados.

Unsupervised Learning: Aprendizaje no supervisado es un enfoque de aprendizaje automático en el que un modelo se entrena en datos no etiquetados para descubrir patrones y estructuras.

Unsupervised Time Series Analysis: Análisis de series temporales no supervisado se refiere al estudio de patrones y estructuras en series temporales sin el uso de etiquetas o supervisión, utilizando técnicas de aprendizaje automático.

Update Rule: Regla de actualización en aprendizaje automático es una fórmula o método utilizado para ajustar los parámetros de un modelo durante el entrenamiento.

Uplift Analysis: Análisis de levantamiento en marketing y IA es una técnica que evalúa el impacto de una campaña de marketing o acción específica utilizando algoritmos de aprendizaje automático para predecir cambios en el comportamiento del cliente.

Uplift Modeling: Modelado de levantamiento en la Gestión de Relaciones con el Cliente (CRM) se refiere a la aplicación de técnicas de modelado predictivo para estimar el impacto de estrategias de CRM en el comportamiento del cliente.

Uplift Modeling: Modelado de levantamiento es una técnica de modelado predictivo utilizada para identificar la diferencia en respuesta debido a una acción específica o tratamiento en marketing y otros campos.

Upsampling: Remuestreo ascendente en aprendizaje automático es una técnica para aumentar el tamaño de las muestras de datos, comúnmente usada en el procesamiento de imágenes y señales.

User Behavior Modeling: Modelado del comportamiento del usuario en IA involucra el uso de algoritmos para predecir o entender cómo los usuarios interactúan con sistemas o productos, basándose en datos históricos y patrones de comportamiento.

User Experience (UX): Diseño de Experiencia de Usuario (UX) en IA implica diseñar productos de Inteligencia Artificial centrándose en la facilidad de uso, accesibilidad y experiencia placentera del usuario.

User Interface (UI): Diseño de Interfaz de Usuario (UI) en IA implica la creación de interfaces para aplicaciones de Inteligencia Artificial que son intuitivas y fáciles de usar.

User Profiling: Perfilado de usuario en IA es la práctica de usar algoritmos de aprendizaje automático para analizar y predecir las características y comportamientos de los usuarios.

User Segmentation: Segmentación de usuarios en IA es el proceso de dividir una base de usuarios en grupos más pequeños basados en características similares, comúnmente utilizado en marketing y análisis de datos.

User-Generated Content Analysis: Análisis de contenido generado por usuarios en IA implica el uso de técnicas de procesamiento de lenguaje natural y aprendizaje automático para analizar y obtener información de textos, imágenes o videos creados por usuarios.

UTF-8 Encoding: Codificación UTF-8 en procesamiento de datos es un método para codificar cadenas de texto en formatos que son compatibles y eficientes para el almacenamiento y procesamiento por sistemas de IA.

Utility Function: Función de utilidad en aprendizaje por refuerzo describe una función que mide el valor o recompensa de los diferentes estados o acciones en el contexto del aprendizaje por refuerzo.

Utility Maximization: Maximización de utilidad en toma de decisiones es un enfoque en el que los agentes de IA toman decisiones para maximizar una función de utilidad específica, reflejando sus preferencias o metas.

Utility Theory: Teoría de la utilidad en la toma de decisiones de IA es un enfoque que modela cómo los agentes inteligentes deben tomar decisiones racionales basadas en la maximización de la utilidad esperada.

Utility-Based Feature Selection: Selección de características basada en utilidad es un enfoque en aprendizaje automático que elige características basándose en su capacidad para mejorar el rendimiento de un modelo según una función de utilidad.

Utility-based Learning: Aprendizaje basado en utilidad es un enfoque de aprendizaje automático donde las decisiones se toman para maximizar una función de utilidad específica.

Utility-based Ranking: Clasificación basada en utilidad en IA es un método para ordenar o clasificar elementos basándose en una función de utilidad, que puede incluir múltiples criterios o preferencias.

UUID (Universally Unique Identifier): UUID (Identificador Universalmente Único) en la gestión de datos es un identificador estándar utilizado para garantizar la unicidad de los elementos en bases de datos y sistemas de información.

V

Validation Set: Conjunto de validación es un subconjunto de datos utilizado para evaluar el rendimiento de un modelo de aprendizaje automático durante el entrenamiento.

Validation: Validación se refiere al proceso de evaluar el rendimiento de un modelo de machine learning usando un conjunto de datos que no se utilizó durante el entrenamiento.

Value Decomposition: Descomposición de valor es un concepto en análisis de datos y machine learning que implica descomponer una matriz o conjunto de datos en componentes que capturan aspectos significativos de los datos.

Value Function: Función de valor en aprendizaje por refuerzo es una función que estima cuánto beneficio se puede obtener a partir de un estado o una acción en particular.

Value Iteration: Iteración de valor es un método de programación dinámica utilizado en aprendizaje por refuerzo para encontrar la política óptima.

Value-Based Learning: Aprendizaje basado en valor es un enfoque en aprendizaje por refuerzo donde el objetivo es maximizar una función de valor que representa el retorno esperado de acciones o estados.

Vanishing Gradient Problem: Problema de gradiente desvaneciente es un desafío en redes neuronales profundas donde los gradientes tienden a desaparecer, dificultando el entrenamiento efectivo.

Variable Encoding: Codificación de variables es el proceso de transformar variables categóricas en un formato que pueda ser más fácilmente procesado por algoritmos de machine learning.

Variable Importance Plot: Gráfico de importancia de variables es una visualización utilizada en machine learning para mostrar la importancia relativa de diferentes variables de entrada en un modelo predictivo.

Variable Selection: Selección de variables es el proceso de identificar y seleccionar las variables más relevantes para un modelo de aprendizaje automático.

Variance Reduction: Reducción de varianza se refiere a técnicas en estadística y machine learning que buscan disminuir la varianza de las estimaciones para mejorar la precisión del modelo.

Variance: Varianza es una medida de la dispersión de las predicciones de un modelo, indicando qué tan sensible es el modelo a variaciones en el conjunto de entrenamiento.

Variational Autoencoder (VAE): Autoencoder variacional es un tipo de modelo generativo que se utiliza para generar datos sintéticos y aprender representaciones latentes.

Variational Bayesian Methods: Métodos bayesianos variacionales son técnicas en estadística bayesiana que utilizan aproximaciones para resolver problemas complejos de inferencia.

Variational Inference: Inferencia variacional es un método en estadística bayesiana que aproxima distribuciones de probabilidad complejas mediante distribuciones más simples para facilitar el cálculo.

Variogram: Variograma es una herramienta en estadística espacial utilizada para describir la dependencia espacial de los datos, aplicable en aprendizaje automático para análisis geoespacial.

Vector Autoregressive Model (VAR): Modelo autorregresivo vectorial es un tipo de modelo estadístico utilizado para predecir sistemas de series de tiempo multivariadas, aplicable en varios contextos de IA.

Vector Field: Campo vectorial en IA puede referirse al uso de campos vectoriales para representar y analizar datos direccionales en diversas aplicaciones, como la robótica y el procesamiento de imágenes.

Vector Quantization: Cuantificación vectorial es una técnica de compresión y reducción de datos que convierte grandes conjuntos de vectores en un número menor de vectores representativos.

Vector Space Model: Modelo de espacio vectorial es una representación matemática de documentos de texto como vectores en un espacio multidimensional, utilizado comúnmente en procesamiento de lenguaje natural y recuperación de información.

Vectorization: Vectorización es la conversión de datos no numéricos en vectores numéricos para que puedan ser procesados por algoritmos de machine learning.

Version Space: Espacio de versión es un concepto en el aprendizaje automático que representa el conjunto de todas las hipótesis consistentes con los ejemplos de entrenamiento observados.

VGGNet: VGGNet es una arquitectura de red neuronal convolucional profundamente desarrollada para el reconocimiento de imágenes, conocida por su simplicidad y su eficacia en competiciones de visión computacional.

Virtual Agent: Agente virtual es un programa de software que utiliza IA para automatizar tareas, responder preguntas y asistir a los usuarios, comúnmente en forma de chatbots o asistentes personales.

Virtual Environment: Entorno virtual en el contexto de IA se refiere a un espacio simulado donde los modelos de aprendizaje automático pueden ser entrenados y probados en condiciones controladas.

Virtual Reality (VR): Realidad virtual es una tecnología que crea entornos simulados y puede ser utilizada para entrenar modelos de Inteligencia Artificial en entornos controlados.

Virtual Sensor: Sensor virtual se refiere a un modelo de software que simula las lecturas de un sensor físico, utilizándose en contextos donde los sensores físicos no están disponibles o son imprácticos.

Vision Processing Unit (VPU): Unidad de procesamiento de visión es un tipo de microprocesador o hardware especializado diseñado para acelerar tareas de procesamiento de imágenes y visión computacional.

Vision Transformer (ViT): Transformer de visión es un tipo de modelo basado en la arquitectura Transformer, diseñado específicamente para tareas de procesamiento de imágenes.

Vision-Based Model: Modelo basado en visión se refiere a sistemas de Inteligencia Artificial que procesan y analizan imágenes o videos para realizar tareas como reconocimiento de objetos, seguimiento de movimiento y análisis de escenas.

Visual Analytics: Analítica visual es el estudio de cómo las representaciones visuales y las técnicas interactivas pueden ayudar a analizar y comprender datos complejos, a menudo en el contexto de la IA y el big data.

Visual Feature Extraction: Extracción de características visuales es el proceso de identificar y seleccionar características significativas en imágenes o videos para su uso en tareas de reconocimiento y clasificación.

Visual Recognition: Reconocimiento visual es el proceso por el cual los sistemas de Inteligencia Artificial identifican y clasifican objetos en imágenes y videos.

Visual SLAM (Simultaneous Localization and Mapping): SLAM visual es una técnica utilizada en robótica y sistemas autónomos para construir un mapa de un entorno desconocido mientras se estima simultáneamente la ubicación del dispositivo en ese entorno.

Viterbi Algorithm: Algoritmo de Viterbi es un algoritmo dinámico utilizado para encontrar la secuencia más probable de estados ocultos en modelos de Markov, especialmente en el procesamiento de señales y lenguaje natural.

Vocal Emotion Recognition: Reconocimiento de emociones vocales es la capacidad de un sistema de IA para identificar y clasificar las emociones humanas a partir de características de la voz.

Voice Recognition: Reconocimiento de voz es la capacidad de un sistema para identificar y procesar el lenguaje hablado.

Volume Integration: Integración de volumen es un concepto en gráficos por computadora y simulaciones que puede ser utilizado en IA para entender y procesar estructuras tridimensionales.

Volumetric Analysis: Análisis volumétrico en el contexto de IA se refiere al estudio y procesamiento de datos tridimensionales, como en la reconstrucción de imágenes médicas o en la modelización 3D.

Voting Classifier: Clasificador de votación es un enfoque de ensamblaje que combina las predicciones de múltiples modelos de aprendizaje automático para hacer una predicción final.

Vowpal Wabbit: Vowpal Wabbit es una Librería de aprendizaje automático de código abierto para la regresión, clasificación y otros problemas, conocida por su eficiencia en el procesamiento de grandes conjuntos de datos.

W

Word Embedding: Incrustación de palabras es una técnica que asigna palabras a vectores numéricos en un espacio de alta dimensionalidad para su procesamiento en modelos de lenguaje natural.

Walk-Forward Optimization: Optimización hacia adelante es una técnica en análisis cuantitativo y trading algorítmico que consiste en ajustar y probar un modelo de trading en un conjunto de datos, y luego probarlo en un conjunto de datos futuro.

Walk-Through: Recorrido es un método de revisión de software o sistemas donde los desarrolladores o analistas revisan el código o el diseño con colegas para detectar errores o mejorar la calidad.

Wasserstein Distance: Distancia de Wasserstein es una medida en la teoría de transporte óptimo que cuantifica la distancia entre dos distribuciones de probabilidad, utilizada en áreas como el aprendizaje automático para comparar distribuciones.

Wavelet Transform: Transformada Wavelet es una técnica matemática utilizada para descomponer señales en componentes de diferentes frecuencias, útil en el procesamiento de señales y análisis de datos.

Weak AI: Inteligencia Artificial Débil se refiere a sistemas de IA diseñados y entrenados para realizar tareas específicas, a diferencia de la Inteligencia Artificial Fuerte que tendría capacidades cognitivas generales.

Weak Learner: Aprendiz débil en el aprendizaje automático se refiere a un modelo que es ligeramente mejor que el azar, a menudo utilizado en métodos de ensemble como boosting para construir modelos más fuertes.

Weak Supervision: Supervisión débil es un enfoque en el aprendizaje automático donde se utilizan etiquetas ruidosas o aproximadas en lugar de datos etiquetados precisamente, reduciendo la necesidad de anotación manual.

Web Mining: Minería web es el uso de técnicas de minería de datos y aprendizaje automático para descubrir y extraer información útil de los datos web, que incluye el contenido de la web, la estructura de los enlaces y los datos de uso.

Web Ontology Language (OWL): Lenguaje de Ontología Web es un lenguaje utilizado para crear ontologías complejas y detalladas en la web, permitiendo la representación de conocimiento y su uso en la IA para la comprensión semántica.

Web Scraping: Extracción de datos web es una técnica utilizada para extraer datos de sitios web, a menudo utilizada para recopilar grandes conjuntos de datos de Internet para análisis o aprendizaje automático.

Weight Clipping: Recorte de pesos es una técnica utilizada en entrenamiento de redes neuronales para evitar la explosión de gradientes, limitando el valor de los pesos a un rango definido.

Weight Decay: Decaimiento de peso es una técnica de regularización en el aprendizaje automático que tiene como objetivo prevenir el sobreajuste al añadir un término de penalización a la función de coste basado en la magnitud de los pesos de la red.

Weight Initialization: Inicialización de pesos se refiere al proceso de asignar valores iniciales a los pesos en una red neuronal antes de comenzar el entrenamiento.

Weight Matrix: Matriz de pesos en redes neuronales y aprendizaje automático es una matriz que almacena los pesos entre las neuronas de capas adyacentes, jugando un papel crucial en la determinación del output del modelo.

Weight Pruning: Poda de pesos es una técnica de optimización de redes neuronales que implica eliminar pesos de pequeña magnitud para reducir la complejidad del modelo y mejorar la eficiencia en el cálculo.

Weight Regularization: Regularización de peso es una técnica utilizada en el aprendizaje automático para reducir el sobreajuste al penalizar modelos con pesos extremos, generalmente añadiendo un término de penalización a la función de pérdida.

Weight Sharing: Compartición de pesos es una técnica en redes neuronales convolucionales donde el mismo peso se utiliza para múltiples conexiones neuronales, reduciendo la complejidad del modelo y mejorando la eficiencia.

Weighted Average: Promedio ponderado en aprendizaje automático es un cálculo que da diferentes pesos a diferentes elementos, permitiendo que algunos contribuyan más al resultado final que otros.

Weighted Decision Tree: Árbol de Decisión Ponderado es un árbol de decisión en el que se asignan diferentes pesos a los diferentes nodos o ramas, lo que permite manejar de manera más efectiva las desigualdades en los conjuntos de datos.

Weighted Graph: Grafo ponderado es una estructura de datos donde los bordes tienen pesos asignados, lo que es fundamental en algoritmos de ruta más corta y otros problemas de optimización en grafos.

Weighted K-Nearest Neighbors (W-KNN): K Vecinos Más Cercanos Ponderados es una variante del algoritmo KNN donde se asigna un peso diferente a cada uno de los vecinos, basado en su distancia, para la clasificación o regresión.

Weighted Least Squares: Mínimos Cuadrados Ponderados es un método estadístico en el que se asignan diferentes pesos a diferentes observaciones, generalmente utilizado en la regresión para manejar varianzas desiguales en los datos.

Weighted Loss Function: Función de pérdida ponderada en aprendizaje automático es una función que asigna diferentes pesos a diferentes clases o ejemplos, para tener en cuenta la importancia variable o la frecuencia desigual de clases.

Weighted Majority Algorithm: Algoritmo de Mayoría Ponderada es un método en aprendizaje automático que combina las predicciones de múltiples modelos, asignando más peso a los modelos que han demostrado ser más precisos.

Weighted Random Forest: Bosque Aleatorio Ponderado es una variante del algoritmo de bosque aleatorio en aprendizaje automático donde se asignan diferentes pesos a los árboles en función de su desempeño, mejorando la precisión de las predicciones.

Weighted Sampling: Muestreo ponderado es una técnica en estadística y aprendizaje automático donde las muestras se seleccionan con una probabilidad proporcional a su importancia o peso, usada para crear conjuntos de datos más representativos o para manejar clases desbalanceadas.

Weighted Support Vector Machine (WSVM): Máquina de Vectores de Soporte Ponderada es una variación del SVM que asigna diferentes pesos a diferentes clases o ejemplos, para abordar desequilibrios en los conjuntos de datos.

Weka: Weka es un conjunto de herramientas de software para el análisis de datos y aprendizaje automático, proporcionando una colección de algoritmos y herramientas para la minería de datos.

Whale Optimization Algorithm: Algoritmo de Optimización de Ballena es un algoritmo de optimización inspirado en el comportamiento de caza de las ballenas jorobadas, utilizado para resolver problemas complejos de optimización en diferentes campos.

Whisker Plot: Gráfico de bigotes es una representación visual de datos estadísticos que muestra la distribución de los datos, incluyendo la mediana, cuartiles y valores atípicos, útil en análisis de datos y aprendizaje automático.

Whitelisting: Lista blanca en sistemas de seguridad informática se refiere a la práctica de permitir explícitamente ciertas entidades (como aplicaciones o direcciones IP) para acceder a un sistema, mientras se bloquean todas las demás.

Whitening Transformation: Transformación de blanqueo es un proceso estadístico en el análisis de componentes principales (PCA) y otros métodos, que transforma un conjunto de variables correlacionadas en un conjunto de variables no correlacionadas.

Wide & Deep Learning: Aprendizaje Amplio y Profundo es un enfoque en aprendizaje automático que combina modelos amplios (wide) para memorización y modelos profundos (deep) para generalización, utilizado especialmente en sistemas de recomendación.

Wide Learning: Aprendizaje amplio es un enfoque de aprendizaje automático que utiliza modelos con una gran cantidad de características pero con poca profundidad, en contraste con el aprendizaje profundo.

Wildcard Matching: Coincidencia de comodines en el procesamiento de datos y búsqueda de patrones se refiere al uso de símbolos especiales para representar uno o varios caracteres en cadenas de texto, facilitando la búsqueda y filtrado de datos.

Window Function: Función de ventana en el procesamiento de señales y en el aprendizaje automático se refiere al uso de una función matemática para seleccionar un subconjunto de datos dentro de una serie temporal más grande.

Window Sliding Technique: Técnica de deslizamiento de ventana en el procesamiento de señales y aprendizaje automático implica mover una 'ventana' a lo largo de los datos para analizar segmentos de datos de manera secuencial o temporal.

Word Association: Asociación de palabras es un proceso en procesamiento de lenguaje natural (PLN) donde se identifican y analizan las relaciones entre palabras, lo que puede ayudar en tareas como la comprensión del lenguaje y la generación de texto.

Word Frequency Analysis: Análisis de frecuencia de palabras es una técnica en procesamiento de lenguaje natural para estudiar la frecuencia y distribución de palabras en un texto, útil para tareas como análisis de sentimientos o clasificación de texto.

Word Sense Disambiguation: Desambiguación de sentido de palabras es un problema en el procesamiento del lenguaje natural que implica determinar el sentido de una palabra en un contexto específico, crucial para la comprensión del lenguaje natural.

Word Tokenization: Tokenización de palabras es un proceso en procesamiento de lenguaje natural donde se divide el texto en unidades más pequeñas, como palabras o frases.

Word2Vec: Word2Vec es un grupo de modelos en PLN para producir incrustaciones de palabras, donde palabras con significados similares tienen representaciones vectoriales similares, utilizadas en una variedad de aplicaciones de PLN.

WordNet: WordNet es una base de datos léxica para el inglés, que se utiliza en el procesamiento del lenguaje natural y agrupa palabras en conjuntos de sinónimos, proporcionando breves definiciones y relaciones entre ellos.

Workflow Automation: Automatización de flujos de trabajo se refiere al uso de tecnología para automatizar procesos de negocio complejos, a menudo utilizando Inteligencia Artificial para mejorar la eficiencia y reducir errores humanos.

Workflow Mining: Minería de flujos de trabajo es el proceso de extraer patrones y modelos útiles de los datos de los flujos de trabajo de una organización, lo que puede ayudar a mejorar la eficiencia y la automatización de procesos.

Workflow Optimization: Optimización de flujos de trabajo en el contexto de la IA se refiere a la mejora de procesos de negocio mediante el uso de algoritmos para aumentar la eficiencia y efectividad.

Workflow Scheduling: Programación de flujos de trabajo en el contexto de la IA y la computación en la nube implica la asignación y gestión de tareas y recursos de computación para ejecutar flujos de trabajo de manera eficiente y efectiva.

Workload Balancing: Equilibrio de carga de trabajo en sistemas de IA se refiere a la distribución óptima de tareas computacionales para maximizar la eficiencia y minimizar el tiempo de procesamiento.

Wrapper Feature Selection: Selección de características de envoltura es una técnica de selección de características que utiliza un algoritmo de aprendizaje automático para evaluar el rendimiento de diferentes subconjuntos de características y seleccionar el mejor.

Wrapper Method: Método de envoltura es una técnica de selección de características en aprendizaje automático donde se utiliza un modelo predictivo para evaluar la combinación de características, seleccionando las más relevantes.

X

XAI (Explainable Artificial Intelligence): XAI se refiere a métodos y técnicas en el campo de la Inteligencia Artificial que hacen que los resultados de la IA sean más comprensibles para los humanos.

XAI for Decision Support: XAI para sistemas de soporte de decisiones se refiere a la integración de técnicas de IA explicable en sistemas que ayudan a los usuarios a tomar decisiones informadas, especialmente en contextos donde la comprensión de las recomendaciones de IA es crucial.

XAI Frameworks: Los marcos de trabajo de XAI proporcionan herramientas y métodos para implementar técnicas de IA explicable. Estos frameworks facilitan la interpretación y comprensión de los modelos de IA.

XAI in Autonomous Vehicles: La aplicación de XAI en vehículos autónomos se centra en hacer que los sistemas de IA que controlan estos vehículos sean más transparentes y comprensibles, lo cual es vital para la seguridad y la confianza del usuario.

XAI in Finance: El uso de XAI en finanzas implica aplicar técnicas de IA explicable para mejorar la transparencia y comprensión de modelos de IA utilizados en análisis financiero, gestión de riesgos, y decisiones de inversión.

XAI in Healthcare: La aplicación de XAI en el cuidado de la salud implica utilizar técnicas de IA explicable para mejorar la transparencia y la confiabilidad de los sistemas de IA en diagnósticos médicos, tratamiento y gestión de pacientes.

XAI in Robotics: XAI en robótica se centra en hacer que los sistemas robóticos impulsados por IA sean más comprensibles y transparentes para los humanos, mejorando así la interacción humano-robot y la adopción de robots en diversos entornos.

XAI Methodologies: Las metodologías de XAI se refieren a los enfoques y procesos sistemáticos utilizados para implementar y evaluar la explicabilidad en sistemas de IA.

XAI Models Evaluation: La evaluación de modelos XAI implica medir la eficacia de las técnicas de IA explicable en términos de su capacidad para proporcionar interpretaciones comprensibles y útiles de los modelos de IA.

XAI Techniques: Se refiere a las diversas técnicas utilizadas en la Inteligencia Artificial explicable, como LIME (Local Interpretable Model-agnostic Explanations) y SHAP (SHapley Additive exPlanations), que ayudan a interpretar y explicar los modelos de IA.

Xavier Initialization: Es una técnica de inicialización de pesos en redes neuronales, nombrada por Xavier Glorot, que tiene como objetivo mantener la varianza de las activaciones y los gradientes a lo largo de las capas para mejorar el entrenamiento.

XCS (eXtended Classifier System): XCS es un sistema de clasificación basado en algoritmos genéticos y aprendizaje por refuerzo. Es utilizado para resolver problemas de clasificación y modelado en IA.

X-Entropy Loss: En el aprendizaje automático, la X-Entropy Loss, o pérdida de entropía cruzada, es una función de pérdida utilizada para medir el rendimiento de un modelo de clasificación cuyo resultado es un valor de probabilidad entre 0 y 1.

XGBoost Algorithm Variants: Variantes del algoritmo XGBoost incluyen versiones modificadas o extendidas del algoritmo original para mejorar su rendimiento o adaptarlo a casos de uso específicos.

XGBoost Feature Importance: La importancia de características en XGBoost es una técnica para evaluar qué variables en los datos de entrada son más significativas para las predicciones realizadas por un modelo XGBoost.

XGBoost for Time Series: El uso de XGBoost para series temporales implica aplicar el algoritmo XGBoost para analizar y predecir datos que se ordenan secuencialmente en el tiempo, como en pronósticos financieros o meteorológicos.

XGBoost Hyperparameter Optimization: La optimización de hiperparámetros de XGBoost se refiere al proceso de ajustar y seleccionar los mejores hiperparámetros para un modelo XGBoost, con el fin de maximizar su rendimiento en tareas de clasificación o regresión.

XGBoost in Natural Language Processing: La aplicación de XGBoost en el procesamiento del lenguaje natural (NLP) involucra el uso del algoritmo para tareas como clasificación de texto, análisis de sentimientos, y reconocimiento de entidades nombradas.

XGBoost Model Interpretation: La interpretación de modelos XGBoost implica utilizar técnicas para entender cómo y por qué un modelo XGBoost toma ciertas decisiones o realiza predicciones, lo que es importante para validar y confiar en los resultados del modelo.

XGBoost Tuning: Se refiere al proceso de ajustar los hiperparámetros del modelo XGBoost para mejorar su rendimiento. Esto puede incluir ajustar la tasa de aprendizaje, la profundidad máxima del árbol, y otros parámetros.

XGBoost with Big Data: El uso de XGBoost con grandes volúmenes de datos implica adaptar y escalar el algoritmo para trabajar eficientemente con conjuntos de datos masivos, manteniendo su rendimiento y precisión.

XGBoost: XGBoost es una Librería de aprendizaje automático que se utiliza comúnmente para problemas de clasificación y regresión.

XML (eXtensible Markup Language): XML es un lenguaje de marcado que define un conjunto de reglas para codificar documentos de manera que sea tanto legible para humanos como para máquinas. A menudo se utiliza en el intercambio de datos en la web y en la configuración y documentación de software.

XML Data Integration: La integración de datos XML implica combinar datos provenientes de diferentes fuentes que están en formato XML, lo cual es un aspecto crucial en el manejo de grandes volúmenes de datos y en la integración de sistemas empresariales.

XML Parsing: El análisis de XML (XML Parsing) se refiere al proceso de leer y manipular datos en documentos XML. Es fundamental en el procesamiento de datos y en la integración de sistemas donde XML se utiliza como formato de intercambio de datos.

XOR (Exclusive OR): XOR es una operación lógica entre dos operandos que resulta en un valor verdadero solo si los operandos son distintos. En el contexto de redes neuronales, XOR es un problema clásico para probar la capacidad de un sistema para modelar relaciones no lineales.

XOR Problem in Neural Networks: El problema XOR en redes neuronales se refiere a la dificultad de utilizar perceptrones simples para modelar la función lógica XOR, lo que llevó al desarrollo de redes neuronales multicapa y algoritmos de aprendizaje profundo.

XPath: XPath es un lenguaje que permite a los desarrolladores navegar a través de elementos y atributos en un documento XML. Se usa comúnmente para localizar información en documentos XML.

XSS (Cross-Site Scripting): Aunque más relacionado con la seguridad web que con la IA directamente, XSS es un tipo de inseguridad informática que permite a un atacante inyectar código malicioso en páginas web vistas por otros usuarios. Es relevante en el contexto de la IA para la seguridad de aplicaciones web inteligentes.

XSS Prevention in AI Systems: La prevención de XSS (Cross-Site Scripting) en sistemas de IA se refiere a las medidas de seguridad implementadas para proteger aplicaciones web inteligentes de ataques de inyección de scripts.

X-Validation: X-Validation, o validación cruzada, es una técnica en estadística y aprendizaje automático para evaluar la habilidad de un modelo para predecir datos nuevos. Implica dividir un conjunto de datos en subconjuntos, entrenar el modelo en un subconjunto y validar el modelo en otro.

Y

Y Combinator: Aceleradora de startups famosa que ha financiado empresas que usan Inteligencia Artificial y machine learning.

YAGNI Principle (You Aren't Gonna Need It): Principio de desarrollo de software que promueve la simplicidad, evitando agregar funcionalidades hasta que sean realmente necesarias, aplicable en el desarrollo de soluciones de IA.

Yahoo Labs: Departamento de investigación de Yahoo que ha contribuido al avance del aprendizaje automático y la Inteligencia Artificial.

Yale Face Database: Base de datos de rostros de la Universidad de Yale, utilizada en investigaciones y aplicaciones de reconocimiento facial en Inteligencia Artificial.

YAML (YAML Ain't Markup Language): Lenguaje de serialización de datos utilizado en la configuración de sistemas y aplicaciones, incluyendo herramientas y plataformas de IA.

YARN (Yet Another Resource Negotiator): Sistema de gestión de recursos y planificación de trabajos en clústeres de computación distribuida, comúnmente utilizado con Hadoop y Spark en el procesamiento de big data.

Y-axis in Plots: Eje Y en gráficos. En la visualización de datos de machine learning, representa una de las dimensiones de los datos, como características o valores de predicción.

Y-axis Interception: Interceptación del eje Y, en gráficos y visualizaciones de datos, es el punto donde una línea de tendencia cruza el eje Y, útil en análisis de regresión en machine learning.

YCbCr Color Space: Espacio de color utilizado en procesamiento de imágenes y video, relevante en tareas de IA como la visión por computadora.

Y-Combinator Networks: Redes que siguen el modelo de Y-Combinator, una estructura en programación funcional, aplicable en algunas arquitecturas de algoritmos de IA.

Year-on-Year Analysis: Análisis año a año, en data science y machine learning, se refiere a la comparación de datos de un periodo específico con el mismo periodo en años anteriores para detectar tendencias o cambios.

Year-over-Year Growth: Crecimiento año tras año. En análisis de datos y machine learning, se refiere a la comparación del rendimiento o resultados de un periodo con respecto al mismo periodo en años anteriores.

Yellow Box: En el contexto de la IA, puede referirse a herramientas o interfaces visuales utilizadas en el desarrollo de aplicaciones de Inteligencia Artificial.

Yield Algorithm: Algoritmo de rendimiento, en machine learning se refiere a algoritmos diseñados para maximizar o optimizar el rendimiento en diversas aplicaciones, como en redes neuronales.

Yield Curve Analysis: Análisis de la curva de rendimiento, en el contexto de la IA se refiere al uso de algoritmos para analizar y predecir comportamientos en mercados financieros.

Yield Enhancement: Mejora del rendimiento, en el aprendizaje automático se refiere a técnicas que buscan optimizar el rendimiento de los modelos de IA.

Yield Farming: En el contexto de finanzas descentralizadas (DeFi) y blockchain, se refiere a estrategias de inversión automatizadas que pueden ser optimizadas mediante algoritmos de machine learning.

Yield Management: Gestión de rendimiento, en IA se utiliza para optimizar precios y disponibilidad en industrias como la hotelería y la aviación, utilizando algoritmos predictivos.

Yield Optimization: Optimización de rendimiento. En machine learning, se refiere a mejorar el rendimiento de un modelo para obtener mejores resultados o mayor eficiencia.

Yield Prediction: Predicción de rendimiento, en el contexto del aprendizaje automático, se refiere a la estimación de resultados o rendimientos futuros basados en datos históricos.

Yield Rate Optimization: Optimización de la tasa de rendimiento, en machine learning se aplica a la mejora de tasas de éxito o rendimiento en diferentes sistemas, como en clasificación o predicción.

Yoctosecond Processing: Procesamiento en yoctosegundos, se refiere hipotéticamente a sistemas de computación extremadamente rápidos, relevantes en el contexto de avances futuros en IA.

YOLO (You Only Look Once): Algoritmo de detección de objetos en tiempo real que divide la imagen en una cuadrícula y predice las clases de objetos y las ubicaciones de los objetos simultáneamente.

Yottabyte Processing: Procesamiento de yottabytes, refiriéndose a sistemas capaces de manejar enormes volúmenes de datos, una capacidad importante para aplicaciones de big data en IA.

Yottabyte: Unidad de medida de almacenamiento digital equivalente a 10^24 bytes. Es relevante en el contexto del big data y el almacenaje de grandes volúmenes de datos.

Yottaflops: Unidad de medida para el rendimiento de cómputo, especialmente relevante en el procesamiento de datos a gran escala y en operaciones intensivas de IA.

Yottascale Computing: Computación a escala de yottabytes, término que se refiere a sistemas de procesamiento de datos extremadamente grandes, relevantes para big data y aplicaciones de IA.

Young's Modulus Prediction: Predicción del módulo de Young, en IA se aplica a la predicción de propiedades mecánicas de materiales utilizando algoritmos de aprendizaje automático.

YouTube-8M: Un conjunto de datos de referencia grande y diverso compuesto por millones de vídeos de YouTube etiquetados, útil para tareas de clasificación de vídeos y aprendizaje automático.

YUV Color Space: Espacio de color utilizado en video y procesamiento de imágenes, importante en tareas de visión por computadora y análisis de imágenes con IA.

Z

Z-Buffer Algorithm: Método en gráficos por computadora para manejar el problema de la visibilidad de superficies en imágenes 3D.

Z-Buffering: Técnica de renderizado usada en gráficos por computadora para gestionar la profundidad de los elementos en una escena 3D, relevante en la visualización avanzada y en la realidad virtual.

Zendesk Benchmark: Herramienta de análisis de datos de Zendesk que permite comparar el rendimiento del servicio al cliente con datos de la industria, útil en el análisis predictivo y la IA aplicada a negocios.

Zero-Day Attack: Se refiere a un tipo de amenaza informática que explota una vulnerabilidad de software desconocida para el fabricante o que no tiene parche disponible.

Zero-Knowledge Proof: Concepto en criptografía y seguridad informática donde una parte prueba a otra que una afirmación es verdadera, sin revelar ninguna información adicional.

Zero-Order Hold: Técnica en procesamiento de señales que se utiliza para mantener los valores de una señal discreta constantes entre los intervalos de muestreo.

Zero-Shot Learning: Se refiere a la capacidad de un modelo para identificar y clasificar objetos o situaciones que nunca ha visto durante su entrenamiento.

Zeroth-Order Optimization: Método en aprendizaje automático y optimización que no requiere el cálculo de gradientes, y se basa en estimaciones a partir de las evaluaciones de funciones.

Zeta Function: En matemáticas, una función compleja que es significativa en teoría de números, análisis complejo y física. En IA, puede ser relevante en algoritmos que involucran cálculos avanzados.

Zettabyte: Unidad de medida utilizada en informática para describir cantidades de datos. Equivale a mil millones de terabytes.

ZigBee: Tecnología de comunicación inalámbrica de bajo consumo energético, utilizada en la automatización del hogar y el IoT, que puede interactuar con sistemas de Inteligencia Artificial.

Zigzag Learning: Estrategia de aprendizaje automático que alterna entre diferentes tipos de tareas o datos para mejorar la generalización y evitar el sobreajuste.

Zigzag Search: Un método de búsqueda o exploración que sigue un patrón en zigzag, útil en ciertos algoritmos de optimización y en la búsqueda de patrones.

Zonal Statistics: Técnica en el procesamiento de imágenes y la visión por computadora que involucra el análisis estadístico de regiones o zonas en una imagen.

Zone Mapping: Técnica en visión por computadora y análisis de imágenes donde se dividen las imágenes en zonas para su procesamiento y análisis detallado.

Z-Score Normalization: Método para estandarizar los datos, reescalándolos de manera que su promedio sea 0 y su desviación estándar sea 1.

Z-Score: Medida estadística que describe la posición de un valor en términos de desviaciones estándar desde la media. Utilizada en la normalización de datos en aprendizaje automático.

Z-Statistics: En estadística, se refiere al número de desviaciones estándar que un punto de datos está del promedio de la población.

Z-Test: Tipo de prueba estadística que se utiliza para determinar si hay diferencias significativas entre las medias de dos grupos, lo que puede ser aplicado en el análisis de datos de IA.

Z-Transform: Herramienta matemática usada en el análisis y procesamiento de señales digitales, que es relevante en el campo de la Inteligencia Artificial para entender y procesar secuencias temporales.

Z-Wave: Protocolo de comunicación inalámbrico principalmente utilizado en la automatización del hogar, similar a ZigBee, y que también puede integrarse en sistemas de IA para control de dispositivos.

www.ingramcontent.com/pod-product-compliance
Lightning Source LLC
LaVergne TN
LVHW082111061026
849527LV00012B/616
* 9 7 8 3 9 1 2 0 9 9 0 3 4 *